公路沥青路面养护机械化作业

山东省交通厅公路局

王松根
张西斌 主编

人民交通出版社

内 容 提 要

本书主要内容包括：公路沥青路面的结构、病害及其预防与处理，沥青路面养护机械的管理，沥青路面的灌缝、坑槽修补、稀浆封层、石屑封层和沥青路面再生机械化作业的工艺及施工机械，以及沥青路面机械化养护配套机械的技术特点和维护等。

本书可供沥青路面养护机械作业和管理人员，高职高专、技工学校筑养路专业师生参考及作为沥青路面机械化养护的从业人员在职培训教材使用。

图书在版编目(CIP)数据

公路沥青路面养护机械化作业/王松根，张西斌主编.
北京：人民交通出版社，2009.10
ISBN 978-7-114-07985-6

Ⅰ.公…　Ⅱ.①王…②张…　Ⅲ.沥青路面—公路养护—机械化　Ⅳ.U418.6

中国版本图书馆 CIP 数据核字(2009)第 173360 号

书　　名：公路沥青路面养护机械化作业
著 作 者：王松根　张西斌
责任编辑：丁润铎　贾秀珍
出版发行：人民交通出版社
地　　址：(100011)北京市朝阳区安定门外外馆斜街 3 号
网　　址：http://www.ccpress.com.cn
销售电话：(010)59757969，59757973
总 经 销：北京中交盛世书刊有限公司
经　　销：各地新华书店
印　　刷：北京交通印务实业公司
开　　本：787×1092 1/16
印　　张：19.25
字　　数：480 千
版　　次：2009 年 10 月　第 1 版
印　　次：2009 年 10 月　第 1 次印刷
书　　号：ISBN 978-7-114-07985-6
印　　数：0001～3000 册
定　　价：55.00 元

#《公路沥青路面养护机械化作业》
编写人员名单

主　编：王松根　张西斌

副主编：张玉宏　张　铁　朱明才　李　航

编　委：王松根　张西斌　张玉宏　张　铁　朱明才
李　航　李　晋　赵金海　赵传政　安　涛
袁堂涛　栾兆学　魏恩强　王连山　李建春
刘　伟　柳普增　王建敏　肖培泳　孔令雪
王秀武　付　超　徐中富　刘　辉　孙　涛
房志刚　郭炳波　林宝安　范乐强　张　勇

前　言

截至2008年年底，山东省公路通车总里程达到220 686km，其中高速公路4 285km、一级公路达到7 048.4km、二级公路达到23 798.1km，公路密度达到每百平方公里140.45km。多年来，山东省交通公路系统认真学习实践科学发展观，牢固树立"建设是发展，养护管理也是发展"的理念，坚持"未雨绸缪，超前谋划，防治结合，预防为主"的方针，以更好地服务社会公众为主线，积极推广应用新材料、新结构、新技术、新工艺，集全行业之智，举全系统之力，实现了山东公路更畅通、更安全、更和谐、更高效的目标。

公路建设的发展，养护质量的提高，都离不开机械化的发展，为全面推进养护技术进步。自2000年以来，山东省交通厅公路局按照"技术先进、性能优越、常用实用、经济合理"的原则，相继配置稀浆封层、微表处治、沥青洒布、石屑撒布、同步碎石封层、综合养护、灌缝等新型专业养护设备500多台(套)，基本实现了公路维护、病害处治、绿化、检测等作业的机械化。

公路养护技术的进步带动了养护机械化的发展，公路养护机械的发展促进了养护技术的进步。为实现养护设备和养护技术的有机统一，按照精细化养护的要求，在认真总结养护机械应用实践的基础上，我们组织编写了《公路沥青路面养护机械化作业》一书。全书共8章，第1章概述，其中1.3节由山东省交通厅公路局王松根研究员执笔，1.1～1.2节由山东交通学院李晋博士执笔，1.4节由山东省交通厅公路局李航工程师执笔；第2章公路沥青路面灌缝机械化作业，由泰安市公路管理局栾兆学工程师、徐中富研究员，莱芜市公路管理局付超工程师、临沂市公路局房志刚工程师执笔；第3章公路沥青路面坑槽修补机械化作业，由淄博市公路管理局赵传政高级工程师、德州市公路管理局安涛研究员、威海市公路管理局王建敏高级工程师执笔；第4章公路沥青路面稀浆封层机械化作业，由山东省交通厅公路局张西斌研究员、滨州市公路管理局魏恩强工程师、临沂市公路局王连山高级工程师、青岛市公路管理局郭炳波工程师执笔；第5章公路沥青路面石屑封层机械化作业，由日照市公路管理局袁堂涛高级工程师，济宁市公路管理局李建春高级工程师、孔令雪高级工程师，东营市公路管理局范乐强工程师执笔；第6章公路沥青路面再生机械化作业，由山东省交通厅公路局张玉宏研究员，山东交通学院工程机械研究所张铁教授，菏泽市公路管理局刘伟研究员，滨州市公路管理局张勇工程师执笔；第7章公路沥青路面其他养护作业机械，由济南市公路管理局赵金海高级工程师、刘辉工程师，潍坊市公路管理局王秀武研究员，聊城市公路管理局柳普增高级工程师，威海市公路管理局孙涛工程师执笔；第8章沥青路面养护机械化作业安全管理，由泰安市公路管理局朱明才高级工程师，烟台市公路管理局肖培泳工程师、枣庄市公路管理局林宝安助理工程师执笔。

全书由王松根研究员、张西斌研究员统稿。

本书的编写是一项探索性工作，在编写过程中得到了相关专业技术人员、机械生产单位和应用单位的大力支持，在此，表示衷心感谢。由于时间仓促和编者水平所限，不足之处在所难免，恳请同行专家不吝赐教，批评指正。

编　者

2009年6月·济南

目　　录

第1章 概　述

1.1 公路沥青路面结构

1.1.1 沥青路面类型和结构层次

按面层所用材料的不同，公路沥青路面可分为沥青混凝土路面、沥青碎石路面、沥青贯入式路面和沥青表面处治路面四类。目前我国已建高速公路的路面，大多采用的是半刚性基层沥青混凝土路面。

公路沥青路面的结构可分为面层1、基层2和垫层3等主要层次，如图1.1-1所示。

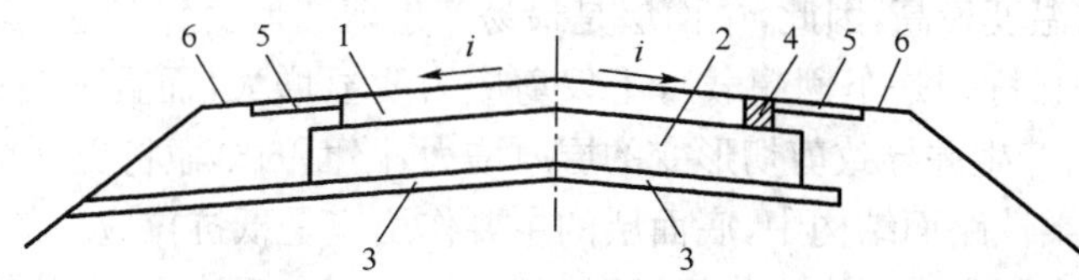

图1.1-1 公路沥青路面结构层次

i-路拱横坡度；1-面层；2-基层（有时包括底基层）；3-垫层；4-路缘石；5-加固路肩；6-土路肩

面层是直接承受行车荷载作用，并受大气降水和温度变化的影响，为车辆提供行驶条件的行车道沥青路面的结构层。它直接影响行车的舒适性、安全性和经济性，其质量的优劣给周围环境带来一定程度的影响。因此，面层应具有足够的结构强度和稳定性、良好的表面特性。面层由一层或多层组成。由多层组成时，其上层为磨耗层或多孔隙透水层，其下层可为整平层、承重层或连接层。

基层主要起承重作用，具有足够的强度和抗冲刷性。基层厚度大时，可分设两层，分别称为上基层（或基层）和底基层，并选用不同强度（或质量）的材料。高速公路基层应采用水泥稳定粒料、石灰粉煤灰稳定粒料、沥青混合料以及级配碎砾石等材料铺筑。高速公路底基层除上述类型材料外，也可采用水泥稳定土、石灰稳定土、石灰粉煤灰稳定土、石灰工业废渣、填隙碎石或其他适宜的当地材料铺筑。

在路基土质较差或水温状况不良时，宜在基层下面设置垫层，起排水、防冻胀、扩散应力等作用。一般采用水稳性好的粗粒料或各种稳定类材料铺筑。基层为排水层时，垫层应采用密级配材料，并能起反滤层作用。

路面类型、结构层次和组成材料的选择，依据道路等级、交通繁重程度、路基承载能力、当地材料供应情况、气候条件（气温、降水和冰冻等）、施工条件（设备、工艺、分期修建、施工期限和经验等）、寿命周期费用分析、资金筹措等因素，综合考虑和分析后作出决定。

1.1.2 公路沥青路面各结构层的作用

目前，我国高等级道路的半刚性路面主要由半刚性材料底基层、半刚性材料基层和沥青混凝土面层组成。

1)半刚性材料层

半刚性材料基层和底基层是路面的主要承重层,这两个结构层可提供半刚性路面所需的全部承载能力。

在我国沥青路面设计规范中,路面的承载能力用轴重100kN下路面表面的弯沉值表示。

2)沥青混凝土面层

沥青混凝土面层通常有2～3层。沥青混凝土面层为3层时,从上往下常分别称做表面层、中面层和底面层。通常,表面层厚4cm,中面层厚5～6cm,底面层厚6～8cm。沥青面层为2层时,分别称表面层和底面层。因为多采用3层式,故现以3层式沥青混凝土面层为例,分析其各层的主要作用。

(1)表面层。主要作用是提供一个抗滑、平整和噪声小的表面,使大量汽车能高速、舒适、安全地通行,同时不给沿路居民或工作人员带来大的噪声。

(2)中面层。主要作用是抗永久形变或抗车辙,同时具有优良的抗水损坏能力。对于有代表性的半刚性路面结构,在厚15cm沥青混凝土面层中的剪应力分布状况表明:

①面层内3～8cm范围内的剪应力最大。据高等级道路半刚性路面的温度检测,夏季面层表面下4～9cm的温度最高,因此,中面层是最易产生剪切形变和严重车辙的层位。

②随着轴载增加(特别是车辆超载),不仅剪应力明显增大,而且剪应力的作用深度也增加。即剪切形变更易产生并导致剪切形变的层厚增大,路面的车辙将更严重。

(3)底面层。在柔性路面结构中,底面层的主要作用应是抵抗拉应力的损坏。但在半刚性路面结构中,底面层底面常受压应力作用,即使某些情况下出现拉应力,其值也很小。

1.1.3 沥青混凝土路面的表面使用功能

高等级道路的沥青混凝土路面(以下简称沥青路面)需要满足行驶车辆高速、安全、舒适通行的要求,因此沥青路面必须具有良好的抗滑性能和平整度。

1)抗滑性能

沥青路面层的抗滑性能主要取决于表面层,此外还有两个因素:所用碎石的表面纹理深度;面层的表面构造深度,即表面碎石颗粒间的间隙(宏观粗糙度,或宏观构造)。

(1)碎石的表面纹理深度决定面层的摩擦系数,因此不管采用什么类型的矿料级配,只要碎石的磨光值符合要求,在低速行车时都会有较好的摩擦系数。

(2)面层表面的构造深度(TD),决定车辆高速行驶时摩擦系数的降低百分率。TD值越大,摩擦系数的降低百分率越小;TD值越小,摩擦系数降低的百分率越大。

2)平整度

沥青路面表面平整度是沥青路面主要使用性能之一。它是车辆高速行驶时安全和舒适的重要影响因素,并直接影响沥青路面养护费用的多少及车辆损耗和油耗的多少。平整度越好,沥青路面的养护费用越小,车辆的损耗和油耗也越小。

(1)沥青路面的平整度受很多因素的影响。首先,直接受基层平整度的影响。基层平整度不好,会使面层厚薄不匀和达不到高水平的平整度,面层厚薄不匀会使初始平整度良好的沥青面层开放交通后的不平整度较快增大;而基层的平整度又受底基层平整度的影响,底基层的平整度则受路基平整度的影响。因此,需要从路基开始保证各层的平整度。

(2)半刚性材料底基层和基层的平整度受所用石料的最大粒径、施工工艺和管理水平的影响。

(3)沥青混凝土面层的平整度还受更多因素的影响，包括冷集料的最大粒径、沥青混凝土的拌和均匀性、离析现象、施工现场各个工序的管理等。上述这些因素中，有的直接影响沥青混凝土面层的初始平整度(如沥青混凝土集料的最大粒径，摊铺现场各个工序的管理等)，有的影响开放交通后沥青混凝土面层不平整度(如沥青混凝土的拌和均匀性、离析现象等)。

1.2 公路沥青路面常见病害类型

1.2.1 常见损坏类型及其表现形式

道路开放交通后，沥青路面直接承受交通荷载和自然环境因素的综合作用。随着服务年限的延长，材料逐渐老化，如在荷载与水作用下材料内部结构损坏，在荷载与温度应力作用下产生开裂等，此时沥青路面表面出现坑槽、裂缝、泛油、松散等损坏现象。沥青路面与轮胎相互作用，沥青路面表面的防滑性能逐渐降低，达到一定的程度后，则影响车辆行驶速度、行驶时间、行驶安全和运输费用。

为了评估和预测不同形式的损坏对沥青路面使用与服务性能的影响，需要研究各种损坏产生的原因及其表现形式，并合理地对它们进行分类。

沥青路面的损坏大体上分为两类:一类是结构性损坏，它是沥青路面结构的整体或其某一个或几个组成部分的损坏，严重时便不能支撑车辆的荷载。结构性损坏的结果反映到沥青路面上就是各种形状的裂缝，如龟裂、块裂、纵裂和横裂。通常的沥青路面结构的结构性损坏是在汽车荷载、水和温度应力的共同作用下产生的，属疲劳损坏、一次性损坏，但裂缝有可能是由路基下沉、沥青路面材料品质差、施工工艺控制不严或雨水渗透引起的。另一类是功能性损坏，即由于沥青路面的不平整，使其不再具有预期的功能。这两类损坏都是逐渐积累起来的，但不一定同时发生。沥青路面的各种损坏形式影响到沥青路面表面性能，如局部沉陷、车辙、波浪、桥头跳车等。

沥青路面损坏分以下几类:

(1)裂缝类。龟裂、不规则裂、纵裂、横裂。

(2)松散类。坑槽、松散、麻面、脱皮。

(3)变形类。沉陷、车辙、波浪、拥包。

(4)其他类。泛油、修补损坏。

1.2.2 路面常见病害原因

从外观表现形式上，沥青路面的损坏可分为裂缝、变形、表面损坏和修补 4 类，共 14 种形式。

1)横向裂缝

与道路中线近于垂直的裂缝，有时伴有少量支缝。沥青路面的面层低温收缩或者半刚性基层收缩裂缝是产生横向裂缝的主要原因。裂缝起初大多出现于沥青路面两侧，逐渐发展而贯通全路幅。贯通裂缝沿路大致呈均匀分布。旧水泥混凝土沥青路面接缝的反射作用，会使沥青路面出现横向反射裂缝。

2)纵向裂缝

与道路中线大致平行的裂缝，有时伴有少量支缝。半填半挖路基或沥青路面加宽处，常由于压实不好，路基或基层出现沉降而产生纵向裂缝。沥青混凝土摊铺时纵向施工搭接不好，或者旧混凝土面层纵向裂接缝的反射作用，也会在路中线处出现纵向裂缝。沿轮迹带因荷载重复作用而产生的纵向裂缝，属疲劳裂缝。

3)龟裂

相互交错的疲劳裂缝，形成一系列多边形小块组成的网，形如鳄鱼皮状。龟裂是行车荷载反复作用的结果，其初始形态是在沿轮迹带出现单条或多条平行的纵缝。而后，在平行的纵缝间出现横向和斜向连接缝，形成裂缝网，有时伴随沉陷变形。龟裂的产生，反映出沥青路面的强度不足或承受的行车荷载作用过大；此外，基础排水不良，低温时沥青混凝土变硬或变脆等也可能造成龟裂。

4)块状裂缝

纵向或横向裂缝交错使沥青路面分裂成多边形大块。块状裂缝主要由面层材料的低温收缩和沥青的老化所引起，出现在整个沥青路面宽度范围内。

5)车辙

沥青路面沿轮迹的纵向凹陷称为车辙。施工技术和质量控制差，使沥青混凝土压实不足，或沥青混凝土组成材料和组成设计差，使其的稳定性不足，或轮迹处的沥青路面材料和路基，在荷载反复作用下出现永久变形和侧向剪切位移等均是产生车辙的原因。

6)波浪(搓板)

沥青路面有规律地纵向起伏称为波浪。材料组成设计差，或施工质量差、使面层材料不足以抵抗车轮水平力的作用，是产生波浪的主要原因；或者旧面层已有搓板，而加铺沥青面层时未予妥善处理也会产生波浪。

7)沉陷

沥青路面的局部凹陷称为沉陷。这是由于路基沉降，或者局部开挖后回填土压实不足造成的。

8)隆起

沥青路面的局部凸起称为隆起。冻胀、盐胀、膨胀土胀起，沥青路面材料推移拥起等都可能造成隆起。隆起处有时伴随有裂缝。

9)泛油

沥青混凝土中的沥青向上迁移到路表面，形成一层有光泽的沥青膜。沥青含量过多、沥青混凝土中空隙过少、沥青的高温稳定性差等是产生泛油的主要原因。泛油发生在天气炎热时，而天冷时又不存在逆过程，因而沥青积聚在路面的表面。

10)松散

沥青路面材料(集料和沥青)逐渐从沥青路面脱开并散失称为松散。松散主要是由于沥青混凝土中沥青偏少、沥青与集料间黏结差、或者由于沥青老化而造成的。由于行车的作用，轮迹处的松散通常较为严重。

11)露骨

沥青从沥青路面的表面散失，越来越多的集料外露，使沥青路面的抗滑性能和平整度下降。

12)坑槽

沥青路面中出现的碗状坑洞。坑槽通常是松散龟裂等损坏进一步发展的结果。过量的水分渗入这些损坏处后，一些碎裂的小块面层或基层材料被驶过的车轮带走，使坑槽不断扩大。

13)磨光

沥青混凝土中集料的棱角被磨成圆滑或平滑状称为磨光。这是由于集料不耐磨和车轮反复作用造成的。

14)修补

沥青路面的修补本身并非损坏现象,但它反映沥青路面曾经损坏并已采取过修理措施的面积。修补影响车辆的行驶平稳性和路容美观。

1.3 公路沥青路面常见病害防治及处治方案

由上述分析可见,沥青路面的损坏与沥青混合料的选取、路面设计与施工、交通及气候等因素密切相关。我们应根据其特性来选择合理的养护措施,科学地养护沥青路面。

1.3.1 沥青混合料的优化

1)沥青的选取

选用具有良好的高低温性能、抗老化性能、含蜡量低、高黏度的优质国产或进口沥青,在条件许可的情况下,可在沥青中掺加不同类型的改性剂,以提高其性能指标。

2)集料的选用

集料应选用表面粗糙、石质坚硬、耐磨性强、嵌挤作用好、与沥青黏附性好的集料。如果集料呈酸性,则应添加一定数量的抗剥落剂或石灰粉,确保沥青混凝土中集料的抗剥落性能;同时,应尽量降低集料的含水率,使用人工砂代替圆形颗粒的天然砂。

3)沥青混凝土级配的确定

沥青混凝土的高温稳定性和疲劳性能、低温抗裂性,沥青路面表面特性和耐久性是两对矛盾,相互制约,照顾了某一方面性能,会降低另一方面性能。沥青混凝土配合比设计,实际上是在各种路用性能之间寻求平衡或最优化设计,根据当地的气候条件和交通情况作具体分析,尽量互相兼顾。

我国现行《公路沥青路面设计规范》(JTG D50—2006)中规定,确定最佳的沥青用量是找出马歇尔指标符合要求的共同范围。尽管马歇尔试验比较精密,但难以排除人为及其他有关的环境、操作等因素影响,因此还应参考以前的经验来确定最佳用油量。通过理论与实践相结合,确定配合比最佳沥青用量后,便可检验沥青混凝土是否具有高温稳定性及耐久性。在做动稳定度试验时,一定要控制好料温及试件成型温度,因为它直接影响检验结果的真实性。试验若不满足大于800 次/mm的规范要求,便需重新调整配合比。如果通过调整配合比仍达不到要求,则应采取改性沥青等方法。高等级公路沥青混凝土配合比设计是一项复杂而细致的工作,必须严格控制各个环节。实验室内确定的沥青混凝土配合比还不能作为最终配合比使用,还应结合拌和设备性能、施工控制精度及材料变异情况进行试拌,然后进一步调整直至拌和设备生产出的沥青混凝土指标达到规范规定,方可作为生产配合比使用。

为提高沥青路面使用性能,沥青混凝土级配的确定还可以考虑以下三个途径:第一,改善矿料级配,采用沥青玛蹄脂碎石混凝土(SMA)。第二,改善沥青结合料,采用改性沥青。第三,采用大粒径透水性沥青混凝土(LSPM)柔性基层,以减少车辙和反射裂缝。

1.3.2 沥青路面结构合理设计

1)结构层合理厚度

包括基层与底基层的厚度,面层厚度与集料粒径的确定和层间连接等。

(1)基层与底基层的合理厚度。结构层厚度的确定，设计时考虑最多的是层厚是否满足沥青路面强度的要求。一般来说，基层与底基层每层厚度习惯上设计为18cm和20cm。18cm厚的基层或底基层，施工时压实度容易保证。但是，当灰土厚度达到20cm时，压实非常困难。采用YZ18(50t级)振动压路机进行碾压，层厚达到20cm时碾压非常困难。路基顶面高程，施工时有时稍低于设计高程。为了防止出现夹层，路拌机往往要超拌1～2cm，加上施工误差，设计层厚为20cm时，压实厚度可能达到21～23cm，个别情况下可能达到23～25cm，这时压实是非常困难的。从现场压实度检测试坑中可以看到，厚度为20cm时从顶面以下15cm范围内压实效果很好，而底面的2～5cm压实效果呈略微松散状态。这种现象无论采用什么碾压措施都是不可能消除的，因此设计最大厚度以18cm为宜。

(2)面层厚度与集料粒径的确定。根据美国Superpave的定义和《公路工程集料试验规程》(JTG E42—2005)规定，集料最大公称(名义)尺寸，是指可能全部通过或允许有少量不通过(一般容许筛余不超过10%)的最小标准筛筛孔尺寸。我国以往的规范中，往往将公称最大粒径直接简称为最大粒径，没有严格的区分。一般来说，沥青混凝土的最大粒径与层厚的比值越大，越容易出现离析现象，而且越不容易碾压密实。因此，我国《公路沥青路面施工技术规范》(JTG F40—2004)规定：上面层沥青混凝土的集料最大直径不宜超过层厚的1/2，中下层及连接层的集料最大粒径不宜超过2/3层厚。工程实践中，通常层厚取最大粒径的2.5倍左右、公称最大粒径的3倍左右。

(3)层间连接。沥青路面裂缝处出现唧浆现象，主要是层间连接不紧密。缝隙可供水浸入，层间夹有浮灰或松散细颗粒。水进入层间缝隙后，在行车荷载反复作用下，对缝隙产生重复冲刷即形成唧浆，其结果使缝隙处结构层强度相应降低，以致形成空洞，最终使路面损坏。

为了避免上述现象的发生，在基层顶面进行下一层结构层施工前，应将表面浮土清扫干净，并适度湿润。在水泥稳定层或石灰、粉煤灰稳定层上进行结构层施工时，要将表面松散颗粒和浮灰清扫干净。灰土与基层和基层与基层间的连接，建议喷洒1∶0.5的水泥浆；基层与面层结合面，在喷透层后加做防水层或喷洒黏层；在面层之间洒黏层油，使结构层连接成类似全厚式的结构体系整体，这样对受力和防止水损坏都具有非常好的作用。这样做虽然增加少量的工程造价，但使沥青路面的使用性能明显提高和使用寿命显著延长。在河北石黄高速公路沥青路面工程施工时，在分层摊铺的水泥稳定级配碎石层间喷洒了1∶0.5的水泥浆，钻芯取出的芯样十分完整，两层连接紧密；在面层之间洒黏层油，芯样三层紧密连接在一起，跟一层摊铺的没有多大区别，要从层间连接处断开，必须用电锯切，可见其效果是非常明显的。

2)加强沥青路面的防水设计

为防止沥青路面因水而引发早期损坏，除要求路基、沥青路面必须具备足够的稳定性和强度外，还要求沥青路面有较好的排水性能。为此，沥青路面排水设计应成为沥青路面设计中的重要内容。沥青路面排水可分为路表排水和结构排水。路表排水是指水沿横坡和路线纵坡所合成的坡度漫流到路基边坡，然后进入路基边沟，排出路基之外。这点在一般沥青路面排水设计中都已考虑到。而沥青路面结构排水，在现阶段的设计中考虑得还不够充分。下面着重介绍结构排水。

(1)设置沥青面层防水层。在沥青路面面层结构组合设计中，应将其中一层按密级配(不透水层)要求来考虑，或专门设置一层隔水层来防水，以减少面层渗水。

(2)设置沥青下封层。为防止面层渗水滞留在基层表面，使基层表面软化，宜在干净的基层表面上设置一层沥青薄膜下封层，一方面减少基层直接受到水的渗入，另一方面形成一个光滑的界面，以利于渗入基层的水排出。

(3)搞好硬路肩排水设计。设置平路缘石，硬路肩横坡应较沥青路面横坡大0.5%～1%，以使路表横向流水排泄顺畅。在硬路肩下设置垫层或横向盲沟，将沥青路面结构内的水通过路肩排水引出路基之外。

(4)软地基与高填土路基的横坡排水设计。由于路基沉降，沥青路面也随之沉陷，横坡减小，严重时会出现平坡甚至倒坡现象，因此可在设计规范的基础上增加0.5%～1%的预拱度，以抵消沥青路面横向联合坡度的损失，保证沥青路面水能够顺利地向外排泄。

(5)中央分隔带和高护坡的排水设计。有中央分隔带时，应考虑沿界面水的排出，弯道处的中央分隔带应设置纵向排水沟，既排路表水，又排下渗水。

3)选用合理的基层和底基层结构

实践证明，因为半刚性基层材料强度高、水稳性好、刚度大，是高等级公路的合适基层。目前，常用半刚性基层有石灰土、二灰碎石、水泥稳定碎(砾)石等。依据典型沥青路面结构调查，在潮湿地段和挖方路段，沥青路面早期损坏比较严重，这是因为：

(1)灰土必须在有空气、有一定湿度的条件下，经过一个月左右的养生时间，板体强度才能逐步形成。若在灰土铺筑后，立即在其上面铺筑其他结构层，由于隔断了空气，灰土强度很难形成。若在过湿条件下，强度更难形成。

(2)实践证明，灰土层并不隔水，且由于水的作用，易造成软化、唧浆等情况，使基层强度降低，加速沥青路面面层损坏。为此，在潮湿路段，如是填方，采用砂砾垫层来隔断水；如是挖方，则要用水稳性较好的水泥石灰综合稳定土或二灰综合稳定土做垫层。

从典型结构调查来看，过干或干燥地区，石灰土底基层的强度和模量高出设计值的2～3倍，证明在过干或干燥的地区采用石灰土做底基层是合适的。基层、底基层作为承重层必须保证达到一定厚度，并满足防冻层的要求。

4)采用新型结构形式

如多碎石沥青混凝土、沥青玛蹄脂碎石混凝土、大粒径透水性沥青混凝土、纤维混凝土、土工合成材料加筋沥青混凝土、半刚面层、复合路面结构等。

(1)多碎石沥青混凝土(SAC)。为了保证在大交通量的情况下，车辆在高速公路上能安全、舒适地通行，沥青路面的面层必须有良好的抗滑性能。传统的Ⅰ型、Ⅱ型沥青混凝土都不能满足沥青路面使用性能的要求，对此，国家"七五"课题研究结果提出了多碎石沥青混凝土(SAC)。这是一种骨架密实结构，较好地解决了上述问题。国内研究统计资料显示，SAC-16混凝土的稳定度可达到传统AC25-I型混凝土的2.67倍，表面构造深度TD一般都在0.8～1.1mm之间，最大可超过1.2mm。实践证明，SAC除了有优良的摩擦系数和表面构造深度，还具有优良的抗车辙能力。

(2)沥青玛蹄脂碎石混凝土(SMA)。20世纪60年代初，德国为抵抗带钉轮胎的磨耗开发了SMA。由于其耐磨性好，1984年德国正式制定了SMA规范，在国内推广应用。此后，欧洲一些国家也开始应用SMA。美国于1991年开始铺筑试验路，到1996年底已经在多数州铺筑了试验段。1993年，我国在首都机场路和广佛高速公路上用SMA做沥青路面的面层，随后许多省采用铺筑SMA路面。

SMA是Stone Mastic Asphalt的缩写，是一种间断级配的沥青混凝土，是由沥青玛蹄脂填充碎石骨架组成的骨架嵌挤型密实沥青混凝土。由于粗集料(大于4.75mm)碎石相互接触形成碎石骨架有良好的传力功能，所以SMA有高抗车辙能力。同时SMA有较多的沥青砂胶包裹于集料表面形成相当的厚度,因此 SMA 有较高的抗疲劳强度、抗老化能力、抗松散性和很好的耐久性,特别适合需要高摩擦力的位置,如环道、交叉口等。

(3)大粒径透水性沥青混合料 LSPM 结构。大粒径透水性沥青混合料(Large-stone Porous asphalt Mixes,简称 LSPM)就是最大集料公称粒径大于 26.5mm,从级配上看,主要是由较大粒径(26.5~52mm)的集料和一定量的细集料组成,其最大一档集料含量通常在 50%以上,形成的混合料是"单粒径骨架连通空隙结构"。空隙率一般处于 13%~18%之间,采用黏度较高的改性沥青保证沥青膜厚度,使其具有良好的透水性,抗车辙和抗反射裂缝能力以及较好的抗疲劳性能。

LSPM 粗集料能形成良好的石—石接触,发挥骨架作用,在车轮荷载不断碾压或冲击下,不会产生较大变形,集料间产生相对移动的可能性较小或产生的过程较慢,因此,高温累计变形(车辙)较小。LSPM 承载能力高的原因是,在同等的沥青路面厚度或轮载作用范围内,由于 LSPM 比普通 AC 粗集料粒径大,一方面容易产生错动、滑动的小集料接触面数量减少,而且粗集料传力方向明确且容易传力至基层,从而减少了斜截面上的剪切应力,提高了抗剪强度。这也是 LSPM 与普通 AC 承载机理的主要区别之一。

LSPM 通常铺筑在沥青路面的面层下面,其上的细集料表面层,在保证必需的铺筑厚度和压实性的前提下,应当尽可能减薄其厚度,以便最大限度地发挥 LSPM 抗车辙能力。大粒径集料的增多和矿粉用量的减少,使得在不减少沥青膜厚度的前提下,减少了沥青总用量,从而降低了工程造价。

(4)纤维沥青混凝土。在沥青混凝土中掺加纤维,以改善沥青混凝土的性能,提高沥青混凝土的高温稳定性、低温抗裂性、抗疲劳性、柔韧性、抗剥落性、抗磨耗性和水稳性,以及抵抗反射裂缝等方面都有很好的功效。应用比较广泛的是聚脂类纤维博尼维(Bonifibers)、聚丙烯腈纶纤维德兰尼特(DolanitAS)。国外的研究和应用实践表明,加筋纤维使沥青混凝土性能得到了提高,如疲劳寿命提高了 25%~45%,车辙减少了 45%~53%。沥青中酸性树脂组分是一种表面活性物质,它在纤维表面产生的物理浸润、吸附甚至化学键作用,使沥青呈单分子状排列在纤维表面,形成结合力牢固的"结构沥青"薄膜。由于纤维直径细,纤维的加入使沥青用量增加,沥青膜增厚。较厚的沥青膜减慢了沥青老化速率,从而可长时间地维持其黏弹性,降低沥青的温度敏感性,改善沥青混凝土的高温和低温性能。纤维均匀分散在集料之间,使沥青矿粉不能形成胶团,减少油斑出现的几率。

短纤维在沥青基体内的分布是三向随机的,形成纵横交织的空间网络。纵横交错的纤维形成的纤维骨架结构网跨越沥青混凝土中的孔隙及裂纹,形成"桥架纤维",使得裂纹扩展的能量释放率减小,对沥青基体裂纹扩展起到阻滞作用,使沥青胶浆大大提高裂纹的自愈能力,增强了弹性恢复,减缓了车辙的加深速度。

由于三维随机各向短纤维阻滞了裂纹的扩展,增加了弹性恢复,减缓了亚临界扩展,延长了材料失稳扩展、断裂出现的时间,因而材料抗疲劳强度得到明显改善。

(5)土工合成材料加筋沥青混凝土。沥青路面初期产生的裂缝对沥青路面的使用性能无明显影响,但随着雨水或雪水的侵入,沥青路面强度明显降低,在行车载荷的作用下,产生剥落、唧浆、坑槽等损坏现象,因而,沥青路面的裂缝问题就和沥青混凝土的高温稳定性、低温抗裂性、耐久性等成为沥青路面设计中必须考虑的问题。为解决这一问题,道路工作者进行了很多尝试,并取得了很好的效果。如用土工合成材料加强沥青路面的面层、克服其性能上的不足,是非常有效的方法之一。土工合成材料在沥青路面结构中能够以较大的变形吸收应力,扩散应力分布范围，从而减少应力集中，裂缝的扩展角也有所增大，即裂缝会沿着更长的路径到达面层表面，增强了延缓裂缝作用。当格栅加入沥青混凝土后，由于集料能穿过格栅的网状结构形成一个复合的力学嵌锁体系，格栅与沥青混凝土由于网孔的作用而相互嵌锁，限制了集料的位移，使格栅与沥青混凝土间的相互作用不只是表面摩擦，从而保持了矿质骨架的稳定，减少了变形，增强了抗车辙能力。试验表明，从减少反射裂缝和车辙的角度看，加铺格栅可以使沥青路面使用寿命提高3倍以上；就疲劳开裂而言，可延长路面使用寿命约10倍。

(6)半刚性面层。近年来，为了克服沥青路面高、低温性能上的不足，吸取刚性沥青路面的优点，国内外很多学者进行了大量研究，开发出半刚性沥青路面，即水泥—沥青复合材料面层。它是利用无机(水泥)—有机(沥青)复合技术开发的具有特殊微结构的新型沥青路面材料铺筑而成，是介于刚性和柔性沥青路面之间、路用性能更趋合理的一种新型沥青路面结构。

(7)RCC+AC复合式沥青路面结构。随着刚性基层沥青路面施工工艺的不断发展，20世纪70年代中后期，美国、加拿大率先开始研究碾压混凝土沥青路面、碾压水泥混凝土RCC(Roller Compacted Concrete，简称RCC)路面。RCC是一种含水率低、通过振动碾压达到高密度、高强度的水泥混凝土。其特干硬性的材料特点和碾压成型的施工工艺特点，使碾压混凝土沥青路面具有节约水泥、收缩小、施工速度快、强度高和开放交通早等技术经济上的优势。但RCC沥青路面平整度差，难以形成粗糙面，汽车高速行驶时抗滑性能下降较快。平整度、抗滑性和耐磨性三方面的不足，使其难以在高等级公路上得到广泛应用。随着沥青路面结构研究的不断深入，修筑碾压水泥混凝土与沥青混凝土(RCC-AC)复合式沥青路面，能有效地解决RCC抗滑性、耐磨性和平整度的三大难题，从而使性质截然不同的两种类型(RCC与AC)沥青路面以复合的形式达到了高度统一与和谐。

RCC-AC复合式沥青路面结构层中，沥青混凝土层在一定厚度范围内可改善行车的舒适性。因此，随着沥青混凝土厚度的增加，下层RCC板的平整度可适当放宽，这样便于不同类型RCC沥青路面的施工。此外，这种新型沥青路面结构对下层的RCC材料要求也可适当放宽，如可掺加适量粉煤灰或用低强度水泥、地方性非规格集料等材料，并可不考虑抗滑和耐磨性能，从而造价得以降低。

1.3.3 科学施工，确保施工质量

沥青路面质量的好坏，除与结构设计、材料组合有关外，还与施工的工艺和管理有很重要的关系。通常说，“工程质量是施工做出来的”，所以施工对公路工程质量起保证作用。

沥青路面施工必须按全面质量管理的要求，建立健全有效的质量保证体系，实行目标管理、工序管理，明确岗位责任制，对施工的全过程、各阶段每道工序的质量进行严格的检查、控制、评定，以保证达到规定的质量标准。要以分项工程、分部工程、单位工程逐层的质量保证来最终保证建设项目的整体质量。

1)加强对原材料的检验工作

材料的质量是沥青路面质量的保证。沥青路面早期损坏，材料不合格是原因之一。

(1)施工开始前及施工过程中，发现材料来源、规格变化时，应对材料的质量进行全面检查。检查的主要内容有：

①材料的质量是否符合要求。对质量不合格的材料，不准运入工地，已运入工地的，必须限期清除出场，绝不能使用。

②由于一项公路工程往往使用多个不同料场或分几次购入材料，故必须以“批”为单位，每

批都要进行检查。

③材料的数量、供应来源、储存堆放等也要进行检查。

(2)检查方法。对原材料的检查,其方法如下:

①按施工单位质量保证体系逐一进行自检。

②驻地监理工程师在施工单位自检的基础上,进行抽验。

③质量监督部门加大监督力度。

2)加强沥青混凝土材料配合比的控制

如上所述,材料配合比对保证沥青混凝土质量十分重要,必须严格控制。

(1)施工单位自检体系要严格控制材料规格、用量和矿料级配组成以及沥青用量。

(2)沥青混凝土的沥青用量,应按马歇尔稳定度试验确定,并应在施工过程中经常校验。施工中自始至终用一次马歇尔稳定度试验来控制质量是不合理的。

(3)驻地监理工程师应对马歇尔稳定度试验、材料规格、用量等进行抽检。

3)施工前设备检查

机械设备是保证沥青路面施工质量的又一个重要因素,特别是高速公路等高级沥青路面,没有先进、配套的机械设备,是修不出符合质量标准的沥青路面的。因此在沥青路面施工前,驻地监理工程师必须对拌和、摊铺、压实等施工机械设备的配套情况、性能、计量精度等进行严格检查,对不符合要求的机械设备,应责令施工单位限期更换,直至符合要求后才可下达开工令。

4)铺筑试验路段

铺筑试验路段的目的在于验证施工方案的可行性。通过铺筑试验路段来修改、充实、完善施工方案和技术练兵,以利指导生产。

驻地监理工程师应监督、检查试验路段的施工质量,与施工单位商定有关正式工程施工时的技术措施、工期安排和质量保证体系等。

热拌热铺沥青路面试验路应解决以下一些问题:

(1)确定施工机械设备的型号、数量和组合方式。

(2)确定沥青混凝土拌和机的上料速度、拌和数量、拌和时间、拌和温度等操作工艺。

(3)确定透层油的沥青标号、用量、喷洒方式和温度。

(4)确定沥青摊铺机的摊铺温度、速度、宽度和自动找平方式等操作工艺。

(5)确定压路机的型号、压实顺序、碾压温度、作业速度和遍数等压实工艺。

(6)验证沥青混凝土配合比,提出生产用的矿料配比和沥青用量,确定沥青混凝土的松铺系数、接缝方法等。

(7)测定密实度的对比关系(钻孔法与核子密度仪法对比),确定压实标准密度。

(8)全面检查材料及施工质量。

(9)确定施工产量、作业段长度,修订施工进度计划。

(10)确定施工组织、管理体系、质量自检体系、人员、通信联络、指挥方式等。

5)加强施工过程中的质量管理与检查

施工过程中的质量管理与检查,对保证公路工程,特别是沥青路面的质量十分重要。

(1)施工单位的质量监督检查人员应跟班对施工质量进行自检和对各种施工材料进行抽验。

对沥青混凝土的拌和温度、均匀性、出厂温度进行检查,并取样进行马歇尔稳定度试验;检测沥青混凝土的矿料级配和沥青用量。对于拌和温度过高，致使沥青老化的沥青混凝土，应予废弃或另作他用。

铺筑现场必须检查沥青混凝土质量、施工温度(摊铺温度、压实温度)、沥青层厚度、压实度、平整度。

(2)驻地监理工程师应按规定频率进行抽验或旁站检验，并及时对施工单位自检结果检验报告进行检查签认，发现异常情况，应追加试验检查或立即报告。

(3)质量监督部门要随机进行中间质量检查、评定，发布质量动态。

1.3.4 沥青路面损坏的处治方案

随着公路投入运营时间的延长、车辆超载，沥青路面损坏终究要出现，所以必须对沥青路面损坏进行处治，以恢复其使用性能。处治之前要对病害进行实地调查;然后，参照沥青路面养护管理系统提供的方案，根据损坏的类型、面积的大小、施工难易程度、交通量的大小等确定最佳处治方案，确保沥青路面养护工作快速、优质、高效和安全。

(1)机械化灌缝作业修补。对于单条纵向或横向裂缝，一般可进行灌缝处治。

(2)局部坑槽、松散等机械化修补。对于小面积的坑槽、沉陷、松散、龟裂等，一般要进行坑槽修补。

(3)冷铣刨—热摊铺机械化修补。对于较大面积龟裂、沉陷、严重车辙、桥头涵顶跳车、桥面脱落、局部沥青路面翻修等，要对原沥青路面进行铣刨找平，然后进行热拌沥青混凝土摊铺处治。

(4)沥青路面机械化封层和罩面。对于大面积龟裂、车辙、松散且沥青路面平整度、抗滑性能下降(路面强度)等，需要进行封层和罩面处治。

(5)沥青路面再生和利用。对于较大面积的修补或翻修、罩面，一般要考虑废旧沥青混凝土的再生和利用。

1.4 公路沥青路面养护机械管理

1.4.1 沥青路面养护作业内容

现代公路养护离不开养护机械，亦即养护机械技术水平的高低，决定了公路的养护质量，最终表现为公路服务于用户的满意程度——可靠性、安全性、便捷性、经济性和舒适性。

沥青路面的养护作业可分为日常巡视与检查，养护、小修，中修，大修，改建和专项养护工程等，其具体内容如下。

(1)日常巡视与检查。其内容包括：

①沥青路面上是否有明显的坑槽、裂缝、拥包、沉陷、松散、车辙、泛油、波浪、麻面、冻胀、翻浆等病害，其危害程度及趋势。

②沥青路面上是否有可能损坏沥青路面或妨碍交通的堆积物。

(2)养护、小修。养护、小修可分为日常养护和小修两项工作内容。

①日常养护。其内容有：

a. 清扫沥青路面泥土、杂物。

b. 排除沥青路面积水、积雪、积冰、积砂、铺防滑料等。

c. 拦水带(路缘石)的刷白、修理等。

d. 清理边沟、维修护坡道、培土等。

②小修。其内容包括:修补沥青路面的泛油、拥包、轻微裂缝、横向裂缝、坑槽、沉陷、波浪、局部网裂、松散、车辙、麻面、啃边等病害。

(3)中修工程。中修工程的内容有:

①沥青路面整段铺装、罩面或封面(稀浆封层)。

②沥青路面局部严重病害处理。

③整段更换路缘石或维修路肩。

(4)大修工程。大修工程的内容包括沥青路面的翻修、补强等。

(5)改建工程。改建工程的工作内容有:

①提高沥青路面等级。

②补强。

③加宽。

④局部改线。对不适应交通要求、不符合路线标准的路段,通过局部改线,提高公路等级,使其符合技术标准要求。

(6)专项养护工程。

1.4.2 沥青路面养护机械分类

根据沥青路面养护作业内容,沥青路面养护机械分类如下。

1)日常巡视与检查仪器设备

通过仪器设备对沥青路面的现状和使用服务性能进行检测,并作出正确的评价,以判定和实施正确的养护策略和计划。使用的方法和仪器设备有:

(1)人工目测,也可以使用直尺、测绳、水准尺或摄像机检查,计算确定沥青路面病害的类型、程度,以及其他设施的损坏情况。

(2)测定沥青路面承载能力,可用弯沉测定法,结合采用实地开挖试坑、分层取样试验。用弯沉仪测弯沉值。

(3)检测沥青路面平整度。除用直尺、测绳、水准尺测量计算外,也可用直尺静态断面仪、法国的 APL 断面分析仪等检测。

(4)测定沥青路面的抗滑能力。一般采用摆式摩擦系数测定仪、抗滑阻力测试仪、纹理深度量测仪、五轮仪以及电子显微镜等(表 1.4-1)测定。

沥青路面养护日常巡视与检查仪器设备 表 1.4-1

序号	设备名称	规格、基本性能	用途	备注
1	自动沉弯仪	测试速度 3km/h,最高行驶速度 70km/h,分辨率 ±0.01mm	评价沥青路面承载力	静态
2	横向力系数测试车(SCRIM)	测试速度 50~80km/h,配测试轮水箱、微机数据处理系统	连续测沥青路面摩擦系数	
3	便携式摆式机(SRT)	BS-1 型,摆值 0~100	人力随时检查沥青路面摩擦系数,评价抗滑能力	
4	沥青路面标线反光测定仪(便携式)	点测时间 10s,质量 10kg,可白天测试,带标准色对板 18V、10A/h 电池组	调查标线反光作用变化及更新时间	

续上表

序号	设备名称	规格、基本性能	用途	备注
5	激光沥青路面构造深度仪，分便携式、车载式两种	JTC型，测速3～5km/h，显示精度±0.1mm，测试范围20mm，每10mm打印一个平均构造深度。测试速度30～90km/h，显示精度±0.1mm，自动测量及数据处理	测平均构造深度，评价抗滑能力	对高速公路不太适用
6	倾覆累积仪(BVMP)（车载式或拖式）	测试速度20～65km/h，最少读数1cm，连续测量，自动数据处理	测倾覆指数(cm/km)，评价平整度	舒适反应型
7	快速路形测定仪	HSP型，具有接触式和激光非接触两种，测试速度30～72km/h，分辨率1mm，磁带记录长度100km	侧纵向、横向不平度	直接测量
8	公路巡视车	行驶速度大于80km/h，附小型检测仪，如摆式仪、直尺等，设置紧急警示标志	检查记录公路综合状态（一般型小汽车）	观测
9	桥梁检测车	轴载质量2～4人，最大能检查厚7cm、水平距离12～16cm的桥，行驶速度如一般载货汽车，带电视摄像记录技术装置	观测桥梁各部位	观测
10	桥梁测试车	静、动态加载，自动数据处理系统	测动、静态应变，评价承载能力	测应变
11	车辆数据测试设备	可在任何地点、时间测定，车辆种类、轴载、车距等交通数量数据自动处理	测交通量参数，监视超重车辆	
12	车辆行驶测试车	测量车辆行驶时间、里程、油耗、启动停车次数等，数据自动处理	测车辆行驶状态，评价公路运行质量	插入车流中
13	集成检测车	沥青路面弯沉测定，沥青路面平整度测定，沥青路面摩擦系数测定，沥青路面纹理系数测定，沥青路面状况测定		观测

2)小修、养护机械

沥青路面小修、养护作业包括：清理行车道、路缘、排水沟，维护、修理或更换交通标志、标线、信号灯、安全护栏、照明装置、通信装置等附属设施；剪树、修草、维护路边绿化带；沥青路面的小面积修补及罩面等。这些工作有的是依靠人工使用一些小型机具来完成，有的则需配置一些专门的养护机械，如沥青路面清扫车、洒水车、撒盐车、沥青路面标线画线车、沥青路面修补车、多功能养护车等。

多功能养护车是在一台基础底盘上配备有机械、液压、气压或电力等动力输出接口和作业单元的综合设备，可以快速换装不同的工作装置，以完成多种作业。

在我国北方公路养护中，还包括清除道路的冰雪，所用机械有：转子式除雪车或犁式除雪车、除雪平地机、推雪机、扫雪车、融雪车、防滑撒布车及冰层处理机等（表1.4-2）。

沥青路面小修、养护机械　　表1.4-2

序号	机械	规格、基本性能	用途
1	沥青路面清扫车	清扫宽度2～2.5m，垃圾箱容积大于3m^3，清扫速度大于60km/h，要求吸扫结合，垃圾自卸	清除垃圾、赃物及浮土、浮尘
2	沥青路面标线自动画线机	画线速度10～80km/h，漆罐容量3 000～4 000L，热塑料粉4 000～5 000kg，要求具有多种功能，可画常温标线漆、加热标线漆、漆热熔标线漆，具有加玻璃珠能力，可画单线、双线、间断线；电脑控制、自动跟踪、自动定向	画路正标线

续上表

序号	机　　械	规格、基本性能	用　　途
3	多功能维修养护车	(1)底盘：发动机功率90kW，行驶速度0.1～90km/h，全轮驱动，前后均有机械、液压、气压等动力输出快速悬挂装置及气、电、液控制系统 (2)可装配的工作装置有：割草装置、树枝修剪装置、清扫装置、高空作业装置、起重装置、挖沟装置、挖坑装置、救援装置，喷洒装置、拖挂车、平板车、推土、挖掘装置等	(1)沥青路面清扫除雪 (2)标牌护栏清刷 (3)绿化养护 (4)撒盐、洒水 (5)起重抢险 (6)牵引事故车 (7)运送小型养护机械
4	沥青路面修补车	行驶速度大于60km/h，成品沥青混凝土保温箱3t，沥青桶容量200L、300L，要求带压实装置、切挖装置、喷洒装置，乘员3～4人	修复坑槽、裂缝、桥头、台阶
5	移动标志车	行驶速度大于70km/h，要求带发电机、反光标志牌、反光标墩等	施工中临时安全标志
6	抢险排障车	行驶速度大于70km/h，承载能力5t，拖动能力20t，要求配备：起吊装置、平板拖车、解体机具、消防灭火器具	处理事故障碍
7	救护车	具有抢救和护送伤员能力和设备	抢救事故伤员
8	砂浆灌注机	带钻机装置、砂浆料仓、砂浆搅拌器、砂浆压注装置	修补水泥沥青路面沉降错位、唧浆
9	裂缝修补机	带清缝、扩缝、填缝装置	修补较大裂缝，更换水泥沥青路面接缝
10	微型道路沥青路面修补用活动组装桥	长80～90m，宽3～3.5m；作业空间：长×宽×高＝6×3.25×1.9(m)；通过车速40km/h，通过轴载质量3t；各组机具有4轮驱动，4轮转向，要求能快速组装和拆卸，组装的微型道路可小规模移动，移动速度3km/h	各种伸缩缝接头修补、沥青路面修补、栏杆等养护作业时不阻断交通的临时通过桥，桥下桥侧可进行作业
11	化学融剂撒布车	轴载质量5～8t，撒布量5～20g/m^2，最大撒布宽度13m，撒布速度40～60km/h，要求前后驱动桥，液体及固体消化剂均能适应，带撒布量及宽度控制器	消除50mm以下薄雪或在降雪前、降雪时作消冰防冰用
12	除雪车	(1)除雪车：除雪速度20～40km/h，最大除雪宽度3m，最大除雪厚度300mm，行驶速度70km/h。全桥驱动，带推雪板 (2)螺旋除雪机：除雪量500m^3/h，抛雪距离20m以上，最大除雪厚度1.5m，除雪宽度2.6m，行驶速度0～40km/h	消除厚度较小的新雪
13	各种小型养护机具	手推式动力剪草机、修树机、喷漆机、平板夯、画线机、搅拌机	大型机械无法施工的养护作业

3)面层修复机械

沥青路面的面层修复，主要是修复或更换磨损、变形、损坏的表面层及沥青路面补强。对小的轻微沥青路面病害，可采用填补裂缝、局部修补、封层等方法进行修复。对于大面积，特别是病害较严重的沥青路面，则采用面层更换法、封面罩面法、车辙修补法、沥青路面再生法修复，其方法及所用机械如下：

(1)面层更换法。面层更换法是把旧沥青路面破碎清除，重新摊铺新的面层。所使用的机械有破碎机、铣刨机、沥青混凝土拌和机、沥青摊铺机、压路机等。

(2)封面罩面法。封面是在路表面采用喷油层铺或沥青混凝土拌铺，以封闭表面破损。罩面是在沥青路面上加铺一定厚度的新面层或者是先将缺陷部分铲除，再加铺新料，即切削罩面法。

封面罩面法使用的机械有：稀浆封层机、吸式清扫机、铣刨机、装载机、沥青混凝土拌和机、撒布机、沥青摊铺机、压路机等。

(3)车辙修补法。车辙修补多采用切削填补法，即将车辙部分铲除，再填上新料。此法采用的机械有：沥青路面加热机、铣刨机、沥青洒布机、沥青混合料摊铺机、压路机等。

(4)再生法。将旧沥青路面铣刨，按需要重新组配拌和后使用。再生法分厂拌再生和现场再生。

厂拌再生是把铣刨下的废料运到沥青混凝土拌和厂，经破碎筛分后用再生拌和机重新加热并添加必要的新料及添加剂，搅拌成新的沥青混凝土。使用的设备有：内外双滚筒再生拌和机、新旧料分开加热的双滚筒再生拌和机、热扩散型燃烧室再生拌和机、滚筒中间加旧料再生拌和机、细腰式滚筒再生拌和机等。

现场再生是用移动式沥青路面再生机在需要修复的路段上一次通过、完成沥青路面翻新技术。现场再生分现场热再生和现场冷再生。

沥青路面的面层修复机械见表 1.4-3。

沥青路面的面层修复机械 表 1.4-3

序号	机械名称	规格、基本性能	用途
1	专用路面破碎机（共振式）	发动机功率 147～220kW；破碎能力 15～30cm 厚，无筋水泥面板 100～300m²/h；20cm 厚沥青路面时，200m²/h；破碎后最大块径小于 300mm，自行速度大于 40km/h	用于面层更换法、水泥路面罩面法中破碎路面
2	路面切削机（冷铣刨机）	切削宽度 1.5m、2m、3m；切削速度 0～30m/min，最大切削速度 200mm；带切料回收装置、自动调平装置	用于切削罩面法、旧路再生法
3	沥青旧料再生搅拌设备	(1)生产能力为 60～80t/h，间歇强制搅拌再生设备，旧料添加为 30%～50% (2)生产能力为 100～200t/h，滚筒式再生设备，旧料添加比例 75%～100%	旧料再生利用
4	沥青路面就地再生机组	(1)再生重铺机，作业宽度 3～4.5m，作业深度 0～60mm，功率 182kW，带自动找平装置及加热器 (2)接缝再生机，作业宽度 300mm，作业深度 0～40mm，带先进的加热装置，功率 20kW (3)冷再生重铺机，作业宽度 3～4.5m，作业深度 0～100mm，带自动找平装置	一个车行道或整条路面再生修复，修复开裂的接缝
5	稀浆封层机	摊铺宽度 3.5～4m，作业速度 3～5km/h，载轴质量 20～30t，带自动控制系统	砂浆表处
6	路面铣刨机	切削宽度 800mm，切削深度 50mm，带切料回收及自动调平装置	车辙修补
7	车辙摊铺机	两摊铺带，摊铺宽度(2×800)mm，摊铺密实度达 98%	车辙修补

4)抗滑能力恢复机械

沥青路面抗滑能力的降低主要是由于车轮的磨光、泥浆污染、粉尘的黏封以及雨、雪、水等天气原因造成的；另外，沥青路面施工不当也会降低沥青路面的抗滑能力，如沥青路面的泛油等。恢复沥青路面抗滑能力的方法和机械如下：

(1)切削凿毛法。使用沥青路面凿毛机，恢复沥青路面粗糙的纹理结构，增大摩擦系数。此法对水泥沥青路面和沥青路面都适用。

(2)刻槽法。用圆盘的金刚石刀片，碳化钨冲头等在沥青路面上切成窄槽。此法用于水泥沥青路面，若用于沥青路面则耐久性较差。

(3)高压喷水法。用高压喷水冲刷沥青路面，使部分表层粒料剥离，增加沥青路面表层的粗糙度。高压喷水还可以清除沥青路面黏结的泥浆和制动胶痕等。

(4)石屑压入法。将沥青路面加热，然后均匀地撒铺石屑或黑色碎石，并及时碾压，留约1/4高度外露在表层，形成一种特殊的抗滑表层。使用的机械有：沥青路面加热机、石屑撒布机、运料机、压路机等。另外，沥青路面的面层修复如封层、罩面、翻新等都可以恢复沥青路面的抗滑能力。沥青路面抗滑能力恢复机械见表1.4-4。

抗滑能力恢复机械 表1.4-4

序号	机械名称	规格、基本性能	用途
1	沥青路面凿毛机	工作宽度2m，凿击深度0～3mm，工作速度80km/h。抗滑能力恢复值$F \geqslant 47$，TD≥0.4	恢复沥青路面抗滑能力
2	洒水车(高压洗净车)	水箱容量大于20 000L，扫刷宽度2 000mm，高压喷头压力20～40MPa，行驶速度大于60km/h，带扫刷低压泵1个，高压泵2～4个	清除泥浆粉尘沉积物、制动胶痕、沥青路面降温、植物浇水
3	石屑摊铺机	摊铺宽度2～4.5m，可调	沥青或水泥面表处

1.4.3 沥青路面养护机械配置

1)养护机械化的意义

沥青路面养护机械化，一方面作为实现养护目标的基本物质手段，必须与养护工艺和内容相适应，服从并按时完成养护作业计划，是实现养护材料与工艺完美结合的保证；另一方面，是一个由多种机械构成的管理系统和使用过程，有其自身的特点、运动规律和知识体系。沥青路面养护机械化在公路养护理论体系中成为与养护管理理论、养护工艺等并重的内容。

沥青路面养护机械化的水平是公路养护现代化的重要标志之一。它关系到公路养护作业的速度、质量和效益，关系到养护机械的投资效益和养护作业成本，以及工人的劳动效率和社会地位等许多方面。由于沥青路面养护作业工序间的相互作用关系，沥青路面养护机械化应是一个具有有机联系的、高效的综合机械系统及作业过程。沥青路面养护机械化是公路养护作业体系中主要和辅助的生产劳动过程均由技术参数相互协调的配套机械系统，在规范的组织管理体系保证下，该机械系统能在给定的作业条件下，以最佳的技术经济指标，保证沥青路面养护作业的质量和速度。

沥青路面养护机械化的概念表明：一方面，沥青路面养护机械的设计和配置必须充分满足沥青路面养护作业规范要求和作业条件，机械化作业必须符合养护作业的质量和速度要求，必须有规范的组织管理体系；另一方面，沥青路面养护机械的使用和管理只有符合机械运行的规律，才能最大限度地发挥沥青路面养护机械的技术经济效益。

2)沥青路面养护机械装备结构

沥青路面养护机械装备结构指养护机械化系统内的各种比例关系，它主要包括：机械化养护与人工养护的比例关系；路基、沥青路面及人工构筑物等方面养护机械的比例关系；装载、运输机作业机械的比例关系；先进、中等与一般机械的比例关系；大、中、小型机械的比例关系；养护机械与维修设备的比例关系；机械技术水平与人员技术水平及管理水平的协调关系等。

合理的沥青路面养护机械装备结构一般应符合以下几方面的要求：

(1)具有技术先进性。沥青路面养护机械装备的总体水平应与当代社会发展的平均水平相适应。技术上的先进性，一方面是指机械的生产效率、可靠性、能耗水平、维修性及环保性等应具有良好的指标数值；另一方面是指新旧机械合理的比例。

(2)具有良好的适应性。沥青路面专用养护机械应能充分满足相应的沥青路面养护工艺的特殊要求，其作业能力、质量和速度应符合养护作业的要求。通用机械应具有较高的利用率和工作效率，较高的平均机械利用率、作业效率以及相关机械的合理配套。

(3)具有均衡的机械化程度。沥青路面养护机械化程度的均衡性，一方面是指不同作业方式机械化程度的均衡性；另一方面是指同一过程不同工序机械化程度的均衡性。如路基、沥青路面及绿化养护作业机械化程度的均衡性问题；又如沥青路面修补作业过程中，从材料制备、装载、运输到坑槽开挖，材料摊铺以及压实各工序机械化程度的均衡性等。

(4)具有简单统一的机种机型。简单统一的沥青路面养护机械机种机型，可以简化技术培训、备件管理及维护和修理等工作，从而降低成本、提高沥青路面养护机械管理效益。

沥青路面养护机械装备的结构，随作业方式、环境条件的改变，以及社会技术水平的提高而不断发展。因此，需要不断及时调整沥青路面养护机械装备结构，如及时更新陈旧和能耗大的沥青路面养护机械，进行技术改造，研制适合新工艺的新型沥青路面养护机械等。

3)养护机械配置原则

由于沥青路面养护作业的种类较多，而且随着道路结构类型、等级、交通量及当地地质和气候条件的不同而有很大的变化。因此，沥青路面养护机械配置的基本原则是：应当使沥青路面养护机械的类型规格和数量与公路养护的作业内容、作业量及当地自然条件相适应，并充分考虑机械的配套性，以及先进养护工艺和设备的发展动态。在沥青路面养护机械的配置过程中还应遵守以下原则：

(1)系统原则。必须从公路养护作业的全局出发，制订沥青路面养护机械配置方案，以公路养护作业系统整体目标最优为准绳。因此，沥青路面养护机械投资的方案必须符合我国公路养护事业的方针、政策；沥青路面养护机械的品种规格必须符合沥青路面养护作业内容、作业量要求；沥青路面养护机械的性能必须符合沥青路面养护作业质量要求、经济性要求、当地自然条件和环保要求等；必须使相互配合的沥青路面养护机械设备的技术性能和作业方式具有良好的配套性，以充分发挥主导机械的工作能力；沥青路面养护机械系统应有合理的装备结构；建立完善的沥青路面养护机械技术状况信息及反馈系统，对主要沥青路面养护机械进行动态监控。

(2)可行性原则。对沥青路面养护机械投资方案应按可行性程序进行分析，使需求与现实条件有机地结合起来。考虑需求的合理性与市场状况及资金来源的可能性，建立合理的养护机械优选次序，逐步提高沥青路面养护机械化程度，避免过度投资。

(3)信息充分原则。信息是决策的物质基础，充分而准确的信息资料是科学决策的先决条件。制订养护机械配置计划必须掌握沥青路面养护工艺、作业量及沥青路面养护机械产品规格性能等各方面的信息资料，通过科学分析才能制订出切实可行的实施方案。

(4)对比优选原则。必须提供两种以上方案，依据科学理论方法，进行对比分析，确定出较优的方案，防止决策的片面性和失误。

(5)群体决策原则。群体决策原则不是简单的集体讨论或少数服从多数的决定方法。群体决策是指，通过一定方式将有关学者、工程技术人员和管理人员组织起来，经过系统地调查研究，分析数据及有关资料，对沥青路面养护机械配置方案评价论证及科学预测，随后制订实施方案。

(6)管理制度配套原则。当沥青路面养护机械配置方案确定后，应及时制订相应的管理制度。如果没有科学的机械使用、维护及考核制度，沥青路面养护机械的能力和效益就不能充分发挥，甚至导致沥青路面养护机械的早期损坏，最终将影响到沥青路面养护作业成本及投资效果。

4)养护机械配置程序

沥青路面养护机械配置程序如下。

(1)分析问题。通过调查统计分析，掌握沥青路面养护作业需求和沥青路面养护机械现状，初步确定沥青路面养护机械装备优先次序。这一阶段应回答以下问题：

①主要沥青路面养护作业的内容是什么？

②各沥青路面养护作业的年平均作业量是多少？

③现有沥青路面养护作业方式如何，及存在的主要问题是什么？

④适应上述沥青路面养护作业的机械市场状况如何？

⑤选择沥青路面养护机械的限制条件有哪些？

(2)确定目标。确定适度的目标是科学决策的重要步骤。目标制订过高、过低都会影响决策的正确性。确定沥青路面养护机械装备投资目标，要在分析沥青路面养护作业质量、效率、生产能力及机械装备现状的基础上，制订出与投资规模相适应的、符合未来生产发展趋势的机械装备规划指标，以强化方案实施的效果。这些指标有机械化程度、技术装备率、劳动生产率、单位质量成本及沥青路面养护作业质量指标等。

这一阶段应回答以下问题：

①沥青路面养护作业的质量指标是什么？

②要求的沥青路面养护能力是多少？

③沥青路面养护劳动生产率应达到什么水平？

④沥青路面养护作业成本应降低多少？

⑤沥青路面养护劳动环境的改善程度如何？

⑥沥青路面养护机械化程度要求有多大提高？

(3)拟订及分析方案。当沥青路面养护机械装备方案的目标确定后，需要拟订实现目标的各种可行性投资方案；然后进行分析评价，编制可行性研究报告。

(4)方案选择。沥青路面养护机械装备方案选择是由领导进行决策的重要一环，决策者应当运用决断理论，以战略和系统的观点对沥青路面养护机械装备方案进行审查。现代决策应有专家参与。

(5)方案实施。沥青路面养护机械装备方案实施包括采购验收、安装调试、初步使用评价等工作。在实施过程中，对沥青路面养护机械的适用性、配套性及可靠性等信息应及时反馈给主管部门，以便对原沥青路面养护机械装备方案进行及时修正，并对规划目标实行动态控制。

根据我国高速公路沥青路面养护机械配置的现状分析和经验总结，在配置沥青路面养护机械时应特别注意以下几点：

(1)由于沥青路面的损坏和变形是一个逐渐发展的过程，因此，必须根据沥青路面状况变化的规律和养护作业的特点逐步适时配置养护机械，以避免购置的盲目性所造成的机械闲置和资金浪费。

(2)配置方案必须进行可行性分析论证，特别是应有用户使用意见调查，明确所要配置机械的使用条件和售后服务质量。

(3)要特别重视沥青路面养护机械安装调试工作程序，确保技术资料完整，不遗留问题。

(4)要重视沥青路面养护机械使用人员的技术培训和考核工作。

表1.4-5是百公里沥青路面和水泥路面养护机械配置种类与数量参考。

百公里沥青路面和水泥路面养护机械配置 表1.4-5

项目	机械名称	规格参数(参考值)	百公里沥青路面养护机械拥有量(台、套)	百公里水泥路面养护机械拥有量(台、套)	备注
日常养护机械	沥青路面清扫车	清扫宽度2～3m	1～2	1～2	沥青路面保洁
	多功能洒水车	5 000～10 000L	1～2	1～2	抗旱喷灌、喷药、除虫防病害等
	洒水车	20t	1～2	1～2	沥青路面保洁、绿化浇水
	打草机		2～4	2～4	隔离带边坡打草修剪
	绿篱修剪机		2～4	2～4	路侧灌木、树枝修剪
	高枝剪		2～4	2～4	路侧灌木、树枝修剪
	油锯		2～4	2～4	路侧灌木、树枝修剪
	多功能养护车	≥26kW	1～2	1～2	具有铣刨、破碎、装载、开沟等功能
	车载(手推)式画线机	线宽80～300mm	1～2	1～2	用于画线
	标线擦除机	线宽80～300mm	1～2	1～2	擦除废弃标线
	高空作业车	举升高度10～14m	1	1	高空检测维修
	多功能液压动力站	打桩力≥20kN	1	1	具有打桩、拔桩、切割、清污排水等功能
	护栏板矫直设备		1	1	矫直护栏板
	打拔桩机	打桩力≥20kN	1	1	护栏更换
除雪、排障、抢险机械	多功能除雪车	除雪宽度≥1.5m,撒布宽度≥6m	1～2	1～2	具有抛雪、堆雪、撒盐等功能,护栏清洗、公路标志牌清洗
	除雪铲	3.5m	4～10	4～10	沥青路面除雪
	大型清障车	60t	0.5	0.5	事故车辆处理
	大型清障车	50t	0.5	0.5	事故车辆处理
	清障车	30t	0.5	0.5	事故车辆处理
	清障车	起吊≥5t,拖力≥20t	0.5	0.5	事故车辆处理
	小型清障车	3～5t	0.5	0.5	事故车辆处理
	拖车	40t	1	1	事故车辆处理
	小型拖车	10t	1	1	事故车辆处理
	移动式场地照明车	照明范围≥5 000m²	1～2	1～2	作业场地控制
	移动式标志车		1～2	1～2	作业场地控制
	汽车轮式起重机	起吊≥10t	1	1	事故车辆处理
	汽车轮式起重机	25t	0.5	0.5	事故车辆处理
	汽车轮式起重机	50t	0.5	0.5	事故车辆处理
	汽车轮式起重机	70t	0.5	0.5	事故车辆处理
	水泵	扬程≥25m,吸程≥6m	1～3	1～3	排水抗洪
	千斤顶		1～2	1～2	用于支座维修及更换

续上表

项目	机械名称	规格参数（参考值）	百公里沥青路面养护机械拥有量（台、套）	百公里水泥路面养护机械拥有量（台、套）	备注
路面养护维修机械	沥青路面破碎机	液压或气动	2～3	2～3	沥青路面破碎
	沥青路面切割机	≥18cm	2～3	2～3	规范化沥青路面修补、切割
	吹风机		2～3	2～3	坑洞及伸缩缝清理
	沥青路面铣刨机	铣刨宽度≥0.5m	1	1	沥青或水泥沥青路面铣刨
沥青路面养护维修机械	稀浆封层机	厚度3～12mm	1		沥青路面预防性养护
	沥青路面微表处设备	宽度2～6m	1		沥青路面预防性养护
	沥青洒布车	≥2 000L	1		沥青路面预防性养护及附着性改善
	轮台（履带）沥青混凝土摊铺机	摊铺宽度≤7m	1		液压伸缩式熨平板摊铺机优先考虑
	沥青路面综合养护车	汽车底盘	1		料仓自动加温、保温、搅拌、送料装置，具有开挖、红外线加热、清理、沥青洒布、废料回收等功能
	同步碎石封层机	智能型	1		沥青路面预防性养护及附着性改善
	石屑撒布机	汽车底盘	2		沥青路面预防性养护及附着性改善
	红外线加热板	加热面积0.5～2m²	2～4		用于沥青路面网裂、坑槽、拥包等加热再生维护
	灌缝机	≥100L	1	1	用于沥青水泥沥青路面裂缝、伸缩缝、局部更换等施工
	开槽机	刀宽2.5～6mm	2～3	2～3	
	钻孔机、注浆机			1	处理局部路基沉陷
	路缘石机	25cm×25cm	1	1	路缘石成型

1.4.4 沥青路面养护机械管理依据

1)《全民所有制工业交通企业设备管理条例》

1987年7月28日，国务院颁布了《全民所有制工业交通企业设备管理条例》（以下简称《条例》），这是我国有关设备管理的第一个法规性文件。2003年3月31日，国家发改委又制订《设备管理条例》（征求意见稿）。它们明确了我国设备管理制度，规定了我国设备管理的方针、政策、任务和要求，使我国设备管理工作从此进入了依法管理的新阶段。随后，各省、自治区及各行业主管理部门都相应制定出实施细则，使设备管理工作有法可依、有章可循。

《条例》阐述了我国设备管理制度的特点，即"三条方针"、"四项任务"、"五个结合"。

(1)"三条方针"。设备管理工作应遵循"依靠技术进步，促进生产发展和预防为主"的三条方针。

(2)"四项任务"。对设备实施寿命周期全过程管理，应从以下四项任务着手："保持设备完好，不断改善和提高企业技术装备素质，充分发挥设备效能和取得良好的设备投资效益"。

(3)"五个结合"。设备管理要"坚持设计制造与使用相结合，维护与计划检修相结合，修理、改造与更新相结合，专业管理与群众管理相结合，技术管理与经济管理相结合的原则"。

2)《"九五"全国设备管理工作纲要》

1996 年，全国人大第八届四次会议通过了《国民经济和社会发展"九五"计划和 2010 年远景目标纲要》，提出了实现两个根本性转变(即经济体制从计划经济体制向社会主义市场经济体制的转变和经济增长方式从粗放型向集约型转变)。设备是"九五"计划及 2010 年远景目标的重要物质技术基础，设备管理工作是优化资源配置和实现经济增长方式转变的重要内容，是企业管理的重要组成部分。因此，国家经济贸易委员会于同年 2 月发布了《"九五"全国设备管理工作纲要》，适时地提出了新时期设备管理工作的主要目标和基本任务，是对《条例》的重要补充，具备社会主义市场经济的特征。

3)国家有关国有资产管理和财务会计管理的法规和文件

《国有企业财产监督管理条例》、《国有企业资产经营责任制暂行办法》、《国有资产保值增值考核试行办法》、《国有资产评估管理办法》、《行政事业单位国有资产管理办法》、《企业会计通则》、《企业财务通则》、《企业财务制度》等，也是沥青路面养护机械管理的重要法规依据。

4)国家有关企业的法律、法规

沥青路面养护机械管理是企业管理的重要组成部分，国家有关企业的法律、法规，如《中华人民共和国公司法》、《中华人民共和国全民所有制工业企业法》、《全民所有制工业企业转换经营机制条例》等，也是科学管理沥青路面养护机械不可缺少的法规依据。

5)相关的行业标准

如《公路沥青路面养护技术规范》(JTJ 073.2—2001)、《公路养护安全作业规程》(JTG H30—2004)等是公路沥青路面养护机械管理的重要依据。

6)各省市自治区交通厅公路局、高管局等颁布的有关管理办法

如山东省交通厅公路局于 2006 年颁布了《山东省高速公路养护机械管理办法》。

7)各单位制订的相关制度

各单位制订规章制度，是科学地做好沥青路面养护机械管理工作的基础，是取得沥青路面养护机械良好投资效益的依据和标准。

沥青路面养护机械管理的各项基本制度包括：

(1)沥青路面养护机械投资规划、购置的管理制度。

(2)沥青路面养护机械资产管理制度。

(3)沥青路面养护机械使用与日常维护制度。

(4)沥青路面养护机械修理管理制度。

(5)沥青路面养护机械安装、调试、改造、更新及自制机械的管理制度。

(6)沥青路面养护机械档案、技术资料管理制度。

(7)沥青路面养护机械备件品配件管理制度。

(8)沥青路面养护机械事故与故障管理制度。

(9)沥青路面养护机械节能管理制度。

(10)沥青路面养护机械安全管理制度。

(11)特种、专用沥青路面养护机械管理制度。

(12)沥青路面养护机械管理工作考核及奖罚制度。

另外，还必须具有如下的规程、标准和定额：

(1)主要沥青路面养护机械操作、使用、维护、检修规程。

(2)主要沥青路面养护机械修理工时、费用和消耗等定额。

(3)主要沥青路面养护机械各种运行维持费消耗定额。

(4)主要沥青路面养护机械验收、完好、维护、修理等技术标准。

除此之外,单位应根据具体情况,再制订一些专项管理制度。如进口沥青路面养护机械管理制度、财务管理制度、操作手与维修工管理办法、机械租赁管理办法等。

1.4.5 沥青路面养护机械管理特点

纵观沥青路面养护机械管理的发展,每一步都与沥青路面养护机械的技术水平有直接的关联。在20世纪40年代以前,沥青路面养护机械化施工程度较低,所使用的沥青路面养护机械不仅技术水平低(以机械传动为主),而且以单机作业为主,沥青路面养护机械一旦出现故障,停机修理,对施工影响不大;加上沥青路面养护机械原值低,直接经济损失、间接经济损失都不大。另一方面,从管理者角度对机械磨损的规律尚认识不足,认为机械何时出现故障是不可预知的,因此只要能运转,就继续用下去,什么时候发现故障就停机修理。操作沥青路面养护机械的操作手本身就是修理工。随着沥青路面养护机械技术水平的提高,复杂程度的增加,沥青路面养护机械出现故障后,没有经过专门训练的操作手,往往排除不了故障,于是就出现了那些专业修理水平高,受过专门训练的人员,即专职从事维修工作的维修工,这也符合亚当·斯密分析的由于“劳动分工”,提高了生产效率,由此带来可观的经济效益。这就是公路工程建设与沥青路面养护机械管理发展的第一阶段,即事后维修阶段。它又可分为无专职维修工的事后维修阶段和有专职维修工的事后维修阶段。

20世纪中期,沥青路面养护机械化施工水平逐步提高,沥青路面养护机械在沥青路面养护中的作用越加突出,尤其是各工序普遍实现机械化养护后,一旦某工序的养护机械出现故障,整个养护作业就全部停工,直接影响养护作业进度、质量和成本。因此,从管理者角度要求预知沥青路面养护机械何时发生故障,以便有计划调度养护作业,安排沥青路面养护机械维修。此时,机械磨损理论的研究,为沥青路面养护机械管理提供了理论依据。据研究,机械类故障,75%以上源于磨损,而磨损的规律(浴盆曲线见图1.4-1)及主要零件磨损极限计算等,使机械故障预知在技术上成为可能。这就进入沥青路面养护机械管理的第二阶段——计划预防维修阶段。这种管理模式,以机械磨损规律为依据,以时间周期为基础,制订出机械的修理周期和维修复杂系数,有计划地在沥青路面养护机械故障发生前,就实施维修,避免大量严重事故发生,也减少了因事后维修而造成的停机损失。

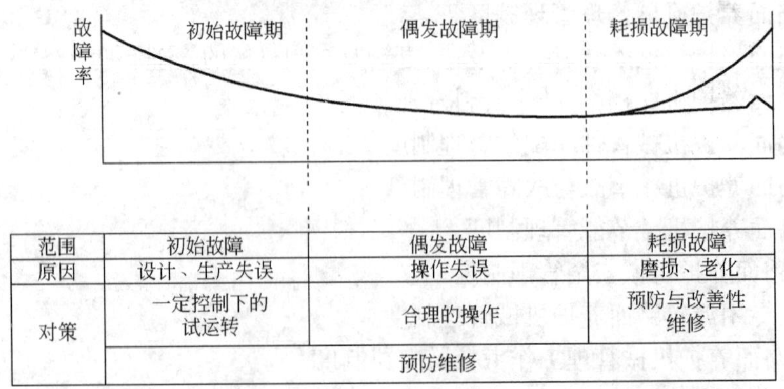

范围	初始故障	偶发故障	耗损故障
原因	设计、生产失误	操作失误	磨损、老化
对策	一定控制下的试运转	合理的操作	预防与改善性维修
	预防维修		

图1.4-1 机械磨损曲线

20 世纪 70 年代，随着液压、气动、电子技术的发展与应用，沥青路面养护机械呈现出机电液一体化的特征，沥青路面养护机械的故障往往不仅仅是源于机械磨损，更多的是液压、电子的技术状态异常。显然，以机械磨损规律为依据的计划预防维修管理模式已不适用于沥青路面养护机械。另外，人们对沥青路面养护机械的认识，已不局限于技术方面，更多地从机械投资者的利益出发来研究沥青路面养护机械，即更多地考虑何时收回投资，如何获得更佳的投资效益。至此，人们对沥青路面养护机械有了全面的认识：一方面，它具有物质的属性，即技术的属性；另一方面，又具有价值属性，即经济属性。在沥青路面养护机械寿命周期全过程中，自始至终存在着物质运动和价值运动两种运动形式，所以，对沥青路面养护机械的管理，也应该实施寿命周期全过程技术与经济相结合的综合管理。沥青路面养护机械管理从此进入现代管理阶段。

现代沥青路面养护机械管理概括起来有如下特点。

1)现代沥青路面养护机械管理追求机械的投资效益最佳

即追求沥青路面养护机械的寿命周期费用(原值＋运行维持费)最经济、机械的综合效率最高。如图 1.4-2 所示，对沥青路面养护机械输入的是寿命周期费用，机械输出的是综合效率(产值、质量、成本、安全与环保、交货期、人机协调)。

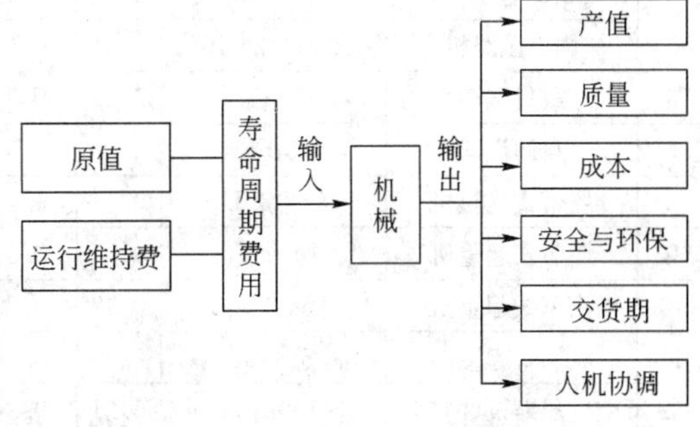

图 1.4-2　机械输入、输出示意图

沥青路面养护机械的寿命周期费用是随时间而变化的，如图 1.4-3 所示。实际上，沥青路面养护机械一出厂，其寿命周期费用就确定了，其中，价格决定了原值，沥青路面养护机械的可靠性、维修性、技术先进性等决定了该机械的运行维持费。因此，作为机械的投资者，要综合考虑，比较沥青路面养护机械的寿命周期费用，而不能单单比较原值(价格)，这里有一个形象的比喻(图 1.4-4)：机械寿命周期费用是浮在水中的冰块，机械管理者是船长，优秀的船长既看到浮在水面的冰块，也看到水面以下的冰块，劣等的船长仅看到了浮在水面部分的冰块，给安全航行造成了隐患。

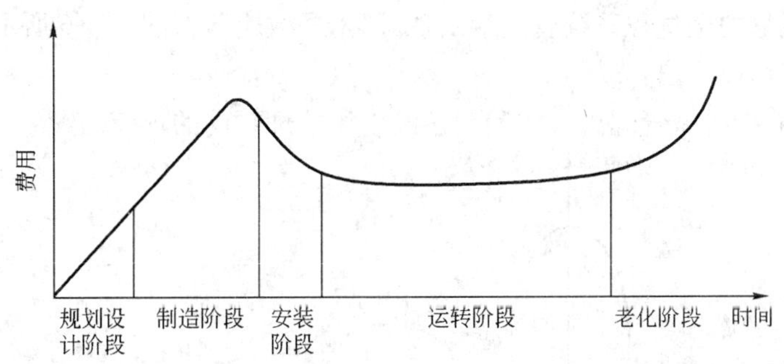

图 1.4-3　沥青路面养护机械寿命周期费用随时间的变化曲线

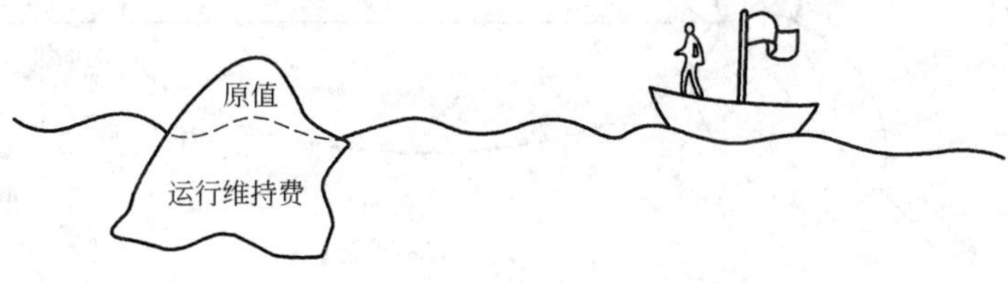

图 1.4-4　寿命周期费用示意图

表 1.4-6 是 16 种主要沥青路面养护机械寿命周期费用构成比例，沥青路面养护机械原值平均占 28.8%，而运行维持费却占 70%以上。

16 种主要沥青路面养护机械寿命周期费用构成比例 表 1.4-6

序号	机械类别	规格	寿命周期费用构成比例					运行维持费构成比例			
			原值	运行维持费				维修费	动力费	人工费	其他
				维修费	动力费	人工费	其他				
1	履带式单斗挖掘机	0.5～1.25m³	0.31	0.39	0.22	0.05	0.03	0.57	0.32	0.07	0.04
2	履带式推土机	75～180HP	0.25	0.39	0.29	0.05	0.02	0.53	0.39	0.07	0.01
3	轮台式装载机	0.4～1.8m²	0.23	0.40	0.27	0.04	0.01	0.50	0.37	0.05	0.02
4	铲运机	2.5～8m³	0.25	0.42	0.26	0.05	0.02	0.57	0.35	0.06	0.02
5	内燃压路机	6t、8t、12t、15t	0.25	0.41	0.25	0.07	0.02	0.54	0.34	0.10	0.02
6	载货汽车	2t、15t	0.22	0.37	0.34	0.05	0.02	0.47	0.43	0.06	0.04
7	自卸汽车	3.5t、15t	0.29	0.36	0.26	0.07	0.02	0.51	0.37	0.10	0.02
8	履带式拖拉机	75～100Hp	0.17	0.43	0.32	0.07	0.01	0.51	0.40	0.08	0.01
9	履带式起重机	10～15t	0.41	0.37	0.16	0.05	0.01	0.62	0.28	0.08	0.02
10	汽车式起重机	5～35t	0.47	0.29	0.16	0.03	0.05	0.55	0.31	0.06	0.08
11	轮胎式起重机	5～16t	0.40	0.39	0.12	0.06	0.03	0.66	0.20	0.10	0.04
12	空气压缩机(内燃)	6～100m³/min	0.21	0.34	0.33	0.05	0.02	0.42	0.48	0.07	0.03
13	柴油打桩机	D12～D25	0.23	0.41	0.25	0.09	0.02	0.54	0.33	0.12	0.01
14	塔式起重机	16～80t·m	0.43	0.24	0.14	0.11	0.08	0.43	0.24	0.18	0.15
15	自落式拌和机	250～1 200L	0.23	0.23	0.26	0.15	0.13	0.3	0.34	0.19	0.17
16	普通车床	C618～C650	0.23	0.29	0.21	0.23	0.04	0.33	0.27	0.30	0.05
平均值(%)			28.8	35.7	24.1	7.6	3.8	50.8	33.4	10.5	5.3

2)现代沥青路面养护机械管理注重寿命周期全过程系统管理

根据系统工程原理，现代沥青路面养护机械管理可分为时间维、价值维和功能(技术)维，如图 1.4-5 所示。在时间维中，寿命周期全过程的各个环节可以认为是一个个子系统。这样，对沥青路面养护机械的全过程系统管理就出现了“木桶效应”，如图 1.4-6 所示。

从“木桶效应”可以看出：

(1)沥青路面养护机械管理出现的漏洞多发生于管理薄弱的环节。

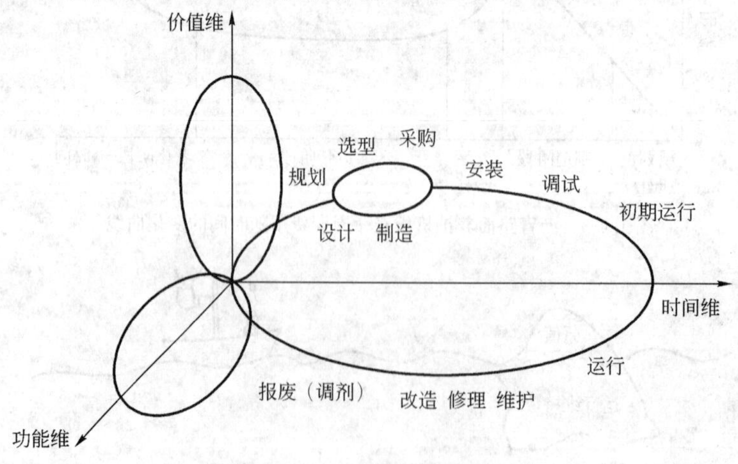

图 1.4-5 机械管理的三维系统

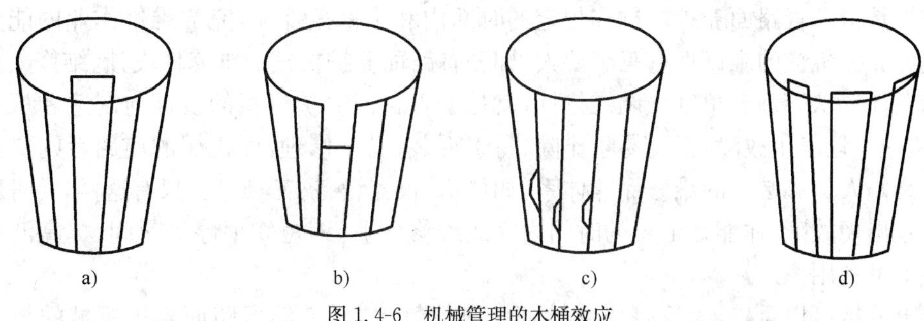

图 1.4-6 机械管理的木桶效应

(2)沥青路面养护机械寿命周期某个环节管理突出，对整体管理贡献不大。

(3)沥青路面养护机械寿命周期各个环节配合协调，直接影响整体管理水平。

(4)管理者要不断抓薄弱环节，以提高整体管理水平。

3)现代沥青路面养护机械管理强调可靠性与维修性

可靠性是指机械在规定的时间内，规定的条件下，完成规定功能的能力。“规定的时间”指沥青路面养护机械的正常使用寿命，这是沥青路面养护机械制造者对使用者的承诺，即在规定的时间内，沥青路面养护机械可以达到设计的可靠度。“规定的条件”是机械制造者对使用者的告诫，就是说，沥青路面养护机械在这些条件下，才能保证达到设计的可靠度。这些条件包括：环境条件(温度、压力、湿度、加速度、振动、冲击、噪声、辐射、腐蚀等)、负荷条件(电压、机械负荷等)、运输条件(空运、航运、铁路运输、公路运输、越野运输等)、存放条件(长期存放、短期存放、存放环境等)、使用条件(燃润料的要求、人的操作规程、启动方式等)。“规定的功能”是沥青路面养护机械所具有的技术性能指标，如生产率、功率、速度、行程、精度等。从管理者角度强调机械可靠性，即在沥青路面养护机械寿命周期全过程中，前半过程，机械设计与制造者要保证沥青路面养护机械固有的设计、制造可靠性，后半过程中，机械的使用者要严格、规范使用、维修机械，保证机械使用的可靠性，只有这样，沥青路面养护机械才能充分发挥功能、提高可利用率。影响沥青路面养护机械可靠性因素如图 1.4-7 所示。

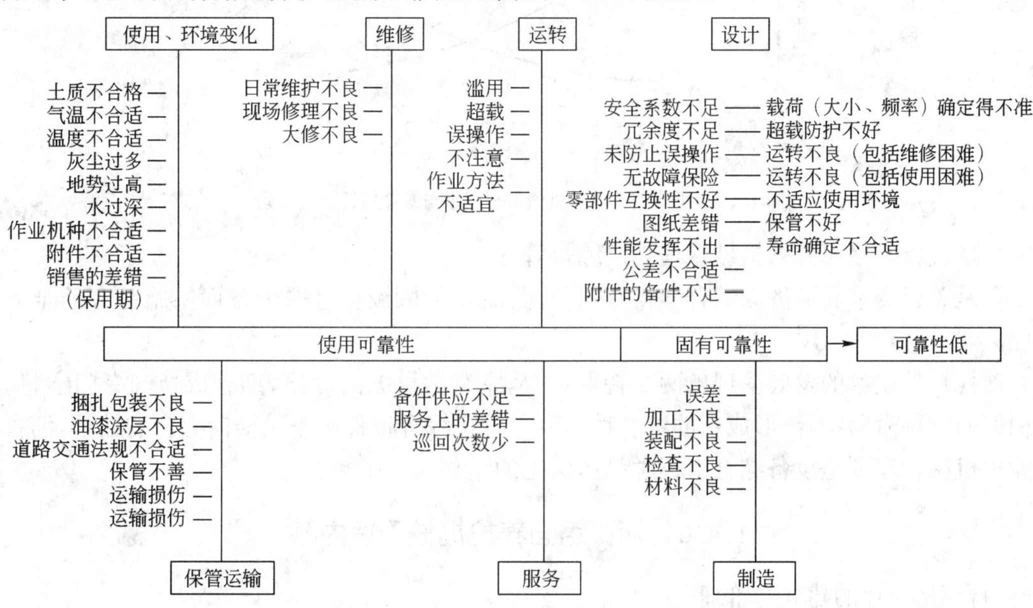

图 1.4-7 影响沥青路面养护机械可靠性的因素

维修性是指沥青路面养护机械在规定的时间内和维修条件下，完成维修作业的能力。提高沥青路面养护机械的维修性有三个要素，即沥青路面养护机械的维修性设计、维修人员的素质和维修条件。从管理者角度强调维修性，就是沥青路面养护机械的设计与制造者从开始即考虑到，机械一旦发生故障，就要易于排除、易于拆装、易于修理，而机械的使用者则要具备专职的熟练维修人员和必要的维修保障体系，如厂房、仪器设备、工具等。只有这样，沥青路面养护机械一旦出现故障，才能在最短的时间内完成维修作业，缩短修理停机时间，提高沥青路面养护机械的可利用率。

从以上分析可以看出，无论是可靠性还是维修性，均是从沥青路面养护机械的技术属性(物质属性)方面强调的，其中可靠性强调的是沥青路面养护机械尽可能不要发生故障(增加无故障工作时间)，维修性强调的是机械一旦出现故障，要尽快修复(缩短停机时间)。因此，强调可靠性与维修性，从技术角度讲，就是要提高沥青路面养护机械的可利用率，沥青路面养护机械的可利用率用下式表示：

$$A=\frac{T_u}{T_u+T_D}$$

式中：A——沥青路面养护机械可利用率；

T_u——沥青路面养护机械无故障时间；

T_D——沥青路面养护机械维修停机时间。

现代沥青路面养护机械管理的目标，是追求沥青路面养护机械寿命周期费用最经济。从技术角度讲，可靠性与维修性越好，沥青路面养护机械的可利用率越高。但是，从价值角度分析，高的沥青路面养护机械可利用率、寿命周期费用是否经济？从图 1.4-8 的曲线可以看出，只有当寿命周期费用比较低的情况下，沥青路面养护机械的可利用率才是最高的。

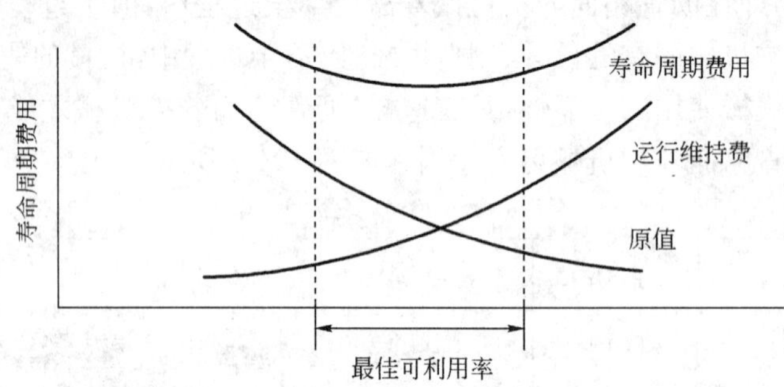

图 1.4-8　沥青路面养护机械可利用率与寿命周期费用关系

4)现代沥青路面养护机械管理强调综合管理

它是关于技术和经济的综合学科，对沥青路面养护机械从这两个方面实施综合的全方位管理。

现代科学技术的发展呈现出两个特点：一是原有学科纵向深化，细分成新的专门学科；二是相关的学科横向结合，形成新的综合性学科。设备综合工程学正是横向综合的结果，沥青路面养护机械管理则是设备综合工程学纵向深化的结果。

1.4.6　沥青路面养护机械管理内容

1)台账、卡片的建立与管理

台账、卡片是用来反映机械主要情况的原始记录。正确地建立与管理台账、卡片是沥青路面养护机械管理的重要环节。所以，机务部门要建立沥青路面养护机械台账和卡片，指定专人管理，认真填写，做到账、卡、物相符。机务部门和财务部门的账、卡均应相符。

(1)机械台账。沥青路面养护机械台账按固定资产分类来列账，以沥青路面养护机械的编号为顺序，在沥青路面养护机械增减时填写。它能反映各类机械的数量、增减变化、分布情况以及每台沥青路面养护机械的主要技术数据、来源、原值和现在单位等，是机务部门掌握沥青路面养护机械基本情况的依据。

(2)机械登记卡。沥青路面养护机械登记卡为一机一卡。除记录本机的技术性能、价值、来源及附属装置外，还包括沥青路面养护机械试运转、维修、改装、事故等。沥青路面养护机械登记卡应按机械编号顺序存放在卡箱内。沥青路面养护机械外调时，卡片应随机转移。沥青路面养护机械报废时，卡应附在报废申请表后送审。沥青路面养护机械的账、卡不得任意涂改、撕换或填写无关内容。在沥青路面养护机械变动或产权变动时，应将账、卡随物移交。在交换中发现账、卡、物不符时，应查明原因。

2)技术档案的建立与管理

沥青路面养护机械的技术档案是自沥青路面养护机械购入开始直到报废为止的整个过程中的历史性技术资料，是沥青路面养护机械管理不可缺少的基础工作。一套完整、充实的沥青路面养护机械技术档案，可以满足许多机务管理人员的日常查阅需要。

(1)技术档案的归档范围。

①原始资料：

a. 新增沥青路面养护机械必要性审查计划书及购置、报废申请单。

b. 自制自改沥青路面养护机械方案论证，技术设计资料。

c. 随机原始技术文件，如产品合格证、产品使用说明书，主要附属装置使用说明书，安装调试指南及安装地基图等，易损零件明细表或图册，配件目录，随机工具或专用工具、附件清单等。如果是旧机调拨，也应从调出单位接收上述原始资料。

d. 部分或全套加工图样等。

e. 其他具有长期参考价值的静态技术性能数据资料以及图片资料。

原始资料需要统一登记并分单机装入技术档案内。

②积累资料：

a. 走合记录或安装调试过程记录、安装调试技术总结报告、固定资产验收单、交接清单及有关手续签署文件。

b. 运转台时(公里)及运行消耗记录。

c. 维护记录。

d. 历次大(中)修理记录，修竣验收单、大(中)修埋费用结算清单等检修资料。

e. 机械改造、改装记录。

f. 技术状况定期普查(鉴定)记录。

g. 润滑油料更换记录。

h. 事故报告及分析、处理结论。

i. 沥青路面养护机械调动记录。

j. 操作(驾驶)人员情况及更换记录。

k. 历年折旧费、大修费提取记录。

l. 其他有保存参考价值的使用、维修过程记录。

积累资料要求按规定填入特别印刷好的技术档案中，然后与原始资料一起存于技术档案中。

(2)技术档案管理。

①技术档案管理人员的职责：

a. 认真贯彻国家和本系统对技术档案管理方面的有关法律、工作制度，努力学习沥青路面养护机械技术和业务管理知识，做好档案管理的各项工作。

b. 按上述归档范围，及时收集、整理、保管本单位的沥青路面养护机械技术档案及有关技术资料。

c. 提高建档质量，以便向查阅者提供正确、完整的参考。

d. 建立必要的工作制度，如复制、翻阅、保管与销毁制度。

②技术档案管理注意事项：

a. 技术档案的建立与管理是一项专门业务。机务部门应主动与当地档案主管部门（档案局）取得联系，以接受其业务指导。

b. 技术档案能否发挥应有的作用，负责填写人员本身的工作态度、工作质量是关键所在。为此，机务部门应注意选择技术水平较高，工作认真负责的同志从事此项工作，也可以实行双重管理，即除了专门填写、保管技术档案的人员外，还要有一位主管技术员（或工程师）分管归档资料的鉴定、补充和更新，并定期检查技术档案的填写质量。

c. 应适当缩小建档沥青路面养护机械范围，这样可使建档人员集中精力，保证主要沥青路面养护机械技术档案的质量，具体哪些沥青路面养护机械不建档，应由主管部门慎重决定。

d. 机务部门应适时组织技术档案的检查与分析工作，以使档案内容更加充实、可靠，并分析沥青路面养护机械使用、维修技术状况的变化情况，为改进工作和检查有关技术责任等提供依据。

e. 各种沥青路面养护机械的所有随机技术文件或资料，均由沥青路面养护机械所在单位机务部门归档保管，不得留存在个人手中或其他地方。

f. 技术档案一般不外借。如确因工作需要，应报请有关领导批准并办理借阅手续，限期归还。借阅人员不得在档案上圈点、画线、涂改和作任何标志，更不准抽换和撕毁。因工作需要摘录内容时，需经管理人员同意后方可摘录。

g. 沥青路面养护机械大（中）修时，一般不要将该机的技术档案随机入厂，以免造成污损和丢失档案。

h. 沥青路面养护机械调出本单位时，全部技术档案应随机移交。

i. 报废的沥青路面养护机械，其技术档案何时销毁，应严格履行审批手续，以避免将有价值的重要资料损坏。

3)机械清查盘点

机械清查盘点必要性、组织与开展等内容如下：

(1)必要性。沥青路面养护机械经过一定时间使用后，可能在数量上、质量上以及利用情况和核算上发生一些预想不到的变化。

①基层使用部门擅自将主、副机拆卸使用。

②具有多种附件的多功能沥青路面养护机械，在施工过程某一段时间内往往集中使用某一套功能装置，其他功能附件因闲置日久，缺乏管理而发生丢失。

③使用部门不按规定随意外借，造成完整性破坏或收不回实物等。

④违章擅自售出。

⑤其他由于交接、登记等手续不全，保管责任不清造成丢失等。

⑥某些沥青路面养护机械由于配置和适用性差等原因长期闲置。

为了检查沥青路面养护机械的使用、保管情况，应按照国家对固定资产清查盘点的规定，定期对所属沥青路面养护机械进行全面的清点。

(2)组织与开展。清查盘点一般由清查小组负责进行。清查小组由领导干部、技术人员、老工人组成。

为了更有效地开展清查盘点工作，必须有一套具体的处理解决问题的办法：

①清查盘点中要以账对物，以物对账，反复核对，切忌仅凭追忆、口述某台机械在何处、某种沥青路面养护机械有多少台等。一定要逐台查点、核实分布，达到账、卡、物三相符。

②对大型沥青路面养护机械，要特别注意清点附件以及专用工具、随机测试仪等，并做好记录，以避免因人员调动而出现丢失现象。

③发现使用不当、保管不当或丢失的沥青路面养护机械，应督促其改进。

④对于连续停用一年以上或购置后两年以上不能投产的闲置沥青路面养护机械，应根据国家有关闲置设备调剂利用的规定组织处理。

⑤对于实际磨损程度与账面净值相差悬殊的沥青路面养护机械，要查明原因。如是由于少提折旧而造成的，应督促其补提；如由于使用不当造成早期磨损者，应查明原因，作出处理；对经济效益差的超龄沥青路面养护机械，应及时进行报废更新。

⑥对清查盘点过程中发现的盘亏现象，除按规定手续予以调整外，重要的是要从管理体制的完善上下工夫，以杜绝再次发生这一类现象。

每次清查盘点完后，应对沥青路面养护机械的完好情况、利用情况、装备结构及合理程度、维护与保管情况、折旧情况，以及其他有关固定资产的事项进行书面总结分析，然后将书面材料装订于“机械固定资产清查报告单”之后，一并报上级机关。

4)机械租赁管理

沥青路面养护机械的租赁可分为内部租赁和社会租赁。

内部租赁一般是指沥青路面养护机械集中管理经营单位与沥青路面养护施工单位间的租赁。开展沥青路面养护机械内部租赁，有如下意义：

(1)促使承租单位把暂时不用的沥青路面养护机械及时退还。

(2)促使承租单位想方设法采用优良的机械化施工组织措施，提高机械作业效率，缩短沥青路面养护机械占用期。

(3)如果是租机不带人的租赁形式，对承租单位来说，因为“租用后送回的沥青路面养护机械，出租单位需进行验收”等合同规定的约束，所以促使租用单位必须搞好沥青路面养护机械使用中的维护工作。

(4)对出租单位来说，因为受“租出的沥青路面养护机械必须修好能用”、“使用的沥青路面养护机械发生较大故障要派人去现场修理”等合同条款的约束，所以有助于促使出租单位注意提高修理质量，保证沥青路面养护机械租出前完好待租，有了故障也能深入现场进行修理。

沥青路面养护机械的社会租赁是指外单位或个人的沥青路面养护机械租赁。由于社会租赁的出租方与承租方间没有隶属或共同的隶属关系，所以，他们除了等价交换的经济关系外，不承担合同之外的其他责任。

(5)机械封存与报废

沥青路面养护机械封存的条件及要求：

(1)凡停用6个月以上又不为沥青路面养护施工单位所需要的机械，由沥青路面养护机械建制单位(公司一级)机管部门负责填写“沥青路面养护机械封存申请单”，报上级主管部门批准后才能进行封存。

(2)凡申请封存的沥青路面养护机械，必须做到技术状况良好，附件齐全。已损坏的沥青路面养护机械应予修复并经验收合格后，才能封存。应该做到“封好不封坏(指技术状况)，封短不封长(指运转台时)”。

(3)凡已批准封存的沥青路面养护机械需使用时，应首先由机务部门填报“沥青路面养护机械启封申请单”，经上级主管部门批准后才能启封使用。严禁未经批准擅自使用封存的沥青路面养护机械。

对于新购入尚待分配的沥青路面养护机械，由于“清产核资”清出一些积压等待处理的机械，由于停修待料或某些技术问题暂时修不起来的沥青路面养护机械，对于等待调拨、改造、更新、报废的沥青路面养护机械等，应参考关于封存沥青路面养护机械要求妥善保管，原机零部件不得拆卸、丢失，待批准后办理有关手续。

沥青路面养护机械的报废：

(1)报废种类。沥青路面养护机械报废是固定资产管理的最后一个环节。沥青路面养护机械一经报废，就终止其作为固定资产的全部历程，在账卡上也予以注销。根据不同的原因，报废可以分为：

①事故报废。沥青路面养护机械由于重大事故或自然灾害等原因，损坏至无法修复或不值得修理而造成的报废。

②损蚀报废。沥青路面养护机械由于长期使用以及自然力的作用使其遭受磨损、腐蚀、变质、变形，劣质至不能保证安全生产或基本丧失使用价值而造成的报废。

③技术报废。沥青路面养护机械由于技术寿命终了而形成的报废。

④经济报废。沥青路面养护机械由于经济寿命终了而退役。

(2)报废标准。根据原交通部《全民所有制交通企业设备管理办法》规定，沥青路面养护机械如果达到下述情况之一的即应报废：

①经过预测，若大修后技术性能仍不能满足工艺要求和保证产品质量的。

②因事故造成严重损坏，无法修复使用的。

③经大修后虽能恢复技术性能，但不如更新经济的。

④已超过规定的使用年限，其技术性能已达不到国家规范和规程要求，危及安全的。

⑤技术性能差、能耗高、效率低、经济效益差的。

⑥危害人身健康，严重污染环境，进行修理改造又不经济的。

⑦自制的非标准设备经生产验证不能使用且无法改造的。

⑧国家或有关部门规定淘汰的。

(3)报废规定及程序。沥青路面养护机械报废应由沥青路面养护施工单位机务部门主持，组织报废鉴定小组进行技术鉴定和经济分析评价。对需报废的沥青路面养护机械，应由机务部门会同财务部门、报废鉴定小组填制“机械报废申请单”一式六份。一份随申请报废文件底稿存查，其余五份随申请报废文件上报。

报废审查单位的有关主管部门(通常是机务、财务部门)对报废申报审核并签署意见后，以一份存固定资产部门，一份随审批文件底稿存查，其余两份随审批文件下达申请报废单位。申请报废单位应送机务和财务部门各一份，据此执行报废清理工作。

(4)关于报废的技术鉴定。沥青路面养护机械是否可以报废，必须由专家组成的技术委员会作出明确结论。

①对未达使用年限且折旧没提完的机械，应从严掌握，特别是近年代产品，一般不应提出报废申请。如确属质量低劣、又不能继续使用的，方可考虑报废。

②不仅要对申请报废的沥青路面养护机械进行技术鉴定，而且要查明报废原因，分清是正常磨损，还是使用不当、维护不力或保管不善的结果。特别是对未达到使用年限、过早报废的沥青路面养护机械，更要找出经验教训，妥善处理。

③沥青路面养护机械报废申请表经机务部门复核后，应由单位技术部门组织专家技术委员会审议并作出明确意见。

(5)关于报废的折旧。沥青路面养护机械应在提足折旧后才能报废。如未提足的折旧不再补提。

(6)关于报废沥青路面养护机械的处理。处理方法有：

①已批准报废的沥青路面养护机械，除尚可能使用的辅机、附件外，不准转售给他人继续使用，以免使被淘汰的落后、效率低、能耗大的沥青路面养护机械再次投入使用。

②不能原机原形处置，尚可利用的零部件应予以估价利用，不能利用的送缴金属回收单位。所得收入，作为沥青路面养护机械报废残值。

③沥青路面养护机械解体拆卸清理费用可以在沥青路面养护机械残值中支出。

④沥青路面养护机械报废应做到账销物清、物尽其用。

6)技术培训

为提高沥青路面养护施工单位职工素质，促进沥青路面养护施工单位可持续发展，应认真做好培训工作。

(1)沥青路面养护机械操作人员必须具备的条件：

①熟悉和掌握沥青路面养护机械的性能、结构、适应范围以及基本参数。

②熟悉和掌握沥青路面养护机械的维护、修理等。

③按沥青路面养护机械的使用规范进行操作。

④熟悉和掌握安全技术知识，当沥青路面养护机械发生一般性故障时能及时处理。

(2)对沥青路面养护机械操作人员的基本要求。参照我国公路养护单位多年使用和维护筑养路机械的经验，要求沥青路面养护机械操作人员做到“三好”、“四会”，达到“四项要求”、遵守“五项纪律”。

①“三好”。管好、用好、修好机械。

a.管好机械。操作者应对其使用的沥青路面养护机械负保管责任，不经领导同意，不准别人乱动。操作者应保证沥青路面养护机械的附件、仪器、仪表及安全防护装置等完整无损。沥青路面养护机械开启后不得擅自离开岗位，有事离开时必须停车、关机。沥青路面养护机械发生事故后要立即停车，保持现场，不隐瞒事故情节，及时报告机械员或生产组长。

b.用好机械。严格执行操作规程，禁止超负荷使用沥青路面养护机械。严禁不文明的操作，如脚踏台面、乱敲乱打、用脚踢操纵把和电器开关等。机械台面上不准乱放工具、工件等。

c.修好机械。操作工要配合修理工进行沥青路面养护机械维修工作，及时修理好机械，使沥青路面养护机械经常处于完好状态，以满足生产工艺的需要。

②“四会”。会使用、会维护、会检查、会排除故障。

a. 会使用。沥青路面养护机械操作者要熟悉机械的结构、原理、性能和工作范围，熟知机械的操作规程，并能正确地按作业规程选择运行速度、行程、传动和操作等各项参数。

b. 会维护。沥青路面养护机械操作者应经常保持机械内外清洁，做到上班加油、下班清扫，周末大扫除；保持沥青路面养护机械各滑动面无油垢，无锈蚀；各传动装置运转正常；按润滑图表规定加油、换油，保持油路畅通，油标醒目，油毡、油路清洁完整，无铁屑、油污；冷却液使用合理。

c. 会检查。沥青路面养护机械操作者懂得机械日常检查的标准（机械完好、日常点检、定期检查和周末维护检查等标准）和项目，掌握检查的方法和基本知识，了解机械检查标准及检查项目，并能按照日常点检规定的项目进行日常检查作业。

d. 会排除故障。操作者能听出和鉴别机械正常及异常现象，判定异常状态的部位和原因。当发现机械出现异常时能及时采取措施，排除故障。自己不能解决的要及时报告维修人员处理。要参加机械事故的调查分析，查明原因，吸取教训，提出预防措施。

③“四项要求”。要求整齐、清洁、润滑、安全。

a. 整齐。工具、工件、附件放置整齐；安全防护装置齐全；线路管路完整。

b. 清洁。沥青路面养护机械内外清洁，各滑动面、齿轮、齿条等无油污，各部位不漏油、不漏水、不漏气、不漏电。

c. 润滑。按时加油换油，油质符合要求；油壶、油枪、油杯、油毡清洁齐全，油标明亮，油路畅通。

d. 安全。实行定人定机和交接班制度，熟悉沥青路面养护机械结构和遵守操作规程，合理使用机械，精心维护机械，防止发生事故。

④“五项纪律”。具体内容如下：

a. 实行定人定机，凭操作证操作沥青路面养护机械。

b. 经常保持沥青路面养护机械整洁，按规定加油换油，使机械得到合理润滑，按规定要求维护机械。

c. 遵守安全操作规程和交接班制度。

d. 管好工具、附件，不得丢失。

e. 发现事故立即停机检查，自己不能处理的应及时通知检修。

(3)操作人员技术培训。

①一般要求。具体内容如下：

a. 沥青路面养护机械操作人员必须身体健康，反应灵敏，具有良好的素质与责任心。

b. 技术培训，应本着循序渐进的原则，保证学员了解简单机械基本原理，逐步掌握复杂机械的操作技术。

c. 在进行实际操作训练时，一般每台沥青路面养护机械上的学员不应超过 2 人。在实际操作的最初阶段，最好每台机械配 1 位教练员，至少在最初 4h 内，1 位教练员不应同时兼管 2 台以上的教练机。

d. 在整个训练期间，必须反复强调沥青路面养护机械操作和维修中的安全问题。

②安全教育。在培训操作人员期间，首先要强调安全，使操作人员了解沥青路面养护机械使用说明书规定的操作规程与使用数据、安全标志符号、安全装置以及灯光与音响报警器的作用，懂得如何保持安全装置不出故障及掌握正确的使用方法。

a. 注意沥青路面养护机械的安全操作，如正确地停放机械。

b. 注意作业场地的安全，如沥青路面养护机械不能在过陡的坡道上或易塌陷的凹坑处作业等。

c. 作业完成后应将铲斗、铲刀等工作装置停放在地面上。

d. 注意树枝和高压电线。

e. 保持所有安全装置完好无损，如应急制动系统、转向机构、倒车报警器、座椅安全带等。

f. 发动机运转时，不要进行润滑维护和修理作业(测试除外)。

g. 安全信号和符号的识别。对轮式沥青路面养护机械、车辆，还要求操作人员学习《中华人民共和国道路交通安全法》。

③基本训练。主要内容如下：

a. 操作手册、润滑手册和维护手册的使用。

b. 了解操作简图和控制用符号的意义以及有关资料的内容。

c. 了解基本性能参数，如质量、功率、转速、接地比压等。

d. 掌握沥青路面养护机械在实际施工中的操作，了解影响机械生产率的各种因素。

e. 了解沥青路面养护机械的结构和各种性能曲线。

f. 对沥青路面养护机械的维护，如发动机、变速器、离合器、润滑系统、电气系统、轮胎、履带、制动器等。

g. 沥青路面养护机械启动、停车及注意事项。

h. 沥青路面养护机械上各种仪表的功用。

i. 气动、液压操作系统的原理及使用。

j. 正确安全地操作沥青路面养护机械。

k. 熟悉各种常规检查。

④特定机种的专门训练。在学员完成了基本训练学习内容后，应进行特定机种专门训练，以使学员能具备某一机种较高水平的操作技巧。在特定机种训练的各个阶段，应反复强调遵守各特定机种操作规程。特定机种的专门训练除分机种、详细、深入地讲授前述基本训练内容中的内容之外，还要传授关于特定机种的知识、技能。

a. 沥青路面养护机械性能介绍。通过课堂讲授与实物观察介绍特定机种的用途、主要技术参数以及适用范围。

b. 操作装置。主要讲授操作装置的用途、操作装置在驾驶座旁的布置情况、各种仪表的识别。

c. 启动、起步与停车。传授启动前的各项检查、操作程序和操作安全方面的内容。

d. 工作装置的安装。包括工作装置安装方法、随机工具的使用、安全措施等。

e. 沥青路面养护机械在工地之间的转移。在公路上行驶时应遵守交通规则；若以公路和铁路转运时，注意在其他车辆上的安放和固定方法；需起吊时，应注意起吊位置和拖挂方法等。

f. 日常维护。应讲述机械保修规程或使用说明书规定的日常维护操作与维护周期。

g. 现场修理与故障排除。应传授如何利用随机工具对机械进行现场修理与调整；根据维护手册，确定故障部位并排除故障。

h. 常用零件的识别。正确了解和使用零配件目录提供的有关内容。

i. 正确的施工作业操作方法。应结合实际经验，讲解如何掌握正确的施工作业操作方法，以提高劳动生产率，减少无谓运转，降低单位产品成本消耗量，减轻零件磨损，安全操作。

j. 液压系统和气动系统的日常维护。应着重强调这些系统的特殊维护措施。

⑤日常操作。其具体内容如下：

a. 沥青路面养护机械在启动前应进行的检查：液位和泄漏检查；零件有无松动、损坏和丢失；清除履带、轮胎与车下障碍物；轮胎气压和履带状况，并观察机械周围行人动向。

b. 启动时的操作顺序。在各种环境温度下如何启动发动机；启动时若发动机发生“飞车”，应果断采取措施，让发动立即熄火。

c. 停车操作顺序。停车操作，驻车制动操作；发动机怠速运转一定时间；发动机熄火；停车后的安全措施。

d. 沥青路面养护机械操作前的日常检查。驾驶室的调整和固定，检查驾驶室及门窗，保持出入口的畅通；仪表检查，如油压表；检查转向、制动系统。

e. 沥青路面养护机械操作时的检查。仪表的观察；故障报警装置检查。

f. 操作方法。换挡、转向；工作装置的使用；操作技巧；停车与停放；工作装置的调整；工作后的日常维护；紧急操作；制动或转向失灵情况下的应急措施。

⑥燃油、润滑油、液压油、冷却液的使用。应结合以下内容讲授：

a. 所用燃油、润滑油、液压油、冷却液的牌号规格。

b. 保持油路系统清洁及其重要性。

c. 油箱和油路的容量。

d. 加油及加注压力等注意事项。

⑦润滑方法与维护措施。具体内容包括：

a. 计时器(或里程表)的读数与润滑周期、维护级别的对应关系。

b. 沥青路面养护机械使用说明书中润滑表的使用。

c. 润滑沥青路面养护机械时的安全注意事项(如机械未按要求停放时不得进行润滑以及防火措施等)。

d. 其他维护措施及注意事项。避免不同牌号的油液混用；加油时应使沥青路面养护机械水平停放；只能在沥青路面养护机械油温升高后换油；油嘴、油箱、视油孔等的清洗；定时清洗或更换滤清器滤芯；检查密封件是否失效；油液放净后应作上标记，不要无油启动。

⑧多种机型操作训练和进修训练。多种机型的操作训练是对具有一定经验的操作人员进行的。通过训练，可使操作员掌握多种机型的操作技术；进行训练的目的是为了保证操作人员随着沥青路面养护机械性能改进与技术发展，不断提高其使用操作技术和理论水平。

⑨培训记录与结业证书。具体操作如下：

a. 培训记录。培训部门应给每个参加培训的操作人员设立培训记录本，以记录其听课内容和对各种沥青路面养护机械的实际操作情况。培训记录可由操作人员保存。培训记录应分“培训课程记录”和“实际操作经验记录”两部分。“培训课程记录”记载授课详细内容以及培训部门对学员的评语或证明。“实际操作经验记录”则记载学员单独进行各种沥青路面养护机械实际操作情况。

b. 结业证书。当学员完成某种训练合格后，应由培训部门发给结业证书。结业证书包括以下内容：结业证书的注册号码；学员的姓名、性别、年龄以及照片；训练内容和机种，必要时写明机械型号；训练时间与起止日期；加盖培训部门公章。

7)机械操作使用责任制

机械操作使用责任制是明确操作人员责任范围的使用管理制度。完善与落实沥青路面养护机械使用责任制，对解决操作人员职责不清、遇事互相推诿，对消除沥青路面养护机械操作使用管理的各种混乱现象均有实际意义。沥青路面养护机械操作使用责任制可通过“三定”制度、交接班制来明确。

(1)“三定”制度。“三定”制度是定人、定机、定岗位责任。三定制度简单易行,对沥青路面养护机械的使用管理有着良好作用。

①“三定”制度的优点。其内容有:

a. 能加强操作人员的责任感,促使操作人员千方百计管好、用好所负责的沥青路面养护机械,保持沥青路面养护机械经常处于完好状态。

b. 有利于操作人员熟悉沥青路面养护机械特性,学习业务技术,掌握沥青路面养护机械技术性能,减少事故的发生。

c. 有利于促使操作人员积极总结沥青路面养护机械作业方法,提高沥青路面养护机械作业效率。

d. 有利于积累沥青路面养护机械运行原始资料,获得正确、完整、连续的统计资料,便于统计分析。

e. 有利于做好沥青路面养护机械定员工作和加强劳动管理。

②三定制度落实的方式。根据沥青路面养护机械使用方式的不同,可采用下列三种落实方式:

a. 单人操作的沥青路面养护机械实行操作者自己负责制。

b. 多班作业或由多人操作的沥青路面养护机械实行机长负责制。任命一个操作人员为机长,其余的为机组人员。

c. 班组共同使用的沥青路面养护机械,以及一些不宜固定操作人员的沥青路面养护机械,实行班组负责制,将其编为一组,任命一人为机组机长,对机组所有沥青路面养护机械负责。

对大型、精密、稀有、价值昂贵的沥青路面养护机械,除了要制定操作人员的使用责任制外,还应有相应技术负责制,必须有专人负责。定人、定机名单确定后,应保持相对稳定。当沥青路面养护机械在单位内调拨流动时,原则规定机上人员随机调动。

③机组人员的岗位责任。其内容如下:

a. 认真执行以岗位责任制为中心的各项规章规定。

b. 严格执行沥青路面养护机械操作规程,配合搞好机械化养护施工,以保证安全生产。

c. 正确使用沥青路面养护机械,发挥机械效率,完成各项生产指标,努力降低消耗。

d. 认真做好沥青路面养护机械的例行维护。保证沥青路面养护机械的完好、齐全、整洁、文明及安全。

e. 及时、准确填写生产、运转、消耗等各项原始记录和报表,做好交接班工作。

f. 努力钻研业务技术,不断提高操作水平,做到“二懂四会”(即懂设备原理、构造、性能,会操作、维护、检查和一般故障排除)。

④机长的责任。机长是不脱产的,因此机长本身就是操作人员之一,机长除了作为一名操作人员完成上述各项任务外,还应做到:

a. 督促、检查全组人员做好沥青路面养护机械的合理使用及定期维护工作。

b. 检查及汇总各项运行记录。

c. 对本机组人员的技术考核提出意见。

(2)交接班制。多班作业的沥青路面养护机械,必须认真执行交接班制度,以便能相互了解情况,分清责任,防止沥青路面养护机械损坏和附件、工具等的丢失,保证沥青路面养护机械连续、正常运行。交接班由交接两班的值班操作工执行，双方进行全面检查，做到交接清楚，不漏填交接记录。倘若交接班人员无法见面时，应以交接班记录双方签字为凭。

交接内容如下：

①交接本班任务情况、技术要求及注意事项。

②交清沥青路面养护机械的使用运行情况，燃油、润滑油、冷却液的消耗和储备情况。

③交清沥青路面养护机械维护情况及存在问题。

④交清随机工具附件。

⑤交清操作者负责搞好沥青路面养护机械的清洁工作。

⑥认真做好交接班记录。记录内容包括：任务情况、机械情况、维护情况、附件工具情况、需注意的事项、开动台时记录并签名。

1.4.7 沥青路面养护机械管理评比

《全民所有制工业交通企业设备管理条例》（以下简称《条例》）明确规定“企业设备管理的主要经济、技术考核指标，应当列入厂长任期责任目标”。1992年，国务院经贸办发布了贯彻《条例》的考核标准，该考核标准如下。

(1)下列②、③主要经济技术指标已列入厂长（经理）任期目标和承包经营合同，并进行考核：

①主要生产设备完好率。

②重大、特大设备事故。

③行业主管部门规定的其他主要指标（如主要生产设备故障停机率、设备大修理计划完成率等）。

(2)有适应企业生产力发展的设备管理体制，健全的岗位责任制。

(3)根据企业方针目标制订了设备工作年度方针目标，并逐级展开措施落实，职责明确。

(4)制订和实现了以下主要工作计划：

①设备检修计划。

②设备改造和更新的中长期计划和年度计划。

③动力、起重、运输、仪器仪表、压力容器等对安全生产影响特别明显的设备的检查检测计划。

④设备管理干部、操作与维修人员岗位培训计划。

(5)具备以下各项基本制度办法：

①设备前期管理制度。

②设备资产管理制度。

③设备使用与维护制度。

④设备检修管理制度。

⑤设备安装、调试、改造、更新和自制设备设计、制造管理制度。

⑥设备档案和技术资料管理制度。

⑦设备备品配件管理制度。

⑧设备事故与故障管理制度。

⑨锅炉压力容器、仪器仪表等特种设备管理制度。

⑩设备管理工作考核及奖罚制度。

(6)具备以下各项规程、标准和定额：
①主要生产设备的操作、使用、维护、检修规程。
②主要生产设备的投产验收、完好、维护、检修等技术标准。
③主要生产设备的检修工时、资金、消耗定额。
(7)原始记录完整、齐全、准确，主要项目有：
①主要生产设备改造、更新申请、选型审批资料。
②重大设备更新改造项目技术经济论证材料。
③设备安装验收单及移交使用记录。
④含有设备运行状况的交接班记录。
⑤主要生产设备维护、修理记录。
⑥设备大修理完工质量检验单。
⑦主要生产设备技术状况定期检查记录。
⑧设备封存、出租、转让、报废凭证。
⑨设备事故报告单和事故处理结论。
(8)进行以下统计、分析工作：
①主要生产设备完好率(或泄漏率)、利用率。
②设备固定资产创净产值率。
③设备事故和主要生产设备故障停机率。
④设备改造更新和大修计划执行情况。
⑤设备备品配件消耗和库存资金占用情况。
⑥主要生产设备技术状况劣化情况。
⑦设备固定资产折旧和大修理基金提取及使用情况。
⑧闲置设备及调剂利用情况。
⑨设备管理与维修人员基本情况。
⑩上级规定的其他有关统计指标。
(9)对重点设备开展了点检、巡检，并积极推广应用故障诊断和状态检测技术。
(10)具有良好的设备停放场所：
①设备编号和技术标牌齐全。
②设备整齐、清洁，操作正确，使用合理。
③各种管线基本无泄漏。
④设备润滑良好。
⑤安全措施完备。
⑥备用、封存设备维护良好。
⑦主要生产设备操作人员凭证操作。
⑧及时排除设备故障。
(11)做到和实现了下列要求：
①设备资产账、物、卡相符。
②足额提取折旧费。
③主要生产设备的档案、技术资料齐全。
④有效地开展设备综合管理工作。设备管理部门主持或参与了设备前期管理，把好选型

关、验收关。

⑤设备管理主要指标达到行业主管部门的规定。

⑥设备事故有所下降，无特大设备事故。

⑦严格执行各项制度，岗位责任制落实，有检查，奖罚分明。

⑧实现润滑"五定"（定点、定质、定量、定时、定员）。

⑨适时更新设备，应用新技术改造老设备取得成效，技术装备水平逐渐提高。

以上是沥青路面养护机械管理开始考核、评比工作的重要参考依据。在此基础上，结合沥青路面养护机械管理工作的特点，制订出考核办法。这也是促使沥青路面养护机械管理工作上水平的重要手段。

表1.4-7是山东省交通厅公路局在《山东省高速公路养护机械管理办法》中给出的高速公路养护机械检查内容及评分标准。

山东省高速公路养护机械检查内容及评分标准 表1.4-7

检查项目	规定分数	检查内容	评分标准及说明	扣分原因	实行分数
机械配置（30分）	30分	按照《山东省高速公路机械管理办法》的要求配置，且技术先进	根据配备不齐全，技术不先进的扣15分，未制订年度机械购置计划的扣5分，未认真落实年度购置机械计划的扣10分		
机械技术状况（20分）	3分	1.加强对机械的维护，提高机械设备技术状况	机械维护不及时扣2分；无记录加扣1分		
	4分	2.整机装备齐全，内外整洁，机容好	整机装备不齐全，有丢失、损坏、变形、开裂、锈蚀严重情况，每处扣1分；机容不整洁，由积垢、油污，每项扣1分		
	4分	3.发动机、电动机无异响，动力性良好	发动机、电动机难启动，运转不平稳，有异响，动力性能差，每项扣1分		
	4分	4.底盘及工作机构安全可靠，满足技术要求，各部润滑良好			
	3分	5.油、水、电、液等均符合规定，各种仪表指针指示灵敏、安全、可靠	油、水、电、液等均不符合规定，每项扣0.5分；各种仪表指针指示不灵敏、不可靠、失效，每项扣0.5分		
	2分	6."三滤"清洁，无"四漏"现象	"三滤"不清洁，有"四漏"现象，每处扣0.5分		
机械使用及管理（30分）	10分	1.按规定提取折旧，并专款专用	提取不及时、不准确，每项扣3分；未做到专款专用扣4分		
	10分	2.主要机械要提高其利用率，充分发挥其效能	主要机械利用率低，酌情扣3、5、8分		
	5分	3.严格单机/车的成本考核，努力提高经济效益	未实行单机/车成本核算的扣5分；不准确的扣2分		
	2分	4.主要机械有专人管理，实行定机、定人、定岗，持证上岗	没有专人管理，未实行定机、定人、定岗扣1分，未持证上岗扣1分		
	3分	5.建立机械设备技术档案，且内容齐全	未建立机械设备技术档案的扣3分，内容不齐全扣1分		

续上表

检查项目	规定分数	检查内容	评分标准及说明	扣分原因	实行分数
机械基础管理（10分）	3分	1.计算机实现二、三级单位联网，系统内容录入齐全，上报各种数据准确、及时	未实现联网扣1分，内容不全扣1分；上报数据不准确、不及时扣1分		
	2分	2.建立机械登记制度，有完整的技术资料及维修记录档案，账物相符，有机械变动增减记录	技术资料、维修记录、账物登记、增减变动，每缺一项扣1分		
	2分	3.加强对机械安全生产的管理，建立健全各项安全规章制度	各项安全规章制度不健全，扣1分		
	2分	4.积极推广新产品、新技术、新工艺	不积极推广新产品、新技术、新工艺扣1～2分		
	1分	5.对管理、维修、操作人员进行定期培训，并有培训记录	无人员培训记录的扣1分		
机械现场管理（10分）	5分	1.无机械责任事故	每发生一起机械责任事故扣2分		
	3分	2.机械维修车间、厂、库、施工现场等场所无安全隐患	各类安全标志、设施不齐全有效扣1分；存在安全隐患每处扣1分		
	2分	3.机械妥善存放管理	机械停放不整齐、场地不整洁、未硬化扣1分；无存放厂房或厂棚扣1分		

第2章　公路沥青路面灌缝机械化作业

2.1　沥青路面裂缝分类

沥青路面损坏从总体上可分为功能衰减和结构性破损两类，前者表现为路面服务能力下降、平整度和抗滑性能降低；后者导致路面结构承载能力降低，以裂缝、坑槽等形式表现出来。裂缝是沥青路面各类损坏中最常见、最易发生和最早产生的病害之一，它伴随着沥青路面的整个使用期，并随着路龄的增长而加重。

促使沥青路面产生裂缝的因素，一般分为先天性因素和后天性因素。先天性因素多在公路修建前和修建中形成，主要包括设计参数的选用、道路结构、施工材料和施工工艺等；后天性因素在公路交付使用后形成，主要包括气候条件、交通荷载、行车速率和养护工艺等。

沥青路面裂缝破损按几何形状分为龟裂、块裂、纵向裂缝、横向裂缝和滑移裂缝五类；按主要形成原因分为荷载裂缝、温度裂缝、反射裂缝、沉降裂缝和其他裂缝五类。

裂缝随着时间的推移而逐渐形成并扩展。裂缝形成初期，在高温季节可以自动愈合，可不进行处理，对沥青路面使用功能影响不大，但裂缝的扩展会逐步减弱结构承载能力。在雨季，雨水通过裂缝进入基层，在行车载荷的作用下形成动力水对其结构进行冲刷，裂缝逐渐加宽、加深，产生唧浆或基层脱空，造成水损害，致使沥青路面产生龟裂、坑槽等严重病害，不但影响路容美观和行车的舒适性，而且降低了沥青路面的服务水平，缩短了沥青路面的使用寿命，甚至危及行车安全。

2.1.1　按几何形状分类

1)龟裂。

形状呈一连串小多边形或小网格状(图 2.1-1)，其短边长度一般不大于 4cm，如龟背花纹，故俗称龟裂(欧美称鳄鱼皮状裂缝)。龟裂是在行车载荷的反复作用下，导致沥青路面材料疲劳而形成的一种裂缝，故有时亦将此类裂缝称为疲劳裂缝。龟裂大多数发生在行车道上。在龟裂形成初期，裂缝轻微，对沥青路面的服务水平影响不大。但使得路表水渗入，造成底面层及路面基层强度的减弱，加速龟裂面积的扩大、裂缝扩展，最终形成坑槽。

2)块裂。

形状呈不规则的多边形或网格状(图 2.1-2)，形状和尺寸都有别于龟裂，通常短边长度大于 40cm，长边长度小于 300cm，且棱角较明显。块裂通常是由于沥青混凝土采用了大量的低针入度沥青和亲水性集料或沥青发生老化失去弹性，在交通荷载作用下形成。此时，由于低温作用，沥青混凝土产生缩裂，故有时将此类裂缝称为收缩裂缝。块裂通常发生在较开阔的广场、停车场和城市道路上。这类裂缝常常会导致路表水渗入路基和路床，降低沥青路面的结构强度进而形成其他的损坏，如龟裂、车辙等。

图 2.1-1　龟裂

图 2.1-2　块裂

3)纵向裂缝

沿沥青路面行车方向分布的单条裂缝(图 2.1-3)，有时伴有少量支缝。纵向裂缝一般较长，达 20～50m。在路表水渗入路堤下地基范围较小的情况下，可能仅在中央分隔带两侧行车道上或接近硬路肩的一侧产生一条纵向裂缝；在路表水渗入路堤下地基范围较大的情况下，可能在中央分隔带两侧行车道和超车道上产生两条纵向裂缝，少数路段甚至有三条纵向裂缝。当路基边部压实不足时，路堤边部会产生沉降，导致在距路边 30cm 左右处产生纵向裂缝。在沥青混凝土摊铺时，由于纵向接缝处理不当而造成沥青路面早期渗水或由于压实未达到要求，在行车作用下也会在纵向接缝处形成纵向裂缝。沥青路面产生纵向裂缝过多和过早、过大和过长时，将严重影响沥青路面的使用性能和使用寿命。

4)横向裂缝

与路面行车方向近于垂直分布的单条裂缝(图 2.1-4)，有时伴有少量支缝。低温收缩或半刚性基层收缩是产生横向裂缝的主要原因。地基及填土路堤纵向不均匀沉降或沥青混凝土摊铺时横向接缝处理不当，都会产生横向裂缝，严重时还伴有错台现象。在温度变化大的地区，夏季完好的沥青路面到了冬季会由于路面温度过低或温度变化过大，产生近似等间距的横向裂缝，故有时将这类裂缝称为温度裂缝。沥青路面横向裂缝起初大多出现在路面两侧，逐渐发展而贯通全幅；该类裂缝一般从沥青路面的面层表面开裂，逐渐向底面层和基层延伸、扩展，从而形成上宽下窄的裂缝。横向裂缝有时只贯通沥青路面的一部分，而大多则是贯通整个路面宽度。一条沥青路面会有多条横向温度裂缝，其纵向间距约为 5～10m。

图 2.1-3　纵向裂缝

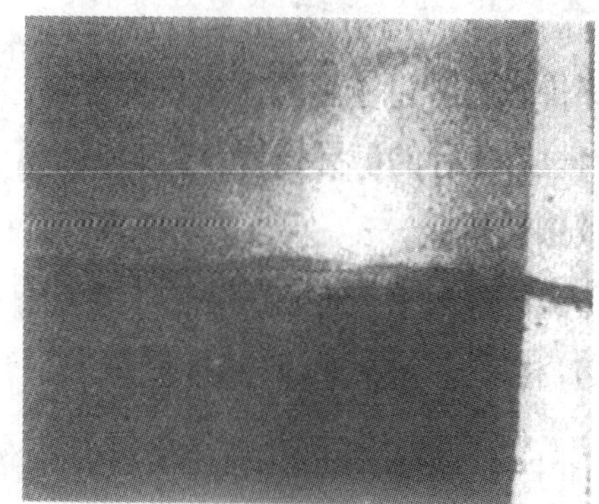
图 2.1-4　横向裂缝

5)滑移裂缝

在车辆制动、转弯或加速时产生的水平力作用下，沥青路面的表层沿行车方向形成月形裂缝，称为滑移裂缝或U形裂缝。当滑移裂缝由制动引起时，滑移裂缝的末端(U的顶端)指向行车方向；如果滑移裂缝是由车辆加速引起，裂缝的末端(U的顶端)指向行车的后方。滑移裂缝产生的另一个原因是由于沥青路面的面层与底面层或面层与基层黏结性不好，当面层受到较大的水平外力时，无法有效地将水平力传递给底层，造成沥青路面被撕裂。

2.1.2 按形成原因分类

1)荷载裂缝

在行车荷载作用下，沥青路面基层的底部产生拉应力。当拉应力大于基层材料的抗拉强度时，基层的底部就会开裂。在行车荷载的反复作用下，基层底部的裂缝会逐渐扩展到沥青路面的面层，使面层开裂。沥青路面结构设计不合理、沥青路面整体强度不足、施工质量不好、汽车超载的影响、使用过程中沥青老化等因素，都会引起沥青路面荷载裂缝。荷载裂缝在形状上主要表现为沿轮迹方向的纵向裂缝、滑移裂缝和龟裂。

2)温度裂缝

由于沥青路面的面层温度变化而产生的裂缝称为温度裂缝，包括低温收缩裂缝和温度疲劳裂缝。在温度降低，特别是气温骤降时，沥青路面的面层表面的温度最低，其温度变化率也最大，因此表面产生的温度拉应力最大。面层材料受下层材料的约束而不能自由伸缩，产生较大的张拉应力。当张拉应力大于面层材料的抗拉强度时，面层就会开裂。温度裂缝在形状上主要表现为横向裂缝和块状裂缝，有时也表现为纵向裂缝。

3)反射裂缝

由于下铺层的裂缝向上传递而导致沥青路面的面层产生与下铺层相似的裂缝，一般多发生在加铺层上(图2.1-5)。由于旧沥青路面的纵向裂缝、横向裂缝和块裂等在加铺时，未加以适当地处理而导致加铺层产生与下铺层裂缝形状相似的裂缝。另外，在半刚性沥青路面上，半刚性基层的温缩裂缝或干缩裂缝，不断向面层扩展形成的裂缝也称为反射裂缝，在形状上主要表现为横向裂缝。沥青路面底层或基层不连续处(接缝或裂缝处)的水平运动或垂直运动，会使沥青路面的底面层产生较大的拉应力或剪应力，并最先开裂，然后裂缝逐渐向上延伸、扩展并穿透整个沥青路面，形成下宽上窄的裂缝。

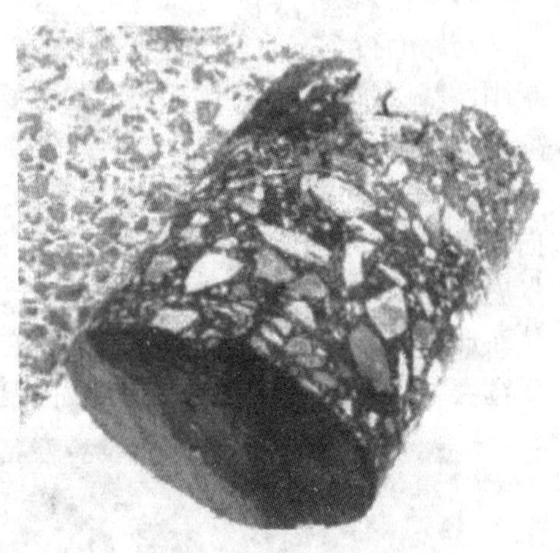

图2.1-5 反射裂缝取芯

4)沉降裂缝

由于填土固结或路基不均匀沉陷所引起的纵向和横向裂缝，称为沉降裂缝，常出现在桥涵的两头或路基半填半挖处。

5)其他裂缝

由于沥青路面施工时纵向接缝处理不善而产生的纵向裂缝及由于沥青老化而产生的龟裂等，称为其他裂缝。

2.1.3 沥青路面裂缝分级

根据《公路沥青路面养护技术规范》(JTJ 073.2—2001)的规定，沥青路面裂缝类型、分级及其严重程度描述见表 2.1-1。

沥青路面裂缝分类分级 表 2.1-1

裂缝类型	分级	外观描述	分级指标	计量单位
龟裂	轻	初期龟裂,缝细、无散落,裂区无变形	块度:20～50cm	m^2
	中	裂块明显,缝较宽,无或轻散落或轻度变形	块度:＜20cm	
	重	裂块破碎,缝宽,散落重,变形明显,亟待修理	块度:＜20cm	
不规则裂缝	轻	缝细,不散落或轻微散落,块度大	块度:＞100cm	m^2
	重	缝宽,散落,裂块小	块度:50～100cm	
纵裂	轻	缝壁无散落或轻微散落,无或少支缝	缝宽:≤5mm	m^2
	重	缝壁散落重,支缝多	缝宽:＞5mm	
横裂	轻	缝壁无散落或轻微散落,无或少支缝	缝宽:≤5mm	m^2
	重	缝壁散落多,支缝多	缝宽:＞5mm	

注:块裂、滑移裂缝和部分反射裂缝可划为不规则裂缝。

2.2 灌缝工艺

2.2.1 灌缝工艺流程

灌缝修补工艺流程如图 2.2-1 所示。

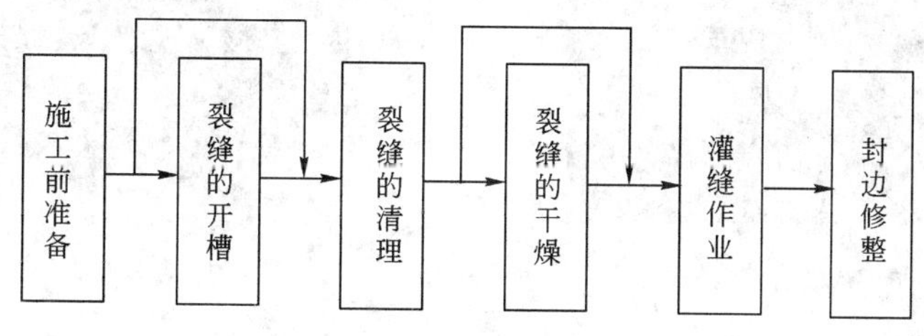

图 2.2-1 灌缝工艺流程

1)施工准备

将需要封闭的裂缝用粉笔或其他材料进行标示,登记桩号位置,丈量长度,计算材料用量和成本。然后,对灌缝机进行性能检查,确保其沥青管路、沥青喷枪畅通,高压热空气吹烤装置压力足够、温度合适。

2)开槽

按照裂缝标示,根据裂缝的宽度和深度,调整好开槽机的开槽宽度和深度,对准裂缝的中线切割出均匀的 U 形凹槽。一般开槽宽度、深度分别以 8mm、12mm;10mm、15mm;15mm、20mm 为宜。

3)裂缝的清理和干燥

开槽后用高压热空气吹烤喷枪,把加热后的压缩空气吹向裂缝,清出缝内的碎石和粉末等杂物,同时对裂缝两侧的路面材料加热,从而减小灌注材料与被灌注裂缝的温差,使两者在"热—热"环境下结合,避免修补后出现"两道缝"的现象。

4)灌缝作业

启动灌缝机,对灌缝材料加热。当灌缝材料温度达到工作温度时,即可进行灌缝作业。灌缝作业在裂缝清理和干燥后立即进行，以减少裂缝二次污染。灌缝作业过程中，应始终保持沥青路面清洁。

5)封边修整

灌缝作业结束后，为了保护未凝固的灌缝材料，防止其出现轮印等现象，应立即使用吸收材料，以使它们粘到填封材料表面，作为暂时覆盖物。特别是乳化沥青或改性沥青作为填封材料时，因其破乳固化时间较长，为缩短开放交通时间，应尽量使用吸收材料。

2.2.2 灌缝机械

1)沥青灌缝机

沥青灌缝机一般由底盘、沥青加热保温箱、导热油循环及温度控制系统、动力及液压传动系统、补缝专用装置等组成。沥青灌缝机有手推式(图 2.2-2)、拖式(图 2.2-3)和自行式(图 2.2-4)三种，手推式灌缝机基本实现了灌缝材料全程加热，体积小，质量轻，结构简单，移动及操作方便；拖式灌缝机结构较为简单，使用时须配备牵引动力；自行式灌缝机将所有装置放在一个底盘上，一般是液压驱动，行走灵活。

图 2.2-2 手推式沥青灌缝机

图 2.2-3 拖式沥青灌缝机

2)高压热空气吹风机

高压热空气吹风机如图 2.2-5 所示，是一种手持式或手推式的吹气烘烤装置，由空压机、液化气罐、燃烧室、点火器、喷枪等组成。燃烧室周围有一个厚长储热铁块，液化气燃烧后将这个铁块加热，然后用铁块加热通过它的压缩空气，用热压缩空气去吹烤裂缝，这样不会烤坏缝口沥青材料。

图 2.2-4 自行式沥青灌缝机

图 2.2-5 高压热空气吹风机

3)开槽机

开槽机用于沥青路面细小不规则、难以直接灌入填封材料的裂缝的扩缝，一般可以跟踪裂缝，操作方便，有合理的扩缝宽度，开槽深度可调。

4)石屑撒布器

石屑撒布器一般为手推式，通过阀门调节撒布量，以一定的速度将石屑撒在灌注沥青的缝口上。

5)小型压实机

一般选用手推式压实机械，也可用拖式压实机械。

2.2.3 影响灌缝质量的因素

1)开槽填封形式

对于沥青路面出现细小、不规则，难以直接灌入填封材料的裂缝，一般沿着裂缝开一条凹槽，使填入裂缝中的填封材料免受过分的拉、压应力及交通载荷的作用。特别是因温度变化而产生较大水平位移的裂缝(横向裂缝)，必须进行开槽，以适应水平位移而产生对填封材料的应力。开槽尺寸以裂缝宽度和严重程度为依据，开槽宽度应达到将裂缝破损的松散壁面材料切割掉，直至露出坚实的部分为止，然后再确定一个适当的开槽宽深比。一般开槽的宽深比为1：(1.2～1.5)。当采用硅酮等高性能密封料时，可取1：(1.5～2.0)，此时应在槽底加背衬。背衬的直径应比槽宽大25%，槽深应大于2倍的背衬直径。例如，12mm宽的槽，采用直径为15mm的背衬，开槽深度为35mm。

常见的裂缝填封结构分为三种类型(图2.2-6)：

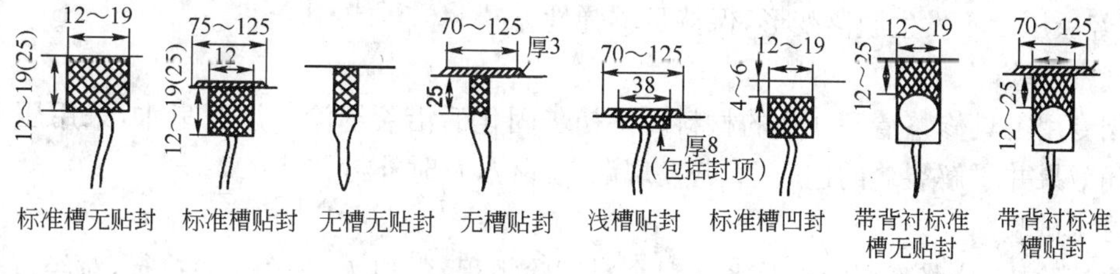

图2.2-6 填缝结构形式(尺寸单位：mm)

(1)标准槽。包括有贴封、无贴封、带背衬和无背衬等形式。

(2)无槽。包括有贴封、无贴封等形式。

(3)浅槽。包括有贴封、无贴封等形式。

2)施工季节

灌缝失效的最主要表现是密封胶与裂缝两壁未能牢固地黏结，除了与密封胶技术性能、清槽是否彻底有关外，还取决于施工时的环境温度。一般而言，选择春秋季节干燥天气进行修补。环境温度处于年平均温度5～15℃时，裂缝的宽度为一年中的平均宽度，因此，在春秋季施工，既利于将补缝材料灌到缝的最深处，可以填充足够的材料；又有利于选择灌缝材料，并使灌缝材料与路面材料更好的黏结成一体，保证灌缝质量。

由于非工作缝在一年中的变化量较小，因此填缝对季节要求不高，一年内任何时间均可。比较好的时间是在偏凉的季节，这时裂缝开度较大，可以填入足够的材料。

在冬季，浅槽无贴封式结构最好。因为在冬季填封材料受到的温度应力最大，而裂缝开槽越宽，填入的填封料也越宽，消解应力的能力也越强，所以，浅槽无贴封式结构在冬季的失效率最低。

在春季,贴封式结构效果最好。除了槽内填封材料对裂缝的保护外,紧贴在裂缝上方的填封材料也起着封闭裂缝的作用,并持续有效地防止路表水渗透到基层中,从而延长了填封裂缝的使用寿命。

3)裂缝的清理和干燥

裂缝不论开槽还是未开槽,都会有一些杂质。未清洁和潮湿的裂缝壁面会导致与填封材料的黏附性能下降,易造成填封材料脱落而使填封裂缝失效。开槽后裂缝壁面的清洁和干燥常用的方法有高压空气吹扫法和热空气吹扫法。裂缝处于干燥状态下进行填封修补,其寿命为潮湿状态下填封修补的2~4倍;在施工气温较高时,填封裂缝获得的寿命,通常比施工气温较低时的长一些。

4)其他因素

除上述因素外,高质量的灌缝机、合适的灌缝材料、合理的施工工艺过程都会对灌缝质量产生直接的影响。采用控制精度较高的灌缝机械、使用合适的灌缝材料,并积极采用科学的施工工艺都是提高灌缝质量的必要措施。

2.2.4 灌缝质量检测方法

1)外观质量验收

其具体内容有:

(1)灌缝线形流畅,外观干净整洁,密封材料基本与路面平齐。

(2)灌缝充分饱满,表面平整,无颗粒状胶粒或淤结,拖痕无多余的灌缝材料。

(3)经碾压后不发生脱落变形,保持足够弹性。

2)气密试验

使用专用工具修整清理冗余的材料。待初步固化后沿裂缝涂一层肥皂水,采用压缩空气检查密闭效果并了解裂缝的连通性,若发现漏气部位,及时补封。

3)渗水试验

渗水试验按《公路工程沥青及沥青混合料试验规程》(JTJ 052—2000)执行,对经过灌缝处理的裂缝进行渗水试验,检测结果要达到技术要求。

2.3 手推式灌缝机

目前,手推式灌缝机(图2.3-1)大多采用螺旋输送器输送材料,压力注射嵌缝。这样可保证嵌缝料注入缝隙底层和缝壁之间并紧密黏结。但螺旋输送属非容积式输送,泵的流量受料的黏度和出口压力的影响,即使泵的速度恒定,流量也不均匀。手推行驶速度难以恒定,灌缝材料在缝槽中的分布难以均匀。数显式温控装置,可提高施工进度及修补质量。

图2.3-1 手推式灌缝机

针对螺旋输送器的弱点,通常采用特殊的材料泵。该泵的定子为金属材料,使其具有输送高温、高黏度填料的能力。泵为容积式泵,其输出流量不随填料的黏度、出口压力的变化而改变,只要泵的驱动速度恒定,则流量恒定,且理论上流量无脉动,还容许小的颗粒通过。因此，材料泵能满足对灌缝质量的要求。

2.3.1 导向机构

导向机构的组成如图 2.3-2 所示。导向杆组由一排导向杆组成，装在 E 形块的孔中，导向杆组垂直插入缝槽中，且各导向杆可以自由转动，在导向时便不会损坏缝槽边缘。导向杆组在垂直方向上可以自由移动，若槽底有异物，导向杆组可自动越过异物而不被卡死。导向杆的偏转运动通过 E 形块、花键轴、花键筒传给摇杆。花键轴在花键槽中可滑动。不灌缝时通过提杆可将导杆组提起，高出缝槽。由导向杆组传来的运动带动摇杆、滑动连杆，摇杆传给方向轮轴，方向轮轴转动后传给导向轮而实现导向。

转动手轮带动丝杆，通过丝杆螺母带动滑块左右移动。滑块一端固定在导向座上，另一端装在导向轮座的滑槽中，滑块的左右运动可调节导向杆组和导向轮之间的距离，便于对缝。在调节此距离时，应先松开锁紧手柄使滑动连杆的滑条在滑槽中滑动，其滑动行程与滑块的行程相等。调节完毕，锁紧手柄，使得滑动连杆成为一体，由此摇杆、滑动连杆、花键轴、摇杆构成平行四边形机构，确保了导向杆组转角与导向轮转角相等。摇杆是为了保证在滑块滑动中平行四边形机构始终成立。

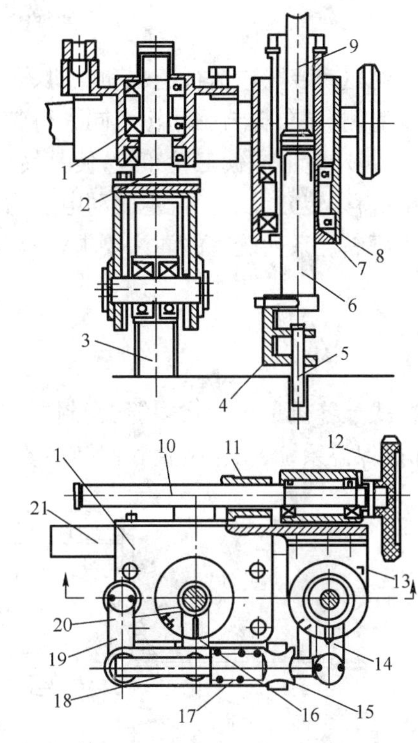

图 2.3-2 导向机构组成

1-导向轮座；2-方向轮轴；3-导向轮；4-E 形块；5-导向杆缝；6-花键轴；7-花键筒；8-导向座；9-提杆；10-丝杆；11-丝杆螺母；12-转动手轮；13-滑块；14-摇杆 1；15-锁紧手柄；16-摇杆 2；17-滑动连杆 1；18-滑动连杆 2；19-摇杆 3；20-方向轮轴；21-滑块

2.3.2 喷灌系统

喷灌系统如图 2.3-3 所示，由泵输出的填料流入三通阀后分两路输出，一路去料箱，一路去喷嘴。通过操纵手柄可控制填封料去向，喷嘴与喷管、转管连接，转管通过支架与车架固定连接。填料所经过的连接处均采用机械式密封。喷嘴可绕喷管转动，而喷管能绕转管作万向运动，因此喷嘴除绕自身轴线转动外，还可作上下、左右摆动。喷管上装有一拉簧并与支架相连，保证喷嘴与路面能可靠接触。喷嘴在缝槽中随车架左右自由摆动，自动适应缝槽的走向。

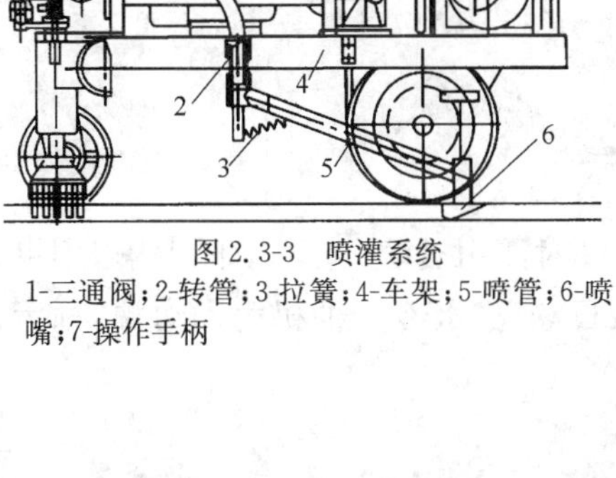

图 2.3-3 喷灌系统

1-三通阀；2-转管；3-拉簧；4-车架；5-喷管；6-喷嘴；7-操作手柄

灌缝机行驶到路端时提起喷嘴，将其绕转管转动 180°后放入前端缝槽中，灌缝机倒退行驶，人工把握方向，可将剩余的一段缝灌完。喷嘴前端离槽底 4mm，后端与槽口平,中间直线过渡,便于灌料在缝槽中逐层堆积。喷嘴可灌槽宽≥3mm。灌注时密封料温度为142～160℃,在密封料所经过的环节中均采用加热和保温措施。

2.3.3 辅助驱动装置

辅助驱动装置包括行走驱动电机、驱动轮、导向轮、自由轮等,灌注时单轮驱动。驱动轮设置在喷嘴侧,导向轮与驱动轮在同一行驶线上,被动轮为自由轮,在驱动轮的另一侧。导向轮、驱动轮、被动轮形成偏三轮布置,使其转向时各轮绕同一瞬时转向中心作圆周运动,故被动轮不产生滑移,转向灵活。行走驱动电机为无级调速电机,在定流量输送填料的条件下,调节行驶速度可满足系列缝宽的灌注要求。

2.4 拖式灌缝机

拖式灌缝机是集清吹裂缝、密封材料加热、裂缝灌注密封功能于一机,由拖式底盘、动力源、加热保温系统、工作装置和控制系统五部分组成,如图2.4-1所示。

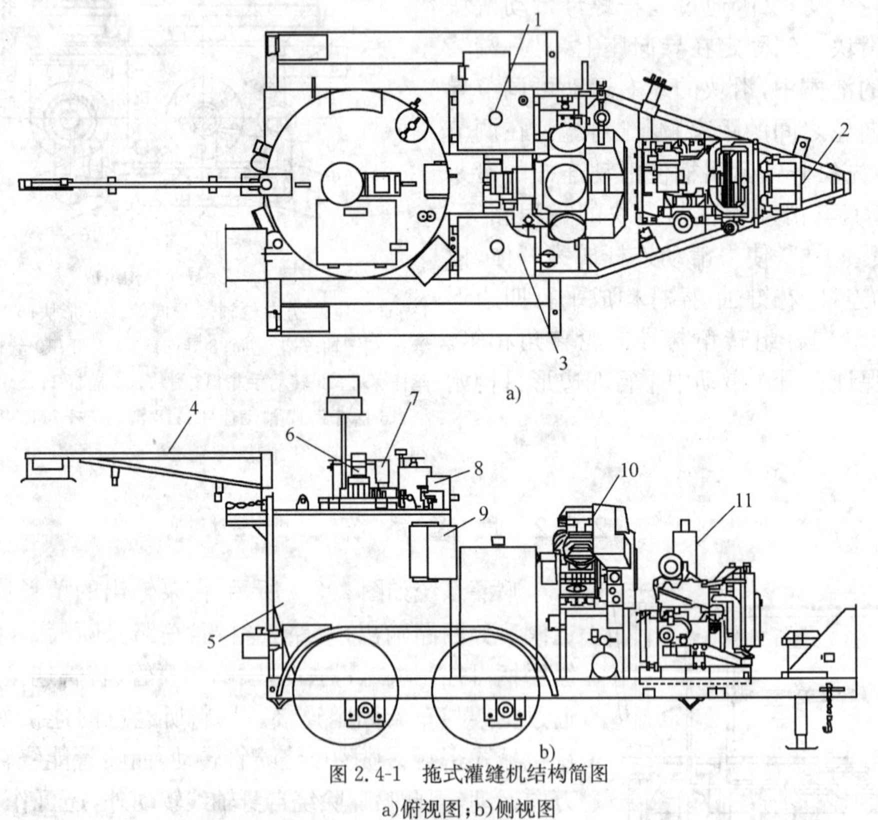

图2.4-1 拖式灌缝机结构简图

a)俯视图;b)侧视图

1-柴油箱;2-蓄电池盒;3-液压油箱;4-软管支架;5-热熔釜(材料罐);6-材料泵驱动马达;7-搅拌马达;8-液压组合控制阀;9-控制箱;10-空压机;11-发动机

2.4.1 底盘和动力源

灌缝机采用二轴四轮专用拖挂式底盘,作业施工和行驶时需用机动车牵引,牵引钩采用可调节式牵引,可适用于不同的牵引车。采用五十铃(ISUZU)三缸水冷柴油机为动力源,额定功率 25.4kW；额定转速为 2 800r/min；液压泵与输出轴直接相连，并通过驱动带带动发电机工作；发动机带有安全保护装置。

2.4.2 液压系统

液压系统主要由液压油箱、液压泵、分配阀、液压马达、滤油器和管路组成。两级液压泵将动力一部分经分配阀来控制搅拌马达和材料泵的驱动，实现罐内密封材料的搅拌和输出；另一部分驱动空压机，如图 2.4-2 所示。

2.4.3 裂缝清吹系统

该系统由空气压缩机、管路和空气喷枪组成。空气压缩机为滑片式，由液压马达驱动，噪声小、制气量大。该系统主要功能是用高压空气将开槽后裂缝（或原裂缝）中的杂物吹净，以利于沥青更好地灌入。

2.4.4 加热保温系统

热熔釜主要由燃烧器、柴油箱、导热油泵、内置材料泵、搅拌机构、温度传感器、材料罐及管路等组成，如图 2.4-3 所示。

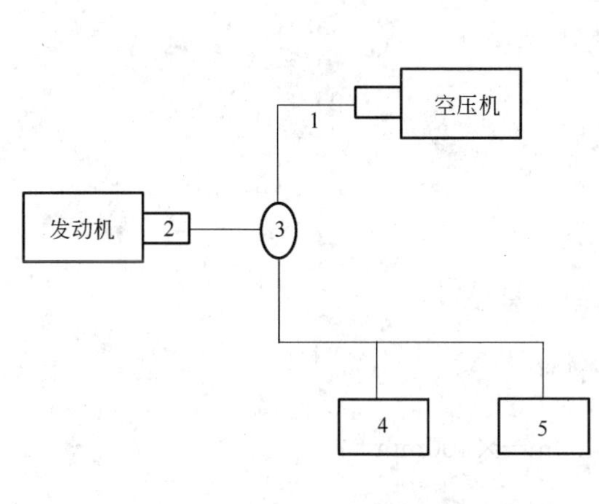

图 2.4-2 液压系统示意图

1-液压马达；2-液压泵；3-分配阀；4-搅拌马达；5-材料泵马达

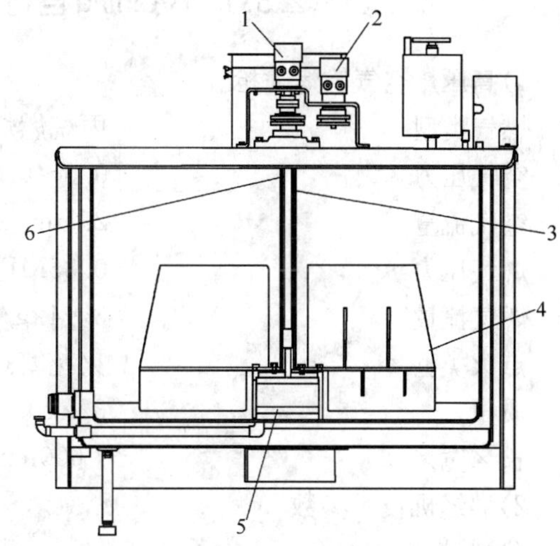

图 2.4-3 热熔釜

1-材料泵驱动马达；2-搅拌驱动马达；3-搅拌连接杆；4-搅拌叶片；5-内置式材料泵；6-材料泵连接杆

燃烧器安装在两个油箱中间的下方、材料罐底部，通过柴油燃烧使导热油升温；材料罐壁带有储存导热油的夹层，夹层及管路内的导热油对罐内密封材料进行间接加热和保温，导热油和密封材料中均有温度传感器，随时将检测信号反馈到控制面板，由液晶显示屏直观显示，以保证温度达到使用要求。罐外层为高性能保温材料，可有效降低热量的散失。材料泵安装在材料罐内的底部中心，由液压马达驱动；桨叶搅拌器经链条由液压马达驱动，以利于密封材料均匀快速地加热。

2.4.5 喷灌系统

喷灌系统由材料泵、电加热输料软管（图 2.4-4）、喷枪组成。在材料泵的作用下，材料罐内的密封材料经电加热输料软管和喷枪注入裂缝中。电加热输料软管和喷枪由发动机驱动的三相交流发电机供电加热。电加热输料软管的内管具有不锈钢内衬和金属加强网，管子上有电加热元件。该软管外层有耐高温绝热层，喷枪上的不锈钢钢管用以保护喷枪和操作者。喷枪手柄上装有操作开关，用于沥青泵的启闭。

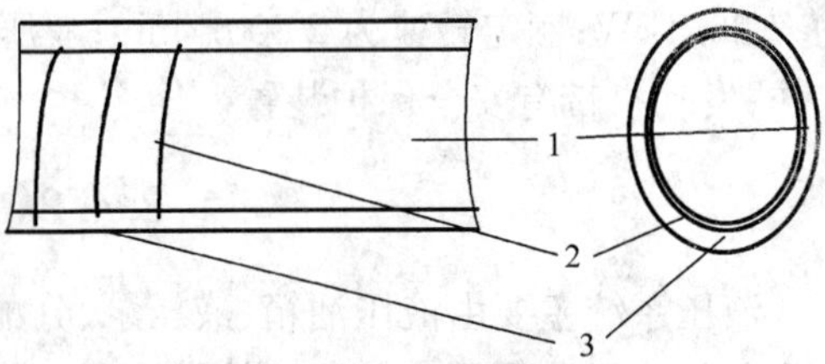

图 2.4-4　电加热输料软管

1-软管内腔；2-加热及测温元件；3-绝热绝缘材料

2.4.6　控制系统

控制系统集中在控制箱内，主要由发动机、控制和保护部分、温度显示仪表、温度控制器、功能指示灯、计时表和电控元件组成，以完成发动机、材料泵、导热油泵和搅拌马达的启停，并通过温控仪控制燃烧器。点火加热和保温过程自动进行，使导热油温度、材料温度和电加热软管温度处于设定状态。

2.5　自行式灌缝机

2.5.1　Breining自行式沥青灌缝机性能参数

1)高压热空气吹烤喷枪

燃气类型　丙烷燃烧气

空气压力　0.6～0.7MPa

空气流量　2.5m^3/min

燃气压力　0.35MPa

燃气流量　3～4kg/h

点火类型　火花塞点火

质量　32kg

长×宽×高　1 600mm×400mm×400mm

2)灌缝机技术参数

(1)热熔搅拌机：

质量　1 250kg

热熔箱容积　250L

导热油箱容积　120L

(2)燃气系统：

燃气类型　丙烷燃烧气

燃气压力　0.25MPa

燃气流量　5.4kg/h

(3)搅拌柴油机：

类型　单缸风冷式

输出功率　8.3kW

输出转矩　38N·m

(4)沥青灌缝机：

流量　　　　　　　　　　　　　　150L/min
喷射压力　　　　　　　　　　　　0.8MPa

2.5.2 工作原理

沥青灌缝机灌缝作业分为两步：一是用高压热空气吹烤喷枪(图 2.5-1)，把加热后的压缩空气吹向裂缝；二是灌缝机(图 2.5-2)的热熔箱熔化沥青，用沥青喷射机将热沥青灌入缝中。

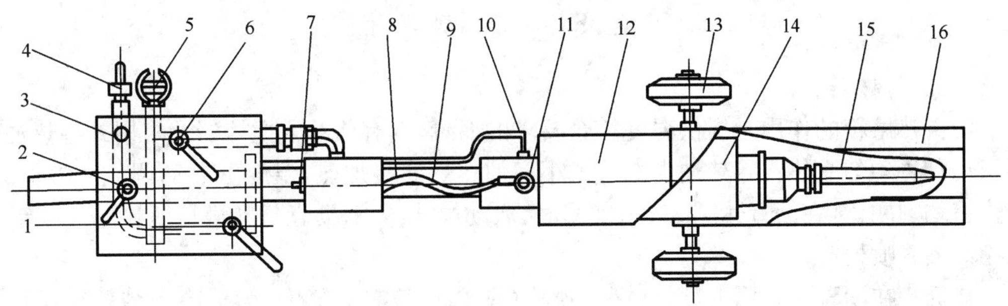

图 2.5-1　高压空气吹烤喷枪

1-燃气控制阀；2-主控制阀；3-安全按钮；4-燃气管接头；5-空压机接头；6-空气控制阀；7-压力点火开关；8-热电耦引线；9-点火导线；10-热电耦；11-火花塞；12-保护罩；13-轮子；14-燃烧室；15-吹管；16-安全罩

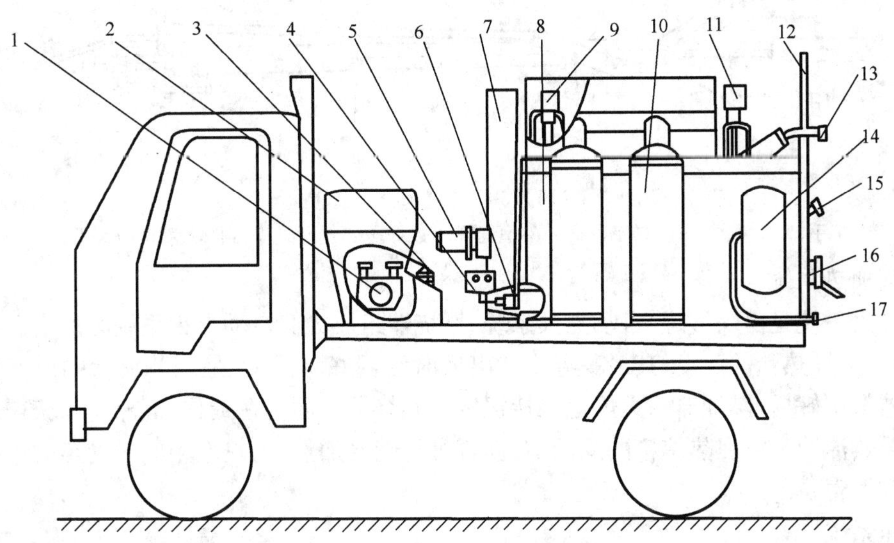

图 2.5-2　灌缝机

1-串联液压泵；2-发动机；3-空压机；4-点火控制箱；5-搅拌器驱动马达；6-燃烧器；7-烟囱；8-热熔箱；9-导热油循环驱动马达；10-燃气罐；11-沥青泵驱动马达；12-软管支架；13-沥青罐接头；14-压缩空气储罐；15-导热油加入口；16-溢流口；17-压缩空气接口

1)高压热空气吹烤喷枪

将空气压缩机、燃气储罐与高压热空气连接起来。打开燃气安全阀，调节燃气压力达到0.35MPa，同时启动空气压缩机并打开空压机安全阀，将燃气点火，调节压缩空气和燃气的压力，使火焰达到白热，但喷嘴处不能有火焰喷出；手推喷枪，沿着裂缝加热。

2)灌缝机

给热熔箱添加一定数量的沥青块，盖好箱盖，然后点火加热导热油，并启动导热油驱动马达，导热油循环；当沥青被加热到一定温度后，启动搅拌器驱动马达，对沥青材料进行搅拌；当沥青加热到160～180℃时，用预热的补缝软管连接沥青泵和沥青喷枪，打开开关，用沥青喷枪沿着裂缝灌入沥青；补缝结束后，为避免沥青在沥青泵和补缝软管中凝结，将沥青泵反转一段时间，并用压缩空气将补缝软管、沥青喷枪吹干净，然后将软管放在预热室中。

2.5.3 结构特点

1)沥青热熔箱

沥青热熔箱的作用是提供温度符合要求的沥青，内有桨叶式搅拌器及格栅式导热油盘管，以保证沥青均匀受热。导热油由燃气式小型加热炉间接加热，温度可自动调节。为了保证沥青快速均匀融化，在沥青达到80～100℃时，启动搅拌器，对沥青材料进行搅拌。

2)沥青喷枪

热沥青在沥青泵作用下，通过沥青喷枪(图2.5-3)灌入缝中，为提高黏结效果，该装置做成双管路循环回路，在喷嘴处有一个空腔滑靴熨斗，喷入缝中的沥青返回熨斗后温度降低，再由回路管吸回沥青热熔箱中，从而使缝中沥青与预热的缝壁良好黏合，同时由于熨斗的作用，缝口平坦且干净。

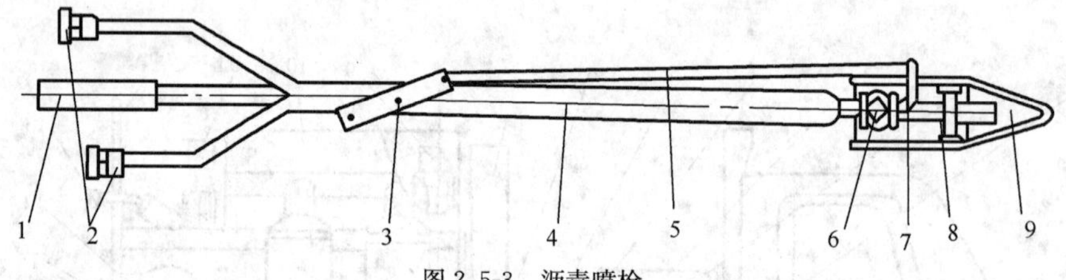

图2.5-3　沥青喷枪

1-把手；2-沥青管接头；3-转动手柄；4-双灌缝管；5-连杆；6-灌缝开关；7-杆件；8-喷管；9-熨斗

3)点火加热系统

煤气点火系统是由煤气罐、自动点火系统、燃烧器组成的。自动点火系统有两个温度调节器：一个是调节导热油的温度，其最高温度在出厂时已调好；另一个是调节沥青的温度。当这两个调节器都调好后，燃烧器的火焰也保持恒定。燃烧器应固定在最佳燃烧点，以获得最佳燃烧效果。导热油管环绕在热熔箱的周围，对沥青进行间接加热，与热熔箱同时受热的还有沥青喷射软管和沥青泵。

4)液压系统

液压系统如图2.5-4所示。灌缝机配有独立的发动机，采用液压驱动方式给沥青搅拌器驱动马达、沥青泵驱动马达、导热油循环驱动马达提供动力。

2.5.4 技术使用

1)填充

(1)燃油箱加满燃油。

(2)连同自动燃烧器控制系统一起加热。

(3)把液化气接到工作装置上，打开液化气罐。

(4)温度调节器调到“0”位。

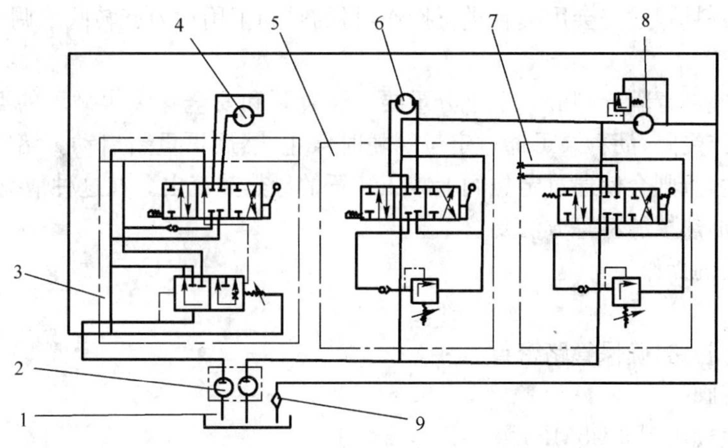

图 2.5-4　液压系统

1-液压油箱；2-串联液压泵；3-控制阀；4-沥青泵驱动马达；5-搅拌器驱动马达；6-导热油循环驱动马达；7-滤芯；8-导热油循环驱动马达；9-滤芯

(5)打开快停阀。

(6)压力调节器置于 0.15MPa。

(7)在多次压下开关时，按下燃烧控制盒上的红色按钮，保持 15～20s。

(8)调整温度调节器至所需温度。

(9)加热时保持灌缝机水平位置。为达合适的加热点，其初添加的材料块不能太大，经过 0.5h 后再搅拌，快速启动液压马达来开启热油循环泵。

2)搅拌

(1)启动发动机。

(2)加入补缝材料，启动搅拌器。

(3)启动柴油机后打开液压马达驱动搅拌器，液压马达由安全阀限制其过载。液压马达、齿轮、搅拌器及轴、叶片几乎不需要维修。物料温度达到 80～100℃时打开控制阀，如沥青混凝土没有变成余额台时，可短暂反向启动搅拌器，有效地减少启动过程。

3)补缝

(1)预热灌缝软管、液化气管及管路接头。

(2)打开补缝泵。

(3)保证物料混合均匀，进行补缝工作。

(4)短时间制动，一般为 2～3min。

(5)只能是用厂家配带的补缝软管及附属件。

4)吹缝

用空气压缩机产生的高压空气把裂缝吹干净。

2.5.5 操作要点

1)沥青泵的启动

(1)动力旋转按钮置“0”位。

(2)定位阀置“向前”位。

(3)缓慢转动动力旋转按钮至“输送”位置，使沥青泵轴运转起来，否则系统必须继续加热。

当沥青泵开始泵料后，过一会用喷管进行操作，目的是为了用动力旋转阀来调节系统压力到所需值。

(4)谨慎处理沥青乳化剂的过程十分重要。经过泵和安全阀多次循环的沥青会结成块状堵塞喷嘴，如工作受阻，沥青泵可通过定位阀随时停止，然后再重新启动。堵塞时不准试图重新启动液压马达，否则会使通过定位阀上减压装置的导热油流出。在这种情况下，应采取措施清洁沥青泵(如加热填缝料等方法)。

2)点火系统的操作

(1)启动：

①连接好各管路，确保管路密封。

②打开断流阀。

③调节丙烷气压到0.25MPa。

④温度控制器置于“0”位。

⑤完全压下点火保护按钮，并保持不动。

⑥多次压下电点火器直到产生火焰。

⑦调节温度控制器至所需温度。

⑧调节丙烷燃气压力至所需压力。

⑨稳定温度表所示温度。

(2)关闭：

①温度调节器置于“0”位。

②关闭断流阀。

③关闭液化气罐阀。

2.5.6 安全技术规范

1)作业安全注意事项

(1)运行期间不许加热。

(2)加热时开启烟囱盖。

(3)热沥青和热塑性材料有自燃倾向，因此在操作过程中，必须由技术熟练的人员监督操作，同时应用恒温器控制燃烧装置。

(4)易燃物不准放在靠近灌缝机工作部件的地方。

(5)人不要站在阻碍排气的地方。

(6)添加油液到刻线为止或大约加到容器容积的90%。只有当燃烧器关掉时，才允许油箱的油排空。

(7)只有丙烷气压达到1.5MPa时，才可以开始操作。

(8)液化气罐固定放置。

(9)不允许为了增加液化气罐蒸气量而使用明火加热液化气罐体。

2)作业后安全工作要求

(1)结束工作后，温度控制阀置于“0”位。

(2)转换泵的方向，连接软管到压缩空气储气罐，并把补缝材料残留物吹干净。

(3)关闭燃烧器及液化气罐阀。

2.6 高压热空气吹风机

2.6.1 分　类

(1)按结构不同,高压热吹风机分为分体式(图2.6-1、图2.6-2)和整体式(图2.6-3)两种。喷枪与两根管路连接,一根通压缩空气,一根通液化气。调节好燃气混合比燃烧后,在端部喷出高温、高压的气体。

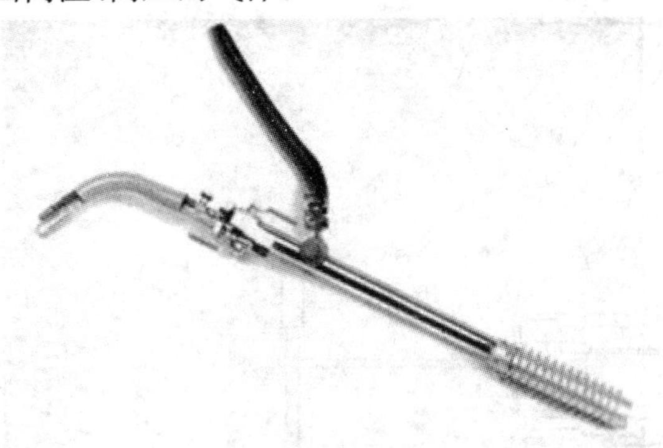

图2.6-1　分体式手持高压热喷枪

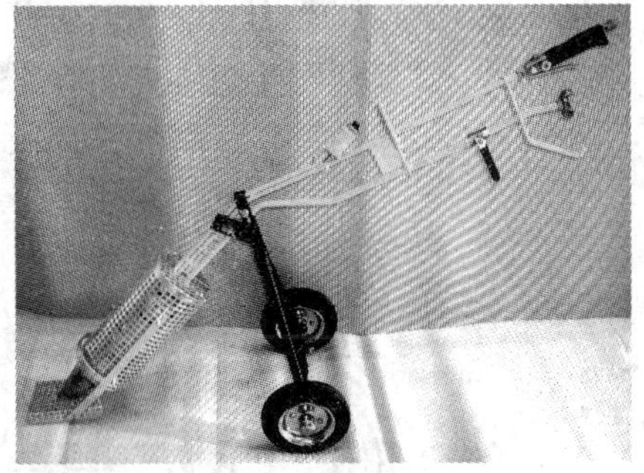

图2.6-2　分体式手推高压热喷枪

(2)按喷枪自身的使用方式不同,高压热吹风机分为手持式(图2.6-1)和手推式(图2.6-2)两种。

图2.6-3　整体式高压热吹风机

2.6.2 结　构

整体式高压热吹风机基本结构如图2.6-4所示。

1)动力系统

通过离心式离合器和传动带为空气压缩机提供动力。手启动,带机油报警。

2)离心离合器

发动机与空压机之间通过离心式离合器与V形传动带实现动力传递,产生高压空气;离心式离合器可以实现发动机无负载启动,大大提高发动机的低温启动性能。在作业过程中,将发动机节气门置于怠速位置,即可实现热吹风机不停车无负载转场;转场后置于高速位置,即可恢复正常作业。

3)往复式空气压缩机

往复式空气压缩机结构如图2.6-5所示,主要由压缩、传动、润滑、冷却、自动控制和保护等机构及系统组成。

(1)压缩机构。压缩机构由汽缸、活塞、吸排气阀等组成,活塞在汽缸内作往复运动,使空气在汽缸内被交替地完成吸入、压缩、排出等过程。

(2)传动机构。传动机构由曲轴、连杆、十字头等组成,通过传动机构将原动机的回转运动变为活塞的往复运动。

(3)润滑系统。润滑系统主要由齿轮泵、粗滤器、细滤器和油冷却器等组成。齿轮泵由曲

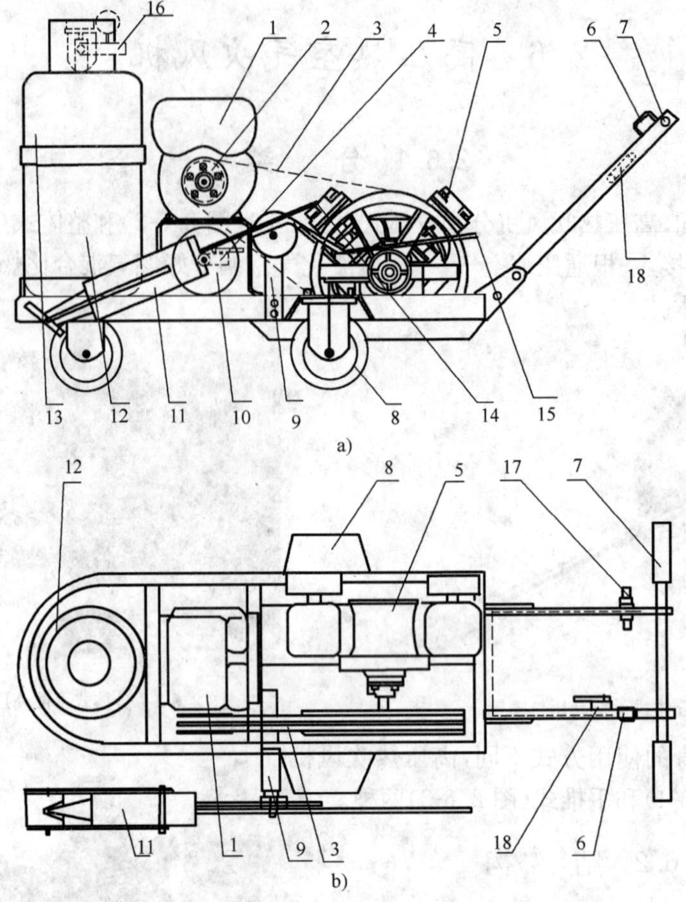

图 2.6-4　整体式高压热吹风机基本结构

a)侧视图；b)俯视图

1-发动机；2-离心式离合器；3-传动带；4-储气筒泄压阀；5-空气压缩机；6-脉冲打火器；7-扶手；8-车轮；9-喷枪旋转支架；10-储气筒；11-热气喷枪；12-燃气支架；13-燃气罐；14-燃气进气口；15-压缩空气进气口；16-燃气罐阀门；17-燃气调节阀门；18-压缩空气阀门

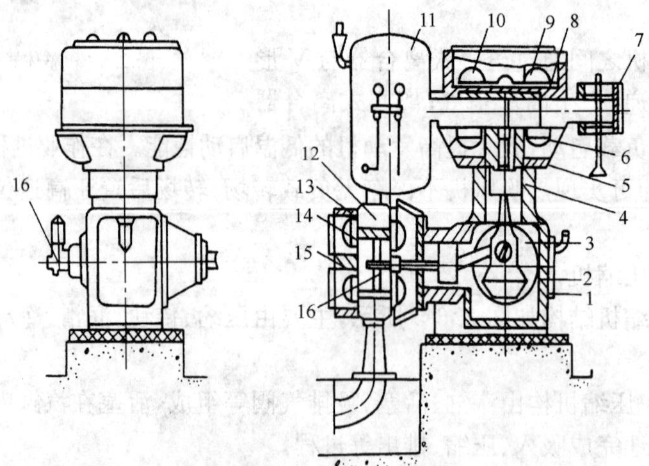

图 2.6-5　往复式空气压缩机结构

1-机体；2-曲轴；3-连杆；4-十字头；5-一级汽缸；6-填料函；7-减载阀；8-一级活塞；9-一级吸气阀；10-一级排气阀；11-中间冷却器；12-二级汽缸；13-二级活塞；14-二级吸气阀；15-二级排气阀；16-润滑油泵

轴直接带动，从油底壳内吸入机油，然后供给曲轴、连杆、十字头等摩擦面，以减少摩擦阻力和零件磨损，并带走部分摩擦热等。

(4)冷却系统。冷却系统由水管、中间冷却器、集水漏斗、油冷却器、水阀等组成。其作用可使空气压缩机各运动部件温升稳定在许可的温度范围内，从而使空气压缩机能正常工作。

(5)自动控制和保护机构。由压力调节器、减载器和安全阀等组成。它们使压缩机能在工作过程中根据储气罐内压力的变化，自动调节排气量并维持排气压力在 600～700kPa 范围内。

4)热气喷枪

热气喷枪如图 2.6-6 所示，主要由安全护罩、燃气系统、高压气体系统与电打火装置四部分构成。热气喷枪固定在机架左侧，可侧向移动并根据路面情况调节喷头与裂缝的距离。燃气系统以液化气做燃料，通过燃气调压阀调节燃气的压力和流量。液化气的燃烧热值为 12 000kcal/kg，加热迅速，无污染，费用低。电打火装置、燃气控制阀安装在扶手上。用电子脉冲点火，避免了人工点火存在烧伤的危险。燃气点燃后调节压缩空气和燃气的压力，使火焰在燃烧室内燃烧并达到白热状态，但不能有火焰超出喷嘴。最终从喷嘴喷出的是 600℃左右的高温高压气体，可迅速有效地对裂缝进行加热并保证不会造成路面沥青的焦化。

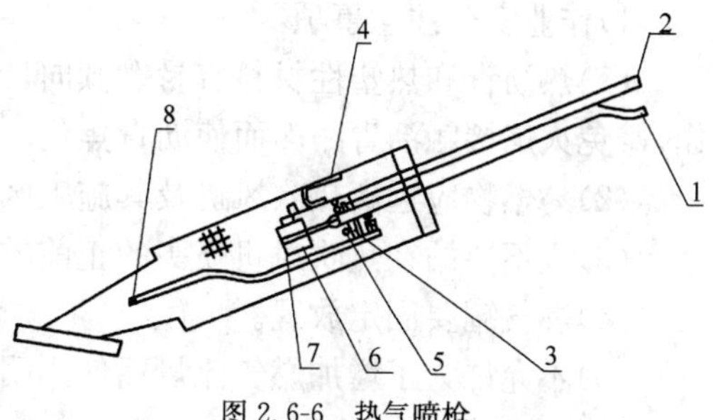

图 2.6-6 热气喷枪

1-燃气入口；2-压缩空气入口；3-燃气分散装置；4-护罩固定连接板；5-圆孔；6-燃烧室；7-压缩空气出口 1；8-压缩空气出口 2

5)行走系统

机架底部按照质心分布情况，设置三个用橡胶减振的车轮，两个后部车轮为定向车轮，前部车轮为转向车轮，可以实现热气吹风机的灵活转向、准确跟踪裂缝加热。后部车轮带有脚制动，确保运输过程和在坡度路段施工的安全。

2.6.3 技术使用

1)准备

(1)检查燃气罐、空气压缩机与热吹风机之间的连接，确保管路密封。

(2)检查燃气罐阀门是否关闭。

(3)检查压缩空气储气筒泄压阀是否打开。

(4)检查燃气调节阀、压缩空气阀门是否关闭。

2)启动

(1)启动发动机。

(2)待发动机运转平稳后关闭储气筒泄压阀。

(3)打开燃气罐阀门。

(4)打开燃气调节阀门。

(5)按下电子脉冲点火开关，点燃液化气。

3)清吹

(1)调节燃气调节阀和压缩空气阀，使火焰达到白热状态，但不能有火焰冲出喷嘴。

(2)推动热气吹风机沿裂缝方向运行并清吹。

4)关闭

(1)关闭燃气罐阀。

(2)关闭燃气调节阀和压缩空气阀。

(3)关闭发动机。

(4)打开压缩空气储气筒泄压阀。

2.6.4 安全技术规范

1)作业安全注意事项

(1)热沥青和热塑性材料有易燃倾向,因此在操作过程中,必须由技术熟练的人员监督操作,避免火焰接触沥青路面而使沥青焦化。

(2)易燃物应远离热吹风机及其施工区域放置。

(3)人不要站在热吹风机喷头的正前方。

(4)燃气罐要固定放置。

(5)不允许为了增加燃气流量而使用明火加热燃气罐体。

2)作业后安全工作要求

(1)燃气罐阀门完全关闭。

(2)在热吹风机喷头完全冷却后,方可装车运回驻地,以避免引起火灾。

2.6.5 维护、修理

1)发动机的维护、修理

(1)发动机推荐使用90号或更高标号的无铅汽油,加油时宜在通风良好的地方进行。发动机必须熄火并等其冷却至环境温度后方可加油。加油时不要把燃油溅出来,并只能加至距油箱顶端25mm处,留有燃油膨胀空间。

(2)脏的空气滤清器会阻碍空气进入汽缸,降低发动机性能。特别是发动机在多尘的地方运转,空气滤清器更要及时维护。

(3)火花消除器必须每间隔100h维护一次,以保持其消焰功能。

(4) 因高温发动机和排气系统会灼伤或引燃周围物质,因此作业后的发动机,至少停放15min,等其冷却后,再随同运输车返回驻地。

(5)按使用说明书的规定,对发动机进行例行维护。

2)空气压缩机的维护、修理

该空气压缩机采用飞溅润滑,依靠装在连杆大头的打油针,在曲轴旋转时激溅曲轴箱内的油液,造成油滴和油雾,落至运动部件及汽缸表面,使各摩擦表面得以润滑。

(1)润滑油面应保持在观油孔中线上下3mm范围内。油量太少,将妨碍空气压缩机正常运转,甚至造成空气压缩机毁坏;若油量过多,则会造成喷油现象,且使排气阀积炭而影响空气压缩机的性能和使用寿命。空气压缩机停止工作10min后方可添加机油。

(2)润滑油面须每天检查一次,确保空压机主机的正常工作。

(3)空气滤清器应15d清理一次或者更换滤芯,可根据具体使用环境来决定维护间隔时间。

(4)润滑油最初运转50h或者一周后更换机油,以后每300h更换一次(使用环境差者应150h左右更换一次)。

(5)使用500h(或者半年)应将排气阀拆下清洗。

3)燃气管路和压缩空气管路的日常维护

每天检查管路有无泄漏,并及时紧固松动的接头和螺栓。

2.7 开 槽 机

2.7.1 基本结构及作用

主要结构及部件如图2.7-1所示。

图中序号名称及其作用如下:

(1)化油器节气门旋钮。控制发动机可燃混合气充气量。

(2)转速调节节气门。控制发动机转速。

(3)点火开关钥匙。控制发动机启动或熄火。

(4)提升架。提升开槽机,最小提升力为9 800N。

(5)油标。显示油箱内油量。

(6)深度控制开关。通过圆形螺旋调节装置升降开槽机,松开时自动回位到空挡(中间位置)。

(7)发动机安全保护开关。处于"OFF"位时,发动机在7s内熄火。

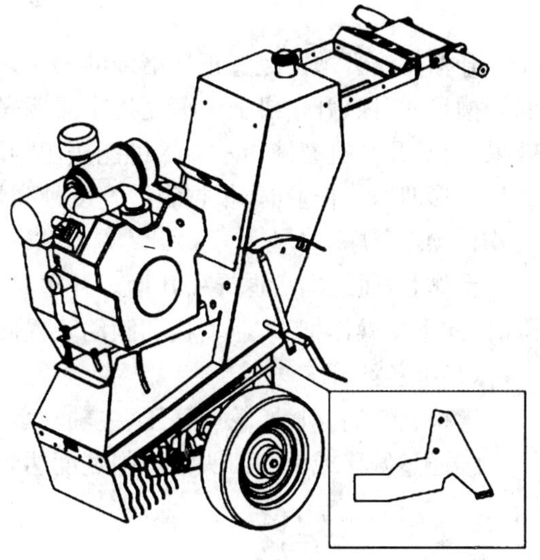

图2.7-1 开槽机

(8)操作把手。操作工操作开槽机,把手上安装有减振装置。

(9)深度指示器。便于观看切割深度。

(10)制动装置。向下推压操作把手,实现对开槽机的制动。

(11)松紧带螺栓。调节传动带张紧度。

(12)防溅挡板。用于阻挡切割时的飞溅物。

(13)防溅链。用于阻挡切割时飞溅物,可单根更换,应每天检查。

(14)制动板。控制开槽机运行及作业速度。

2.7.2 工 作 机 构

工作机构主要由机架、发动机、刀鼓、操作控制等组成。

1)机架

采用专用机架,单轴两轮结构。主要由机座、轮胎、车轴、刀鼓护罩、皮带张紧机构、防溅链及防溅挡板等组成。

2)发动机

发动机是旋转刀鼓的动力源,带有钥匙启动开关,配有防静电油箱。其产生的动力通过4-V传动带带动刀鼓旋转,噪声小。带传动可避免刀头在工作中被绊住时的损伤,延长了使用寿命;配有发动机安全保护开关,可简单快捷地关闭发动机;采用三级空气过滤装置。

3)刀鼓

刀鼓结构如图2.7-2所示,由转轴、刀鼓、轴承、皮带轮、合金刀具、刀轴、垫圈等组成。发动机驱动刀鼓高速旋转,使均匀分布在其圆周上的六个合金刀具切削作业,不需要冷却液;切削宽度可以通过偏移或叠加刀头达到要求;切削深度和刀具走向由人工操作控制。

4)操作控制。

操作控制主要由操纵把手、深度控制开关、升降器、裂缝指示器、深度指示器、发动机安全保护开关、制动装置等组成。升降器是通过蓄电池电力驱动的圆形螺旋调节装置、调节深度控制开关调节开槽机升降。

2.7.3 技术使用

开槽作业必须由经过正规培训的操作人员进行操作。选取需开槽灌缝的裂缝,按照设计的开槽尺寸对照开槽机上的深度指示器调好开槽深度,然后进行开槽作业。为达到最佳密封效果,引导开槽机裂缝指示器尽可能按切割段的裂缝尺寸对准裂缝中线,切割出均匀的正方形或长方形凹槽。作业时,根据裂缝宽度种类情况,及时调节开槽尺寸,满足设计要求。

1)操作程序

操作时,通过向后退导引开槽。开槽时,机器自身借助切割力移动;当移动过快或开槽受限时,向下按操作把手,制动板和制动装置便能起制动作用,使开槽机减速。

(1)准备:

①检查燃油、机油、轮胎气压、主轴轴承和空气滤清器。

②通过偏移或叠加刀头使切削宽度达到设计要求(图2.7-3)。

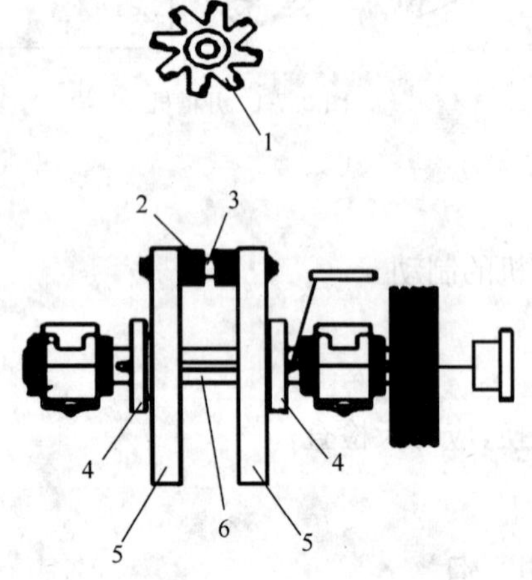

图2.7-2 开槽机刀鼓

1-刀头;2-垫圈;3-刀轴;4-轴套;5-刀鼓;6-转轴

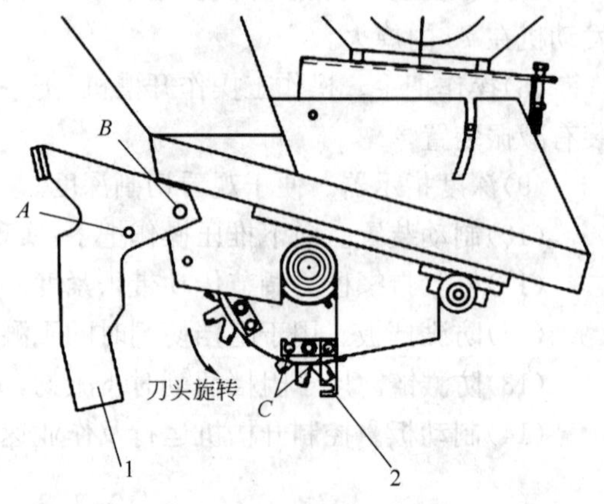

图2.7-3 开槽机刀头安装示意图

1-拖架;2-定位板;A、B、C-螺栓

a.用扳手拆下图2.7-3中的螺栓A,拧松螺栓B。

b.将拖架如图2.7-3所示向后拉。

c.拧松图2.7-3中螺栓C,按照图示转动定位板,露出开槽机刀轴(可从刀鼓两边装卸刀轴)。

d.用取刀轴专用工具拔出刀轴,卸下开槽刀头和垫圈。

e.按照开槽设计宽度,选择偏移或叠加刀头(图2.7-4),以获得不同宽度的开槽效果。

f.安装好刀轴、刀头和垫圈,保证刀鼓逆时针转动时,刀头开槽边缘最先接触地面;为防止刀头过早磨损,应在刀轴上加装足够多的垫圈使刀头安装牢固,并能自由转动。

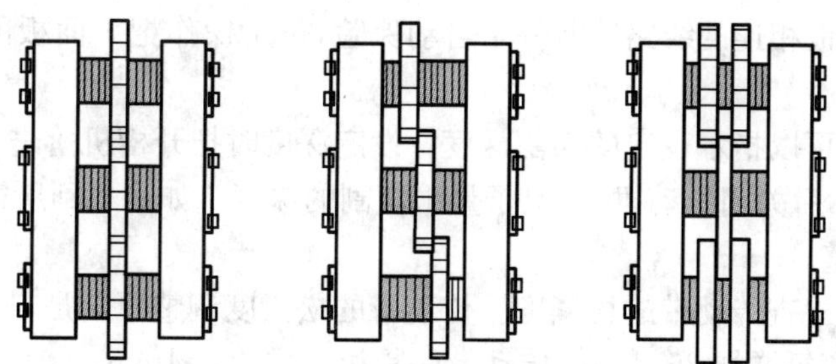

图 2.7-4　开槽机刀头偏移或叠加示意图

g.按照与拆卸相反的顺序依次安装和拧紧螺栓。

③将刀头提离地面。

④直接定位刀头在裂缝上。

(2)启动发动机：

①打开油阀。

②冷机——将节气门置于“slow”和“fast”的中间位置，将气门置于“on”；暖机——(正常运行温度)将节气门置于“slow”和“fast”的中间位置，将气门置于“off”。

③转动钥匙启动发动机，发动机一启动就要松开启动开关。

④冷发动机启动升温后，应逐步将气门调回到“off”。

(3)开槽：

①将刀头提离地面。

②直接将开槽刀头定位在需开槽的接缝上。

③落下切割刀头进行切割。

④调节深度控制开关，把实测深度与深度指示器刻度相对照，调准开槽深度。

⑤引导开槽刀头通过裂缝。

⑥在接缝末端，升起开槽刀头。

(4)关闭发动机：

①关闭发动机前，将刀头提出切口卸掉负荷，将节气门移至“slow”或空载位，运行 15～30s 后移动节气门或点火开关至“stop”或“off”。

②清除开槽机和滤清器的灰尘。

2)操作要点及注意事项

具体内容如下：

(1)新开槽机使用前，须先空载运行 30min，然后再正式使用。

(2)在启动发动机进行开槽之前，确保开槽刀头离地，且正处于待切裂缝的正上方。

(3)正确的操作位置是站在切割机后面，双手握紧操作把手。

(4)启动发动机时，一次持续时间不要超过 5s；如不能成功启动，应停息 30s 后再重新启动。

(5)发动机刚启动时可能发出杂音，这是由于存放期间液压推杆位置下降所致。发动机运行 5min 后，杂音就会消失；如果仍有异音，可将发动机节气门调至中间位置持续运行 20min。

(6)如果发动机转速已达到分离启动机程度，但未能继续运转(出现假启动)，须等发动机完全停止运转后，再重启发动机。飞轮转动时，如果启动机仍然起作用，将要导致启动机损坏，应立即停机检查。

(7)与蓄电池正极相连的线路装有一个自动保险，位于操作把手面板的正下方，用于控制升降器下降速度。

(8)深度指示器可以指示设定的切割深度。设定深度时把开槽机落进裂缝所需深度，切割300mm长的距离，然后关闭发动机，用尺子量出切割的深度。如达不到所需值，通过调节深度控制开关作相应调整。

(9)每运转20h检查传动带的松紧度。传动带的松紧度调整原则是，从发动机主轴中心到转轴中心之间的距离每增加25.4mm，传动带松紧相应增加0.4mm。

(10)开槽机处于被运输状态时，其发动机必须先熄火。

2.7.4 维护、修理

(1)每天启动发动机前，进行例行检查，内容包括机油液位、汽油液位、合金刀具状态等。

(2)注意有无漏油现象，必要时紧固相关部件或进行维修。

(3)定期清洁开槽机，必须保持发动机散热片和机油散热片的干净。

(4)保证防溅链及防溅挡板完好。

维护步骤参考表2.7-1。

开槽机维护安排表 表2.7-1

维护项目	每天	每25h	每50h	每100h	每200h	维护项目	每天	每25h	每50h	每100h	每200h
加注燃油	√					更换预清器元件		√			
检查机油量	√					更换空气滤清器			√		
检查轮胎气压	√					更换机油				√	
检查空气过滤器	√					检查火花塞和熔断器触点				√	
检查进气口，必要时进行清洁	√					检查并清理冷却系统				√	
给主轴轴承加润滑油	√					润滑车轮轴承				√	
清洁发动机	√					换机油滤清器滤芯					√

2.8 灌缝材料

2.8.1 选用原则

灌(填)缝材料的选择是保证沥青路面修补质量的关键之一。好的修补材料不仅具有优良的施工特性、对环境无污染，而且可以使修补后的沥青路面很快恢复其使用性能。

1)基本要求

沥青路面的灌(填)缝材料主要有沥青、乳化沥青、改性沥青等沥青材料，各种规格的粗细集料、填充料等砂石材料，以及由这些材料组成的混合料。其必须具有足够的强度、耐久性和稳定性，以承受车辆荷载的作用和抵抗自然环境的影响；养护材料必须进行必要的检验，不符合要求的不得使用。

2)技术要求。

沥青路面裂缝修补材料的技术要求应符合《公路沥青路面设计规范》(JTG D50—2006)、

《公路沥青路面施工技术规范》(JTG F40—2004)的规定。材料试验应遵照《公路工程沥青及沥青混合料试验规程》(JTJ 052—2000)、《公路工程岩石试验规程》(JTG E41—2005)、《公路工程集料试验规程》(JTG E42—2005)的规定执行。

3)选择原则。

一般情况下,要根据沥青路面的裂缝类型、分级、修补效益等来选择灌(填)缝材料。无论采用哪种类型的灌(填)缝材料,性能均应满足以下需求:

(1)黏附性好。与沥青路面材料和填充料具有良好的相容性,黏结强度高。

(2)防水抗渗性好。

(3)弹性好。

(4)温度稳定性,在自然温度范围内具有较好的稳定性。

(5)抗老化能力,在自然温度范围内具有优良的耐久性。

(6)对环境不造成污染。

(7)使用方便,施工快捷。

(8)经济效益高。

2.8.2 分　类

沥青路面灌(填)缝材料品种很多,应根据不同的用处和成本要求选择使用。常用的材料分为两类:一类为热塑性材料,加热时变软,冷却时变硬;另一类为热固性材料,无论是否加热都不会变软。热塑性材料分为冷态施工(常温式)和热态施工(加热式)两种类型。

沥青、液体沥青和乳化沥青韧性小,感温性高,用于非工作缝;而聚合物改性沥青、沥青橡胶、低模量橡胶沥青等可增加韧性,改善高温性能,用于工作缝或非工作缝;化学反应得到的硅树脂类材料具有很好的物理性能和施工特性,用于工作缝。

2.8.3 常用材料

修补裂缝所用的材料主要有:沥青、乳化沥青、改性沥青、改性乳化沥青、密封胶、填充料等。

1)沥青

(1)选用原则。一般选用较高针入度、较好延度的道路石油沥青来灌治裂缝。如缝较宽(大于 10mm)且较深(大于 10cm)可分层灌注,裂缝底部选用高针入度的沥青,上层采用黏结性能好、劲度模量较高的沥青。对于成熟的裂缝,用热沥青灌治效果更佳。灌浆沥青一般用导热油加热保温,沥青中可掺入适量的细砂,形成沥青砂浆。

(2)灌缝工艺。首先,将一定数量的沥青放入热熔箱,盖好箱盖,点火给导热油加热,启动导热油驱动电机,使导热油循环,给沥青块加热。其次,当沥青被加热到一定的温度后(80～100℃),启动沥青搅拌器对沥青进行搅拌,以保证沥青均匀受热。此时根据需要,可在沥青中加入一定数量的细砂。再次,当沥青被加热到 160～170℃时,采取保温措施后,便可灌注。

2)乳化沥青

(1)选用原则。一般选用慢或中裂阳离子乳化沥青(PC-2、PC-3 或 BC-1,其技术要求见表 2.8-1)。用乳化沥青来灌注初期裂缝效果比较好。乳化沥青与沥青相比,具有以下施工特性。

①节约能源,提高工效,有利于环境保护。乳化沥青只需在制作时一次加热至 120～

140℃,然后可在常温或较低温度下使用,可节约能源。常温下使用时现场不需支锅熬油,工人不受烟熏热炙,减少环境污染,降低劳动强度;由于黏度低,所以施工容易,操作简便、省力、安全,提高工效。

道路用乳化沥青技术要求 表 2.8-1

试验项目		单位	品种及代号										试验方法
			阳离子				阴离子				非离子		
			喷洒用			拌和用	喷洒用			拌和用	喷洒用	拌和用	
			PC-1	PC-2	PC-3	BC-1	PA-1	PA-2	PA-3	BA-1	PN-2	BN-1	
破乳速度			快裂	慢裂	快裂或中裂	慢裂或中裂	快裂	电裂	快裂或中裂	慢裂或中裂	慢裂	慢裂	T0658
粒子电荷			阳离子(+)				阴离子(−)				非离子		T0653
筛上残(1.18mm 筛),≯		%	0.1				0.1				0.1		T0652
黏度	恩格拉黏度计 E_{25}		2～10	1～6	1～6	2～30	2～10	1～6	1～6	2～30	1～6	2～30	T0622
	道路标准黏度计 $C_{25,3}$	s	10～25	8～20	8～20	10～60	10～25	8～20	8～20	10～60	8～20	10～60	T0621
蒸发残留物	残留分含量,≮	%	50	50	50	55	50	50	50	55	50	55	T0651
	溶液度,≮	%	97.5				97.5				97.5		T0607
	针入度(25℃)	0.1 mm	50～200	50～300	45～150		50～200	50～300	45～150		50～300	60～300	T0604
	延度(15℃),≮	cm	40				40				40		T0605
与粗集料的黏附性,裹覆面积,≮			2/3			—	2/3			—	2/3	—	T0654
与粗、细粒式集料拌和试验			—			均匀	—			均匀	—		T0659
水泥拌和试验的筛上剩余,≯		%	—				—				—	3	T0657
常温储存稳定性:1d,≯ 5d,≯		%	1 5				1 5				1 5		T0655

②延长可施工时间。几乎可以不受阴湿和低温季节的影响,对于沥青路面裂缝可随时修补。

③提高沥青路面服务质量。具有较好的流动性和渗透性,有利于填充和治愈沥青路面的裂缝,提高沥青路面的密实性和防水性。

(2)灌缝工艺。对于乳化沥青,将其直接灌入灌缝机的热熔箱,可直接灌注,也可将其加热到一定温度(不大于 60℃),然后采取保温措施,适时进行灌注。

3)改性沥青

改性沥青是在沥青中掺加橡胶、树脂、高分子聚合物、天然沥青、磨细的橡胶粉,或者其他材料等外掺剂(改性剂)制成的沥青结合料,从而使沥青或沥青混凝土的性质得以改善。改性沥青可单独或复合采用高分子聚合物、天然橡胶及其他改性材料制作。最常用的改性剂是聚合物，如SBS(苯乙烯－丁二烯－苯乙烯嵌段共聚物)、SBR(苯乙烯－丁二烯橡胶)、EVA(乙烯－醋酸乙烯共聚物)、PE(聚乙烯)等。各类聚合物改性沥青的质量符合表2.8-2的技术要求。

聚合物改性沥青技术要求　　表2.8-2

指　标	单位	SBS类(I类)				SBR类(II类)			EVA、PE类(III类)				试验方法
		I-A	I-B	I-C	I-D	II-A	II-B	II-C	III-A	III-B	III-C	III-D	
针入度25℃,100g,5s	0.1 mm	>100	80～100	60～80	30～60	>100	80～100	60～80	>80	60～80	40～60	30～40	T0604
针入度指数PI,≮	(—)	1.2	0.8	0.4	0	1.0	0.8	0.6	1.0	0.8	0.6	0.4	T0604
延度5℃,5cm/min≮	cm	50	40	30	20	60	50	40	—				T0605
软化点$T_{R\&B}$,≮	℃	45	50	55	60	45	48	50	48	52	56	60	T0606
运动黏度135℃,≯	Pa·s	3											T0625 T0619
闪点,≮	℃	230				230			230				T0611
溶解度,≮	%	99				99			—				T0607
弹性恢复25℃,≮	%	55	60	65	75	—			—				T0662
黏韧性,≮	N·m	—				5			—				T0624
韧性,≮	N·m	—				2.5			—				T0624
储存稳定性离析,48h软化点差,≯	℃	2.5				—			无改性剂明显析出、凝聚				T0661
TFOT(或RTFOT)后残留物													
质量变化,≯	%	±1.0											T0610 T0609
针入度比25℃,≮	%	50	55	60	65	50	55	60	50	55	58	60	T0604
延度5℃,≮	cm	30	25	20	15	30	20	10	—				T0605

4)改性乳化沥青

改性乳化沥青是在制作乳化沥青的过程中加入聚合物胶乳，或将聚合物胶乳与乳化沥青成品混合，或对聚合物改性沥青进行乳化加工得到的乳化沥青产品，是一种高温抗流变、低温抗脆裂，耐候性、抗磨性、防水性、抗老化性优良的材料，弹性好，凝固快，非常适用于裂缝修补。其技术指标见表2.8-3。

改性乳化沥青技术要求　　表2.8-3

试验项目	单　位	品种及代号		试验方法
		PCR	BCR	
破乳速度	—	快裂或中裂	慢裂	T0658
粒子电荷	—	阳离子(+)	阳离子(+)	T0653
筛上剩余量(1.18mm),≯	%	0.1	0.1	T0652

续上表

试验项目		单位	品种及代号		试验方法
			PCR	BCR	
黏度	恩格拉黏度 E_{25}	—	1～10	3～30	T0622
	沥青标准黏度 $C_{25,3}$	s	8～25	12～60	T0621
蒸发残留物	含量,≮	%	50	60	T0651
	针入度(100g,25℃,5s)	0.1mm	40～120	40～100	T0604
	软化点,≮	℃	50	53	T0606
	延度(5℃),≮	cm	20	20	T0605
	溶解度(三氯乙烯),≮	%	97.5	97.5	T0607
与矿料的黏附性,裹覆面积,≮		—	2/3	—	T0654
储存稳定性	1d,≯	%	1	1	T0655
	5d,≯	%	5	5	T0655

聚合物改性沥青、改性乳化沥青的施工特性及灌缝工艺可参照乳化沥青。

5)密封胶。

选用加入多种高分子聚合物等成分加工而成的沥青橡胶类、树脂类密封胶,具有黏结能力强、弹性好、拉伸量大、不溶于水、不渗水、高温时不流淌、低温时不脆裂和耐久性好等性能。由于目前我国还没有针对沥青路面灌缝材料的技术标准,其技术性能指标控制可参考美国试验和材料学会的要求标准 ASTM D6690 的规范要求,见表 2.8-4。

美国密封胶技术性能指标 表 2.8-4

试验项目	试验方法	技术要求	
		I型	II型
针入度,25℃,0.1mm 最大	ASTM D5329	90	90
弹性恢复,25℃,%,最小	ASTM D5329	—	60
流动度,60℃,mm,最大	ASTM D5329	5	3
沥青兼容性	ASTM D5329	通过	通过
黏结拉伸试验,−18℃	ASTM D5329	−18℃拉伸 50%,5 循环通过	−29℃拉伸 50%,3 循环通过

注:灌缝材料I型、II型分别适用于冬季最低气温在−18℃、−29℃以上地区。

密封胶的密封机理是:通过对沥青路面非荷载进行开槽、清理,选用道路密封胶进行灌填、修补,使密封胶与原沥青路面渗透融合,产生高黏结力,依靠较强的弹性,随裂缝涨缩而发生弹性变形,始终保持其密封作用,从而封闭路面雨(雪)水及杂物侵入,达到预防性养护效果。

按使用时是否需要加热分为加热式密封胶、常温式密封胶两种。

(1)常温式密封胶。常温式密封胶无须加热,可直接使用,是单(多)组分、高性能聚合物改性沥青或聚合物改性乳化沥青。多组分冷密封胶一般需要按一定比重进行配料混合。常温式密封胶低温下具有良好的延伸性、耐磨性、抗冲击性和抗龟裂性,高温下具有较好的耐热性、抗融化黏流性及抗老化等性能,与裂缝中沥青混凝土黏附性较好,修补后一定时间内有效。

①常温树脂型密封胶使用技术:

常温树脂型密封胶常温下呈液态,由主剂、副剂和填料组成,具有操作简便、常温固化、黏结力强、抗压强度高、抗剪抗冲击、耐磨、耐水等性能。由于常温树脂型材料在我国刚刚起步，因而在国家标准和部颁标准中尚未列出该种材料的技术性能指标要求，可采用国际常温树脂型材料生产先进国家——日本的同类产品的技术指标作为标准(表 2.8-5)。由表可见，常温修补材料在常温或较低温情况下有良好的流动性，能在短时间内形成强度，固化后具有较强的高温稳定性。

日本常温树脂型混合料的技术标准　　表 2.8-5

项目	固化前		固化后				
	挥发率(%)	黏度(2℃,CP)	固化时间(25℃,h)	圆锥针入度(25℃)	软化点(环球法,℃)	弹性回复率(%)	拉伸变形(−10℃,%)
技术标准	<20	20～30	<12	<60	>100	60～70	4～6

②常温式树脂型密封胶主要特点：

a. 无须加热，常温下呈液态，直接进行施工，操作安全，施工方便，不污染环境。

b. 可人工灌注，避免昂贵的设备投资和设备维护。

c. 节省施工时间，修补表面凝固快，施工后半小时即可开放交通，减少封闭车道对行车的影响。

d. 保持弹性的温度范围广，冬季不会脆化，夏季不会发生软化流动，长期暴露不会产生细小裂纹，具有优良的耐候性。

e. 附着力强，弹性及伸缩性好，可以随着缝隙的伸缩而膨胀收缩。

③常温式树脂型密封胶灌缝工艺：

a. 根据缝隙的宽度，考虑是否添加填料和何种填料，确定配合比。

b. 若需要填料，则将填料分批加到主剂内，搅拌均匀后，将副剂加入；若不需要填料，则直接将副剂加到主剂里，并充分搅拌均匀。

c. 将搅拌好的浆液放到一个专用容器中，人工灌入缝隙，并用小灰刀扦插，引导浆液灌入，直到不能灌入为止，如图 2.8-1 所示。

d. 在灌注好的缝口表面撒布石屑，即可开放交通。

图 2.8-1　人工灌注常温式密封胶

④使用常温树脂型密封胶注意事项：

a. 由于在运输途中，密封胶难免产生轻微的沉淀和分离，所以在使用主剂和副剂之前应分别将它们搅拌均匀。

b. 养生期间不允许车辆或其他荷载进入处理过的区域。

c. 主剂、副剂和填料的混合顺序不能颠倒，即将主剂先加入填料，再加副剂。

d. 三种组分拌和均匀后应立即施工。

e. 沥青路面的路表温度对养生时间影响最大，应严格掌握。另外，气温、树脂和填料的温度都将影响养生时间。

(2)加热式密封胶。加热式密封胶是改性沥青和热塑橡胶的复合材料，成分包括合成橡胶、再生橡胶，或者两者混合并添加沥青胶结料和其他改性材料。主要特点是：高温下热熔快，黏性、稠度低，易于渗入各种裂缝；低温下高弹性，具有良好的抗形变恢复性能，黏结性强；改善了寒冷气候条件下的流动性和伸缩性。根据使用地区的气温不同，加热式密封胶一般分为寒冷低温型、普通温带型和炎热高温型三种；依据加热方式又可分为直接加热型和间接加热型。

美国DEERY公司生产的DEERY型密封胶型号及温度使用范围如表2.8-6所示。

DEERY103GL 密封胶型号及温度使用范围 表2.8-6

产品型号	温度使用范围		
	气温	路面温度	适用地区
DEERY220	0～52℃	0～76℃	极热带
DEERY200	−4～46℃	−4～70℃	热带
DEERY180	−10～40℃	−10～64℃	亚热带
DEERY103GL	−22～40℃	−22～64℃	温带
DEERY3723	−34～34℃	−34～64℃	寒带
DEERY101ELT	−40～40℃	−40～64℃	极寒带

DEERY103GL型密封胶为高质量热修补的橡胶沥青类裂缝密封材料，是单一成分、富有弹性而不含溶剂的改性化合物，由沥青黏结剂、合成聚合体、回收橡胶和其他改性剂化合而成，成分见表2.8-7。结构符合ASTM D6690 Ⅰ型、ASTM D1190技术要求，性能指标（表2.8-8）达到并优于ASTM D5329、AASHTO M173标准和其他相关技术规范要求。

DEERY103GL 型密封胶成分 表2.8-7

序号	成分	比项	含量
1	沥青	质量	40%
2	改性弹性体	质量	20%
3	惰性填充物	体积	≤50%
4	添加物	质量	≤30%
5	防侵蚀剂	质量	≤10%

DEERY103GL 型密封胶技术指标 表2.8-8

测试项目	单位	测试方法	技术规范	测试结果
软化点	℃	ASTM D5329	≥90	≥93
针入度(25℃)	0.1 mm	ASTM D5329	≤90	78
黏结性(−18℃,50% 延伸)		ASTM D5329	通过5圈	通过5圈
流动性(60℃)	mm	ASTM D5329	≤5	1
沥青兼容性		ASTM D5329	100%完全	100%完全
最高安全加热温度	℃	ASTM D6690	204	210
推荐施工温度	℃	ASTM D5167	193～199	193～204
回弹性(25℃)	%	ASTM D5329		≥30
可塑性	℃	Utah DOT		≤−6
抗拉性	%	ASTM D5329		≥400
着火点 C. O. C.	℃			232
最佳施工季节气温	℃			7～18
有效期	年			≥5

DEERY103GL密封胶常温下呈固体块状，经加热熔化后，变成具有超强伸展性和黏结性的黑色胶体，能够高效地密封路面裂缝和接缝，并长期保持密封效果；施工时间短，恢复交通快。适用于沥青/混凝土公路、高速公路、跑道等裂缝和接缝的密封修复。

DEERY103GL密封胶使用注意事项：

①密封胶应该在使用导热油加热的熔化罐里加热，熔化罐装备机械式搅拌器和经过矫正的温度表，用于监控材料温度，确保密封胶的加热温度控制在190～204℃之间，控制出料温度在193℃左右。温度过高时，密封胶会老化变质降低使用性能；温度过低，则无法操作，保证不了灌缝质量。

②在使用过程中，材料可以被冷却和重新加热，但应该避免过度加热。加热到最高安全加热温度以上，会严重破坏材料的性能。如果发生这种情况，立即排空材料，换入新料。

③每条裂缝的灌注工作是连续的，最好在裂缝表面形成T形贴封。

④为避免对沥青路面过多的开槽导致路面的破坏，对于缝宽≥5mm的裂缝方可用开槽灌注法进行贴封处理，而对于缝宽＜5mm的裂缝则不用开槽，可清缝后直接对裂缝进行灌胶贴封处理。

⑤禁止直接在沥青路面潮湿或环境温度低于4℃的情况下施工，否则将会降低密封胶的黏结力，易造成表面密封胶脱落，影响施工质量。路面温度不到4℃时，用高压热吹风机或热气喷枪加热到4℃以上后方可施工。

6)填充料

采用筛过的0.5cm细碎石、石屑和细砂，它们的强度要高，清洁度要好。均匀混合于其他灌缝材料中使用或直接撒于灌注好的裂缝表面。在表面撒砂子或干细集料，形成一个薄薄的上覆层，吸收多余的填封材料，有效地防止轮印，并增加路表面的抗滑能力。待填封材料冷却凝固后，方可扫去多余的细纱或石屑。

2.9 工程实例

泰安市聚汇京沪、京福、济菏、泰莱、莱新五条高速公路，共232.7km，其他干线公路940.6km，73%以上为沥青路面。随着车流量的增大和超载车辆的增多，沥青路面裂缝现象日益增多，大多为非荷载型裂缝，迫切需要新的灌缝设备、材料和工艺。经过调查和论证，选用了美国MAGMA110型灌缝机、PCR-25型开槽机、DEERY103GL密封胶，采用机械灌法和开槽贴封修补技术，取得了较好的效果(图2.9-1)。

2.9.1 施工工艺

在施工之前，对裂缝进行实地调查研究，认真记录分析病害类型及特征，然后，确定具体的施工方案和程序，设计开槽尺寸。采用了如图2.9-2所示的路面裂缝修补工艺。

图2.9-1 京沪高速公路泰安段沥青路面

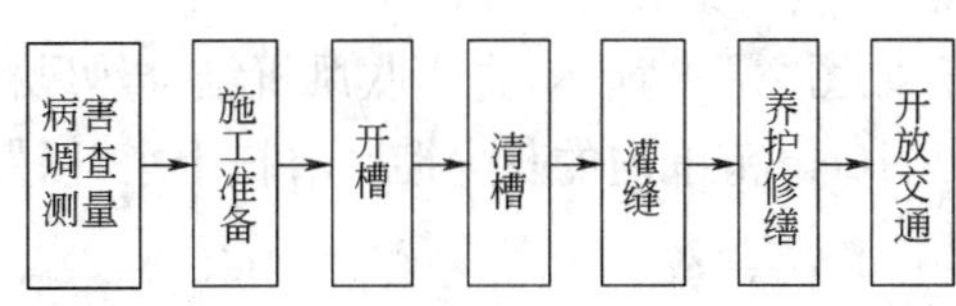

图2.9-2 裂缝修补工艺

1)调查及测量裂缝,确定处治方案

在对裂缝进行灌治之前,要对裂缝进行实地调查,将需要封闭的裂缝用粉笔或其他材料进行标示,如图 2.9-3 所示。登记裂缝的位置桩号、类型、走向,分析形成原因,丈量长度、宽度、深度,折算面积以及对周围路面的影响,计算材料用量和成本。

根据裂缝的特征,确定对裂缝的处治方案。对于缝宽在 3mm 以上、5mm 以内的裂缝,先用开槽机开槽,然后再灌治;对于缝宽大于 5mm 的裂缝,清缝后直接灌治;对于缝宽大于 20mm、严重的裂缝,进行挖补处理。

设计开槽尺寸,选择修补时机。由于灌缝材料与周围路面及环境存在的温差较大,开槽横截面尺寸对修补后的效果有直接影响。结合裂缝的宽度与开槽机刀头的尺寸,设计开槽宽度、深度分别以 12mm、15mm;15mm、20mm;20mm、30mm 为主。为节省能源,提高灌缝质量,主要选择在春秋季节干燥天气进行修补,并尽量避开雨天作业。

2)施工准备,预热密封胶

根据裂缝的折算面积和深度,准备足够的密封胶和填充料,然后对灌缝设备进行性能检查,确保符合要求。启动灌缝机,向热熔釜内添加密封胶,将其加热、搅拌,自动控温在 190~200℃之间;加热期间将灌缝机拖挂在载货汽车后面,并把预计数量的密封胶、隔离墩、安全指示标牌、开槽机和吹风机等装车运抵预定施工地点,封闭作业控制区。

3)开槽

裂缝需要开槽时采用此工序。对于缝宽在 5mm 以内且不规则的裂缝,由于难以直接灌治,所以要先开槽。用开槽机对裂缝开槽(图 2.9-4)时,按照裂缝的宽度与设计的开槽尺寸,调整好开槽宽度,控制好开槽机开槽深度,确保开槽与原缝在走向上的一致性,在外观上形成圆滑的曲线,根据裂缝宽度种类情况,随时调节开槽尺寸,满足最低设计要求,如图 2.9-5 所示。

图 2.9-3 出现裂缝的路面

图 2.9-4 用开槽机对裂缝开槽

4)清槽(缝)

如图 2.9-6 所示,先用吹风机结合热风枪将槽(缝)内的碎渣、杂物、灰尘、湿气及裂缝两侧至少 10cm 范围内的灰尘彻底清扫干净,以保持清洁和干燥,必要时用铁刷清理边缘后再进行清扫。

5)灌缝

在密封胶加热温度达到 193℃左右时,用灌缝机上带有刮平器的喷枪将密封胶均匀地灌入槽内,并在裂缝两侧拖成宽度各为 1~3cm、厚度为 0.1cm 的 T 形贴封层,如图 2.9-7 所示。灌注过程中,注意控制密封胶灌注量,春季宜略低于路面、稍凹,秋季宜与路面持平、饱满,每条裂缝的灌注工作应是连续的，如出现未完全填封的裂缝，需要再次进行填封处理。灌好的缝如图 2.9-8 所示。

图 2.9-5　开好的槽

图 2.9-6　吹风机清槽

图 2.9-7　灌缝

6)养护修缮

灌注完成后使用专用工具修整清理外溢的密封胶，充分冷却凝固后(图 2.9-9)，才能开放交通。一般冷却凝固时间为 15min 左右，具体时间可根据气温情况灵活掌握。如果交通压力较大，可在表面撒砂子或干细集料，形成一个薄薄的上覆层，吸收多余的密封胶，有效地防止轮印，并增加路面的抗滑能力。5min 后扫去多余的细纱或石屑就可通车，车轮碾压之后覆盖物也不会影响到路面的整洁。

图 2.9-8　灌好的缝

图 2.9-9　充分冷凝的灌缝

7)现场清理,开放交通

通车前及时清理灌缝作业过程中产生的废料、养护料、尘土等,然后开放交通。

2.9.2 质量检测

待密封胶初步固化后可沿裂缝涂一层肥皂水,采用压缩空气检查密闭效果并了解裂缝的连通性。若发现漏气部位,及时补封。也可按《公路工程沥青及沥青混合料试验规程》(JTJ 052—2000)要求,对经过灌缝处理的裂缝抽查进行渗水试验。检测结果如渗水系数为0.04左右,说明裂缝经过密封胶的处理后已不渗水。

2.9.3 成本分析

1)传统修补法成本分析

根据采用传统修补法几年的施工统计,平均工程造价在2.5~4元/m左右,工程造价主要受灌缝材料价格变动的影响,1年内失效率在85%以上,因此5年的工程总造价达到10.25~20元/m,平均工程总造价在15元/m左右。

2)机械灌缝法成本分析

选用Cimlineya公司MAGMA™110型灌缝机、PCR-25型开槽机,道路专用密封胶DEERY103GL,常温下该材料密度为1.05 kg/L;配置森林灭火吹风机清缝,不预热缝;以开槽后平均宽度为2.0cm、深度为2.5cm为例。

(1)每延米密封胶消耗费用。每延米用量:2.0cm×2.5cm×100cm=0.5L,0.5L×1.05kg/L=0.525kg。密封胶1kg价格,1t报价12 000元人民币,则1kg即为12.0元人民币。每延米用胶费用为0.525kg×12.0元/kg=6.3元人民币。

(2)设备折旧费用。该设备折旧费通常以10年为使用期限,每年折旧购价的10%,灌缝机、开槽机、吹风机总价550 000元人民币,则设备每年折旧费为550 000×10%=55 000元人民币。

每年工作日以150d计算,每天折旧费为55 000÷150=366.667元人民币。每天正常工作8 h可灌缝1500m,则每延米折旧366.667÷1 500=0.244元人民币。

(3)燃料费用。每天正常工作需消耗柴油75L,汽油25L,以每升5.17元人民币计,则每延米费用为(75+25)×5.17÷1 500=0.345元人民币。

(4)正常耗损件费用。开槽机刀片每套报价6 000元人民币,可开槽10 000~28 000m,以15 000m计算,每延米刀具损耗费为6 000÷15 000=0.400元人民币,包括其他维修、配件损耗,费用以0.600元人民币计。

(5)运输费用。每台班600元人民币,则每延米费用为600÷1 500=0.400元人民币。

(6)人工费用。正常施工需10人,平均每人每天50元人民币,则人工费10×50÷1 500=0.333元人民币。

以上六项费用累计得每延米造价为8.22元人民币。根据跟踪调查,使用5年后,采用机械灌法和开槽贴封修补技术处理裂缝的有效率为87.6%。一次修补多年受益,5年后包括失效返工费用,每延米工程总造价为9.3元人民币左右。

2.9.4 使用效果

通过近百万延米沥青路面裂缝修补跟踪观测,密封胶能有效地阻断表面水的渗入,遏制因裂缝渗水造成的沥青路面病害和早期破坏，提高了沥青路面好路率，延长了路面的使用寿命，降低了养护成本，使用效果十分明显，经济效益也十分可观。

开槽修补技术的发展和应用，提高了灌缝质量和效果，保证了高速公路的高效运营和安全畅通。仅以2007年春季为例，共灌缝10.6万延米，用料55t，直接节省养护资金50余万元人民币，经过雨季至今无一开裂，取得了较好的间接经济效益和社会效益。

但从使用效果来看，加热式密封胶处治路面裂缝还存在一些问题，需要在实践中不断改进和提高。

(1)裂缝周边会产生新的裂纹。在对原有路面裂缝进行密封胶灌注后，主裂缝周边还会产生新的不规则裂缝，主要是原来不规则裂缝的延扩。

(2)局部开裂和脱胶。由于在工艺控制过程中的不规范性，或清除杂物不彻底，或灌注温度不合适，造成通车一段时间后局部开裂和脱胶，形成雨后冒浆现象，造成密封胶塌陷。

(3)平整度难以掌握。由于沥青路面本身的横坡度影响，加上沥青路面裂缝多为横裂，密封胶易流淌，往往形成路中心洼陷、路边缘凸起的情况，影响行车感觉。

采用加热式密封胶开槽处治沥青路面裂缝是一种有效的沥青路面预防性养护技术，它不仅能够有效地延长沥青路面的使用寿命，而且具备施工简单、效率高、不中断交通等优点，但在应用该技术时应控制好以上几点，才能更好地起到预防性养护的作用，使该项技术在今后的沥青路面养护中得到更广泛的应用。

第3章 公路沥青路面坑槽修补机械化作业

3.1 坑槽修补技术

3.1.1 坑槽修补作业内容

坑槽修补作业主要处置公路沥青路面以下病害：

(1)龟裂。因沥青性能不好，或沥青路面使用年限较长，油层老化等原因出现的大面积裂缝；由于土基、基层强度不足或路基翻浆等引起的严重龟裂。

(2)坑槽。所有基层或面层原因造成的坑槽。

(3)麻面和松散。因低气温施工或沥青混凝土温度达不到要求造成的麻面、松散；由于沥青温度过高老化或基层或土基软化变形造成的松散。

(4)脱皮。沥青路面的面层与上封层、面层与基层之间黏结不良产生的脱皮以及沥青路面的面层之间产生的脱皮。

(5)啃皮。因沥青路面边缘面层破损而形成的啃边；因基层松软、沉陷而形成的啃边。

(6)沉陷。因路基不均匀沉降而引起的局部沥青路面沉陷；因土基或基层结构遭到破坏而引起的路面沉陷，桥涵台背因填土不实出现的不均匀沉陷。

(7)车辙。行车道表面因车辆行驶推移而产生的车辙；沥青路面受横向推挤形成的横向波形车辙；因基层与面层间有不稳定的夹层而形成的车辙；由于基层硬度不足，水稳性能不好，使基层局部下沉而造成的车辙。

(8)搓板、波浪。属于沥青路面的面层原因形成的严重的、大面积波浪或搓板；面层与基层之间存在不稳定的夹层或因基层局部强度不足、稳定性差等原因造成的波浪或搓板。

(9)拥包。因沥青路面的面层沥青用量过多或细料集中而产生的较严重拥包，或沥青路面连续多次出现拥包且面积较大，但路基仍属稳定；因基层局部含水率过大，使沥青路面的面层与基层间结合不良而被推移变形造成的拥包。由于基层局部强度不足或水稳性不好，使基层松软而导致的拥包。

(10)泛油。沥青路面的面层含油量高且已形成软层的严重泛油路段。

(11)冻胀和翻浆。因基层水稳定性不良或含水率过大造成的翻浆；低温季节施工的石灰稳定类基层，在板体强度未形成时水分渗入造成的翻浆。

3.1.2 坑槽修补工艺

坑槽修补工艺可分为冷修补工艺和热修补工艺。

1)冷修补工艺

冷修补工艺根据用料可分为冷料冷补工艺和热料冷补工艺两种。

(1)冷料冷补工艺。冷料冷补工艺流程如图3.1-1所示，主要用于快速应急性修补。

通常先画施工轮廓线，用切割机开槽成型，用液压镐开挖，然后用吹风机将待补坑槽松散物、灰尘或淤泥清除干净，加入冷补料，摊铺均匀，最后用压实机械压实。深度在6cm以上的坑槽必须分层投料压实。修补完毕大约10 min即可开放交通。

(2)热料冷补工艺。如图3.1-2所示为热料冷补工艺流程，适合于高温季节沥青路面病害的集中修复和雨后抢救性修复，这是目前普通公路病害修补较常采用的方法。

开槽→清理槽底→加入冷补料→整平→压实

图3.1-1　冷料冷补工艺流程

画线→开槽挖除→清理→刷底油→加入新料→整平→压实

图3.1-2　热料冷补工艺流程

①施工标志设置。在作业现场严格按照《公路养护安全作业规程》设置齐全醒目的施工标志，并有专人指挥交通。

②画轮廓线。按"圆洞方补、斜洞正补"的原则，对需开槽路面画出坑槽轮廓线，轮廓线必须与路中心线平行或垂直，形状是正方形或长方形，大小适中。

③开槽清理。沿轮廓线内侧1cm处顺线用切割机切槽，用动力镐开挖(面层应分层开凿，呈阶梯形，上层开槽深度不超过1.5cm)；开槽的四个叉角在切割时不得过线，四壁要垂直，槽内松动部分、槽壁、槽底必须清除干净(用铁刷或吹风机清理)，无粉尘、杂物(如基层损坏要深挖至槽底稳定部分，先处理好基层)；挖出的旧油层及灰土分开置于坑槽一边，堆放整齐，等待运出场地。

④油层摊铺。首先刷边油、浇底油，要求油量适中、抹油均匀；将沥青混凝土均匀摊铺到槽内，找平，新填补部分压实后应略高于原路面(高出量应根据坑槽深浅，用料粗细及压实程度确定)。如果坑槽较深(7cm以上)，应将沥青混凝土分粗料、细料两次或三次摊铺。

⑤压实。压实应由外及内分层压实，压实一般不少于三遍(第一遍静压、第二遍振压、第三遍静压，由边缘向内重叠1/3轮宽依次碾压，压实厚度每层不超过7cm，碾压至无明显轮迹为止)，注意边角压实度(可用人工夯实)；面层材料级配一般应与原沥青路面相同。

⑥现场清理。面层碾压完毕后立即将现场清理干净，然后逆交通流方向撤除施工作业区安全设施，恢复正常交通。

2)热修补工艺

热修补是沥青路面的新型修补工艺，是由特殊结构的加热装置提供热量，在保持沥青混凝土性能的基础上，快速安全地加热旧沥青面层，使之达到拌和、压实温度，通过旧料再生等工艺措施，使病害路面达到或接近原沥青路面技术指标的一种技术。该工艺可全天候作业，保证了病害处理的及时性；新老沥青路面热接缝，提高了修补质量；机械化程度高，减轻了工人的劳动强度；沥青混凝土旧料可再生，减少了旧料对环境的污染；不同的工况，其施工工艺也不同。

(1)面层热修补。面层热修补工艺流程如图3.1-3所示。

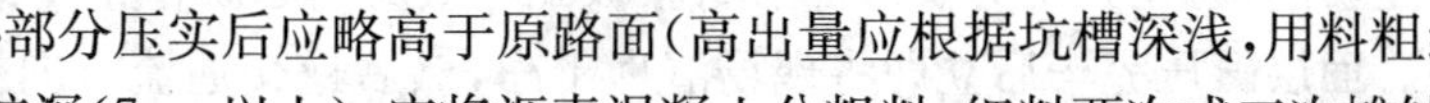

路面加热→人工耙松→喷洒乳化沥青→添加新料→摊平→压路机压实

图3.1-3　面层热修补工艺流程

(2)基层热修补。基层热修补工艺流程如图3.1-4所示。

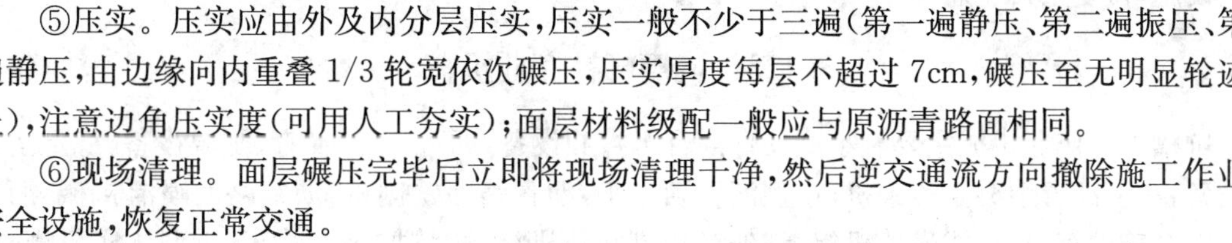

画线→路面切割→动力镐(或人工)挖除面层混合料→动力镐(或人工)挖除基层混合料→对基层进行处理(成型后)→将挖除的面层料破成小块填入坑槽内→用加热板对坑槽周围及坑内旧料进行加热(可分层加热)→添加乳化沥青和适量新料→摊平→压路机压实(可分层摊铺、压实)

图3.1-4　路面基层热修补工艺流程

①施工标志设置。在作业现场严格按照《公路养护安全作业规程》设置齐全醒目的施工标

志，并有专人指挥交通。

②清理病害区。在对坑槽、裂缝、拥包、车辙等沥青路面病害区加热前，先对旧面层进行观察，判断是否能够再生利用，对不能再生利用的旧面层料进行清除，对可再生利用的旧面层料加以利用。将病害区的尘土、松散粒料、积水等杂物清扫干净。

③加热病害区。加热前，先打开各液化气罐阀门，再打开各管路开关，为确保作业路面无老化，调好加热定时所需时间（加热方式分断续加热和连续加热两种模式），一般控制在5～10min，加热至所需铺装温度（140～170℃）。具体加热时间可因季节和具体环境条件通过加热试验后确定。

④翻松。移走加热板后立即对待修补的再生区域进行翻松，可先用齿耙和推板的背边在病害区周围刨出一个四方形。四方形距病害边缘不小于15cm，对加热区域外边缘不小于10cm。

⑤再生、整平。原沥青路面被修补再生的沥青混凝土可能已被部分氧化，根据氧化程度在翻松后喷洒少许沥青活化剂或乳化沥青（喷洒须均匀）；根据需要添加新料（可用以前预留块状旧料，块状旧料需打碎加热软化才能用），用齿耙将耙松的沥青混凝土和新料混合均匀、找平，同时将边缘散落的沥青混凝土清除干净。

⑥压实。压实应由外向内分层压实。压实一般不少于三遍（第一遍静压、第二遍振压、第三遍静压，由边缘向内重叠1/3轮宽依次碾压，压实厚度每层不超过7cm，碾压至无明显轮迹为止），注意边角压实度（可用人工夯实）；面层材料级配一般应与原沥青路面相同。

⑦现场清理。面层碾压完毕后立即将现场清理干净，然后逆交通流方向撤除施工作业区安全设施，恢复正常交通。

3.1.3 坑槽修补作业机械

坑槽修补作业机械主要有小型沥青混凝土拌和设备，沥青生产、储存、加温设备，稳定土拌和设备，小型沥青混凝土摊铺机，小型沥青洒布车，沥青路面铣刨机，沥青路面喷灌机械，沥青路面综合养护车，移动式发电机组，红外线加热修补机械，微波加热修补车，小型压实机械，切割机，动力镐，吹风机等。

3.2 冷修补机械

3.2.1 切割机

1)结构与原理

如图3.2-1所示，切割机主要由动力系统、行走系统、控制切割深度装置与冷却装置等组成。行走系统包括行走后轮、切割导向轮、行走控制柄等。切割深度由手动螺旋式调节手柄控制，自由调节。冷却装置利用水箱的水对切割锯片进行洒水降温。

图3.2-1 切割机

内燃式沥青路面切割机是用汽油机为动力源，通过V形传动带，带动刀片轴转动，进而带动刀片转动。操作切割深度手柄，控制切割深度；操作行走手柄，控制切割行走速度。

2)技术使用

(1)启动前:

①检查各部位螺栓是否松动。

②添加燃油。

③检查/添加发动机油。

④检查/添加润滑脂。

⑤检查/添加冷却水。

⑥检查/调整传动带张紧度。

⑦安装刀片。

⑧清理各部位的油污。

(2)启动发动机:

①打开燃油进油开关。

②适当关闭阻风门。

③打开发动机开关到"ON"位置。

④拉动反冲启动器。

⑤启动后适时打开阻风门。

⑥低速运行3～5min。

(3)开始作业:

①刀片和后轮对齐切割线。

②打开洒水开关。

③调整切割机升降杆。

④操作调速杆到高速位置(必须快速操作)。

⑤慢慢将刀片切下至所需深度。

⑥锁定切割深度。

⑦向前切割。

(4)停止工作:

①升起刀片、离开地面。

②操作调速杆到低速的位置。

③关闭洒水开关。

(5)关闭发动机:

①低速运行3～5min。

②关闭发动机。

③关闭燃油开关。

(6)使用注意事项:

①检查发动机机油量时,机体必须保持水平。

②不要随意调节发动机转速。

③切割作业时发动机应稳定转速。

3.2.2 破碎锤

1)结构与原理

如图3.2-2所示,内燃式破碎锤主要由发动机、打击系统和镐钎等组成。其工作原理:以汽油机为动力源，直接驱动打击系统，把动力传给镐钎，从而完成破碎作业。

2)技术使用

(1)作业前的检查：

①检查机件和护罩是否完整、紧固。

②发动机启动时，确认周围安全。

③时刻扶着把手。

④不要在封闭的室内启动发动机，以免排气引起中毒。

⑤作业时不要接触运动部件。

⑥注意脚与镐钎保持一定距离。

⑦禁止酒后操作。

⑧操作时穿工作服和工作鞋、戴护目镜。

(2)操作方法：

图 3.2-2　内燃式破碎锤

①打开燃料开关及电路开关(ON 位)。

②适当关闭阻风门(冷机状态全闭，气温较高或刚停机可半开或全开)。

③调速柄置于开始位置(开 1/3)。

④发动机启动后怠速预热运转 3～5min。

⑤全开阻风门，加大供油量，破碎锤起振、作业。

⑥关机前，调速柄置于怠速位置，破碎锤停振。关闭电路开关，关闭燃料开关，使发动机熄火。

⑦发现表 3.2-1 所示的情况，检查并排除。

故障及排除方法　　表 3.2-1

现象		原因	排除方法
发动机	不运转	燃料不足	补充燃料
		发动机开关关闭	打开开关
		油路及滤清器堵塞	清洗，更换
	运转不良	油路及滤清器堵塞	清洗，更换
	出力不足	运转速度不足	调整
		压缩不足	维修

3.2.3 吹风机

1)结构与原理

吹风机由汽油机带动叶轮在蜗壳内运动，产生高压流动的气流，以完成清扫作业。如图 3.2-3 所示，吹风机主要由汽油机、蜗壳和叶轮、油箱、空气滤清器、机架和吹风管等组成。

2)技术使用

(1)作业前的检查：

①检查火花塞等是否松脱。

②检查冷却用空气通道是否畅通，避免发动机运转中发生过热现象。

③检查空滤器是否清洁。

④检查火花塞间隙是否为 0.6～0.7mm。

图 3.2-3　吹风机

⑤轻拉启动器 2～3 次，观察汽油机运转是否正常。

(2)安全操作：

①禁止酒后操作，无操作证的人不得操作。

②在停机状态下加油。

③系好背带。

④戴防尘眼睛、防尘口罩。

⑤穿比较紧身的衣服。

⑥不得在吹风机旁点火或吸烟。

⑦禁止在作业过程中将吹风管对准他人。

3)维护

(1)要经常清理燃油系统。

(2)长期不用时将燃油放净。

(3)每天作业后要维护空气滤清器。

(4)经常清除火花塞间隙的积炭并检查其间隙。

(5)要经常清扫缸体散热片。

3.2.4 平板夯与冲击夯

1)平板夯

(1)结构与原理。平板夯是在发动机的作用下，通过离合器和 V 形传动带驱动偏心轴，再把离心力传到夯板，使夯板周期性地振动，从而完成压实作业。如图 3.2-4 所示，平板夯主要由汽油机、偏心轴、离合器、冷却水箱、底座、夯板保护框架等组成。

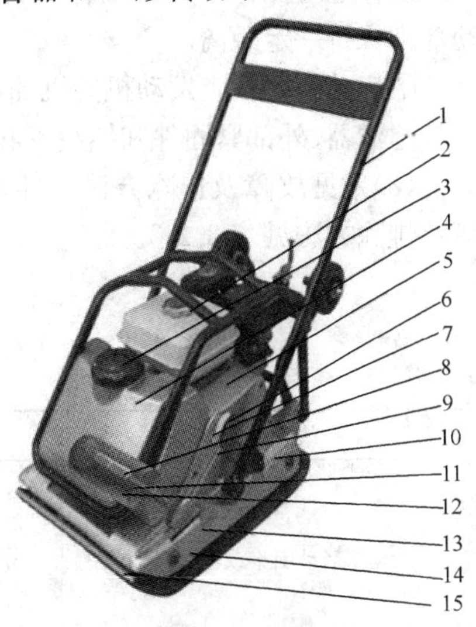

图 3.2-4 平板夯

1-扶手；2-保护框架；3-水箱盖；4-水箱；5-激振器壳；6-离合器；7-带轮；8-偏心轮；9-传动带；10-减振器；11-轴承；12-轴承盖；13-防护罩；14-连接板；15-水管

(2)技术使用：

①禁止未经正确培训的人员操作。

②禁止操作手在平板夯运转时离开。

③禁止使用阻风门关停发动机。

④禁止随意更改操作控制功能。

⑤禁止酒后操作。

⑥作业时操作手的手、脚和衣服与平板夯运动部件保持一定距离。

⑦启动前要检查发动机的机油油位、燃油位、空气滤清器、外部紧固件和燃油管等状况。

(3)常见故障及排除方法。平板夯的常见故障及排除方法见表 3.2-2。

2)冲击夯

(1)结构与原理。发动机动力由被动盘传递到曲轴箱，经齿轮减速后，通过曲轴齿轮地转动，带动弹簧缸体上下运动，使夯板周期性地振动，以完成压实。如图 3.2-5 所示，冲击夯主要由导向操纵装置、曲轴箱、汽油机、弹簧缸体和夯板等组成。

平板夯常见故障及排除方法 表 3.2-2

故　障	原　因	排除方法
振动板不能全速工作	1. 阻风门控制没有正确调节 2. 地面太潮湿 3. 驱动带太松或损坏 4. 偏心轴轴承润滑不良 5. 空滤器堵塞，降低了发动机效率 6. 发动机转速太低	1. 正确调节 2. 干燥泥土 3. 调整或更换 4. 增加或更换机油 5. 清洁或更换 6. 调节或维修发动机
发动机工作，但没有振动	1. 驱动带太松或损坏 2. 离合器损坏 3. 发动机转速太低 4. 偏心轴里润滑油太多	1. 调整或更换 2. 更换 3. 调节或维修发动机 4. 调整油量到正确位置

(2)技术使用：

①禁止未经正确培训的人员操作。

②禁止操作手在冲击夯作业时离开。

③禁止使用阻风门关停发动机。

④禁止随意更改操作控制功能。

⑤禁止酒后操作。

⑥作业时操作手的手、脚和衣服与平板夯运动部件保持一定距离。

⑦启动前要检查发动机的机油油位、燃油位、空气滤清器、外部紧固件和燃油管状况。

(3)常见故障及排除方法。冲击夯的常见故障及排除方法见表 3.2-3。

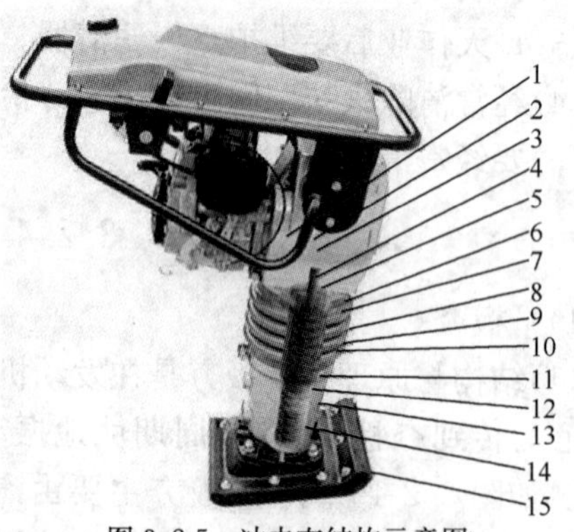

图 3.2-5　冲击夯结构示意图

1-离合器总成；2-齿轮轴；3-偏心齿轮；4-连杆；5-上缸体；6-外弹簧；7-上减振套；8-内弹簧；9-活塞杆；10-波变管；11-管箍；12-活塞；13-下缸体总成；14-下减振套；15-底板总成

冲击夯常见故障及排除方法 表 3.2-3

故　障	原　因	排除方法
发动机启动困难或不能启动	1. 火花塞无火 2. 油箱内无油 3. 吸入油量过多 4. 汽缸、活塞环磨损 5. 火花塞松动	1. 清洁或更换 2. 加油 3. 减少供油 4. 更换 5. 旋紧
输出功率不足	1. 空滤器堵塞 2. 燃油有水 3. 消声器堵塞 4. 润滑油品质差 5. 燃烧室积炭	1. 清理 2. 更换燃油 3. 清理 4. 更换 5. 清除
突然熄火	1. 火花塞引线松脱 2. 活塞咬死 3. 火花塞积炭严重 4. 无燃油	1. 接牢 2. 修理或更换 3. 清除 4. 加油

续上表

故　障	原　因	排 除 方 法
冲击夯不做功	1. 离合器损坏 2. 曲轴齿轮或连杆损坏 3. 发动机低效，排气管堵塞	1. 更换 2. 更换 3. 清除排气管
冲击夯运作无规律	1. 离合器片上有机油 2. 弹簧断裂或磨损 3. 土块黏附在冲击板上 4. 冲击系统或曲轴箱有部分断开 5. 发动机转速过高	1. 清除干净 2. 更换 3. 清除 4. 检查螺钉是否松动，若松动则紧固 5. 降低发动机转速

3.2.5　液压动力站

1)结构与原理

液压动力站的工作原理如图 3.2-6 所示。由汽油机驱动的液压齿轮泵，经过控制阀块，输出一定的压力和流量来驱动液压破碎锤。

如图 3.2-7 所示液压动力站主要由装有移动轮的底座、汽油机液压泵机组、冷却和油箱装置组件、控制阀块与过滤装置、不锈钢框架和可折叠把手等组成。

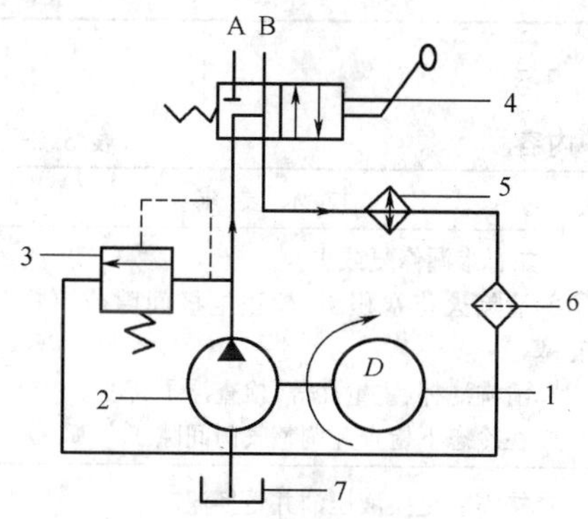

图 3.2-6　液压动力站原理

1-汽油机；2-液压齿轮泵；3-安全阀；4-手动换向阀；5-液压油冷却器；6-液压油过滤器；7-液压油箱

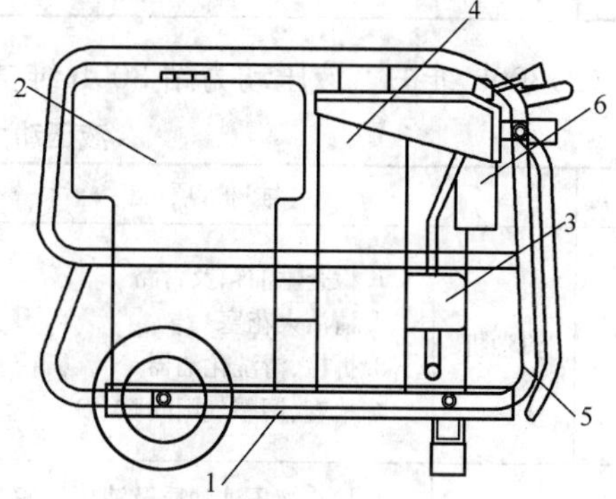

图 3.2-7　液压动力站结构示意图

1-底座；2-汽油机；3-液压齿轮泵；4-冷却和油箱组件；5-外框架；6-控制阀块与过滤装置

2)技术使用

(1)指定人员操作，且操作人员必须经过专业技术培训，严格执行操作规程，以免发生机械故障或安全事故。

(2)使用前要进行检查，以保证液压动力站运转正常。

(3)启动汽油机，随后检查其怠速、高速以及满负荷情况下的运转是否正常。

(4)检查外部框架，各连接螺栓有无松动，车轮运转是否顺利等。

(5)作业前要将液压控制手柄置于 OFF 位置。

(6)作业时再将液压控制手柄扳至 ON 位置。

(7)作业中要注意使动力站尽可能远离工作区域，如果发现动力站有异常情况，应立即停机检查并排除故障。

(8)操作人员必须配有防护用具，如手套、劳保鞋等。

(9)使用后将液压动力站与工具脱离开，分别擦干净，存放到干燥、通风的地方。

3)维修

(1)例行维护。液压动力站例行维护内容及要求见表3.2-4。

液压动力站例行维护 表3.2-4

序号	维护项目		技术要求
1	汽油机	1.检查燃油箱油量 2.检查机油油质 3.检查空气滤清器 4.检查整机运转情况	1.燃油不足时，应添加 2.机油不足时，应加至标准油位，若油质变差则更换机油 3.保证空气滤清器清洁，若有破损、堵塞则更换 4.发动机应容易启动，运转正常，否则应查明原因，排除故障
2	液压系统	1.检查液压油 2.检查各连接管路	1.液压油不足时应予加足 2.管路和接头处如有渗漏，应予排除
3	传动系统	检查联轴器	连接要牢固，如有松动，应予以紧固
4	行走机构	检查行走轮	行走应顺利，无损伤
5	外部框架、底座	检查框架连接螺栓、汽油机底座螺栓	连接牢固，若松动应予紧固

(2)300h维护。液压动力站300h维护内容见表3.2-5。

液压动力站300h维护内容 表3.2-5

序号	维护项目		技术要求
1	汽油机	1.检查燃油箱及管路 2.清洁火花塞 3.拆检、清洗化油器 4.检查、调整气门间隙	1如有渗漏修复或更换 2.清除火花塞积炭，校正电极间隙或更换新火花塞 3.清洗滤杯、主量孔等，检查浮子高度 4.在冷态下检查并调整气门间隙
2	液压系统	1.检查液压油油质及液压油滤芯 2.检测液压系统压力 3.检查冷却装置 4.检查液压齿轮泵、安全阀、油箱等密封情况	1.按需要更换液压油并更换滤芯 2.系统额定压力为155×10^5Pa 3.清洗液压油冷却器，检查冷却风扇 4如有渗漏，应予排除
3	传动系统	1.检查联轴器弹性垫 2.检查加长轴	1.如磨损严重，需更换 2.如连接松动，则重新紧固
4	整机	1.检查整机工作状况 2.检查所有螺栓等紧固件	1.检查整机满负载的工作状况 2如连接松动，重新紧固

3.2.6 综合养护车

1)分类

沥青路面综合养护车是对沥青路面进行综合性养护和维修的养护机械，可完成沥青路面的破碎挖掘、搅拌沥青混凝土、旧油层再生利用、加热沥青和碾压等多种作业。

(1)按承载质量分类。沥青路面综合养护车一般选用汽车底盘，按汽车底盘承载质量可分为：

①大型。大于5t。

②中型。3～5t。

③小型。小于 3t。

(2)按行驶方式分类。沥青路面综合养护车按行驶方式可分为自行式和拖式两种。

①自行式。自行式沥青路面综合养护车,是将各种装置安装在汽车底盘或专用底盘上,从底盘主机输出动力或自备发动机。目前生产的沥青路面综合养护车大部分是自行式的。

②拖式。拖式沥青路面综合养护车,是将各种装置安装在拖挂底盘上,一般情况下是用自备发动机输出的动力驱动各种装置和机具,由汽车或拖拉机牵引到施工路段上进行养护作业。

(3)按传动方式分类。沥青路面综合养护车按传动方式可分为以下五种:

①机械传动式。

②液压传动式。

③气压传动式。

④电传动式。

⑤综合传动式。

(4)按发动机所用燃料分类。沥青路面综合养护车按其发动机所用燃料可分为汽油机综合养护车和柴油机综合养护车。

①汽油机综合养护车。

②柴油机综合养护车。

2)结构与原理

沥青路面综合养护车见图 3.2-8,主要由沥青混凝土箱、沥青罐、配电柜、振动夯板、路面加热器、沥青喷洒系统和空气压缩机等组成。

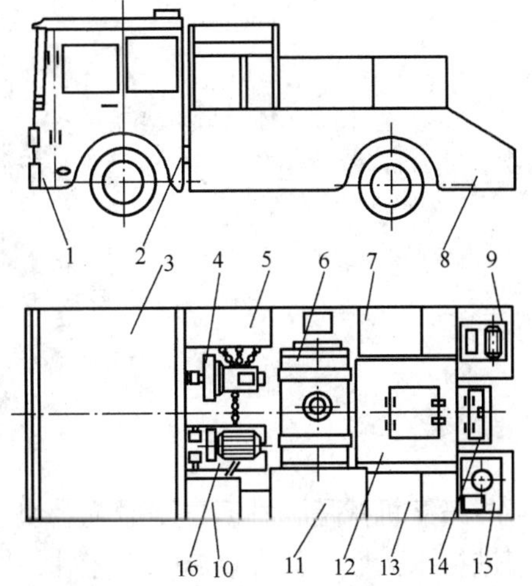

图 3.2-8　电动自行式沥青路面综合养护车

1-驾驶室;2-机架;3-顶盖;4-发动机;5-配电柜;6-沥青罐;7-工具箱;8-围板;9-振动夯板;10-配气柜;11-沥青泵箱;12-沥青混凝土箱;13-工具箱;14-出料口;15-路面加热器;16-空气压缩机

(1)沥青混凝土箱。沥青混凝土箱如图 3.2-9 所示,主要由箱体、保温层、箱盖、卸料门、输料器等组成。

沥青混凝土箱多为方形结构,箱体一般用厚 2～3mm 的钢板焊成,在外侧用角钢、木条制成支撑框架,再用 1mm 左右厚的薄钢板包裹作为外壳并固定在框架上。箱体与外壳之间为 40～60mm 厚的性能良好的保温材料;沥青混凝土箱的出料有斜面出料、倾斜出料和输送出料三种方式;螺旋输送器从料箱中推出沥青混凝土。

(2)沥青罐。沥青罐具有装运、加热、吸进与喷洒沥青的功能,如图 3.2-10 所示,一般由内壳、罐盖、保温层、外壳、加热装置、进出沥青管路、沥青泵、温度计量仪表和固定支架等组成。

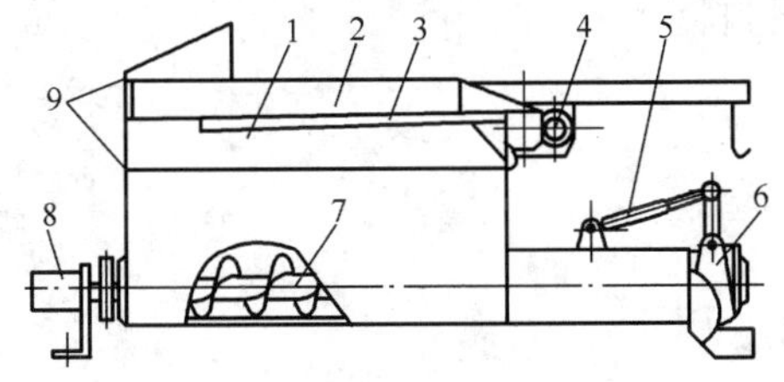

图 3.2-9　沥青混凝土箱

1-箱体;2-箱门;3-齿条;4-箱门马达;5-出料门液压缸;6-出料门;7-螺旋输送器;8-液压马达;9-外壳

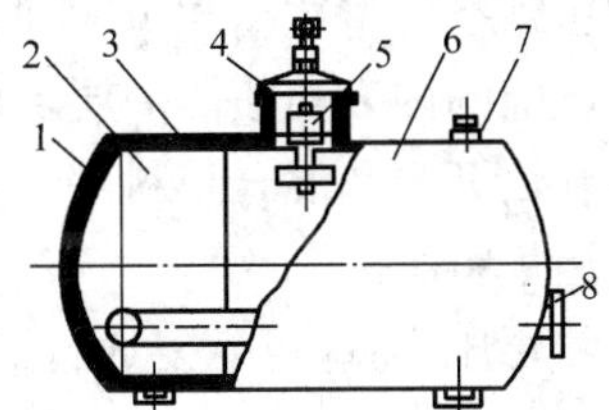

图 3.2-10　圆形沥青罐

1-封头;2-内壳;3-保温层;4-罐盖;5-温控及报警装置;6-外壳;7-进出总管;8-U 形火管

(3)沥青喷洒系统。沥青喷洒系统如图 3.2-11 所示，主要由沥青泵、阀门、管路喷头等组成。系统中有两个三通阀，通过不同的阀位可向沥青罐中泵入沥青，向外喷洒沥青和使均匀加热的沥青在罐内循环。

(4)振动夯板。目前，振动夯板有内燃式和电动式两种，是用动力驱动振子发生冲击与振动综合作用的板式夯实机械。振动夯板因激振器不同，有非定向和定向两种形式。图 3.2-12 所示为非定向振动夯板，主要由动力源、传动机构、激振器工作平板和操纵装置等组成。

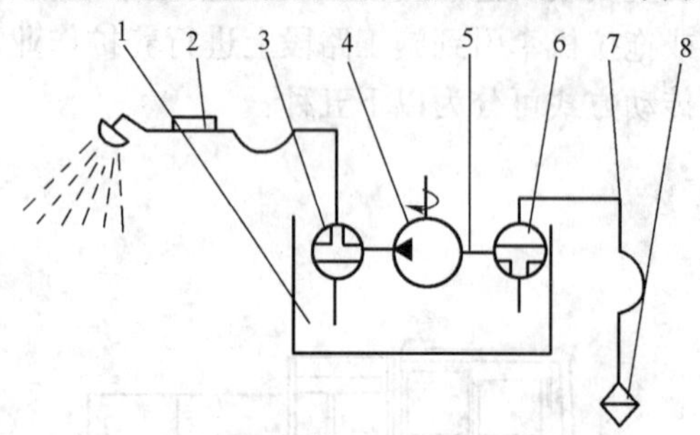

图 3.2-11　沥青喷洒系统

1-沥青罐；2-喷枪；3、6-三通阀；4-沥青泵；5-管路；7-吸入阀；8-吸入器

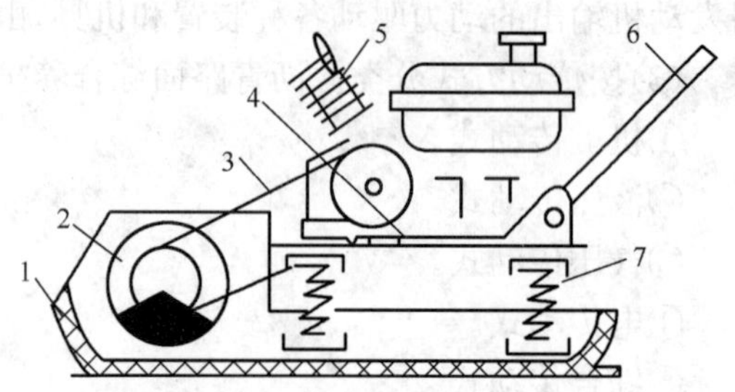

图 3.2-12　内燃式非定向振动夯板

1-工作平板；2-激振器；3-U 形带；4-发动机底架；5-发动机；6-操作手柄；7-减振弹簧

3.3　喷灌机械

3.3.1　喷灌工艺

喷灌机械是一种沥青路面坑槽快速修补机械。它用阴离子或阳离子乳化沥青、石料对坑槽进行永久性的修补。施工工艺(图 3.3-1)如下：

a)

b)

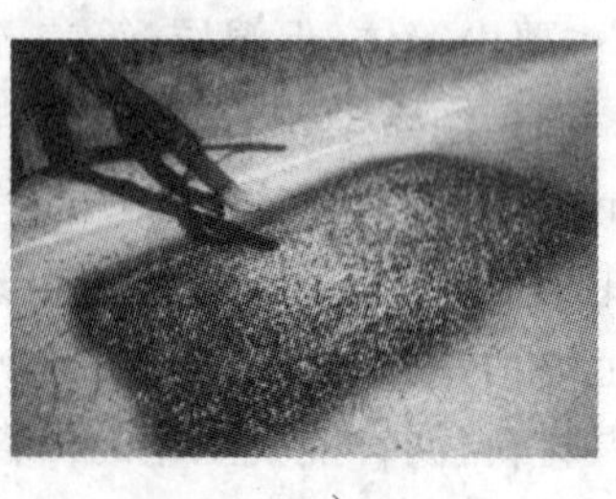

c)

图 3.3-1　喷灌工艺示意图

a)清洁路面；b)喷黏结层；c)喷灌混凝土

(1)用压缩空气将坑槽吹干净，除去坑槽内松散材料。

(2)将坑槽的内表面喷洒一层乳液。

(3)将乳化沥青和混合集料一齐喷入坑槽内。

(4)喷洒集料。

(5)不需要压实，即可恢复通行。

3.3.2　喷灌机械

喷灌机械根据其行走方式分为拖式(图 3.3-2)和自行式。其工作原理是，通过发动机带动鼓风机产生高压气流将石子与乳化沥青及集料喷注到路面坑槽内，不需压实，乳化沥青破乳后即可开放交通。

图 3.3-2 拖式喷灌机

自行式喷灌机的结构、原理，技术使用和维修等内容如下。

(1)结构与原理。自行式喷灌机如图 3.3-3 所示，主要由底盘车和上装两部分组成。上装部分由集料仓、发动机、鼓风机、空压机、沥青罐、沥青管路清洗油箱、柴油箱、软管、出料喷嘴、喷射软管吊臂、导热油热交换系统、LED 导向灯等组成。

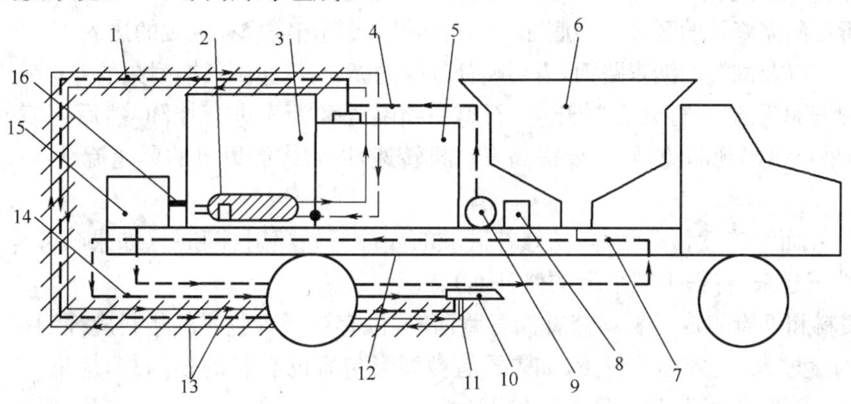

图 3.3-3 自行式喷灌机

1-乳化沥青管道；2-热交换器；3-发动机；4-乳化沥青清洗管道；5-乳化沥青罐；6-集料仓；7-集料输送管道；8-发动机燃料箱；9-沥青管道清洁箱；10-混合料喷嘴；11-乳化沥青喷嘴；12-底盘；13-导热油循环管道；14-集料输送管道；15-鼓风机；16-鼓风机驱动轴

①集料仓。方形集料仓用于储放集料。集料依靠其自身重力输送，双集料出料闸门的开启和关闭由气动缸控制。通过操作手柄上的开关，由电磁阀控制气动缸。料仓上安装有电动振动器，防止出现料拱而阻碍集料出仓的现象。

②沥青罐。罐内采用耐火防老化的 FRP 玻璃纤维增强隔热塑料覆盖，两个 1 500W、220V 加热毯由温度器控制加热，最高工作温度为 260℃。

③喷射软管吊臂。喷射软管工作时由吊臂支撑，减小操作者疲劳。

④操作开关。操作者可通过控制把手上的开关来控制沥青输送速度、发动机转速、集料输送速度、电动振动器和喇叭。

⑤导热油热交换系统。通过一个 12 英寸循环泵，使导热油流动，被加热的导热油先通过沥青罐内的管道，然后通过沥青输送软管到达沥青管喷嘴处，再回流至热交换器。

⑥LED 导向灯。四元素发光二极管组成的黄色导向灯视距可达 500m，在沥青路面养护作业时为安全提供保障。

(2)技术使用。

①沥青罐加压。从运输支架上取下吊臂，把喷嘴从冲洗箱中取出，再把喷嘴指向地面，启动发动机并使其运转几分钟。发动机启动后空气压缩机开始运转并自动给沥青罐加压，沥青罐加压至最小值 620kPa。

②清除沥青管路内溶剂。关闭发动机，把喷嘴放到冲洗箱内，把沥青罐上的阀门置于“沥

青”位置，慢慢打开操作控制面板上的沥青阀门约至1/4位置，大约10～15s溶剂从喷嘴流出。当溶剂排净、沥青从喷嘴流出时，迅速关闭乳化沥青阀门。

③喷补：

a. 从运输支架上取下吊臂，把喷嘴对准需要修补的区域。

b. 启动发动机。

c. 把发动机转速升至2 000r/min。

d. 清除修补区域的碎屑、泥土及积水，然后将喷嘴降低至距地面300mm的位置。

e. 根据工作情况控制发动机转速。表面修补：900～1 000r/min；路坑修补：1 100～1 200r/min；路肩修复：1 300～1 500r/min。

f. 提升喷嘴至距路面400～500mm的高度，然后慢慢打开操作把手上的沥青阀门至1/4位置。把沥青喷洒需修补的区域作为底油（沥青覆盖区域超出需修补区域的边界15mm效果最好。损坏非常严重以及潮湿的沥青路面，需要贴补较厚的沥青，以达到长期耐久的养护效果）。

g. 喷洒完底层油后打开石料开关，石料在喷嘴处和沥青进行拌和，然后再喷射到需修补的区域（如果石料出现断流，则需要提高发动机转速，以增大鼓风机的风速流量，或启动集料仓振动器）。

h. 在修补面上连续移动喷嘴，从修补区域的底部开始喷射拌和料（如果喷嘴停止移动，修补材料会堆积起来，将得不到平滑的修补面）。

i. 用集料和沥青组成的材料修补沥青路面时，没有被沥青包容的集料应控制在10%以下。如果沥青的量过大，应减小其流量；如果没有被沥青包容的石料的量增加，应增大乳化沥青的流量（乳化沥青是黏合剂，为了延长维护寿命，沥青的量应充足）。

j. 达到修补标准后关闭沥青阀门，干燥的集料继续从喷嘴喷出，在修补面形成一层薄的保护层，完成修补。

k. 关闭石料开关（石料阀门关闭后石料会继续流出，大约10s后停止）。

l. 把喷嘴从修补区域移开。

m. 关闭发动机。

（3）维护

①喷补后停机时间超过20min，以及每天作业结束后，都要用不可燃的沥青溶剂或柴油冲洗沥青管。

②定期检查空气滤清器，及时更换滤芯。

③定期清洁防尘盖。

④每天检查柴油油位和乳化沥青管路清洗箱的清洗溶剂液位。

⑤发动机首次使用50h后，更换机油，以后每100h更换一次；机油滤芯每工作200h更换一次。

⑥鼓风机驱动轴轴承每30h润滑一次。

⑦吊臂上部、下部各一个轴承，工作300h润滑一次，润滑脂不宜过多。

3.4 红外线加热修补机

3.4.1 红外线加热原理

红外线是可见光谱（图3.4-1）中红色光外侧的不可见光线，波长在0.76～1 000μm之间。

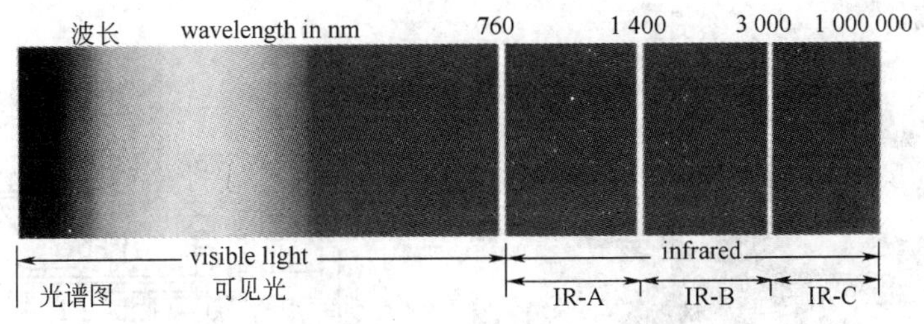

图 3.4-1　光谱图

红外线照在物体上可发生反射、透射和被吸收(图 3.4-2)三种情况。而且具有吸收率 α+透射率 τ+反射率 $\rho=1$ 的特性,被物体吸收的能量会变成热量。因此,红外线加热的原理就是通过液化石油气的燃烧,激发金属材料或陶瓷介质产生红外线,当被加热物体分子的振动频率与红外线的频率相同时,则红外线的能量就被吸收,并促使其分子进一步激化、温度上升,从而达到加热的目的。红外线加热深度通常为 3~4cm,而且表层与里层温度梯度大。

3.4.2　手推式红外线加热修补机

手推式红外线加热修补机如图 3.4-3 所示,主要由扶手、燃气系统、控制盒和加热机等组成。通过液化气的燃烧,产生红外线辐射加热,将沥青路面加热至软化程度。

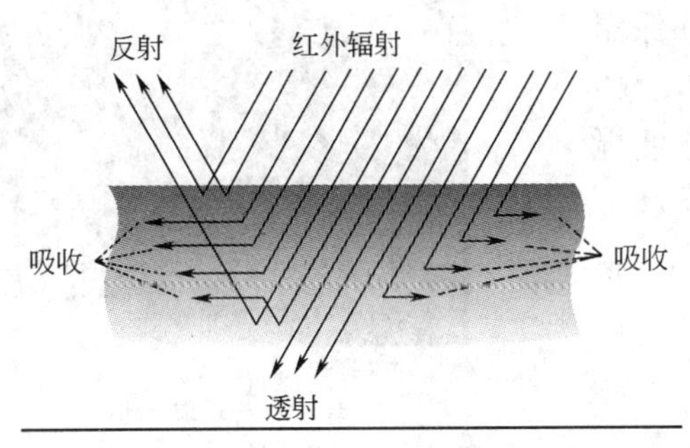

图 3.4-2　红外线辐射

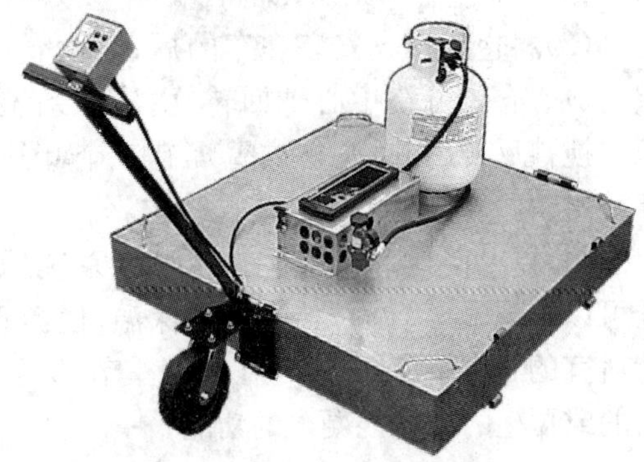

图 3.4-3　手推式红外线加热修补机

(1)燃气系统。燃气系统由高压液化气罐、稳压器、电磁阀及燃气管路等组成。保证工作燃气的充足供应,并适应全天候作业。燃气系统处于非工作状态时应关闭所有阀门。

(2) 加热机。加热机以液化气为燃料,通过红外线热辐射,将沥青路面加热至软化程度。加热机由不锈钢外壳、耐高温陶瓷石棉、安全防爆网、点火电极、控制箱、加热板支撑移动轮等组成。

3.4.3　拖式红外线加热修补机

拖式红外线加热修补机如图 3.4-4 所示,主要由底盘、电制动系统、电动自走系统、燃气系统、供电系统、集中控制箱和加热机等组成。

3.4.4　自行式红外线加热修补机

1)结构与原理。

自行式红外线加热修补机如图 3.4-5 所示,主要由压路机及其抬举机构、汽车底盘、储气罐、旋转式料仓、上料机构、电控箱、柴油箱、风机系统、水箱、液压油箱、气化器、料仓加热器、路面加热墙等组成。

图 3.4-4　拖式红外线加热修补机

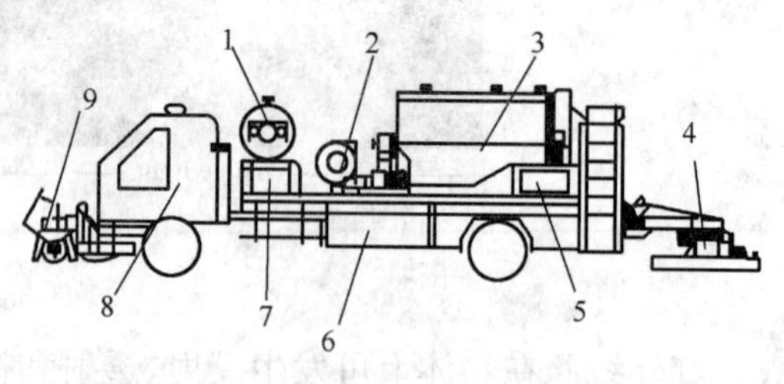

图 3.4-5　自行式红外线加热修补机

1-储气罐；2-鼓风机；3-再生料仓；4-加热墙；5-热沥青箱控制箱；6-乳化沥青废料箱；7-油箱水箱；8-汽车底盘；9-压路机

(1)压路机及其抬举机构。压路机及其抬举机构如图 3.4-6 所示，压路机为单辊振动压路机，具有静碾和振动两种工作状态。靠电气控制液压动作的抬举机构悬挂在汽车前部大梁上，通过电气控制按钮可方便地挂上和取下压路机。

图 3.4-6　压路机及其抬举机构

1-挂钩；2-安全链；3-安全杆

(2)料仓。料仓安装在车的后部，由仓体及外保温层构成。仓体可绕中心轴回转，由液压系统驱动，仓体正转搅拌反转出料，仓体内臂焊有三个叶片，以方便搅拌及出料。外保温层为对开式结构，分为上保温层和下保温层，以方便拆卸及安装。在电气系统的控制下，料仓可以实现温度自动控制、自动保温，使沥青混凝土保持适宜的工作温度，并且它在任何季节都具有重新加热新的或再生的沥青混凝土的功能。

(3)上料机构。该机构为料仓供料，其动作由液压系统来完成，活动架及料斗的协调动作由机械系统完成。

(4)燃气系统。燃气系统由液化气罐、稳压器、电磁阀、气化器、开闭器混气筒及燃气管路等组成。

(5)风机系统。风机系统为料仓底部加热器和路面加热墙提供压力空气。该系统由发动机、风机、底座及传动件组成，发动机驱动风机运转，风压由电极式压力表测定，并可根据风压的需要量，进行调整。风机系统由专用的汽油机驱动，保证供给加热墙的风压稳定。该系统中安装有数显压力控制器，当风机未转或风压过小时，控制器自动切断向加热墙供燃气的电磁阀信号，使电磁阀断电，停止向加热墙供燃气，以免发生危险。

(6)液压系统。液压系统由液压泵、液压阀组、液压油箱及管路等组成。液压泵为汽车底盘取力器带动的双联泵，分别驱动料仓旋转、液压输出、上料机构、压路机悬架、废料箱及沥青马达的动作。

(7)乳化沥青自动喷洒系统。如图 3.4-7 所示，该系统由沥青马达、沥青泵、管路控制系统、燃气加热部分、喷枪等组成。

(8)加热墙。加热墙如图 3.4-8 所示，以液化石油气为燃料，通过热辐射形式，将沥青路面加热至软化程度。加热墙由墙体、起落架、墙体左右平移滑道、上下移动方套和墙体移动控制油缸组成。加热墙有四个加热区，可同时工作，也可单独工作，视沥青路面损坏面积而定。加热墙加热沥青路面的操作可手动或自动控制。选择自动时，加热沥青路面的时间可由定时器来控制。定时器应在现场进行校验调整，以适应环境变化或材料变化对路面加热的影响。加热墙可水平左右移动 130cm，上下移动 14.5cm，回转 90°。

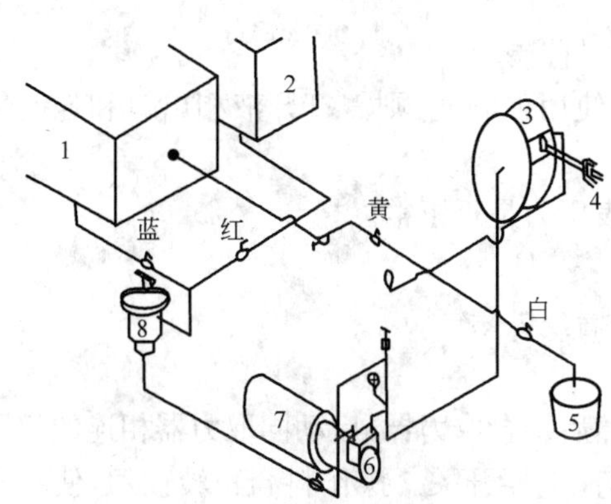

图 3.4-7 乳化沥青自动喷洒系统原理图

1-乳化沥青箱；2-清洗剂箱；3-双管软管卷盘；4-喷枪；5-废料桶；6-泵；7-马达；8-过滤器

图 3.4-8 加热墙

(9)电气系统。电气系统如图 3.4-9 所示，对液压系统、料仓加热系统和沥青路面加热系统进行程序化控制及监测。

2)技术使用

(1)使用前的准备工作：

①按底盘使用说明书对车辆进行检查。

②检查风机用发动机的汽油是否足够。

③检查压路机发动机和压路机用发动机的汽油量。

④检查水箱中的冷却水量。

⑤在加热料仓前，检查燃气系统是否泄漏，观察压力表压力是否正常。

⑥检查液压油箱上的球阀是否打开。

⑦打开电控箱，显示控制面板，检查各开关是否复位。

⑧检查液化气罐。

⑨按气化器使用说明书对气化器进行检查。

(2)料仓上料机构操作：

①启动汽车发动机，怠速暖车后将转速调到 1 600～1 700r/min。当储气筒气压达到 0.6MPa 时，使发动机处于怠速状态，踩下离合器踏板，按

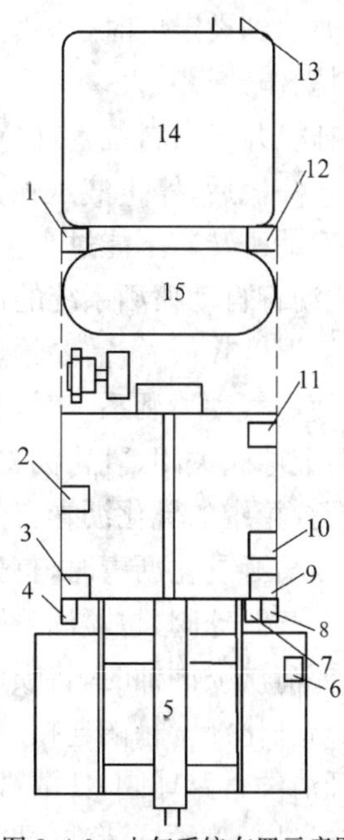

图 3.4-9 电气系统布置示意图

1-乳化沥青加热控制盒；2-左连接盒；3-底/左料仓加热器控制盒；4-加热左急停开关；5-加热墙；6-加热墙接线盒；7-加热右急停按钮；8-手持遥控盒(选装)；9-右料仓加热器控制盒(含耙爪)；10-控制面板盒；11-配电盒；12-料仓门废料仓控制盒；13-压路机控制盒；14-驾驶室；15-液化气罐

下取力器开关，慢慢抬起离合器踏板，双联齿轮泵被启动。

②将电控箱内24V空气开关合上。

③把控制面板上按钮旋到正转，使料仓正向旋转。

④按下下降按钮，使料斗落至地面上，进行装料。

⑤按下提升按钮，使料斗上升，上升完成后，料斗翻转，给料仓上料。

(3)燃气系统操作：

①先将液化气罐截止阀打开，再将管路上各球阀打开。

②如使用自然气，可将开关灯打到自然气上；如使用强制气，则需打开液相出口和强制气两个开关，然后给气化器点火加热。

③打开逆变器并使风机运转，观察电极式压力表压力是否正常。

④观察燃气管路上各压力表压力是否正常。

⑤按下点火开关，各管路上电磁阀打开，给加热墙提供燃气。

(4)料仓加热操作：

①料仓加热前，将发动机启动后，踩下离合器，然后结合取力器，启动同取力器相连的双联泵，调整发动机转速，结合上电控箱中空气开关及其他电器开关。操作料仓正转按钮，使料仓正向旋转，沥青混凝土在仓体内被搅拌。

②设定料仓加热温度，打开风机，风压在3.5～4.2kPa。

③按下料仓点火按钮，底部加热器被点燃。

④当料温达到设定值时，加热器自动熄灭。

(5)出料操作：

①将修补机开至出料位置，停止正转搅拌。

②待料仓停稳后，停止液压输出操作。按下料仓反向旋转按钮，使料仓反向旋转进行出料。出料时发动机转速不能过高。

(6)乳化沥青自动喷洒系统的使用：

①当环境温度较低时，需要给乳化沥青进行加热。

②首次使用气动喷洒系统时，将气源球阀关闭(在底盘储气筒上方)、清洗箱管路上球阀关闭、喷枪管路上球阀关闭、乳化沥青箱与喷洒桶间球阀打开，同时将喷洒桶侧上方放气球阀打开，使乳化沥青箱中的乳化沥青自然流到喷洒桶中，放入适量乳化沥青后关闭放气球阀。当需要向沥青路面喷洒乳化沥青时，首先打开气源球阀，然后打开喷枪管路上球阀。喷洒完后，打开喷洒管路上气源球阀，将喷洒管路用压力空气吹净。

③当需要清洗喷洒桶时，将喷洒桶中乳化沥青全部用喷枪喷出，直到喷出空气为止。关闭气源球阀和与乳化沥青箱的连接球阀、打开喷洒桶侧上方的放气球阀、关闭喷枪球阀和管路吹扫球阀、打开清洗管路球阀，使清洗液流入喷洒桶中，然后关闭清洗液球阀和放气球阀，按喷洒乳化沥青方式进行喷洒桶清洗(即将桶中清洗液喷出)，从喷枪喷洒出的废液用桶收集。

④乳化沥青箱长期不用时，应将其内的乳化沥青放掉，然后用手工方式对乳化沥青箱进行清洗。

(7)沥青系统使用：

①喷枪加热。打开逆变器，合上电控箱内220V电路的空气开关，然后将操作面板“喷枪加热”旋扭旋到“加热”位置。加热时间要超过45min。

②沥青加热。除沥青加热炉盘前的手阀外，打开沥青加热燃气通路上的其余手动阀(根据

情况确定使用自然或强制气化)，将操作面板“沥青加热”旋扭旋到“加热”位置。点燃炉盘，调整手阀，使炉盘的火焰合适(点燃炉盘时先将引燃物放到炉盘上，手离开，然后再打开控制球阀，以免灼伤)。加热过程中，可手动搅拌沥青，加快融化过程。

③沥青喷洒。沥青加热的温度达到要求后(该温度在使用中根据沥青型号进行设定，约150℃左右)将沥青喷枪枪嘴放在进料斗正后方的孔内。发动机转速为 1 100r/min 时每分钟沥青的喷出量是 30L(约 30kg)，根据料的多少，确定要喷洒沥青的量，并据此调整时间继电器。在喷洒时，要有人控制喷嘴手柄。

④喷洒后将喷管内的沥青反吸 1min，保证正常使用。

3)维护

(1)加热墙的日常维护：

①定期检查液化气和供风软管有否破损。

②定期检查液化气管路有无松动、漏气。

③每天检查加热墙砖是否有开裂、损坏现象。

④每天检查膨胀片是否有松动或脱落。

⑤定期检查加热墙上面钢丝绳的松紧。

⑥检查加热墙安全挂链是否有裂纹，两端锁扣是否松动。

⑦定期检查加热墙各油缸销轴是否松动，防脱销是否完好，铰接处焊缝是否有裂纹。

⑧加热墙不用时要罩上防雨罩，避免加热墙砖受湿。一旦被雨水浸湿，应及时启动鼓风机将水分吹净，绝对避免在加热墙砖受潮的情况下点燃加热墙。

(2)料仓的日常维护：

①每天养护作业结束后，应将料仓内壁和螺旋输送器清理干净。

②定时清除料仓加热器上的积炭。

③检查液化气供气管路和减压阀、电磁阀。

④定期清除进气窗的灰尘。

⑤定期检查螺旋输送器的驱动链条张紧度，以手指能用力压下 10～15mm 为宜。

⑥定期给螺旋输送器前、后端轴承加注润滑脂。

(3)液压系统的日常维护：

①每天检查液压油位，并及时加油。

②定期检查液压油箱盖上的空气滤清器是否堵塞。

③定期检查液压油高、低压滤清器，至少一年更换一次滤芯。

④每天检查液压油散热器风扇运转是否正常，并定期清洗散热器片上的灰尘及油污。

⑤定期检查液压油箱内液压油有无乳化、变稀现象。停用时间超过 6 个月，在使用之前必须更换液压油。

(4)供风系统的日常维护：

①定期检查、清洗鼓风机空气滤清器。

②定期检查鼓风机传动带张紧程度，以手指能用力压下 10～15mm 为宜。

③定期给鼓风机轴承加注润滑脂。

④检查风压表工作是否正常。

(5)乳化沥青系统的日常维护：

①定期检查滤清器滤芯并清洗。

②乳化沥青泵轴承定期加注润滑脂，至少每周一次。

③定期检查乳化沥青及清洗剂管路及接头有无松动、泄漏。

(6)燃气系统的日常维护：

①定期检查减压阀、电磁阀工作是否正常。

②定期检查管路、接头是否有松动、漏气。

③检查并校正压力表。

④检查气化器的开关、点火是否正常。

⑤定期检查气化器常明火喷嘴、火头喷嘴及温度传感器感应棒。

(7)电气系统的日常维护：

①定期检查电缆线有否破损。

②定期检查电气盒、电缆接头有无松动、生锈。

③检查各个按钮工作是否正常。

④检查控制盒多芯电缆接头有无脱焊或接触不良现象。

⑤定期检查蓄电池电解液及电缆接头连接是否良好。

(8)压路机抬举机构的日常维护：

①定期检查安全链条是否有裂纹。

②定期检查关键焊缝是否有裂纹。

③定期向润滑油嘴加注润滑油。

④定期检查液压油罐及接头有否泄漏，液压软管有否松动。

3.5 微波加热修补机

3.5.1 微波加热技术

1)微波加热原理(图 3.5-1)

微波是无线电波的一种，波长在 1～1 000mm 之间的无线电波统称为微波。沥青路面养护车采用的微波是一种高频波。微波加热不需要外部热源，它利用直流电源使磁控管(图 3.5-2)产生微波功率，通过波导输送到加热器中，向被加热材料内部辐射微波电磁场。处于加热器中的材料吸收微波功率后，本身分子的运动在高频电磁中受到干扰和阻碍，产生了类似摩擦的作用，温度随之升高。因此，微波加热的原理就是微波被吸收后，引起物体内部分

图 3.5-1 微波加热的原理

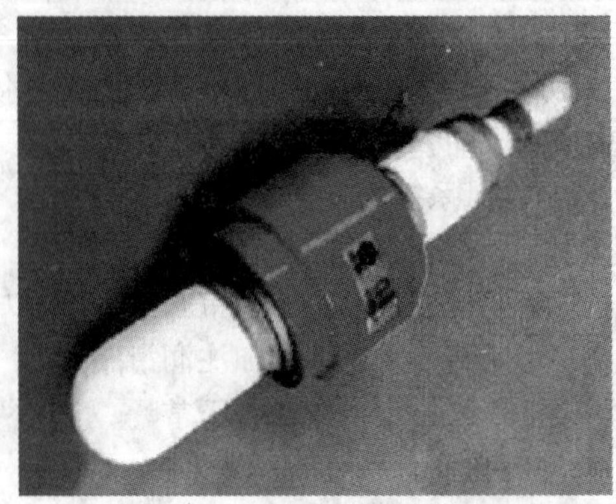

图 3.5-2 磁控管

子的激烈振动摩擦生热而迅速升温。

2)微波加热的特点

具体内容包括：

(1)即时性。微波加热是使沥青中的极性分子随微波电磁场交变的方向变更而来回摆动、摩擦，产生热量使沥青温度升高。因此，只要有微波辐射，沥青即刻得到加热；反之，沥青就得不到微波能量而立即停止加热。它能使沥青在瞬间得到或失去热量来源，表现出对沥青加热的无惰性。所以微波能在沥青内部转化为热量的过程具有即时特性。

(2)整体均匀性。微波是一种穿透力强的电磁波，可以直接穿透沥青材料内部并向内部辐射微波电磁场。加热时，热是由沥青材料内部透过沥青表面向周围空间进行，因而能使沥青内外同时加热，不存在内层沥青受热滞后的问题。而且整体温度分布较均匀，温度梯度小，是一种“体热源”，无须预热。而传统加热方式依靠物料表面热传递使热量由物体表层向内层传递，表面温度高于中心温度，温度梯度大，限制了升温速度，会出现沥青外部老化而内部达不到要求的加热温度，影响了沥青的使用质量。

(3)热能量利用率高。微波加热沥青时微波能量几乎全部被沥青所吸收，而金属箱体仅起到反射微波的作用，不吸收微波。再加上微波加热是内部“体热源”，不需要高温介质来传热，因此绝大部分微波能量被沥青吸收并转化为升温所需要的热量，其能量利用率高达95%。而其他加热方式如水加热仅为15%，红外线加热为50%。所以微波加热是一种能量利用率高、物料升温迅速的节能加热方式，具有较好的经济性。

(4)操作易控制。磁控管产生微波受控于电路的接通与否，而且是在瞬间完成的，事先不需要预加热，仅由操纵微波产生的瞬时操作，特别适合于自动化控制的要求。再加上沥青吸收微波能量后即刻转换为热量，无须加热时可立即断开电路停止微波产生，而需要加热时只要接通电路即可，非常便于控制沥青的加热温度和加热时间。

3.5.2 结构与原理

微波加热沥青路面修补车如图3.5-3所示，主要由汽车底盘、油箱、料箱、乳化沥青喷洒系统、路面加热器、辅料加热器、控制柜、高压电源柜、柴油发电机组、压路机等组成。

图3.5-3 微波加热沥青路面修补车

1-柴油发电机组；2-高压电源柜；3-控制柜；4-辅料加热器；5-导向牌；6-路面加热器；7-乳化沥青喷洒系统；8-料箱；9-油箱；10-汽车底盘；11-压路机

1)路面加热器

如图 3.5-4 所示,利用微波加热技术,主要由若干微波发射器件(磁控管)组合,具备路面加热功能、路面温度检测功能、微波屏蔽功能及微波泄漏检测功能。微波能量是有微波发生器产生的,微波发生器包括微波管和微波电源两个部分。其中,微波管电源的作用是把常用的交流电能变成直流电能,为微波管的工作创造条件。微波管是微波发生器的核心,它将直流电能转变成微波能。磁控管由于工作状态的不同可分为脉冲磁控管和连续波磁控管两类。微波加热设备主要工作与连续状态时多用连续波磁控管,所以磁控管是微波加热的核心部件。

根据沥青路面病害类型可选择 4cm、6cm、8cm、12cm 加热深度,最大加热深度可达 20cm;路面加热器左右平移范围为 500mm。

2)液压支腿

液压支腿由油缸驱动支撑于地面,主要保护车架、车后桥及轮胎,同时具备适当调整路面加热器的功能。

3)压路机提升装置

如图 3.5-5 所示,压路机提升装置主要用来吊装随车压路机。压路机为刚性框架结构,采用全液压驱动。

图 3.5-4 路面加热器

图 3.5-5 压路机提升装置

4)乳化沥青喷洒系统

如图 3.5-6 和图 3.5-7 所示,乳化沥青喷洒系统由储气装置、清洗装置、保温装置、喷罐、软管转盘、手动喷枪等组成。具备对乳化沥青进行保温和喷洒的功能。

图 3.5-6 乳化沥青喷洒系统

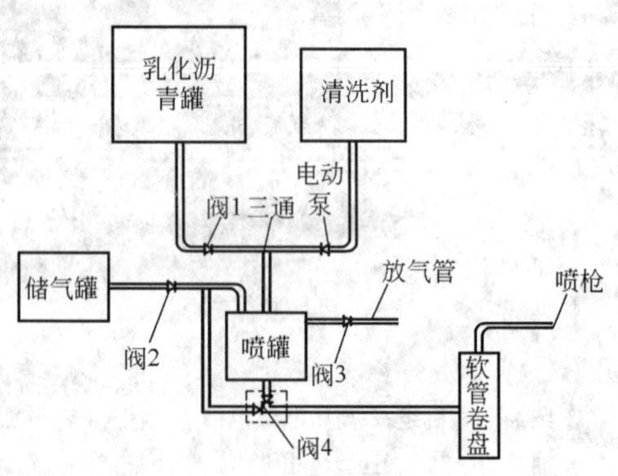

图 3.5-7 喷洒系统原理

5)电气系统

主要由发电机组、高压电源柜、控制柜等组成。控制柜如图 3.5-8 所示。

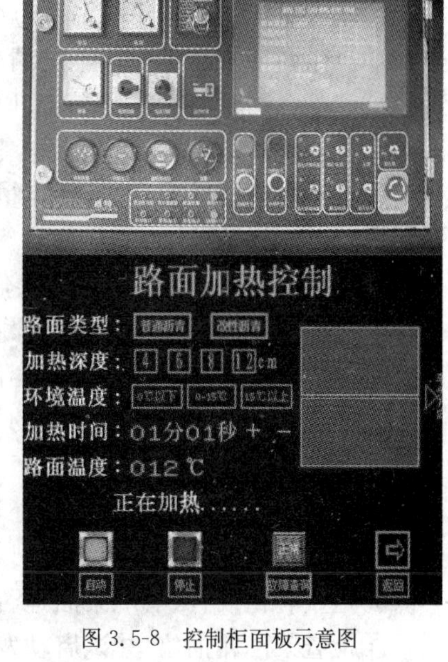

图 3.5-8 控制柜面板示意图

加热前先选择“路面类型”、“加热深度”和“环境温度”的值，操作为触摸选择。未加热之前，“路面温度”显示当前沥青路面的温度，用户可根据该温度确定具体的环境温度。系统根据选定的参数给出推荐的“加热时间”，按“＋ ”、“－”号对该时间进行调整。

3.5.3 技 术 使 用

1)安全操作注意事项

(1)加热墙的安全操作：

①放置加热墙之前，确认安全销已松开，液压支腿已支撑到位。

②加热过程中，必须确保屏蔽网完全接触路面，工作人员与加热墙的距离应保持 0.5m 以上。

③每天检查屏蔽网是否有破裂现象。

④若加热墙上的聚四氟乙烯板破损、脱落，应在修复完毕后方可使用。

⑤收起加热墙前必须确保升降油缸完全收缩到位，安装插销已锁紧。

(2)乳化沥青喷洒的安全操作：

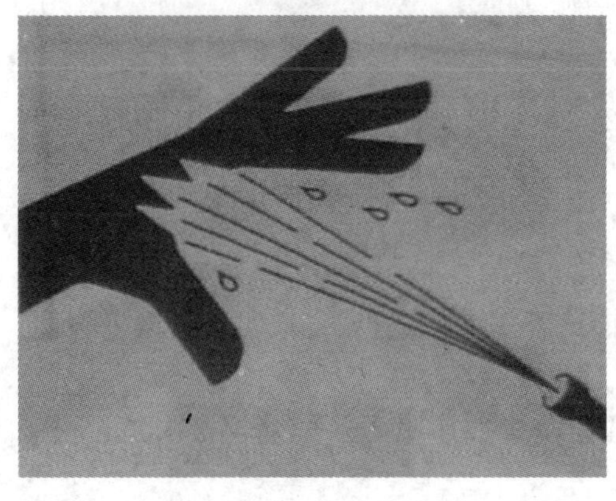

图 3.5-9 严禁沥青喷枪对人喷射

①如图 3.5-9 所示，严禁乳化沥青喷枪对人喷射，以免造成人身伤害。

②严禁碾压、弯折乳化沥青喷洒软管，避免损坏管道。

③避免使用已破乳或有结块的乳化沥青，避免造成管路堵塞；

④每天施工完毕后，应清空喷罐中残余乳化沥青，并用柴油及时清洗喷洒装置，避免造成管道堵塞。

⑤施工完毕后，应关闭电磁气阀和手动气阀。

(3)压路机装卸的安全操作：

①微波加热沥青路面修补车长距离行驶前，必须将压路机悬挂机构收到最高位置，插好保险杠，并且用保险链锁好摇臂，以免发生意外。

②拆卸压路机前，先取下保险杠，并打开保险链，以免损坏液压系统元件或提升机构元件。

③在装卸压路机的过程中，操作人员必须在压路机的侧面操作，并且确保正面及下方无人员停留。

(4)液压镐的安全操作：

①液压镐操作时四周不应有旁观者，以免飞溅物伤害。同时操作者应该熟悉自己的工作区地形，如果地势陡峭或存在危险，不要操作。

②操作者按规程操作。未经培训者不允许操作。

③操作者随时佩戴好防护眼镜、头盔并穿工鞋进行工作。

④不要带压进行检修和清洗，严禁带压拆装稿件的任何部件，以免造成人员伤害。

⑤严禁在未查明地下设施的情况下进行操作，以免导致触电、煤气爆炸等严重伤害。

⑥严禁穿宽松衣服进行操作，以免衣物卷入工具而导致人员伤害。

⑦确认所有软管连接正确。

⑧在拆装快速接头时，液压流量控制阀处于关闭的位置，并应清洗连接面；否则，将损伤快速接头，导致过热。

⑨油温高于 60℃时，应停止操作；否则，将导致操作者不适，同时损伤工具。

⑩拆卸快速接头前必须关闭操作手柄和电控开关，并充分卸压。

⑪严禁使用已损坏或未经完全修复的工具，做好日常的检修工作。

2)微波加热沥青路面修补车的检查及使用

(1)离开驻地前的检查：

①观察微波加热沥青路面修补车停放处是否有滴水、滴油现象。

②检查水箱的冷却水位。

③检查乳化沥青、清洗柴油是否足够。

④检查柴油箱油位，并试启动发电机组。

⑤安全销必须安装到位。

(2)开机检查：

①控制面板上除直流开关外，其他的都应处于关闭状态。

②水路球阀除三处排水阀外，其他的都应处于常开状态。

③发电机组启动后，观察是否有异响，排烟是否正常。

(3)微波加热沥青路面修补车作业时的检查：

①检查液压系统工作时压力。正常压力应为 12～14 MPa，最大不应超过 20MPa；否则，应立即停机检查，寻找原因。

②液压油温不应超过 75℃。

③水箱内冷却水温度不应超过 95℃。

④通过 PLC 进行故障查询，看微波加热沥青路面修补车工作是否正常，如有故障报警，应按照故障诊断指引检查、排除。

⑤检查加热墙竖起时是否存在滴水现象，否则开盖检查加热墙内各处铜管接头是否松动或损坏，各支水管是否破裂。

⑥检查液压系统各管路、接头、阀块、液压油缸有无漏油、渗油现象。

⑦检查屏蔽网是否与地面贴合，否则应停机清理，避免微波泄漏超标。

⑧在发电机组全负荷运转时，应注意听是否出现异响，观察排气颜色是否正常。

(4)乳化沥青喷洒装置检查：

①每次作业之前先充气试喷一次，检查管路及喷枪是否堵塞，并喷除储压罐内残留的清洗柴油。

②检查清洗剂箱、乳化沥青箱、储压罐的开关阀门是否开关自如、密封良好和有无堵塞。

③每天作业后应及时用柴油清洗喷枪，以免喷枪嘴被沥青阻塞，影响下一次使用。

(5)微波加热沥青路面修补车的停机：

①微波加热沥青路面修补车停止加热后，保持发电机组、散热水泵、散热风机继续工作

2～3min，以防止相关元件过热损坏。

②检查加热墙竖起后是否有水从下方的屏蔽网处渗出。

③确认加热墙、支腿、压路机等是否回收到正常位置。

④确认安全销已安装到位。

⑤清理微波加热沥青路面修补车上的杂物，保持微波加热沥青路面修补车清洁。

⑥检查各个控制开关是否处于关闭状态。

⑦微波加热沥青路面修补车驻车后，应确认已实施驻车制动，各个门锁已关好、锁止。

(6)乳化沥青喷洒系统操作：

①打开乳化沥青喷洒系统电磁阀开关，对乳化沥青喷洒系统储气罐进行充气。

②将乳化沥青加入乳化沥青储存罐，同时打开乳化沥青保温开关对乳化沥青进行保温。

③打开排气阀，释放喷罐中的压缩空气，无明显气流喷出后打开放料阀，将经过保温的乳化沥青注入喷罐，然后关闭排气阀与放料阀。

④打开手动气阀，将$(6\sim8)\times10^5$Pa压缩气体注入喷罐直至气压稳定；将三通阀扳向左位，使喷罐与软管转盘导通；将软管从软管转盘抽出，使喷枪对准施工沥青路面，扳动喷枪手柄对施工沥青路面进行乳化沥青喷洒。

3.5.4 维护、修理

1)电气系统的维护、修理

(1)沥青路面养护车停止作业时，应保证路面加热器及左、右高压柜钣金全部封好，以免水、气、灰尘进入高压端子和高压端子排处，引起端子间的相互打火。

(2)加热器工作时，应检查高压变压器柜和路面加热墙的轴流风机是否能够正常运转。空气吹扫器是否正常工作。

(3)加热前，目测路面加热墙四角限位开关及微波泄漏检测板是否严重变形。

(4)路面养护车停止作业时，要确保各用电设备已经关闭电源，以免突然加电造成危险和直流电源放电。

(5)每月检查高压变压器、高压电容、高压二极管、高压熔断丝等端子是否牢靠。

(6)每月检查灯丝变压器、磁控管的接线端子是否接触良好，绝缘胶是否脱掉。

(7)检查高压线有无磨损，高压线与高压变压器初级、次级线圈是否磨损。

(8)检查接触器触点是否有烧坏现象。

(9)检查所有PLC、继电器、按钮、开关、指示灯、传感器端子是否牢固，工作情况是否正常。

(10)检查各种检测装置和检测元器件是否正常工作。

(11)检查高压线缆、低压波纹软管是否磨损。

(12)检查流量开关、温控器、限位开关是否动作良好。

(13)每3个月检查一次低压端子排、高压端子排是否有湿尘，以免引起线路故障。

(14)每3个月针对沥青路面加热效果检测磁控管工作情况，检测电路板工作情况。

2)水冷系统日常维护、修理

(1)1个月清理一次V形过滤器，其步骤如图3.5-10所示。

①将出水阀关闭。

②用扳手将V形过滤器螺塞拆下并取出滤网。

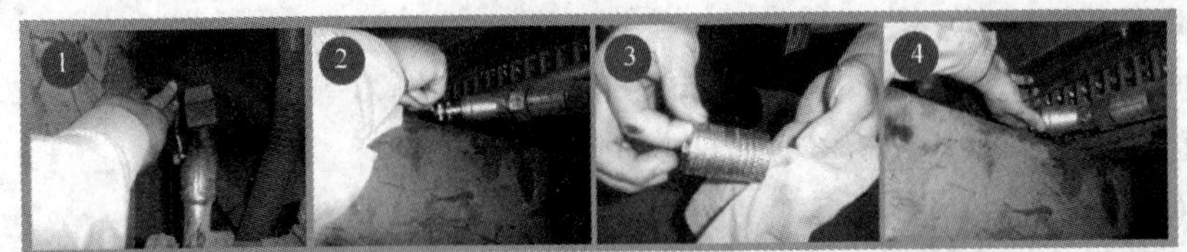

图 3.5-10　清理过滤器

③用棉布将滤网上的水垢和杂物擦干净。

④将 V 形过滤器装好。

(2)每半年清理一次散热器(图 3.5-11),其步骤如下。

图 3.5-11　散热器

①关闭冷却系统的进、出水口。

②将散热器两端的水管拆掉。

③将水管与散热器一端连接好,往散热器内注水,直到散热器另一端流出清水为止。

④用清水冲洗散热器外表面的灰尘。

⑤将散热器和水管连接好。

⑥打开冷却系统的进、出水口。

(3)每半年清理一次流量开关进水口,其步骤如图 3.5-12 所示。

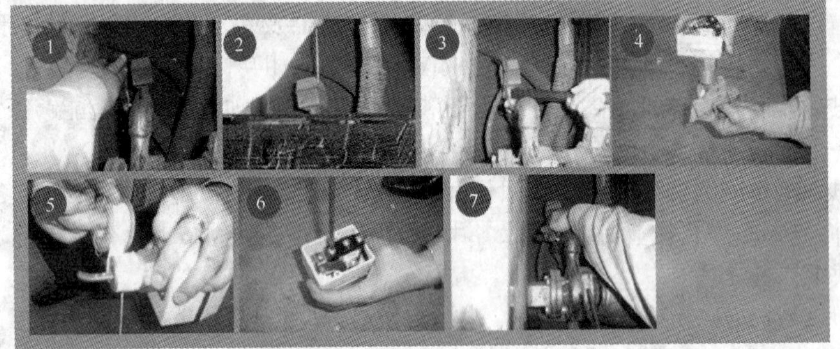

图 3.5-12　清理流量开关

①关闭冷却系统的水管进、出口球阀。

②找到流量开关及信号线。

③将流量开关的信号线拆下。

④用棉布将流量开关进水口擦干净。

⑤缠好生料带,将流量开关装配好。

⑥接好流量开关的信号线。

⑦打开进、出水口球阀。

(4)每两年更换一次冷却液,其步骤如图 3.5-13 所示。

①将加热墙升起,打开放水阀,将水箱的水放干净。

②将放水阀关闭。

③将准备好的冷却液注入水箱。

④运转冷却系统 1～3min,启动发电机组。

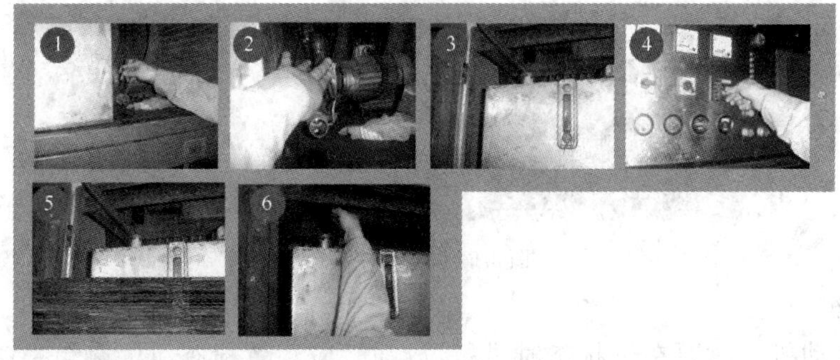

图 3.5-13 更换冷却液

⑤停机后补充水到规定的水位。

⑥装好水箱盖。

3)乳化沥青系统维护、修理

(1)乳化沥青罐的清理,其步骤如图 3.5-14 所示。

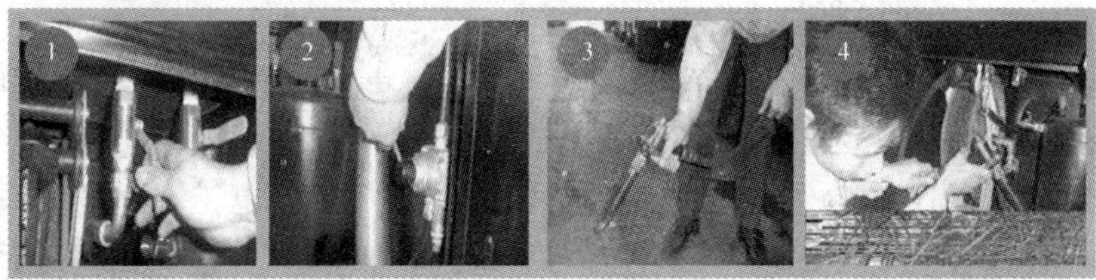

图 3.5-14 清理乳化沥青罐

①打开清洗剂储存箱的球阀,注入适量的柴油,浸泡 4 个小时。

②向乳化沥青罐内充气。

③拉出喷枪,将柴油和乳化沥青喷出。

④收回喷枪。

(2)喷枪的清理,其步骤如图 3.5-15 所示。

图 3.5-15 清理喷枪

①将喷枪拉出并锁定。

②将紧定螺钉松开。

③用扳手依次拆下喷管、接头、阀芯、喷头。

④用碎布和柴油清洗干净喷管、接头、阀芯、喷头。

⑤向乳化沥青罐内充气进行测试。

⑥将喷枪恢复到原始状态,清洁现场。

(3)管路渗漏、漏气检查,步骤如图 3.5-16 所示。

①检查清洗剂储存箱到乳化沥青罐的管路有无渗漏。

②检查乳化沥青储存箱到乳化沥青罐的管路有无渗漏。

③检查储气罐到乳化沥青罐的管路是否漏气。

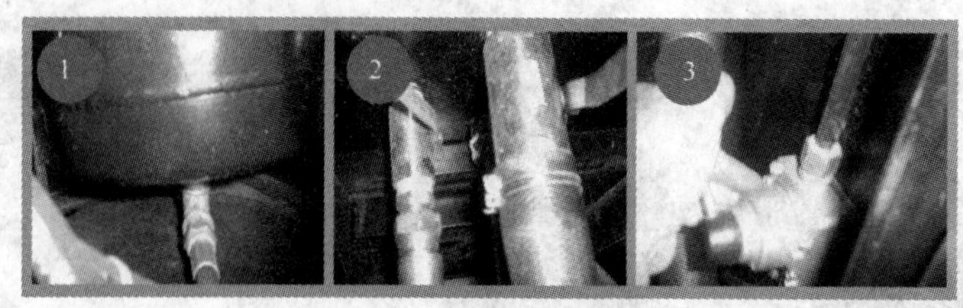

图 3.5-16　检查管路

4)基础车维护

(1)更换发动机油时要在热状态时进行,放油时应注意检查机油颜色是否正常和有无异物。

(2)更换机油时两个并联的机油滤清器的滤芯要同时更换。组装时在密封垫上涂一层薄薄的机油,并且紧固滤清器。

(3)每天清理空气滤清器时,轻轻抖动滤芯,以去掉里面的尘土。

(4)经常清除铅蓄电池盖上的尘土,擦净盖上的电解液,保持加液孔盖通气孔的畅通。检查蓄电池安装是否牢固,导线接头是否接触良好。

(5)定期用密度计检测电解液的相对密度,测定电解液液面高度。基础车每行驶1 000km,应检查蓄电池放电程度。定期对蓄电池补充充电。如冬季放电超过25%、夏季超过50%,出现灯光暗淡、启动无力等现象,均应停止使用,进行补充充电。

(6)检查基础车外部各种灯的工作状况是否正常;检查仪表是否工作正常;检查警报系统是否工作正常。

(7)检查转向油罐油面高度,油液不足时应立即加油。加油时,启动发动机并使其保持在低速稳定运转,随着向储油罐补充新油的同时,将方向从一个极端打到另一个极端反复进行,直到回油明显没有空气为止。

5)液压系统维护

(1)每月清洁外部一次,以便发现泄漏及故障隐患。

(2)每月检查空气滤清器一次,根据情况更换滤芯。

(3)每周检查滤油器一次。

(4)平均2 000~3 000h更换一次液压油,同时清洗整个油路。

第 4 章　公路沥青路面稀浆封层机械化作业

4.1　稀浆封层技术

4.1.1 发　展

稀浆封层是将乳化沥青、集料等原料按一定比例拌和成糊状稀浆混合料，并将其均匀摊铺于路面上的一种预防性养护技术。摊铺后经过乳液与集料裹覆、破乳、分离、析水、蒸发和固化等过程形成密实、坚固、耐磨的表面封层结构。

1917 年，德国人发明了乳化沥青。1920 年，德国人用精细的连续级配的集料、乳化沥青及水在一个铁锅里用铁锹搅拌成稀浆状混合料，如图 4.1-1 所示。该混合料连续级配和合适的稀稠度，适合于防止沥青路面渗水和因温度疲劳产生的收缩性微裂纹、泛油等早期病害。当时，这种混合料被装入罐内，用马车运到施工地点(图 4.1-2)，随着汽车工业的发展，后改用汽车(图 4.1-3)。

图 4.1-1　原始制浆工具

图 4.1-2　早期马拉稀浆封层机

20 世纪 30 年代后期，许多国家陆续进行稀浆封层技术试验，但由于当时的稀浆制作工艺和乳化剂性能不够完善，稀浆封层技术未得到更多的推广应用。直至 1960 年，美国德克萨斯州的扬格(Young)兄弟建筑公司研制第一台集搅拌与摊铺于一体的稀浆封层机(图4.1-4)。

图 4.1-3　汽车拖运稀浆封层机

图 4.1-4　第一代稀浆封层机

随后快凝式乳化沥青的迅速发展，使稀浆封层技术在工业化的应用上取得了突破性进展，成为路面预防性养护新技术。

20世纪70年代中期，随着改性沥青、改性乳化沥青及其应用技术的进步，微表处治和改性沥青稀浆封层技术对于拓展稀浆封层的应用范围和实用性、提高公路养护效率、推动公路养护技术的发展有着巨大的现实意义和深远的历史意义。

我国在20世纪70年代初期，开始研究乳化沥青及稀浆封层技术，并在70年代末期取得了成功。"八五"期间，国家已将"稀浆封层筑、养路技术"列为重点推广内容。

稀浆封层技术发展到20世纪90年代，技术已经成熟，在许多国家中已成为高速公路预防性养护的主要手段。

4.1.2 作用及应用范围

1)作用

(1)防水作用。稀浆混合料的集料粒径较细，并具有一定的级配。乳化沥青稀浆混合料在路面铺筑成型后能与原路面牢固地黏附在一起，形成一层密实的面层，可防止雨水和雪水渗入。

(2)防滑作用。由于乳化沥青稀浆混合料粗料分布均匀，沥青用量适当，使路面具有良好的粗糙度，摩擦系数明显增加，抗滑性能显著提高。

(3)耐磨耗作用。由于阳离子乳化沥青对酸、碱性矿料都具有良好的黏附性，因此稀浆混合料可选用坚硬耐磨的优质矿料，从而可获到很好的耐磨性能，延长路面的使用寿命。

(4)填充作用。乳化沥青稀浆混合料中有较多的水分，拌和后呈稀浆状态，具有良好的流动性。对路面上的细小裂缝和路面松散脱落造成的路面不平，可用稀浆封闭裂缝和填平浅坑来改善路面的平整度。

2)应用范围

(1)旧沥青路面。沥青路面长期受到车辆荷载、日晒、风吹、雨淋和冻融的作用，由于疲劳，路面会出现开裂、松散、老化和磨损等现象。若在沥青路面尚未损坏前就采取填充乳化沥青稀浆封层，旧沥青路面不但防水、抗滑、耐磨，而且还延长了沥青路面的使用寿命。

(2)新铺沥青路面。在新铺双层路面的最后一层封层料可用乳化沥青稀浆封层代替。由于稀浆流动性好，可以渗入嵌缝料的空隙中并与嵌缝料牢固地结合。又因为稀浆封层集料的级配与细粒式沥青混凝土相似，摊铺成型后，路面外观类似细粒式沥青路面，具有外观美和平整度好的特点，并且有良好的防水和耐磨性能。在新铺筑的粗粒式沥青混凝土路面上，为了增加路面的防水和耐磨耗性能，可加铺一层厚为5mm的乳化沥青稀浆封层保护层，使路面更加密实，防水性能更好。

(3)在砂石路面上铺磨耗层。在平整压实后的砂石路面上铺筑乳化沥青稀浆封层，可使砂石路面的外观具有沥青路面的特征，提高抗磨耗性能，防止扬尘，改善行车条件。

(4)水泥混凝土路面和桥面。乳化沥青稀浆封层对水泥混凝土具有良好的附着性，当水泥混凝土路面产生裂缝、麻面或轻微不平时，采用乳化沥青稀浆封层，可改善路面的外观，提高路面的平整度，延长水泥混凝土路面的使用寿命。在桥梁的行车面层采用乳化沥青稀浆封层处理可起到罩面作用，且不会过多增加桥面质量。

4.1.3 对原路面要求

(1)具有足够的强度和刚度。原路面及其基层应能承受荷载的作用，在重复荷载作用下，不产生残余变形，也不产生剪切和弯拉破坏。

(2)具有良好的整体稳定性。因为稀浆封层施工后，对路面的稳定性改善很小，且稀浆封层几乎不具有结构抗应变能力。因此为了保证路面质量，对原路面必须提出稳定性要求。

(3)表面平整、密实、清洁。

稀浆封层只起调整表面平整度的作用，当原路面表面不太平整时，尤其是对一些大的拥包、坑槽等，应根据《城市道路养护技术规范》(CJJ 36—90)和《公路养护技术规范》(JTJ 073)的要求进行修补。

原路表面是否清洁，是关系稀浆封层能否与原路面黏结在一起的重要因素，因此必须保证原路面的清洁。

4.1.4 结构分类

封层结构的分类是以稀浆混合料中集料的最大粒径及级配为依据，各国有不同的分类标准。国际稀浆协会(ISSA)的分类为细封层(第 I 型)、一般封层(第 II 型)、粗封层(第 III 型)、特粗层等(表 4.1-1)。

ISSA 规定的稀浆封层集料级配及材料用量 表 4.1-1

筛号	筛孔直径		细封层	一般封层	粗封层	特粗层
			ISSA 第 I 型	ISSA 第 II 型	ISSA 第 III 型	ISSA 第 IV 型
	in	μm	过筛百分率			
1/2	0.500	127 000	100	100	100	100
3/8	0.375	9 520	100	100	100	85～100
4	0.187	4 760	100	85～100	70～90	60～87
8	0.093 7	2 380	100	65～90	45～75	40～60
16	0.046 9	1 190	65～90	45～70	28～50	28～45
30	0.023 4	595	40～60	30～50	19～34	19～34
50	0.011 7	297	25～42	18～30	15～25	14～25
100	0.005 9	149	15～30	10～21	7～18	8～17
200	0.002 9	74	10～20	5～15	5～15	4～8
经过养护的最大厚度(in)			0.125	1/4～5/16	3/8～7/16	
(mm)			3.2	6.4～8	9.5～11	
干粒料(ib/yd)			6～10	10～15	15～25	
(kg/m²)			2.2～5.4	5.4～8.1	8.1～13.6	
沥青(占集料质量)(%)			10～16	7.5～13.5	6.5～12	

注：表列资料适用于矿渣、压碎的天然石料，但不适用于质量轻的材料，如膨胀性土或页岩等。

我国稀浆封层的集料级配，根据实践的总结，采用 ISSA 的细封层、一般封层、粗封层三种集料级配为适宜。

(1)细封层。由于集料粒径很小，稀浆混合料具有很高的渗透性。沥青用量较多，有很高的黏附性和膨胀与收缩能力。这种封层可用于治愈路面的裂缝，碎石基层的透层和保护层，对于基层稳定的路面，可用作磨耗层，但不适用于冰冻或冻融交替地区。

(2)一般封层。一般封层是应用最广泛的一种，它既含有足够的细料和乳液，可渗透缝隙中治愈裂缝，又有粗集料构成支撑体，保证耐磨与抗滑。但这种封层不宜用于温差很大地区路面的单层铺设。

(3)粗封层。这种稀浆封层适用交通量大或温差大的地区，可在砾石基层上或旧有街道上做双层铺设，即在上面做一层粗封层以后，再加铺细封层。

4.1.5 稀浆混合料配比设计

稀浆混合料配比设计流程如图 4.1-5 所示。

(1)根据道路条件、日交通量、气候情况、耐久性要求等，选择适当的封层结构。

(2)选择符合质量要求的乳化沥青、集料等，将各种集料进行筛分，乳液要测定其沥青含量。

(3)根据各种集料的颗粒组成，确定符合级配曲线要求的各种集料配合比例。

(4)做稀浆混合料的稠度试验，以确定其用水量。

(5)做初凝时间试验。将黏结力达到 120N·cm 的时间确定为稀浆混合料的初凝时间。

(6)做固化时间试验。将黏结力达到 200N·cm 的时间确定为稀浆混合料的固化时间(即开放交通时间)。

(7)确定最佳沥青用量。根据图 4.1-6 所示的图解法，确定沥青用量范围、容许范围和容许范围中的最佳沥青用量。

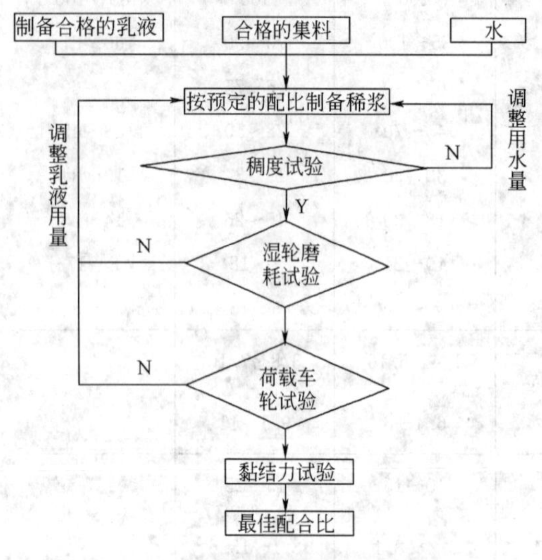

图 4.1-5 稀浆混合料配比设计流程

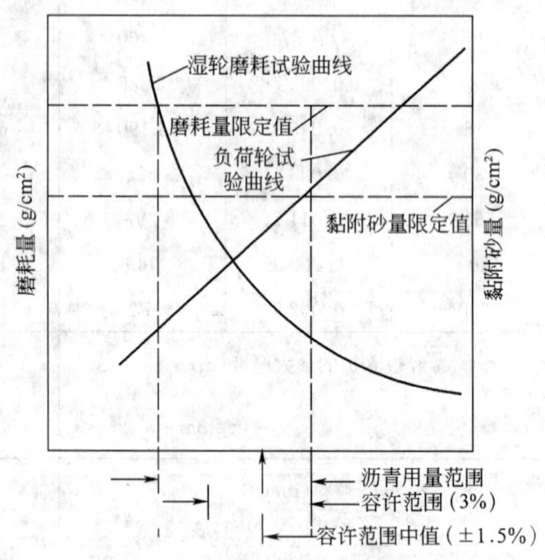

图 4.1-6 图解法确定沥青用量

4.1.6 施工工艺

稀浆封层施工工艺流程如图 4.1-7 所示。

1)放样画线

根据路幅全宽，调整摊铺箱宽度，使稀浆封层机摊铺次数为整数。据此宽度从路缘开始放样，一般第一次摊铺从左边开始，画出走向控制线。

2)装料

将符合要求的矿料、乳化沥青、填料、水等分别装入稀浆封层机的相应料箱，一般应全部装满。

3)摊铺

摊铺是稀浆封层作业的关键工序之一，其操作步骤如下：

(1)将装好料的稀浆封层机开至施工起点，对准走向控制线，并调整摊铺箱厚度与拱度，使摊铺箱周边与原路面贴紧。

(2)操作手再次确认各料门的高度或开度。

(3)开动发动机，接通拌和缸离合器，使搅拌轴正常运转，并开启摊铺箱螺旋分料器。

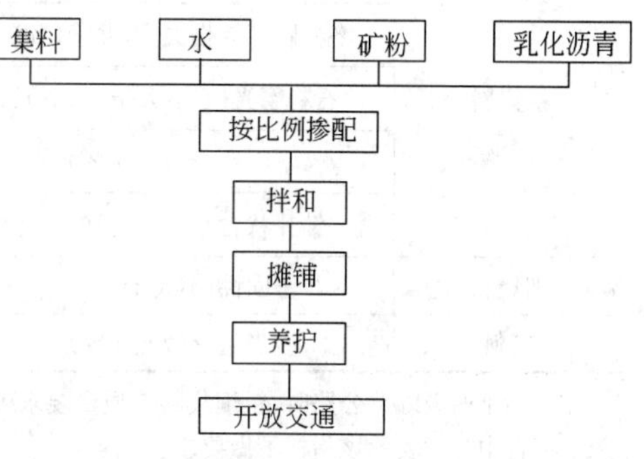

图 4.1-7　稀浆封层施工工艺流程

(4)打开各料门控制开关，使矿料、填料、水几乎同时进入拌和缸，当预湿的混合料推移至乳液喷出口时，乳液可喷出。

(5)调节稀浆在分向器上的流向，使稀浆能均匀地流向摊铺箱左右。

(6)调节水量，使稀浆稠度适中。

(7)当稀浆混合料均匀分布在摊铺箱的全宽范围内时，稀浆混合料的体积为摊铺箱容积的1/2左右，操作手就可以通知驾驶员使基础车起步，并缓慢匀速前进(一般前进速度为1.5～30km/h)。

(8)按设计一次性全幅摊铺，厚度均匀，有遗漏的地方采用人工摊铺。稀浆混合料摊铺后应立即进行人工修整，修整的重点是起点、终点、纵向接缝、过厚过薄或不平处，尤其对超大粒径矿料产生的纵向刮痕，应尽快清除并填平。

(9)当稀浆封层机上任何一种材料用完时，应立即关闭所有材料输送的控制开关，让搅拌缸中的稀浆混合料搅拌均匀，并送入摊铺箱摊铺完后，即通知驾驶员停止稀浆封层机前进。

(10)将摊铺箱提起，把稀浆封层机连同摊铺箱移至路外，清洁搅拌缸和摊铺箱。

4)碾压

一般情况下，刚破乳的沥青微粒成膜后的性质接近于液态而非固态，此时实施碾压效果最好。选择质量小于4.5 t，轮胎压力为0.3MPa的胎轮压路机，碾压时往返5次，并从路中开始，向外侧扩碾，碾压速度为5～8km/h。

5)养护

刚摊铺的稀浆，必须有一段养护成型期。养护成型期内严禁车辆和行人进入。养护时间视稀浆混合料中水的驱除情况及黏结力的大小而定。

6)开放交通

待稀浆混合料固化后即可开放交通。

4.1.7 质量要求

1)材料

(1)粗细集料的质量要符合表4.1-2中的要求，矿料级配要符合表4.1-3的要求。

稀浆封层用粗细集料质量要求 表 4.1-2

材料名称	项目	稀浆封层	实验方法	备注
粗集料	石料压碎值 不大于(%)	28	T0316	
	洛杉矶磨耗损失 不大于(%)	30	T0317	
	石料磨光值 不大于(BPN)	—	T0321	
	坚固性 不大于(%)	12	T0314	
	针片状含量 不大于(%)	18	T0312	
细集料	坚固性 不大于(%)	—	T0340	>0.3mm 部分
矿料	砂当量 不大于(%)	50	T0334	合成矿料中<4.75mm 部分

注:用于四级以下公路时,粗细集料的质量要求可参照《公路沥青路面施工技术规范》(JTG F40—2004)适当放宽。
表中"—"表示该指标不做要求。

矿料级配表 表 4.1-3

孔径(mm)	通过百分率		
	细封层	中封层	粗封层
9.5	100	100	100
4.75	100	90~100	70~90
2.36	90~100	65~90	45~70
1.18	65~90	45~70	28~50
0.6	40~60	30~50	19~34
0.3	25~42	18~30	12~25
0.15	15~30	10~21	7~18
0.075	10~20	5~15	5~15

(2)乳液的质量应符合表 2.8-1 的要求。

(3)填料。填料应干燥、疏松,无结团,并符合《公路沥青路面施工技术规范》(JTG F40—2004)中的相关要求。

(4)水。不得含有有害的可溶性盐类、能引起化学反应的物质和其他污染物,一般可采用饮用水。

2)施工

施工中应对稀浆混合料进行抽样检测,抽样项目、频率、允许误差及方法见表 4.1-4。

稀浆封层施工过程检验要求 表 4.1-4

项目	要求	检验频率	检验方法
稠度	适中	1次/100m	经验法
油石比	施工配合比的油石比±2%	1次/日	三控检验法
矿料级配	满足施工配合比的矿料级配要求*	1次/日	摊铺过程中从矿料输送带末端接出集料进行筛分
外观	表面平整、均匀,无离析,无划痕	全线连续	目测
摊铺厚度	−10%	5个断面/km	钢尺测量或其他有效手段,每幅中间及两侧各1点,取平均值作为检测结果
浸水1h湿轮磨耗	不大于 800g/m²	1次/7个工作日	湿轮磨耗试验

注:* 矿料级配满足施工配合比的矿料级配要求,是指矿料级配不超出级配类型要求的各筛孔通过率的上下限,且以施工配合比的矿料级配为基准,实际级配中各筛孔通过率不超过表 4.1-3 规定的允许波动范围。

3)竣工

竣工后1～2个月时，将施工全线以1～3km作为一个评价路段进行质量检查和验收，检查项目、频率、要求及方法见表4.1-5。

稀浆封层竣工验收检验要求 表4.1-5

项目		质量要求	检验频率	方法
表观质量	外观	表面平整、密实、均匀、无松散、无花白料、无轮迹、无划痕	全线连续	目测
	横向接缝	对接，平顺	每条	目测
	纵向接缝	宽度＜80mm、不平整＜6mm	全线连续	目测或直尺3m直尺
	边线	任意30m长度范围内的水平波动不得超过±50mm	全线连续	目测或直尺
抗滑性能	摆值F_b(BPN)	高速公路、一级公路≥45	5个点/km	T0964
	横向力系数	高速公路、一级公路≥54	全线连续	T0965
	构造深度TD(mm)	高速公路、一级公路≥0.60	5个点/km	T0961
渗水系数		≤10mL/min	3个点/km	T0971
厚度		−10%	3个点/km	钻孔或其他有效方法

注：1.横向力系数和摆值任选其一作为检测要求。

2.用于下封层时，抗滑性能不作要求，验收的时间可灵活掌握。

4.2 乳化沥青

4.2.1 发展

乳化沥青是将沥青热融，经过机械的作用，以细小的微滴状态分散于含有乳化剂的水溶液中，形成水包油状的沥青乳液。

乳化沥青最早用于喷洒路面以减少灰尘，20世纪20年代开始在道路建筑中使用。商品化的乳化沥青生产以来，至今已有80多年的历史。在前40余年的发展过程中，主要应用的是阴离子乳化沥青。随着近代界面化学和胶体化学的发展，近40年来，阳离子乳化沥青得到了迅速发展。

新中国成立后，一直没有接触这项技术。直到70年代后期，原交通部组织成立了"阳离子乳化沥青及其路用性能研究"课题协作组，对这项技术进行攻关研究。该课题1983年列为原国家计划委员会与国家经济委员会的节能应用项目。

现在我国公路部门已拥有乳化沥青生产车间200多个，其技术水平、应用范围不断拓展(表4.2-1)。近几年，为适应高等级公路养护的需求，在改性乳化沥青的研究和应用方面也取得了可喜的成绩。

乳化沥青应用范围 表4.2-1

表面处理	沥青再生	其他	
雾状封层	现场冷再生	土壤稳定	透层
砂封层	现场热再生	基层稳定	裂缝填补

续上表

表面处理	沥青再生	其他	
稀浆封层	全厚再生	填坑	保护层
微表处	厂拌	黏层	贯入式
开普敦封层		防尘剂	

4.2.2 特 点

乳化沥青在筑养路施工中应用有以下几大特点。

1)提高道路质量

热沥青的可操作温度为130～180℃,当用作黏层时,由于原沥青路面为自然温度,喷洒的热沥青迅速凝结,不再具有流动性,因此很难保证洒布的均匀性。并且由于黏层所需的沥青用量很少,热沥青洒布机很难达到精度要求。沥青过多,将产生泛油;沥青过少,则不均匀,黏结效果不好。而乳化沥青的沥青含量可以任意调整,最高可达67%,最低可以10%以下,因此可以根据洒布量和洒布机的具体情况,达到要求的目标。贯入式路面施工时,用热沥青的贯入深度有限,而且一般只占集料的上半表面,用乳化沥青,则可贯入到底,并可使集料的3/4表面附着沥青,因此,沥青路面质量会得到较大提高。乳化沥青自然温度下的可流动性、水溶性等对提高沥青路面质量具有重要意义。

2)扩大沥青使用范围

随着乳化沥青技术的不断发展,已有很多热沥青不可能做到的,用乳化沥青都能够实现。例如雾状黏层,可迅速填裂,并使表面沥青再生。用乳化沥青稀浆封层可以做3～15mm的不同厚度的路面,封闭路面水,保护原沥青路面不使其继续老化、硬化,延长了沥青路面使用寿命。

3)节约能源

采用热沥青修路时,一般需要消耗大量能源为沥青材料和矿料加热。在施工过程中,为了时刻保持沥青应有的温度,常常对沥青要进行重复加热与持续保温。采用乳化沥青,只需在沥青乳化时一次加热,而且沥青加热温度只需达到120～140℃。据统计,用乳化沥青比用热沥青可节约热能50%以上。图4.2-1为法国不同罩面施工的能量消耗比较。

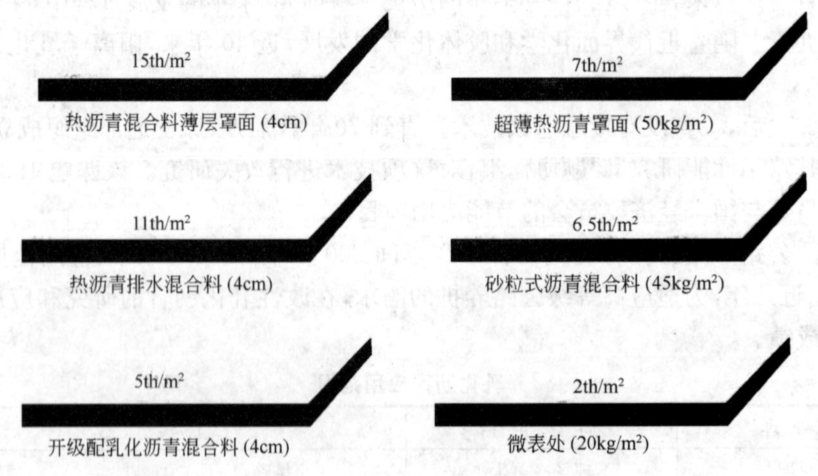

图4.2-1 法国不同罩面施工的能量消耗比较(1th=10^6cal)

4)节省材料

乳化沥青与矿料表面具有良好的工作度和黏附性,可以在矿料表面形成均匀的沥青膜,容易准确地控制沥青用量,保证矿料之间能有足够的结构沥青,使混合料中的自由沥青降低到适宜程度,因而提高了沥青路面的稳定性、防水性与耐磨性。各种路面结构热沥青用量与乳化沥青用量的比较见表 4.2-2。

各种路面结构沥青用量比较　　表 4.2-2

路面结构形式	热沥青用量	乳化沥青		节约沥青(%)
		用量	折合沥青用量	
简易封层(1cm)	1.0～1.2kg/m^2	1.2～1.4kg/m^2	0.72～0.84kg/m^2	30
表面处治(拌和 2cm)	3.0%～4.5%	4.0%～7.0%	2.4%～4.2%	12
多层表处(层铺 3cm)	4.0～4.6kg/m^2	4.8～5.4kg/m^2	2.88～3.24kg/m^2	28
贯入式(4cm)	4.4～5.1kg/m^2	6.0～6.8kg/m^2	2.4～4.08kg/m^2	11
沥青碎石	2.5%～4.5%	3.5%～6%	2.1%～3.6%	20
中粒式混凝土	4.0%～5.5%	6.0%～8.0%	3.6%～4.8%	12
细粒式混凝土	4.5%～6.5%	6.5%～9.5%	3.9%～5.7%	13
黏、透层	0.8～1.2kg/m^2	0.8～1.2kg/m^2	0.48～0.72kg/m^2	40

由表可见,用乳化沥青一般可节省沥青 10%～20%。另外,特别是阳离子乳化沥青与碱性和酸性矿料都有良好的黏附效果,扩大了矿料的来源,便于就地取材,减少材料的运输成本,降低工程造价。

5)延长施工季节

阴雨与低温季节是热沥青施工的不利季节,特别在我国多雨的南方。采用乳化沥青,可以少受阴湿和低温的影响,发现路面病害可以及时修补,从而能及时改善路况,提高好路率和运输效率。同时,乳化沥青可以在雨后立即施工,减少停工费用和机械的停机台班费,提前完成施工任务。

6)减少环境污染,改善施工条件

乳化沥青车间的生产过程都是在密封状态下进行的,沥青的加热温度低,加热时间短,污染程度较轻。表 4.2-3 是乳化沥青车间与热沥青车间环境监测结果的对比。

乳化沥青车间与热沥青车间环境监测对比　　表 4.2-3

检 测 项 目	乳化沥青车间	热沥青车间	降 低 倍 数
苯并吡	2.0×10^{-5}	1.49×10^{-4}	7.4
酚	0.023	3.14	136
总烃	2.5	22.27	9

现场施工时乳化沥青不需加热,避免了因灼热沥青而引起的烧伤、烫伤,也避免了摊铺高温混合料的熏烤。所以用乳化沥青施工,可以改善施工条件、降低劳动强度。

4.2.3 乳 化 工 艺

乳化工艺包括生产流程、原料配方、温度控制、油水比控制等内容。乳化工艺的制订是一项复杂的工作,一般根据乳化剂厂家提供的工艺进行试验和生产,也有根据自己的研究和生产经验提出乳化工艺。乳化工艺是指导生产的依据，在生产过程中应严格遵守，不得随意改动。

乳化工艺有很多种，图 4.2-2 所示为一种阳离子中裂乳化剂的乳化工艺流程。

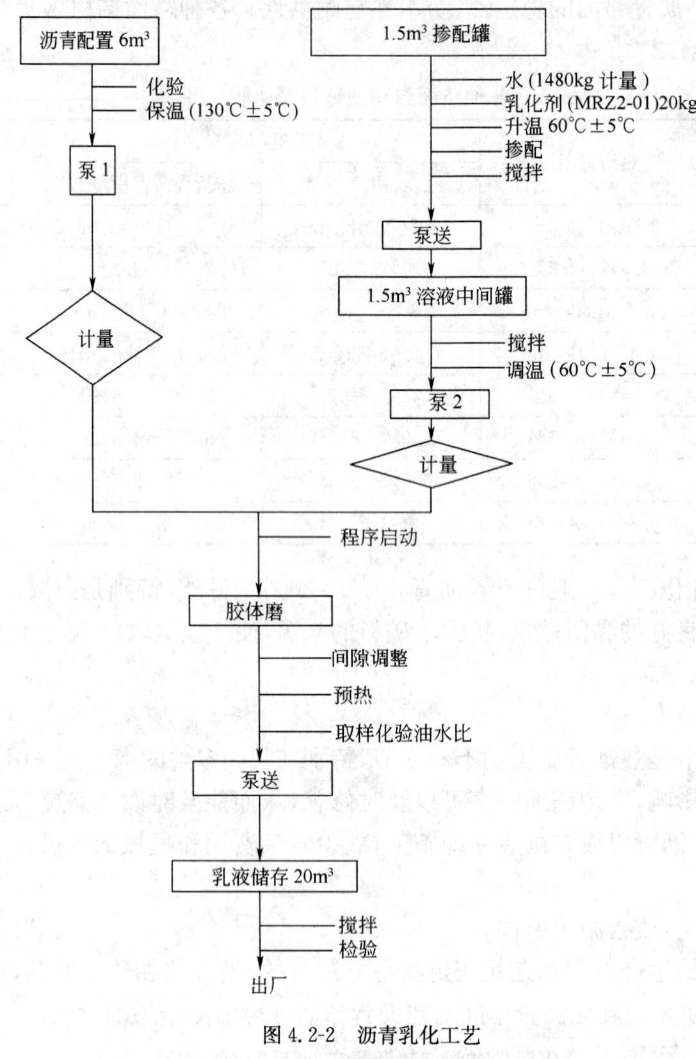

图 4.2-2　沥青乳化工艺

4.3　沥青乳化设备

4.3.1　分　　类

(1)根据沥青和乳化剂水溶液进入乳化机时的状态不同，沥青乳化设备可分为开式系统和闭式系统。

①开式系统。沥青和乳化剂靠自重流入乳化机的进料漏斗中，由阀门控制流量，设备结构简单，但易使空气混入乳化机而产生气泡，降低生产率。

②闭式系统。用两个泵分别将沥青和乳化剂水溶液经管路泵入乳化机中，由流量计指示流量。闭式系统的优点是不易使空气混入乳化机内，便于实现自动化，乳化沥青的质量和产量

比较稳定。

(2)根据沥青乳化设备的工艺流程,可分为分批式和连续式两种。

①分批式乳化设备。乳化剂和水在掺配罐内制成乳化剂水溶液,乳化剂水溶液由泵输入乳化机中,沥青由沥青泵同时送入乳化机,配制好的乳化沥青流入成品罐。当一罐乳化剂水溶液用完后,进行下一次的掺配,整个生产流程分批进行。

②连续式乳化设备。乳化剂水溶液连续不断地进入乳化机中。它是将水、乳化剂和其他添加剂分别用计量泵送入管道内,在管道内掺配成乳化剂水溶液后直接进入乳化机,可实现大流量连续作业,自动化程序高。

(3)根据设备的布局及机动性,可分为移动式、组合式和固定式三种。

①移动式沥青乳化设备。该设备是将乳化剂掺配箱、乳化机、沥青输送泵、电控装置安装在一个专用的拖式底盘上,生产率低,多用于沥青路面养护工程分散、用量较小、移动频繁的场合。

②组合式沥青乳化设备。该设备将主要装置分别安装在数个底盘上,可装车运移,并可重新拼装组合。该设备分大、中、小三种生产率,以适应各种道路和不同作业量的道路养护工程。

③固定式沥青乳化设备。该设备布置在大型沥青储存库或炼油厂附近,一般不需要搬迁,生产的乳化沥青通过沥青罐车送至施工现场。

4.3.2 结构与工作原理

根据生产工艺要求,一般沥青乳化设备由沥青配制系统、乳化剂水溶液掺配系统、沥青乳化机、计量控制系统及电气系统等组成。图 4.3-1 为固定式乳化沥青生产设备总体布置。

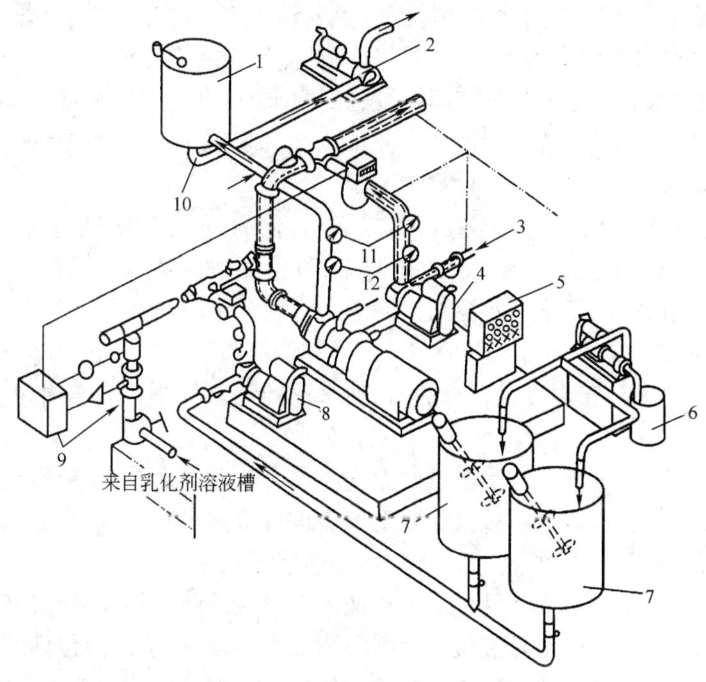

图 4.3-1 固定式乳化沥青设备总体布置

1-乳液成品调压罐;2-乳液成品输送泵;3-沥青进料管;4-沥青进料泵;5-控制柜;6-沥青乳化剂;7-乳化剂水溶液掺配罐;8-乳化剂水溶液输送泵;9-交替搅拌控制系统;10-乳液成品输送管;11-压力表;12-密度表

1)沥青供给系统

沥青供给系统的作用是为生产乳化沥青提供符合生产要求的沥青。一般由沥青罐、加热器、温控器、搅拌器、液控器、沥青泵等组成。可对沥青进行储存、升温、保温和控温。对于大容量的立式沥青罐，为使罐内沥青温度分布均匀，同时为了在沥青中添加改性材料并与沥青混合均匀，在罐上部设置有搅拌器。搅拌器由电机、减速器、搅拌桨叶及搅拌轴等组成。搅拌轴一般呈立式布置，搅拌桨叶可布置成一层或多层，桨叶在转动中可使沥青在罐中既作水平涡流运动，也作上下运动，以达到搅拌均匀的目的。

2)乳化剂水溶液掺配系统

乳化剂水溶液掺配系统主要由热水罐、乳化剂水溶液调配罐及输送泵等组成。该系统是用来溶解乳化剂及其他添加剂，并具有升温、保温、计量等功能。

(1)热水罐。热水罐的作用是为制取乳化剂水溶液生产装置的预热和清洗等提供热水。罐体容积一般为乳化机单位时间(h)用水量的1～3倍，热水罐的加热方式有电热管加热、导热油加热或蒸气加热等。罐体外加有保温层，以减少热量损失。在罐内设置有控制液面的液位计和控制温度的温度控制器。

(2)调配罐。调配罐是用来制取乳化剂水溶液的装置。对于分批掺配乳化剂水溶液的沥青乳化设备，先将非液态的乳化剂配水溶解成浓度为10%～20%的乳化剂，然后将热水、乳化剂及添加剂按一定比例加入调配罐中，经过搅拌制成乳化剂水溶液。

乳化剂水溶液调配罐主要由罐体、加热器、搅拌器、液位计、温度计等组成。罐体一般为立式，顶部为平盖板，底部为椭圆形封头或90°锥体，以利于乳化剂水溶液排尽。进水管口位于罐的底部，以减少乳化剂的泡沫。加热器多采用蛇形管，通过导热油或蒸气进行加热。搅拌器可加快乳化水溶液的混合速度，由电机、减速器、搅拌轴等组成。传统的搅拌器多采用低速大桨叶形式。目前趋向采用高速小桨叶搅拌器，由电动机直接驱动搅拌轴，轴上装有螺旋桨叶片，搅拌器倾斜一定方向，混合力度大、效果好，而且搅拌器结构简单。温度计用来测量乳化剂水溶液的温度，当热水和乳化剂水溶液温度没达到要求时，可通过加热器升温。液位计用来控制每次进入罐体的热水总量，常采用浮球式液位计，以实现液面上限的控制。乳化剂和添加剂每次进入罐中的量很少，一般用流量计测量控制。

(3)输送泵。乳化剂水溶液掺配过程中，热水、乳化剂、添加剂等通过各自的泵输送，目前广泛采用离心泵。离心泵具有流量大、结构简单、价格低廉的特点。输送热水可用普通离心泵，而输送添加剂、乳化剂、乳化剂水溶液则需采用耐腐蚀泵。

3)计量控制系统

计量控制系统主要用于温度、液位、流量、油水比的计量控制以及各种动力装置的启动顺序和定时控制。

(1)温度控制。沥青与乳化剂水溶液的温度是沥青乳化过程中能否稳定生产的一个重要参数，其具体值由工艺决定。目前多采用温度仪表进行检测，当温度达到上限，电磁阀(通蒸气或导热油)关闭；达到下限，电磁阀打开(采用电加热装置其原理相同)。

(2)液位控制。在罐体中掺配乳化剂水溶液时，水量控制一般用浮球式液位计控制。液位高度经理论计算后，反复试验实际液位高度和实际加水量，最后确定液位计的定位高度。

在沥青乳化设备自控系统中，所有盛装液体的容器都应设置控制液位高低的液位控制器，这对连续大批量生产乳化沥青是必不可少的装置。

(3)油水比自动控制。在沥青乳化生产过程中，按比例控制沥青和水溶液的输送量，是生产出合格乳化沥青的重要指标之一。近几年，自动控制油水比的装置不断出现，并且自动化程度越来越高。其原理是：在沥青乳化生产过程中，沥青和乳化剂水溶液受温度、压力等因素的影响而

引起流量变化。目前,油水比控制中采用单回路调节系统较多,其调节方式有如下两种:

①如图 4.3-2 所示,此方式的监测对象是乳化剂水溶液和乳液,调节对象是水溶液和沥青泵的流量。乳化剂水溶液和沥青泵由两个独立的单回路调节系统控制,避免互相干扰。但乳液的流量检测受乳液中的汽化影响较大,严格控制乳化剂水溶液和沥青的生产温度是此方式控制精度和稳定运行的重要因素。

②如图 4.3-3 所示,此方式中,沥青和乳化剂水溶液各自作为监测和调节对象,在运行前需要将两个回路流量各自设定,输入计算机中进行计算,而后调节执行机构。两个独立的单回路调节系统,必须保证乳化剂水溶液和沥青进入乳化机时压力一致。因此,要注意乳化剂水溶液泵和沥青泵的合理匹配。

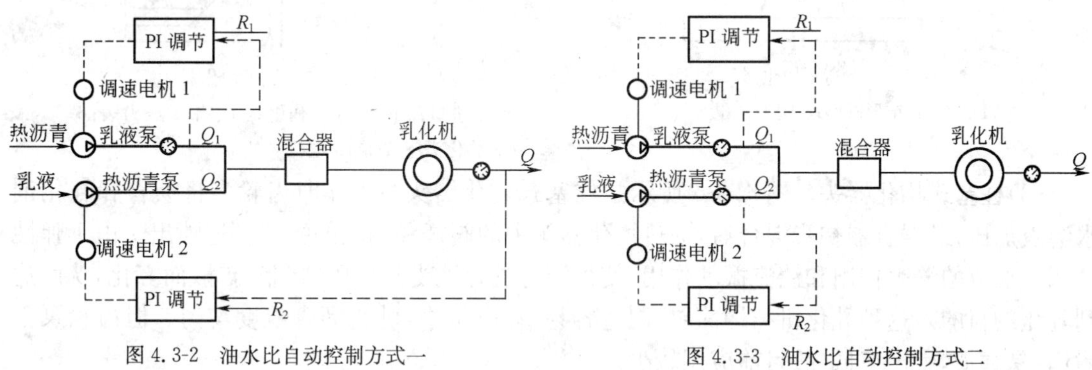

图 4.3-2　油水比自动控制方式一　　　　图 4.3-3　油水比自动控制方式二

4)电气系统

电气系统主要由各电机的控制系统、电源,各执行电器元件及电器显示系统等组成。成套的沥青乳化设备中,主要有计算机集中控制和常规电器元件控制两种,在控制系统电路中设有过载和短路保护装置及工作机构的工作状态指示灯,用来保护电路和直接显示设备运转情况。采用计算机进行自动控制的设备,一般都装置有自动控制和手动控制两套控制装置,操纵时可以自由切换。任何形式的控制系统必须遵守工艺流程中各设备启动和停机的程序。

5)沥青乳液储存系统

该系统包括罐体、搅拌器和齿轮泵等。

4.3.3　沥青乳化机

乳化机是完成沥青液相破碎分散的装置,其性能的好坏对乳液的质量有重要影响。一般常用的乳化机有均化器式、胶体磨式等。

1)均化器式乳化机

均化器的原理是将欲乳化的混合液在压力作用下从小孔喷出,所以又称做喷嘴式乳化机。这类乳化机主要组成是泵和均化头。泵的压力一般在 7～35MPa。各种均化器的区别主要在均化头的构造上,大致可分为低压均化器和高压均化器。

(1)高压均化器。图 4.3-4 所示是一种高压均化器。阀头 3 与锥形阀座 2 为锥面配合,阀和座之间有镍铬合金网。混合液由泵输送从进口 4 流入,经过锥形网状缝隙后即完成了分散和乳化的过程。高压均化器的压力为 2.9MPa,流速为 200m/s。

(2)低压均化器。图 4.3-5 所示是一种低压均化器。其均化器头做成双套筒形,内筒为一封闭的空腔。液体由进口 1 吸入泵内,由喷嘴 4 射到内腔里,射流碰到内腔底部后反射回来,经过内外腔间的缝隙流出。射流在内腔里产生激烈的碰撞和旋涡,从而完成沥青的分散和乳化过程。

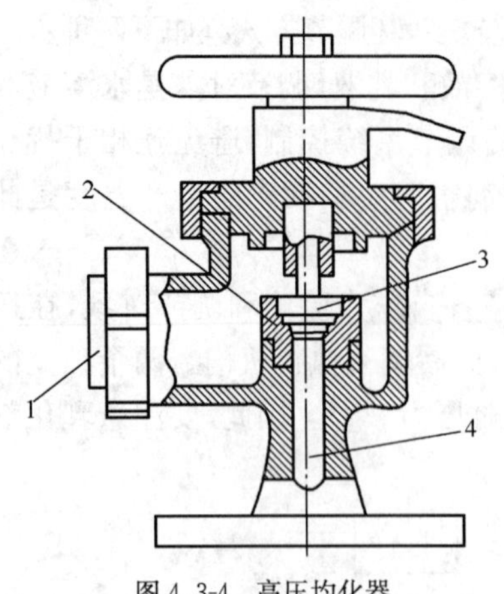

图 4.3-4　高压均化器

1-出口；2-锥形阀座；3-阀头；4-进口

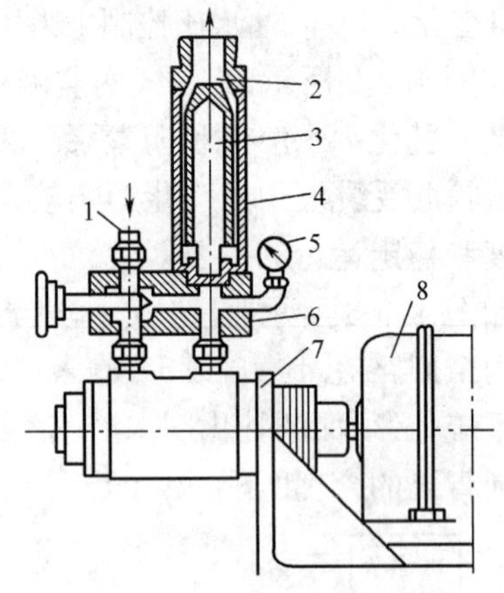

图 4.3-5　低压均化器

1-进口；2-内腔；3-工作缝；4-喷嘴；5-压力表；6-均化头座；7-泵；8-电机

(3)柱塞式均化器头。图 4.3-6 所示是柱塞式均化器头。工作时齿轮泵将沥青和乳化剂水溶液加压，经混合器初步混合后，通过均化器头中的阀杆和阀座的缝隙高速喷出。由于弹性柱塞所形成的缝隙作用和湍流振动作用，使得沥青混合液受到挤压、膨胀、扩散而雾化，从而达到乳化的目的。这种乳化机结构简单，制造容易，耗电量小，乳化沥青粒度均匀。但齿轮泵不耐用，易磨损，生产率低，故目前应用较少。

2)胶体磨式乳化机

胶体磨式乳化机是最常用且较理想的沥青乳化机，其结构原理如图 4.3-7 所示。主要部分是转子和定子。转子的转速一般为 16.6～200r/s，最高可达 333.3r/s。转子和定子间有一定的间隙，大小可以调整。最小间隙可调至 0.025mm。

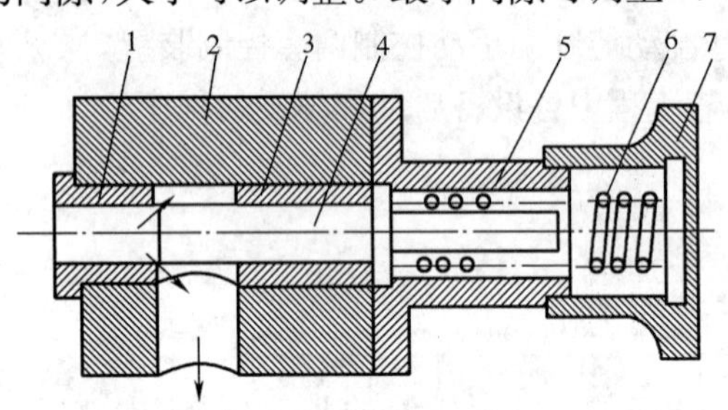

图 4.3-6　柱塞式均化器头

1-柱塞座圈；2-阀体；3-衬套；4-柱塞；5-调节装置；6-弹簧；7-调节螺母

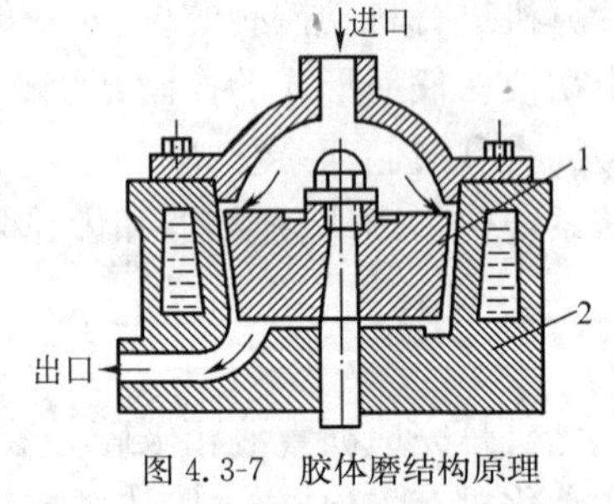

图 4.3-7　胶体磨结构原理

1-转子；2-定子

胶体磨以微粒的细化为目的，混合液从进口流入，在离心力作用下，穿过转子、定子间的缝隙从出口流出，即完成分散、乳化的过程。沥青液相在缝隙中受到转子产生的离心力和摩擦力的作用，被磨碎成极细的微粒。

(1)平面槽式胶体磨。平面槽式胶体磨如图 4.3-8 所示，主要由驱动轴 1、叶轮 2、调节端盖 4 及壳体 3 等组成。叶轮与端盖配合面是两个相对的平面，其表面有许多通联的环槽，沥青混合液从胶体磨的中部进入内腔，驱动轴带动叶轮及桨叶转动。在桨叶驱动下，沥青混合液高速转动，并在离心力作用下高速流过端盖和叶轮间的缝隙。因受到剪切力、摩擦力、高频振动、涡流等力的作用，从而使混合液被有效地分散、破碎、均化和乳化。

(2)光滑锥面胶体磨。该胶体磨中的定子和转子的表面为光滑面。转子的高速转动，以及转子与定子之间微小的间隙和沥青混合液的黏度作用，使定子和转子之间形成逆向的剪切力。在剪切力及摩擦力作用下，沥青混合液分裂成微细均匀颗粒的乳化沥青。

光滑锥面胶体磨乳化机的结构如图 4.3-9 所示。当沥青混合液由料斗进入机内的转子周围，液体借助于转子之间的摩擦力随转子一起旋转，在离心力的作用下，液体高速喷射到定子上，然后通过定子与转子间的缝隙，在剪切力与摩擦力作用下，形成乳化液后从左、右两边流出。

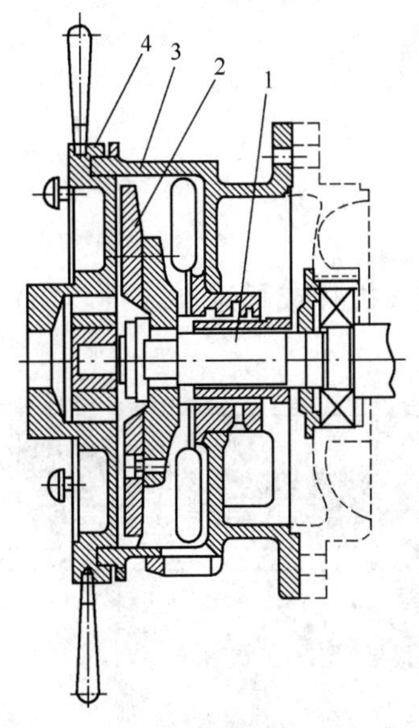

图 4.3-8 平面槽式胶体磨

1-驱动轴；2-叶轮；3-壳体；4-调节端盖

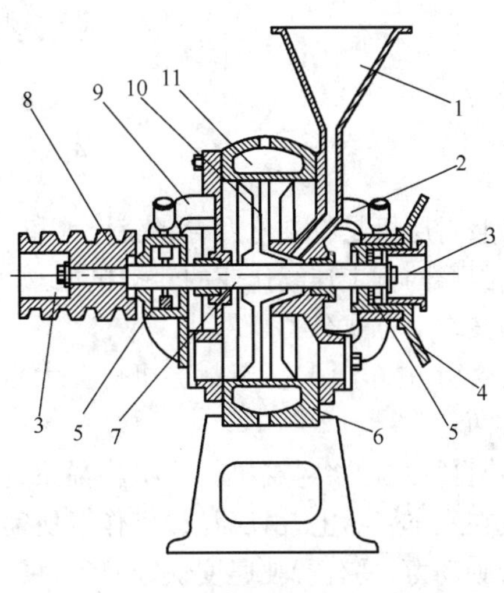

图 4.3-9 光滑锥面胶体磨乳化机的结构

1-料斗；2-前端盖；3-固定螺钉；4-间隙调整器；5-轴承；6-壳体；7-轴；8-皮带轮；9-后端盖；10-转子；11-水套

定子与转子的锥角一般为 6°～8°，如果太大，则液体受定子的轴向分力就大，使得右出口流量增大，而左出口流量减小，致使乳液中的沥青颗粒不均匀；如果锥角太小，则调整间隙的行程将会太大。

(3)综合式胶体磨。综合式胶体磨具有光面胶体磨和槽式胶体磨的特点，可作为生产乳化沥青的专用乳化机。国产 AL-6000 型综合式乳化机的结构如图 4.3-10 所示。

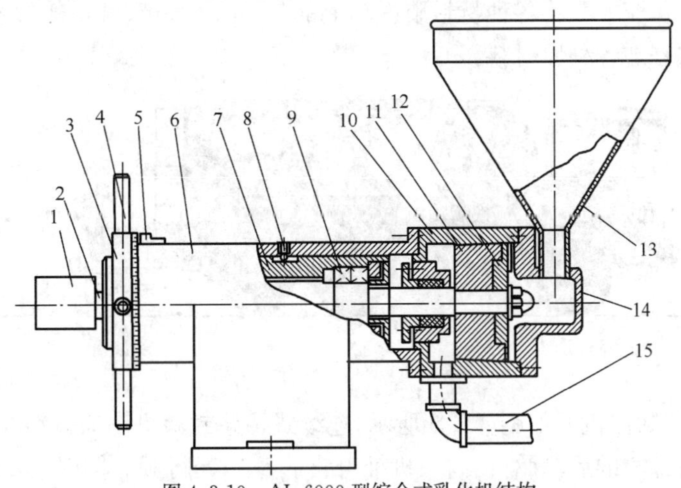

图 4.3-10 AL-6000 型综合式乳化机结构

1-套筒；2-轴；3-调节手柄；4-刻度环；5-滑动套；6-壳体；7-支承套；8-注油口；9-轴承；10-定子；11-转子；12-叶轮；13-进料斗；14-端座；15-出料管

该机的工作过程如下:沥青混合液进入乳化机,首先受到进口处轴上加装的六个搅拌叶片的强力搅拌和混合,并在离心力作用下压向定子与转子的缝隙中。在定子和转子配合锥面的前半段加工有凹槽,液体通过时将受到很大的冲击和剪切作用,并形成涡流运动,从而使液体被有效地分散和破碎;后半段为光滑表面,液体通过时因剪切和摩擦作用,使液体均化和乳化,从而形成高质量的沥青乳化液,随后由出料管排出。

4.4 稀浆封层机

4.4.1 分　　类

稀浆封层机是将乳化沥青、集料、水和添加剂按一定配比搅拌成稀浆混合料,对路面等进行表面封层的行走连续作业的养护机械,如图 4.4-1 所示。

1)按牵引方式分类

按牵引方式不同,稀浆封层机可分为自行式和拖式两种。

(1)自行式稀浆封层机。该机将稀浆封层装置安放在汽车底盘上,由底盘提供作业所需的动力及行驶动力,具有行驶速度快、转场方便、生产量大、对坡道和弯道摊铺质量好等特点,图 4.4-1 是目前国内外稀浆封层机的主要结构形式。

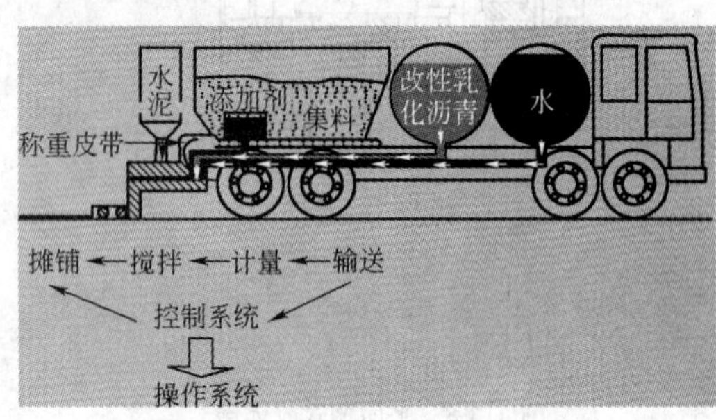

图 4.4-1　稀浆封层机结构形式

(2)拖式稀浆封层机。该机将稀浆封层装置安放在挂车上,集料仓容积多为 $2\sim4m^3$,装有独立的辅助发动机。工作时由拖拉机或运料车牵引。这种形式机动性差,作业速度效率较低,多用于小型沥青路面养护工程。

2)按作业方式分类

按作业方式不同,稀浆封层机可分为间断式和连续式两种。

(1)间断式稀浆封层机。如图 4.4-2 所示,间断式稀浆封层机无前接料斗,是国内外较多使用的一种机型。作业前需将各种材料装进车上的集料仓、水箱、乳液箱等容器内,一车料摊铺完需到料场再次添加各种原材料。

图 4.4-2　间断式作业稀浆封层机

(2)连续式稀浆封层机。如图 4.4-3 所示,连续式稀浆封层机有前接料斗,作业时,受料斗前面的滚子顶着自卸车的后轮胎,由封层机推着自卸车一起行驶。同时受料斗接受自卸车卸下的集料,由封层机前部的刮板提升机将集料送到车上的料仓内。各种液体原料都配有抽液泵,可从运液罐车上将液体抽进车上的各种罐体内。该机在装料时不中断摊铺作业,生产率高，特别适用于高等级公路和大型沥青路面养护工程。

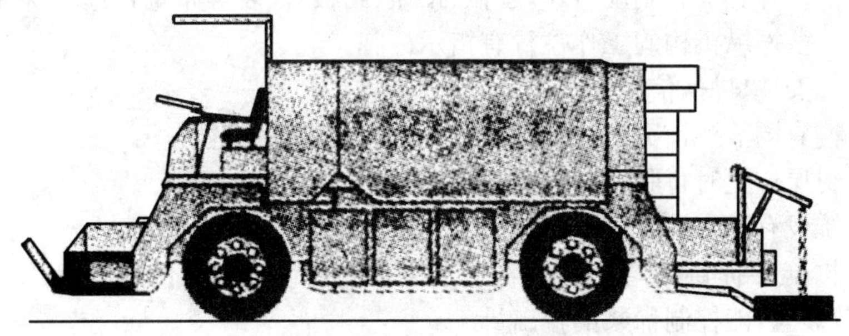

图 4.4-3 连续式稀浆封层机

3)按拌和方式分类

按拌和方式不同，稀浆封层机可分为单轴螺旋式和双轴桨叶式两种。

(1)单轴螺旋式稀浆封层机。该机主要用于拌制普通型稀浆混合料，适用于集料粒径 3～10cm，可以保证物料在大流量短行程条件下搅拌均匀。

(2)双轴桨叶式稀浆封层机。该机主要用于拌制聚合物改性沥青稀浆混合料，适用于高等级公路沥青路面的精细表面处理和填补车辙，双轴桨叶式也可以拌制各种稀浆封层混合料。因此，这种稀浆封层机有较大的适用范围。

稀浆封层机的型号由组代号、型代号、主参数代号及变型更新代号组成，如图 4.4-4 所示。

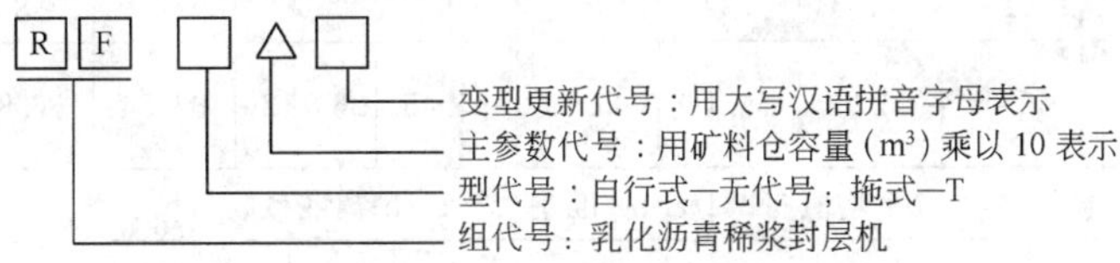

图 4.4-4 稀浆封层机型号含义

4.4.2 技术要求

1)一般要求

(1)摊铺厚度为 3～15mm，精度在±2mm 范围内；摊铺宽度不小于规定值，且调节精度不大于 10mm。自行式封层机的爬坡度不小于 20%。

(2)基本参数，见表 4.4-1。

稀浆封层机基本参数　　表 4.4-1

序号	项目名称	单位	参数							
			自行式							拖式
1	矿料仓容量	m^3	4	6	8	10	12	14	16	2
2	稀浆生产率（额定）	kg/min	1 350	1 350	1 350	2 000	2 000	2 500	2 500	500
3	作业速度	km/h	1～1.5	1.5～2	1.5～3	1.5～3	1.5～4	1.5～4	1.5～4	0.9～1.1
4	摊铺速度	m	3	2.5～4.5	2.5～4.5	2.5～4.5	2.5～4.5	2.5～4.5	2.5～4.5	2.5～4.5
5	最高行驶速度	km/h	—	≥50	≥50	≥50	≥50	≥50	≥50	—

(3)操作方便,转向灵活,制动可靠,手柄、按钮、踏板、仪表等布置合理,并在操作者易于操作和视野范围内,各操纵机构的工作位置有指示标牌。

(4)电气系统安装良好,信号系统齐全。

(5)摊铺机构有调节摊铺宽度、摊铺厚度以及分布稀浆的功能。

(6)保证在封层作业时行驶速度稳定,误差不大于 0.05km/h。

(7)供水系统设有供水计量装置,输送量误差不大于±3%。

(8)搅拌机构能够提供均匀的乳化沥青稀浆,各样品的密度值与其平均值之差不大于3%,并设有调节装置,能控制稀浆的输出量。

(9)矿料输送机构设有输送带张紧调整装置,输送量误差不大于±3%。

(10)矿料仓内设有破拱装置,装料高度不超过 3.5m。

(11)在环境温度 7~40℃范围内正常工作。

(12)在纵向坡度 12%,横向坡度 6%范围内正常工作。

2)技术检测

(1)供料稳定性检测。主要检测集料、沥青乳液、填料、给水四个给料系统的供料稳定性。检测在额定生产率情况下进行,其掺配比例按施工要求设定。将采样装置安放在混合料出口,然后采集各种料并测定实际采样时间。检测各进行 10 次,结果取其平均值,同时应用算术平均值和均方差的公式计算标准差和离散系数,结果如表 4.4-2 所示。

稀浆封层机主要性能检测结果 表 4.4-2

<table>
<tr><td rowspan="3">供料稳定性集料检测</td><td>试验次数</td><td>1</td><td>2</td><td>3</td><td>4</td><td>5</td><td>6</td><td>7</td><td>8</td><td>9</td><td>10</td></tr>
<tr><td>集料流量(t/h)</td><td>66.01</td><td>66.22</td><td>66.16</td><td>65.79</td><td>65.45</td><td>66.12</td><td>65.84</td><td>66.81</td><td>66.36</td><td>66.35</td></tr>
<tr><td colspan="11">平均值 66.01t/h;标准差 0.408t/h;离散系数 0.6%</td></tr>
</table>

<table>
<tr><td rowspan="3">拌和均匀性油石比检测</td><td>试验次数</td><td>1</td><td>2</td><td>3</td><td>4</td><td>5</td><td>6</td><td>7</td><td>8</td><td>9</td><td>10</td><td>11</td><td>12</td><td>13</td><td>14</td><td>15</td></tr>
<tr><td>油石比</td><td>8.45</td><td>8.47</td><td>8.55</td><td>8.51</td><td>8.52</td><td>8.62</td><td>8.70</td><td>8.41</td><td>8.55</td><td>8.52</td><td>8.47</td><td>8.44</td><td>8.58</td><td>8.39</td><td>8.51</td></tr>
<tr><td colspan="16">平均值 8.57;标准差 0.079;离散系数 0.9%</td></tr>
<tr><td rowspan="3">摊铺均匀性检测</td><td>试验次数</td><td>A1</td><td>A2</td><td>A3</td><td>A4</td><td>A5</td><td>B1</td><td>B2</td><td>B3</td><td>B4</td><td>B5</td><td>C1</td><td>C2</td><td>C3</td><td>C4</td><td>C5</td></tr>
<tr><td>摊铺量(kg/m²)</td><td>9.7</td><td>9.9</td><td>9.8</td><td>10.0</td><td>9.9</td><td>9.8</td><td>9.7</td><td>9.8</td><td>9.6</td><td>9.9</td><td>9.8</td><td>9.9</td><td>10.1</td><td>9.8</td><td>9.9</td></tr>
<tr><td colspan="16">平均值 9.8kg/m²;标准差 0.12kg/m²;离散系数 1.2%</td></tr>
</table>

(2)拌和均匀性检测。稀浆封层机在额定生产率状态下作业,油石比和矿料级配按设计要求设定。拌和系统将集料、填料、水及沥青乳液连续拌成稀浆混合料,在出口处以等间隙时间连续取出 15 个样品,每个料样质量约 800g 并编上顺序号。将各料样烘干并称重,将烘干的试样抽提试验,测定油石比,结果取平均值,同时计算标准差及离散系数。

(3)摊铺均匀性检测。稀浆封层机在额定生产率情况下进行拌和、摊铺作业,掺配比例及摊铺宽度和厚度按设计要求而定。摊铺系统将稀浆混合料均匀地摊铺在路面上,在所摊铺的路段上待水蒸发后按图 4.4-5 的测定布置要求取样,取样面积 500mm×500mm,a=100mm、b>500mm、c>40mm。将料样烘干并称重,计算各测点单位面积摊铺量,结果取平均值。同时计算标准差和离散系数,结果如表 4.4-2 所示。

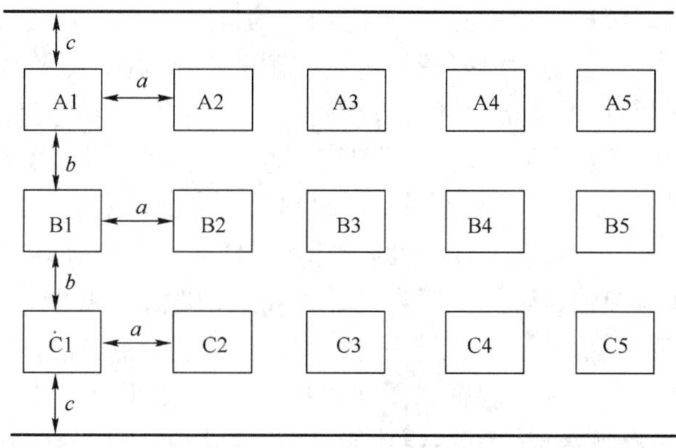

图 4.4-5 取样测定布置

4.4.3 结 构

稀浆封层机(图 4.4-6)可分为两大部分:行驶底盘部分与作业部分。前者,是使封层机能按预定速度工作与行驶,完成运输和作业中的行驶任务,并在其上安放全套作业装置;后者,完成作业过程中的各种物料的存储、输送、搅拌、摊铺、控制、操作等,主要由给料系统、拌和系统、动力传动系统和计量控制系统组成。

1)底盘

稀浆封层机一般选用承载能力符合要求的汽车底盘,经改制后成为封层机的底盘。改制部分主要是增加一级换挡变速系统,使最低的稳定行驶速度达 1～4km/h,以满足摊铺作业要求。

2)给料系统

给料系统如图 4.4-7 所示,由集料供给装置、乳液供给装置、供水装置、添加剂供给装置四部分组成。

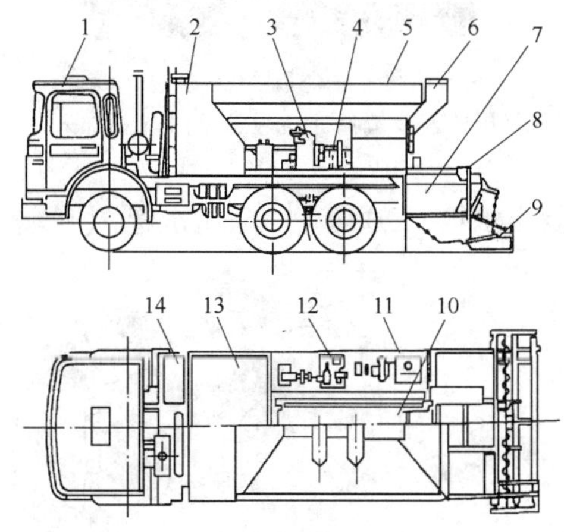

图 4.4-6 稀浆封层机

1-行驶系统;2-水箱;3-作业用柴油机;4-机械传动系统;5-集料仓;6-填料仓;7-搅拌箱;8-操作台;9-摊铺器;10-带式运输器;11-添加剂箱;12-流控系统;13-乳液箱;14-清洗柴油箱

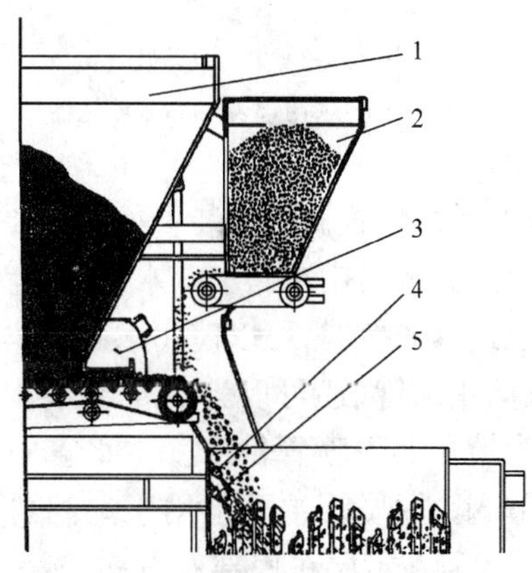

图 4.4-7 给料系统示意图

1-集料供给装置;2-填料供给装置;3-添加剂供给装置;4-乳液供给装置;5-供水装置

(1)集料供给装置。集料供给装置如图 4.4-8 所示，由料斗 1、料门 2、集料带式输送器 3、驱动装置等组成。其主要功能是存储集料、为搅拌输送集料、调节集料的输送量。料斗由钢板焊成，通常做成倒置梯形，以便全部集料自行滑落到输送带上。斗壁上装有液压仓壁振动器，以清除集料起拱现象。出料闸门安装在料斗下方，通过螺旋机构使出料门上下移动，调节开启高度以改变带式输送器的供料量。辅助发动机输出动力经减速器和换向机构直接驱动带式输送机。也有采用液压马达经减速装置驱动的。输送带应制成无接缝环形带。带式输送机的后部装有张紧装置，用于调节输送带的张紧度及纠正输送带跑偏。集料输送器的作用是将集料从料斗中输出并对集料计量，其计量方式是通过调节料斗闸门的开启高度改变集料的体积。

(2)乳液供给装置。乳液供给装置如图 4.4-9 所示，主要由乳液箱、乳液泵、三通阀、运转循环阀及一整套连接管路所组成。其主要功能是：存储乳液，向搅拌器输送乳液；实现乳液循环；对乳液箱进行装料。乳液箱一般布置在集料箱的右前方，有矩形的、立式圆柱形的，也有的采用卧式圆罐。当三通阀标记指向乳液箱和乳液泵时，乳液就通过管路进入搅拌器；当三通阀的标记指向乳液箱及外部大气时，就可以为乳液箱装料，或者抽出乳液箱中的乳液。乳液泵具有调节功能，根据油石比的要求调节泵的排量。一旦整机经过标定，乳液泵的流量就无须调节。乳液泵要具有夹套预热能力，可用汽车的热水对其软化泵内可能破乳的沥青加热。运转循环阀的作用是沟通乳液箱与搅拌器之间的管路，为搅拌器提供乳液；另外，接通乳液箱和乳液泵之间的管路，实现循环。三通阀和运转循环阀也要具有夹套保证功能，以软化阀内可能破乳的沥青，使阀转动灵活。

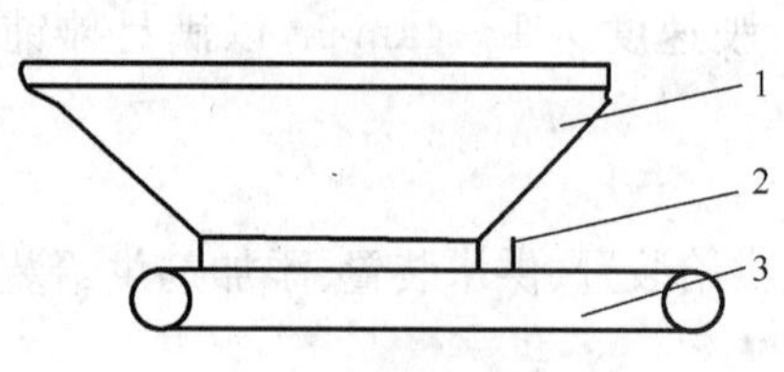

图 4.4-8　集料供给装置

1-料斗；2-料门；3-集料带式输送器

图 4.4-9　乳液供给装置

1-液压马达；2-流量计；3-乳液泵；4-柴油加入口；5-管路；6-三通阀

(3)供水装置。供水装置如图 4.4-10 所示，主要由水箱、三通阀、水泵、主水管、主喷管、水阀等组成。水箱用来储水。水泵一般为离心泵，通过三通阀的换向，可以使用水泵抽出水箱中的水，供向主水管，还可以为水箱装水。主水管作用是为搅拌器主喷管供水。主水管中应设置供水调节阀。主喷管主要是用于湿润封层前的路面。主喷管在封层机底部布置多排喷头。另外，还应带有手持式单头喷水枪，用于补洒未被主喷管洒到的地方及冲刷摊铺槽等装置的表面污物。

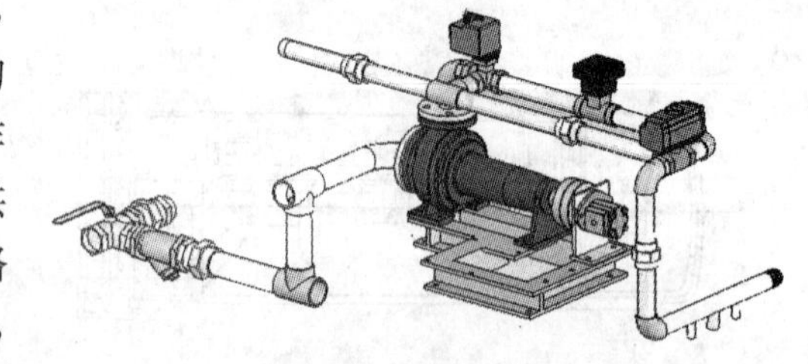

图 4.4-10　供水装置

(4)填料装置。填料装置主要由填料箱、螺旋输送器、填料疏松器及传动链轮等组成。

填料箱来存储填料。螺旋输送器布置在填料箱底部，作用是向搅拌器输送填料。填料疏松器布置在填料箱内，用来疏松填料箱内的填料。传动链轮一般布置在填料箱的右侧，用来驱动螺旋输送器和疏松器。

(5)添加剂装置。添加剂装置如图 4.4-11 所示，主要由添加剂罐、添加剂泵、转子流量计、阀门及管路等组成。添加剂罐用于储存添加剂，它是用耐腐蚀材料制成的。添加剂泵用于输送添加剂，是用耐腐蚀材料制成的。转子流量计用于检测并显示添加剂的流量，以便对添加剂的流量进行严格控制。添加剂通过管路用泵直接输入到搅拌器内。

给料系统是以上几种材料能否按配比要求制取稀浆混合料的关键。

3)拌和系统

拌和系统如图 4.4-12 所示，具有在短时间里将集料、填料、添加剂、水及乳液均匀地搅拌成理想稀浆混合料的功能。

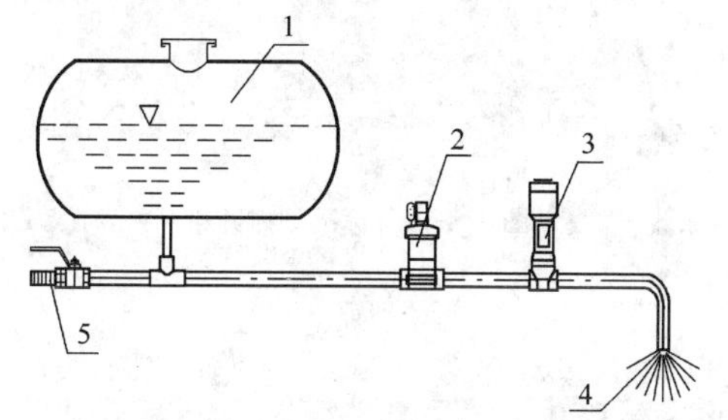

图 4.4-11　添加剂装置

1-添加剂罐；2-电磁阀；3-流量计；4-添加剂出口；5-添加剂排空口

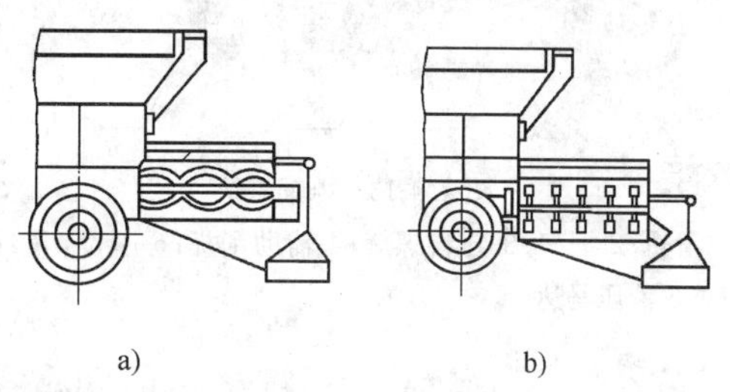

图 4.4-12　拌和系统

a)单轴螺旋式搅拌器；b)双轴浆叶式搅拌器

单轴螺旋式拌和系统由搅拌筒、出料门、底部闸门、分配器等组成。搅拌筒由筒壁、搅拌器、搅拌筒盖等组成，主要用来将筒内各种物料混合均匀。特殊结构形式的搅拌器可使物料在向后运的总趋势下，伴随有圆周运动，以保证物料搅拌均匀。底部闸门水平布置在搅拌筒后部。为使物料充分拌和，筒内物料应有一定存量，存留量由出料门开度来调节。分配器布置在出料门下方，左右移动分料口，可调整进入左右摊铺器中稀浆的多少，以满足摊铺工作的需要。

双轴浆叶片搅拌器由搅拌筒、出料槽及支承装置等组成。搅拌筒由筒壁、搅拌轴、联动齿轮、搅拌筒盖等组成。出料槽形式各异，橡胶槽形式较多，用液压缸控制橡胶槽泄料方向。

4)摊铺系统

摊铺系统如图 4.4-13 所示，是一个独立的作业系统。它的作用是将稀浆均匀地摊铺在路面上，并按要求达到摊铺的宽度和厚度。摊铺系统由摊铺箱、螺旋摊铺器、液压马达、封浆刮板以及滑轨调节器等组成。

摊铺箱由左右土框架组成并由销轴连接，以便随路拱自行调拱。横向可以伸缩的摊铺箱适应不同宽度的沥青路面需要，摊铺宽度的调整范围一般在 2.5～4.5m 之间。根据不同的路况，摊铺箱有多种形式。图 4.4-14 为标准型摊铺箱，图 4.4-15 为车辙填补用摊铺箱，图 4.4-16 为斜坡摊铺箱。

螺旋摊铺器起到再次拌和并将稀浆摊向两侧的作用，由液压马达驱动，旋转方向和转速分别可调。用于普通稀浆摊铺，一般布置单排螺旋摊铺器(二轴)；用于聚合物改性沥青稀浆封层的摊铺器则需要两排以上的螺旋摊铺器(四轴)，以增强搅拌强度和效果。

封浆刮板、刮平板以及滑轨调节器保证了摊铺箱向前移动时，稀浆混合料从压向地面的刮平胶板与地面之间形成的间隙流出。

滑轨一般设三个，通过螺旋机械可以控制封层的厚度。滑轨的另一个作用是支撑摊铺箱的重力，减轻稀浆对刮平胶板的磨损，因此滑轨底面由硬质耐磨材料制成。

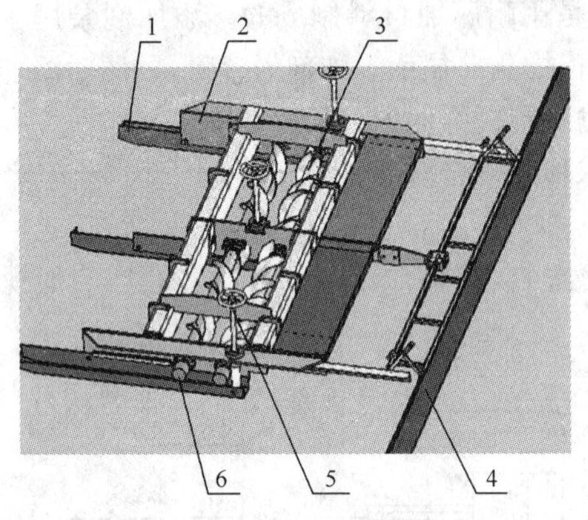

图 4.4-13 摊铺系统

1-滑轨；2-框架；3-分料螺旋；4-辅助刮板；5-厚度调整机构；6-液压马达

图 4.4-14 标准型摊铺箱

图 4.4-15 车辙填补摊铺箱

图 4.4-16 斜坡摊铺箱

5)传动系统

稀浆封层机的传动系统一般有两种形式，即机械传动和液压传动。前者由主减速器、链条、链轮、电磁离合器、蜗轮蜗杆减速器等组成，分别驱动搅拌器、带式输送机。而乳液泵、添加剂泵、摊铺机搅拌器、填料搅拌器则是采用液压泵——液压马达驱动。

6)控制操纵系统

稀浆封层机一般采用集中控制系统。控制操作系统由电控和液控两部分组成。电控部分包括发动机的电启动，作业系统的各种开关、电磁阀、指示灯及计量部分的计数器、压力表、转速显示仪等。液控部分主要用来完成作业装置的动作，由液压泵、换向阀、液压马达、液压缸等组成。

自动控制的稀浆封层机对各个作业动作实现程序控制，从而减轻操作人员的失误，提高摊铺质量。此外，自动控制的稀浆封层机还配有一套手动控制装置，可在操作时自动切换。

(1)液压控制系统。典型的液压控制系统如图 4.4-17 所示，三联泵 1 可分别向搅拌器双向液压马达 8、搅拌器提升液压缸 6 及填料箱左右螺旋送料器液压马达 9 提供压力油。双联泵 2 可分别向摊铺箱的左右布料螺旋双向液压马达 11、摊铺箱左右升降液压缸 12、摊铺箱左右横向移动液压缸 13 以及搅拌器单向液压马达 10 提供压力油。分别接通集料供给系统、填料输送系统和搅拌器搅拌工作系统的电磁换向阀 3，即可驱动液压马达 7、8、9、10，各供料系统将同时向搅拌器供料。此时，应同时启动供水泵、乳液泵及添加剂供料系统，使之按预定配比向搅拌器输送乳液、水和添加剂。添加剂是利用外界压缩空气的加压作用向搅拌系统供料的。供料前必须打开系统加压机构的供气开关，然后再开启添加剂电磁阀。

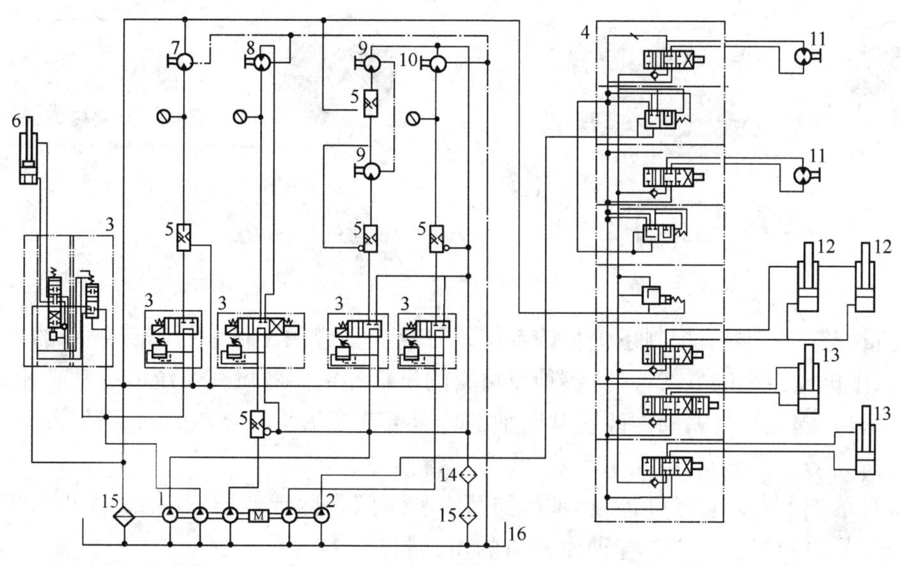

图 4.4-17 典型稀浆封层机液压控制系统

1-三联泵；2-双联泵；3-电磁换向阀；4-多路换向阀；5-调速阀；6-搅拌器提升液压缸；7-集料带式输送机驱动油马达；8-搅拌器双向油马达；9-填料箱左右螺旋送料器液压马达；10-搅拌器单向液压马达；11-摊铺箱左右布料螺旋双向液压马达；12-摊铺箱升降液压缸；13-摊铺箱左右横向移动液压缸；14-冷却器；15-滤清器；16-油箱

各供料系统均设有供料调节装置，用以调节混合料配比，提高混合料的级配精度。集料系统可通过调速阀 5 改变液压系统的流量，从而调节集料带式输送机液压马达 7 的转速，改变和调整集料供给量。集料供料调节装置还设有料门调节机构，通过调节手轮，即可调节料门的开启程度，控制输料量。填料、水、添加剂和乳化沥青的供给系统均设有流量调节阀，可分别调节填料箱左右螺旋液压马达的转速，改变填料输送量；可调节供水系统的水流量，改变供水量；可调节添加剂系统流量调节阀，改变添加剂供给量；可调节乳液流量阀，改变乳液泵转速，控制乳液供给量。

搅拌器液压回路的调速阀 5 可调节搅拌器油马达的转速及旋转方向，控制混合料的输送量。

(2)计量控制系统。按计量方式不同，计量控制系统可分为容积计量式和质量计量式两种。

①容积计量式控制系统。该系统是将集料等固体材料通过料仓闸门以及给料皮带的速度来进行体积计量，乳液等则通过容积流量来进行体积计量。所有体积计量的数据，均需要通过标定来转换成重量数据。

②质量计量式控制系统。该系统如图 4.4-18 所示，采用安装在集料带上的电子秤以直接称重方式获得。

按原材料供给量控制系统不同，计量控制系统可分为不可调节式、定量控制手动调节式和共轨式三种。

①不可调节的定量控制系统。该系统如图 4.4-19 所示，是最早、最简单的计量控制方式，各种原材料的供给量都是按配合比的要求手动设定，一旦设定后生产过程中就不再调节。这种方式的缺点是，由于在稀浆封层生产过程中不可能再改变材料供给的比例，一旦实际配合比不合适，就会造成损失，因此这种控制方式目前已很少采用。

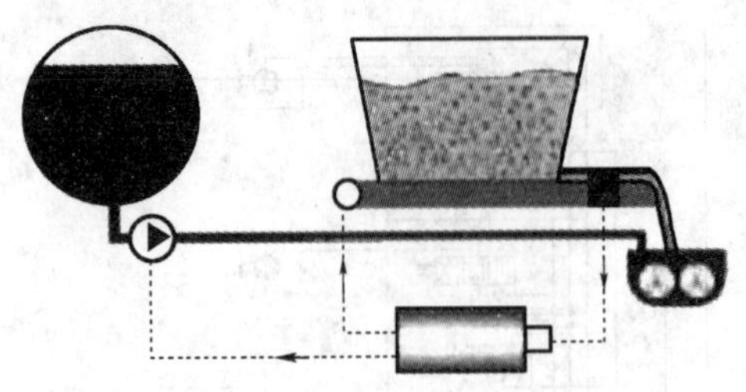

图 4.4-18 集料的质量计量方式

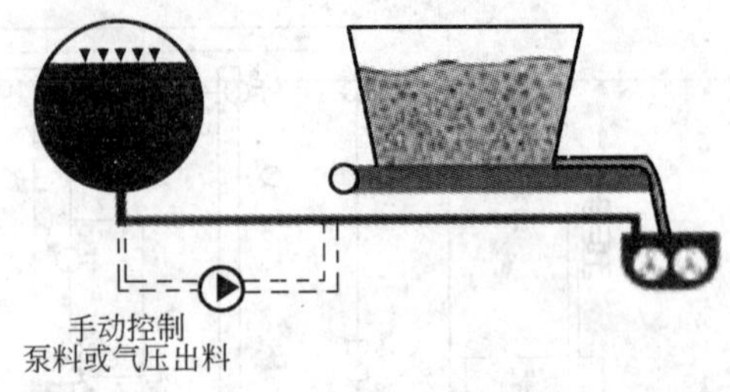

图 4.4-19 不可调节的定量控制系统

②定量控制手动调节控制系统。该系统是目前广泛应用于体积计量系统中的控制方式，特点是：采用机械连耦的方式，保持各种原材料的供料比例。各供料系统的驱动转速是不可调节的，由一根共同轴进行驱动。改变共同轴的转速可改变稀浆混合料的用量，但混合料中各组成成分的比例仍保持不变，由此来实现"共轨"控制。

各供料系统上安装有各种计量装置，如闸门和阀门开度计数器、乳化沥青和水流量计等，作为手动调节的依据。工作中各种原材料的供给量比例一般不作调节，如确有必要，可手动调节闸门、阀门进行微调。

在实现集料质量计量的条件下，就有可能实现乳液与集料供给量之间的主从反馈控制方式，亦即按照集料的称重变化量来调节乳液的供给量，使之随时保持要求的比例关系(图 4.4-18)。

③独立的计算机"共轨"控制系统，如图 4.4-20 所示。

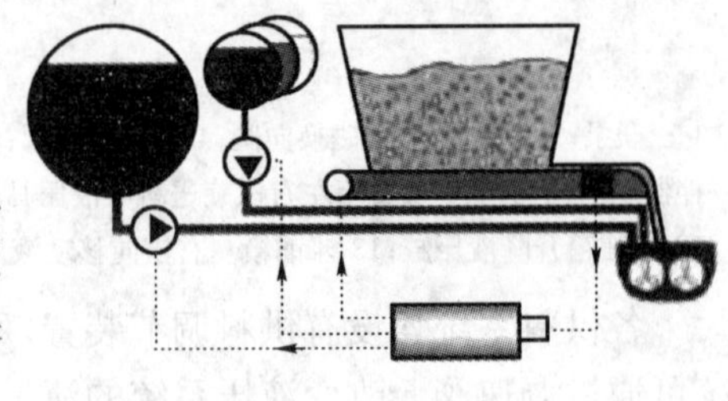

图 4.4-20 独立的计算机"共轨"控制系统

4.4.4 技术使用

1)使用与维护

(1)稀浆封层施工的操作人员，包括驾驶员、机修工、试验工、装料工等，施工前要进行技术培训，使他们系统掌握稀浆封层机的性能及用途，并能熟练操作。

(2)施工前检查稀浆封层机的油泵、供水系统、乳液、管道、各控制阀门有无故障，对各部分分别进行启动和停机等操作，检查运转是否正常。

(3)液压泵、液压马达不得空转，乳化沥青输送系统中的液压泵、液压阀在施工前要进行预热。

(4)具有自动控制功能的稀浆封层机使用自动控制操作系统使其运转，检查各部件的顺序联动情况。

(5)按照使用说明书的规定对稀浆封层机的基础车发动机、作业发动机和液压系统进行日常维护。

(6)设立库房，避免露天存放。

2)常见故障及排除方法

(1)动力系统。动力系统常见故障及排除方法见表4.4-3。

动力系统常见故障及排除方法 表4.4-3

故　障	原　因	排除方法
发动机无法启动	停车按钮开关关闭	急停开关处于打开状态
	电源指示灯不亮	打开总电源开关
	蓄电池无电或电力不足	蓄电池充电至24V以上
	柴油供油不畅	手动泵油使供油管道内空气排空
转速达不到额定转速	推动节气门时无反应	打开气路开关，使压力达到8MPa
	节气门汽缸未到最大	推动汽缸至伸出最大
	发动机节气门卡住	拨动节气门使其转动灵活

(2)集料输送系统。集料输送系统常出现集料离合器不吸合或打滑，输送机跑偏或打滑等故障，其排除方法见表4.4-4。

集料输送系统常见故障及排除方法 表4.4-4

故　障	原　因	排除方法
集料离合器不吸合或打滑	电源熔断丝烧坏	更换电源熔断丝
	离合器间隙太大或太小	调整间隙为0.3μm
	炭刷弹簧无弹力，磨损过大	更换炭刷、恢复弹簧弹力使其接触
	离合器和炭刷接触处有油污、脏物	拆开离合器，用汽油清洗干净
	自动控制情况下不动作	控制开关打在手动状态下
输送机跑偏或打滑	检查输送带是否跑偏	调整输送带张紧螺栓，使其走正
	输送带太松	使输送带张紧
	滚筒打滑	在输送带和滚筒下喷水增加摩擦力
无料输出或料少	集料架空	打开仓壁振动器或人工辅助落料

(3)乳液输送系统。吸合但不转动，转动不出料以及计量不准确等是稀浆封层机的常见故障，其排除方法见表4.4-5。

乳液输送系统常见故障及排除方法 表4.4-5

故　障	原　因	排除方法
吸合但不转动	沥青泵温度低	启动发动机、打开热水系统开关，使沥青泵加热至70～80℃
	沥青泵发卡	旋松固定沥青泵主轴的螺栓
转动不出料	沥青出口阀门关闭	把沥青阀门开启到正确位置
	三通阀打不开	电源熔断丝烧坏，更换保险； 气压不够，打开气压阀，充气压力8MPa； 三通阀内有杂物，清理干净
	搅拌箱内乳化沥青出口堵塞	清理搅拌箱出口，使其畅通
计量不准确	显示器数字漂浮不定	使其归零
	K系数不准确	调整K系数
沥青泵主轴处泄漏	密封压盖过松	旋紧固定压盖的螺栓

(4)供水系统。供水系统常见故障及排除方法见表4.4-6。

供水系统常见故障及排除方法 表4.4-6

故　障	原　因	排除方法
无水输出	阀门关闭	调整阀门至开启位置
	气动阀门打不开	电源熔断丝损坏，更换；打开气压滑门，气压为8MPa
	过滤器堵塞	清理水过滤器
	出水调整阀门关闭	打开出水调整阀门
	水泵调整阀门太小	调大优先阀，调整流量
	水泵里有空气	打开水泵顶部螺栓，排空
	水泵液压阀压力调整不当	旋紧或旋送液压阀，调整压力
流量不准确	无数据，流量不显示 K 系数不准确	叶轮堵塞，清理叶轮；调整 K 系数

(5)摊铺箱。摊铺箱常见故障及排除方法见表4.4-7。

摊铺箱常见故障及排除方法 表4.4-7

故　障	原　因	排除方法
螺旋不旋转无法启动	快换接头连接虚	重新连接，使油路畅通
	调速旋钮在最小位置	变动调速旋钮至适当位置
	螺旋叶片变形相碰	修复校正叶片
	连接十字联轴螺栓松	固定螺栓，用铁丝固联防松动
螺旋不反转	换向开关坏	更换换向开关
	换向阀坏	更换换向阀
拌和不均匀	调整螺旋主轴和地面的距离	
	频繁切换螺旋正反转	
路面有划痕	伸展开橡胶刮板，使其不打折	
	刮板内侧有破乳后凝结的混合料，清理干净	

4.5 改性沥青稀浆封层技术

4.5.1 改性沥青

改性沥青是指掺加橡胶、树脂、高分子聚合物、磨细的橡胶粉或其他填料等外掺剂(改性剂)，或采取对沥青轻度氧化加工等措施，使沥青的性能得以改善。

在公路施工与养护中常用的改性沥青有以下几种。

1)热塑性橡胶类改性沥青

热塑性弹性体类(Thermo Plastic Elastcrner 简称 TPE)改性沥青，主要有聚氨酯、聚醚—聚酯共聚物、聚姆烃以及苯乙烯嵌段共聚物四大类，其中苯乙烯嵌段共聚物非常适合公路应用，它的代表性产品是SBS、SIS、SE/BS改性沥青，通常称为热塑性橡胶类(TR)，SBS的分子结构呈条形，常用于路面沥青混合料，SIS主要用于热熔黏结料，SE/BS则用于抗氧化、抗高温变形要求高的道路，目前世界各国用于道路沥青改性最多的是SBS改性沥青。

2)橡胶类改性沥青

橡胶类改性沥青通常称为橡胶沥青，使用最多的是丁苯橡胶沥青(SBR)和抓丁橡胶(CR)，它们是世界上出现最早并广泛应用的改性沥青品种。

3)热塑树脂类改性沥青

主要是由聚乙烯(PE)聚丙烯、聚氯乙烯、聚苯乙烯和乙烯—乙酸乙烯共聚物(EVA)作为添加剂的改性沥青。这一类热塑树脂的共同特点是加热时软化，冷却时固化变硬。热塑性树脂类改性剂的最大特点是在常温下黏度增大，从而使高温稳定性增加。

根据我国《公路沥青路面施工技术规范》(JTG F40—2004)聚合物改性沥青的技术要求见表 4.5-1。

聚合物改性沥青技术要求 表 4.5-1

指　标	SBS类(I类)				SBR类(II类)			EVA、PE类(III类)			
	I-A	I-B	I-C	I-D	II-A	II-B	II-C	III-A	III-B	III-C	III-D
针入度(25℃ 100g,5s) min(0.1mm)	>100	80～100	60～80	40～60	>100	80～100	60～80	>80	60～80	40～60	30～40
针入度指数　min	−1.2	−0.8	−0.4	0	−1.0	−0.8	−0.6	−1.0	−0.8	−0.6	−0.4
延度(5℃,5cm/min) min(cm)	50	40	30	20	60	50	40	—			
软化点 $T_{R\&B}$　min(℃)	45	50	55	60	45	48	50	48	52	56	60
运动黏度(135℃) max(Pa·s)	3										
闪点　min(℃)	230				230			230			
溶解度　min(%)	99				99			—			
离析,软化点差　max(℃)	2.5				—			无改性剂明显析出、凝聚			
弹性恢复(25℃)　min(%)	55	60	65	75	—			—			
黏韧性　min(N·m)	—				5			—			
韧性　min(N·m)	—				2.5			—			
RTFOT后残留物											
质量损失　max(%)	±1.0				±1.0			±1.0			
针入度比(25℃)　min(%)	50	55	60	65	50	55	60	50	55	58	60
延度(5℃)　min(cm)	30	25	20	15	30	20	10	—			

4.5.2　改性沥青稀浆封层技术

改性沥青稀浆封层技术是在一般稀浆封层技术的基础上发展起来的一项新技术，是在制备乳化沥青时加入聚合物弹性体和添加剂制成改性慢裂快凝的乳化沥青。用专用设备——改性沥青稀浆封层机，在常温状态下，按设计的原材料配合比要求，在现场进行改性稀浆混合料的拌和与摊铺碾压 1h 后开放交通。这种改性沥青稀浆封层可以满足交通量大、重荷载行车的要求。

将由高分子聚合物改性的乳化沥青、矿物集料、矿物细料、水和其他添加剂等五种原材料按一定的比例、一定的顺序进行配料并拌和成改性沥青稀浆混合料，摊铺在路面上，通过碾压而形成的路面表面层，称为改性沥青稀浆封层。

1)配合比设计

(1)材料选择。

①矿料。集料的颗粒粒径组成应符合改性沥青稀浆封层集料级配要求,集料必须是批量生产的碎石,压碎值不大于28,洛杉矶磨耗值小于30%,吸水率小于2%,对沥青黏附性大于4级,集料外形呈立方体,针片状颗粒含量小于10%。

②改性乳化沥青。改性沥青稀浆封层必须采用慢裂快凝改性乳化沥青,在标准气温25℃时拌和时间不少于120s。当气温为30℃时拌和时间不少于180s。随着施工时间与季节的变化,改性乳化沥青的破乳速度也在改变,在选择乳化剂与外加剂用量时,也应作适当的调整。

③填料。要求填料干燥、松散,没有结块,不含泥土杂质,一般在低温季节施工时,掺入少量(1%~2%)水泥,可以缩短混合料的破乳时间,提高黏聚力CT值,开放交通时间,但是加水泥不是对所有的稀浆混合料都具有相同的作用,有的混合料起着反作用,反而降低了CT值,延缓开放交通时间,因此选用填料不可随意套用,必须事先通过试验确定。

④水。饮用水、不含杂质或无污染的水均可。

⑤外加剂。一般用氯化钙、氯化钠、硫酸铝、OP-10,氢氧化铝、聚乙烯醇等,这些外加剂用途(促凝剂、缓凝剂、稳定剂等)不同,要根据不同情况和具体需要选用。

(2)室内试验。

①集料拌和试验。该项试验是确定改性沥青稀浆封层混合料破乳时间的重要试验,并作为混合料配合比设计的重要依据,因为它能全面反映改性沥青稀浆封层的拌和性、黏附性、固化时间等路用性能,也可确定外加剂的品种和数量。

②稠度试验。该项试验是测定改性稀浆混合料的适宜加水量,它类似水泥混凝土配合比设计的坍落度试验,采用指定的堆载筒进行试验。

③黏聚力试验(简称CT试验)。该试验是检测稀浆混合料的凝固时间,以此控制改性沥青稀浆封层开放交通的时间。

④湿轮磨耗试验(简称WTAT试验)。该项试验是模拟汽车轮胎在湿润状态下,检测封层表面的磨耗状态,它主要是检测稀浆混合料中,改性乳化沥青的最适宜的用量,保证混合料的最佳油石比。

⑤负荷车轮试验(简称LWT试验)。该项试验主要是控制改性乳化沥青的用量,通过控制其上限,防止混合料中改性乳化沥青用量过多,引起泛油、拥包、波浪、推移等病害。

⑥砂当量试验。该项试验为检验5mm以下细集料中,粉土与尘土的含量是否超过规定的要求。作为改性沥青稀浆封层集料的砂含量必须大于60%。

(3)混合料级配试验。原材料检验合格后要进行级配试验,检验集料、乳化沥青、矿物细料和其他添加剂的相容性和级配是否满足设计要求。

(4)确定初步配合比。通过以上试验,初步确定理想的改性沥青稀浆混合料配合比,一般情况下,各种材料用量参见表4.5-2。改性沥青稀浆封层初步配合比为集料∶慢裂快凝改性乳化沥青∶水泥∶水=100∶(10~14)∶(0~3)∶(6~12)。

(5)配合比调试。确定初步的改性沥青稀浆封层混合料配合比后,以此作为施工机械计量控制的依据,再结合实际情况反复调整各种材料的用量。

(6)施工配合比的确定。由于现场的气温、材料、湿度等多种因素与室内试验有差别,因此必须结合现场实际情况进行相应的调整,确定合理的配合比,然后在现场做试验段,再根据现场情况作出相应的调整,最后得出施工配合比。

各种材料用量 表 4.5-2

材料名称	材料用量	备注
沥青含量(%)	5.5~10.5	相对于干燥的集料而言
沥青用量(第 II 类)(km/m²)	5.4~18.6	市区和居民区街道、机场道路
沥青用量(第 III 类)(km/m²)	8.1~16.2	主要公路和州际公路
矿物细料(%)	0~3	相对于干燥的集料而言
离子聚合物主要改性剂	固态时最少 3%	相对于干燥的集料而言
添加剂	按需要确定	
水	按稠度要求定	

2)施工

(1)现场准备工作:

①下承层验收。复测下承层,现场清理干净,放样画线。

②交通管制。为了保证施工安全,设置封闭交通及限制交通标志、设置安全显示器及锥形施工标志等。

③专用机械的调试与检修。改性沥青稀浆封层机的计算、行走、拌和、摊铺、清洗、标定与计量等各个系统的调试。

④设置好原材料供应场地,保证原材料供应合理,堆放整齐,并有明显的标识。

(2)施工工艺:

①稀浆混合料拌和。改性沥青稀浆混合料是将 5 种材料按一定比例、一定顺序进行配料与拌和而成,其工艺流程如图 4.5-1 所示。

各种原材料进入拌和机的顺序要按照图 4.5-2 所示的流程进料,顺序不能颠倒,否则就不能拌出合格的稀浆混合料,无法取得封层施工成功。

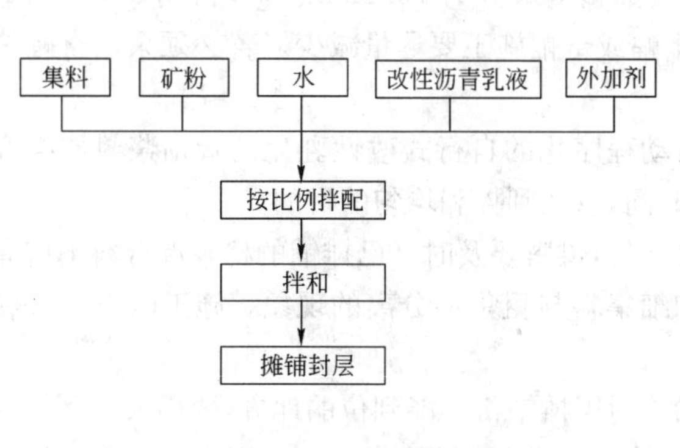

图 4.5-1 稀浆混合料拌和工艺流程

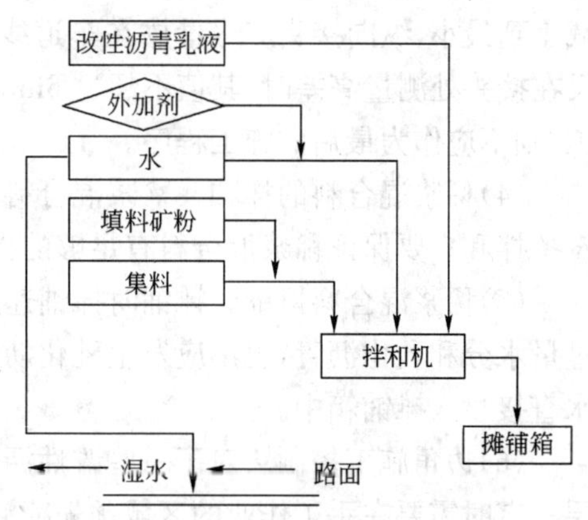

图 4.5-2 各种原材料进入拌和机的顺序

②稀浆混合料摊铺。混合料摊铺(图 4.5-3)是改性沥青稀浆封层施工的关键工序,目前,改性沥青稀浆封层施工,均采用连续式改性沥青稀浆封层机。用自卸货车供料,倾卸于机前的存料斗,由传送带倒运到机后集料仓,改性乳化沥青、水、外加剂等可用专用罐车,边走边装,保证连续生产的需要。

③稀浆混合料碾压改性沥青稀浆封层施工,采用改性沥青稀浆封层机上的摊铺器进行摊铺,待混合料达到初凝时用 10t 胎轮压路机碾压。

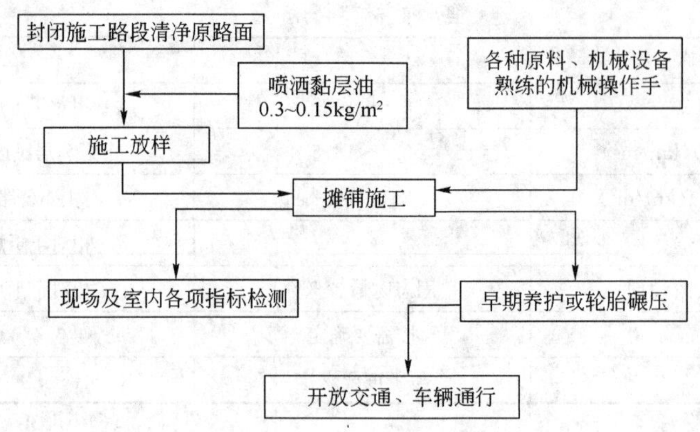

图 4.5-3 稀浆混合料摊铺工艺流程

④检查验收。改性沥青稀浆封层的施工检验，应由业主或上级公路管理部门，组织监理及基层公路管理部门组成验收小组，深入现场，按规定的项目及标准逐项检查。

3)主要机械

包括改性沥青稀浆封层机、装载机、轮胎压路机等。

4)施工质量控制

(1)总体控制。根据路面情况的要求，在摊铺箱前用喷雾的方法预湿路面。水雾的用量应根据温度、路面结构、湿度来调节。

(2)刮痕处理。由过大集料引起的刮痕应去除。若产生过大的刮痕(指在任何 $25m^2$ 的区域上宽度大于 12.7mm、长度大于 76.2mm)，应停止施工，直到承包商向用户授权代表证明情况已消除。

(3)接头处理。在纵向或横向接头处不允许有过高的凸起。为了使整个工程中纵向接头减小到最小，纵向接头应尽量放在车道线上，其重叠量最大为 76.2mm。同时，用 3m 长的直尺在接头处测量高差时，其值不超过 6mm。半幅或奇幅施工要尽量减少。若必须采用奇幅施工，则不应作为最后的施工程序。

(4)稀浆混合料的拌和。稀浆混合料由自动程序化的自行式改性乳化沥青稀浆封层拌和设备拌和。要保证稀浆混合料有足够的拌和时间，以达到拌和均匀的目的。

(5)稀浆混合料摊铺。摊铺时摊铺速度要均匀，供料要及时。已摊铺的稀浆混合料不应有过量水分和乳化沥青，也不应发生乳化沥青和细集料与粗集料分离的现象。施工时不允许将水直接喷入摊铺箱中。

(6)边角施工控制。对于一些改性沥青稀浆封层摊铺机不能到位的地方，要用人工刮板封层。有时需要在手工作业的区域预先喷洒一点水。压路机压不到的地方，用人工夯实。但表面要平整，保持与摊铺效果相同。

(7)温度控制。一般施工温度控制不低于 10℃。如果道路温度或气温都在 10℃以下并继续下降，则不允许施工；但道路温度和气温都在 7℃以上并继续上升，则可以施工。若施工后 24h 内有可能产生冻结，也不允许施工。

(8)车辙箱控制。对于深度不足 12.7mm 的不规则车辙或浅车辙，只需按要求一次全宽度刮平摊铺。大于 12.7mm 或更深的车辙需用专门的车辙箱填平，这种车辙箱宽度为 1.52m 或 1.81m。深度超过 39mm 的车辙需用车辙箱应多次摊铺并恢复到原来路面。

(9)沥青黏结层。通常情况下不需要沥青黏结层，除非路面极为干燥、剥落或水泥混凝土路面或汽车赛道。如果需要沥青黏结层，则由一份乳化沥青和三份水组成，并由标准的喷洒器喷到路面上。乳化沥青是 SS 或 CSS 等级。沥青黏结层必须在改性乳化沥青稀浆封层前充分凝固。

5)施工注意事项

(1)改性沥青稀浆封层一般可用于高等级沥青路面，但对于交通量大、重型车辆多、速度快、要求路面摩擦系数高、耐磨耗的路段应采用 m 型粗级配坚硬耐磨集料。

(2)封层摊铺结束后，在尚未达到通车的黏聚力之前突然降雨时，应在雨后立即进行检查，如有局部轻度损坏时，待路面干硬后，用人工修补，如果普遍损坏时，应在路面强度较低的情况下，将全部雨前摊铺封层铲除，再重新摊铺封层。

(3)改性沥青稀浆封层只能消除沥青路面原有的细微裂缝，对于原有较宽裂缝，应事先作灌缝处理，而后再做封层则效果更好。

(4)改性沥青稀浆封层一般 lh 内即可通车，但在交通量大、重型车辆多、速度快的行车路段上，在摊铺 0.5h 后用轮胎压路机碾压一遍，效果更好。因为碾压后可把封层中析出的水分挤出，提高封层的密实度与强度，加快开放时间，提高封层的抗制动能力，消除纵缝与横缝的不平。

(5)改性沥青稀浆封层不仅是一种很好的预防性养护技术，而且是一种经济、实用的沥青路面美化措施，可以消除沥青路面因为接补坑槽造成的补丁，而且可以弥补坑槽的透水现象。

(6)对于路基的强度和稳定性不佳引起沥青路面较大的变形、开裂、坑槽等，不宜采用改性沥青稀浆封层技术。

第5章 公路沥青路面石屑封层机械化作业

5.1 石屑封层技术

石屑封层技术是在原沥青路面上喷洒一层沥青材料，接着撒布单级配碎石或适当级配的集料，最后碾压、开放交通。

5.1.1 石屑封层的作用

石屑封层技术主要起防水、防滑、耐磨和改善路表外观的作用，在沥青路面结构体系中，只能作为表面保护层和磨耗层。它适用于二级及二级以下公路沥青面层的预防性养护，也可用于加铺薄层罩面、磨耗层、水泥混凝土路面上的应力缓冲层、各种防水和密水层。石屑封层质量与石屑封层机械性能、机械操作手的熟练程度以及所用材料质量紧密相关。

5.1.2 石屑封层对原沥青路面的要求

选用石屑封层技术处治沥青路面病害时，原沥青路面必须满足以下条件：

(1)具有足够的强度和刚度。原沥青路面及其基层是承重层，应具有足够的强度和刚度，能够承受荷载的作用，在重复荷载作用下不会产生残余变形，也不允许产生剪切和弯拉损坏。

(2)具有良好的整体稳定性。原沥青路面的整体稳定性和热稳性是否良好，是保证施工后沥青路面稳定性的基本因素。

(3)原沥青路面病害必须事先进行处治。如原沥青路面上有坑槽、车辙、裂缝等病害，必须事先进行修补，亦即大的拥包和深的车辙应先进行铣刨和填补，坑槽应事先进行挖补处理，大的路面裂缝应进行灌缝处理。

(4)表面平整、密实、干燥、清洁。

5.1.3 石屑封层工艺分类

(1)根据沥青材料的选用，石屑封层工艺可分为热施工和冷施工两种。

①热施工。洒布一层热沥青，接着撒布集料，碾压，开放交通。热施工的缺点是需要加热、保温沥青。

②冷施工。用乳化沥青代替热沥青，无须加热装置。

(2)根据洒布沥青及撒布集料的层次，石屑封层可分为单层式、双层式和三层式。

①单层式。洒布一层沥青，铺撒一层集料，厚度为1.0～1.5cm。

②双层式。洒布二层沥青，铺撒二层集料，厚度为2.0～2.5cm。

③三层式。洒布三层沥青，铺撒三层集料，厚度为2.5～3.0cm。

在日常沥青路面预防性养护中常采用单层式。

(3)根据沥青洒布与石屑撒布的时间间隔，石屑封层又可分如下三种：

①常规石屑封层。如图 5.1-1 所示，先洒布沥青，再撒布集料，最后碾压、开放交通。

图 5.1-1　常规石屑封层

②同步碎石封层。如图 5.1-2 所示，沥青洒布与集料撒布同步进行，在一台机械上完成，接着碾压、开放交通。

③同步碾压封层。如图 5.1-3 所示，集料撒布与碾压同步进行。

图 5.1-2　同步碎石封层

图 5.1-3　同步碾压封层

5.1.4　单层常规石屑封层工艺

1)单层常规石屑封层工艺流程

备料→清扫沥青路面→洒布沥青→撒铺石屑→压路机碾压→开放交通→初期养护。

(1)前期准备工作。在对沥青路面进行石屑封层施工前，应先对沥青路面附属物进行处理，主要有路缘石、雨水口及各种管线检查井等，对不符合施工要求的基础和附属物进行清理整修。同时，根据施工计划准备需要的工程材料。在石屑封层前，应将路面清扫干净并保持相对干燥。如路面基层整体强度不足应先予以补强，对有坑槽、裂缝等病害的路面应先进行修补。

(2)洒布沥青。旧沥青路面按有关要求处理好以后，即可洒布沥青。要结合旧沥青路面状况，选用合适的沥青用量（1.0～1.5kg/m^2）进行洒布。沥青的喷洒温度应根据施工气温及沥青标号选择，石油沥青的洒布温度宜为130～170℃，煤沥青的洒布温度宜为80～120℃。乳化沥青在常温下洒布。在洒布过程中，如发现洒布数量不足，如空白、缺边等应立即用人工补洒，有沥青积聚现象应予以刮除。沥青洒布的宽度和长度应与矿料撒布相匹配，避免沥青洒布后等待很长时间才撒布矿料。在每段接茬处，可用铁板或建筑纸等横铺在本段起洒点前及终点后，宽度为1～1.5m，确保前后段搭接良好。分几幅洒布时，纵向搭接宽度宜为100～150mm。

(3)撒布石屑。选用符合规范要求的集料且干燥无尘，级差小。如果施工条件具备，可考虑把符合级配要求的集料在沥青拌和站进行加热除尘，并拌和3%～4%的沥青。洒布沥青后，应立即撒布集料（当使用乳化沥青时，集料撒布必须在乳化沥青破乳之前完成），其数量按规定一次撒足，预拌料如有剩余应覆盖保存以备下次使用。集料撒布要及时均匀，覆盖全路面，厚度一致，不重叠，不应露出沥青。当局部缺料或料过多处，用人工适当找补或清除。

(4)碾压。撒布完一段集料后，应立即用16～20t轮胎压路机进行碾压。碾压时应从一边逐渐移至路中央，然后再从另一边开始压至路中心，压路机行驶速度开始不宜超过2km/h。

(5)初期养护。除乳化沥青石屑封层应等待破乳后水分蒸发并基本成型方可通车外，其他沥青封层碾压结束即可限速（小于20km/h）开放交通。在通车初期，如有泛油现象，应在泛油地方补撒与最后一层集料规格相同的集料，过多的浮动集料应清扫去除，以免搓动其他已经黏着的集料。

2)单层常规石屑封层技术要求

具体内容包括：

(1)石屑封层宜选择在干燥的夏季施工，并要在最高温度低于15℃时结束。

(2)各施工工序必须紧密衔接。每个作业段长度应根据集料数量、撒布机、压路机数量等具体情况确定。当天施工的路段必须当天完成。

(3)除阳离子乳化沥青以外，不得在潮湿的集料或基层上洒布沥青。当施工遇雨时，应待矿料晒干后再继续施工，施工路段宜在雨前完成施工。

(4)对原沥青路面的坑槽、严重网裂、结构裂缝等病害要预先进行处理，然后清扫路面，并用强力吹风机对路面进行除尘，以保证路面清洁干燥。

3)单层常规石屑封层用机械

如沥青洒布机、石屑撒布机和压路机等。

(1)沥青洒布机。石屑封层施工采用沥青洒布机喷洒沥青，洒布时车速和喷洒量保持稳定。沥青洒布机在整个宽度内喷洒应均匀。使用液压式加长管洒布车，能使接缝保持在道路中央，而在道路边缘调校其宽度，可以避免那些正好处于轮迹处难看又危险的接缝。洒布车喷嘴类型不同，洒布的效果也不同，宜选用缝隙式喷嘴。

(2)石屑撒布机。采用石屑撒布机不仅使工作进展快，而且按需要的撒布率可把集料撒布得更平整和精确。撒布机另一个优点是撒布时集料更紧贴道路表面，从而减少了集料跳离路面露出黏结料或跳到石屑封层以外部位而使黏结料滞留在表面的情况发生。人工撒布仍是我国目前小型养护常用的方法，其缺点是不易控制集料的撒布量，并且手工撒布具有效率低和工期长的缺点。对于较大的工程项目应采用石屑撒布机。

(3)压路机。石屑封层施工宜采用16～20t轮胎压路机进行碾压。碾压时应使集料嵌挤紧密，石料不得有较多压碎现象。

5.2 沥青洒布机

5.2.1 分　类

沥青洒布机可以根据其沥青容量、移动形式、喷洒方式及沥青泵的驱动方式进行分类。

(1)根据沥青储箱容量,沥青洒布机可分为小型(容量小于 1 500L)、中型(容量 1 500～3 000L)、大型(容量大于 3 000L)。

(2)根据移动形式,沥青洒布机可分为手推式、拖运式、自行式。

自行式沥青洒布机是目前最常用的一种沥青洒布机,其特点是将沥青储箱及洒布系统都装置在同一辆汽车底盘上,具有加热、保温、洒布、回收及循环等多种功能。其沥青储箱容量一般大于 1 500L,沥青洒布量可进行调节控制。

(3)根据喷洒方式,沥青洒布机可分为泵压喷洒、气压喷洒两种。

①泵压喷洒。泵压式沥青洒布机是利用齿轮式沥青泵等把液态热沥青从储箱内吸出,并以一定的压力输送到洒布管并喷洒到地面上。泵压喷洒式沥青洒布机有以下功能:在沥青库可自行灌装沥青;利用沥青泵将库内沥青输入其他容器;储箱内沥青可在循环中被加热到工作温度。

②气压喷洒。气压式沥青洒布机是利用空气压力使沥青经洒布管进行喷洒作业。气压式沥青洒布机的优点是:作业结束时可将管路中的残留沥青吹扫干净;喷洒乳化沥青时不会产生破乳现象。

(4)根据沥青泵的驱动方式,沥青洒布机可分为汽车发动机直接驱动式和独立发动机驱动两种形式。

5.2.2 应 用 范 围

沥青洒布机在沥青路面施工与养护中的应用近几年来显得越来越重要,这不仅是因为沥青洒布机洒布的质量好,效率高,能够提高施工质量和进度,而且还因为它在沥青路面的修建和养护中适用范围越来越广。其主要应用内容包括:

(1)碎石封层表面处置。碎石封层表面处置常用于沥青路面预防性养护。

(2)新建路面的“透层”、“下封层”、“黏层”。其中“透层”一般洒乳化沥青或煤油稀释的沥青;“黏层”一般洒乳化沥青;“下封层”一般洒热沥青(重交沥青或改性沥青)。

(3)乡村公路建设。乡村公路由于道路负荷不大,一般可不采用沥青拌和机和沥青摊铺机的施工工艺,而使用较经济的“碎石封层表面处置”。

(4)应力吸收层(SAM)和应力吸收中间层(SAMI)。

应力吸收层和应力吸收中间层一般用“碎石封层”模式,为保证反射裂纹吸收效果,黏结材料一般采用改性沥青或橡胶沥青,软化点要高,洒布量较大,约 1.8～2.5kg/m^2。在美国、南非,常把橡胶沥青应力吸收层用在薄层抗反射路面的罩面中。效果十分理想,其抗反射能力相当于 5.2cm 的沥青混凝土。应力吸收中间层一般用于沥青路面上面摊铺层之下,可有效防止面层裂纹。

5.2.3 沥青洒布质量要求与检测方法

1)质量要求

《公路沥青路面施工技术规范》(JTG F40—2004)中6.2层铺法沥青表面处置，对沥青洒布质量提出了基本要求，见表5.2-1。

沥青表面处置材料规格和用量 表5.2-1

<table>
<tr><th rowspan="2">沥青种类</th><th rowspan="2">类型</th><th rowspan="2">厚度(cm)</th><th rowspan="2">集 料
(m³/1 000m²)</th><th colspan="4">沥青或乳液用量(kg/m²)</th></tr>
<tr><th>第一层</th><th>第二层</th><th>第三层</th><th>合计用量</th></tr>
<tr><td rowspan="3">石油沥青</td><td>单层</td><td>1.0
1.5</td><td></td><td>1.0～1.2
1.4～1.6</td><td></td><td></td><td>1.0～1.2
1.4～1.6</td></tr>
<tr><td>双层</td><td>1.5
2.0
2.5</td><td></td><td>1.4～1.6
1.6～1.8
1.8～2.0</td><td>1.0～1.2
1.0～1.2
1.0～1.2</td><td></td><td>2.4～2.8
2.6～3.0
2.8～3.2</td></tr>
<tr><td>三层</td><td>2.5
3.0</td><td></td><td>1.6～1.8
1.8～2.0</td><td>1.2～1.4
1.2～1.4</td><td>1.0～1.2
1.0～1.2</td><td>3.8～4.4
4.0～4.6</td></tr>
</table>

如暂时忽略不同的施工方法，仅就沥青洒布而言，可将沥青洒布量(kg/m^2)抽象出来，依次排列为:0.2～0.4,0.4～0.6,0.6～0.8,…,2.8～3.0。可见，不同的施工工艺要求的沥青洒布量是一个范围，而不是一个具体数值。同时也可看到，无论洒布量大小其允许偏差范围都是0.2。

从数字表达方式来说，0.3±0.1与0.2～0.4等效，但前者是用中值0.3和极差±0.1表示，它比后者的优越性在于有一个明确的期望值，而后者仅表示洒布量落在0.2～0.4之间即可。因此，将沥青路面养护工程要求洒布量以极差方式表示更为清晰。

如果洒布量的中值用μ表示，极差用±0.1表示，则洒布量可用通式$\mu\pm0.1$表示。即满足要求，沥青洒布量落在$\mu\pm0.1$之间就是合格的。沥青路面养护工程要求洒布量用极差表示方法见表5.2-2。

沥青路面养护工程要求洒布量的极差表示 表5.2-2

规范洒布量(kg/m²)	(μ±0.1)	规范洒布量(kg/m²)	(μ±0.1)
0.2～0.4	0.3±0.1	1.0～1.2	1.1±0.1
0.4～0.6	0.5±0.1	1.2～1.4	1.3±0.1
0.6～0.8	0.7±0.1	…	…
0.8～1.0	0.9±0.1	2.8～3.0	2.9±0.1

2)检测方法

根据《沥青洒布机》(JT/T 276—2004)中4.1基本作业性能要求，沥青洒布量偏差指标规定:“沥青横向洒布量偏差≤±9%;沥青纵向洒布量偏差≤±6%”。为了对测试结果优劣进行比较，有关业务部门还定出:“沥青横向洒布量偏差≤±10%为合格，≤±9%为一等，≤±7.5%为优;沥青纵向洒布量偏差≤±8.5%为合格，≤±6%为一等，≤±5%为优”。

根据标准5.7.3.3实验方法要求，进行横向洒布均匀度采样时，采样板沿横向在有效洒布宽度内布置1,2,3,…,n个;进行纵向洒布均匀度采样时，采样板沿纵向(前进方向)连续布置16个。洒布结果将实测洒布量数据进行记录填表，而后进行统计计算。

对于测试数据的统计计算，无论是横向或纵向都可以得出测试数据的平均值 $\bar{x}$、标准差 s 或离散系数 $v\left(v=\frac{s}{x}\right)$；相对于设定值 μ 还可计算出系统误差 c（$c=\bar{x}-\mu$）。

上述测试方法中，需要注意的问题是，如何用统计计算的结果去评价沥青的洒布质量。从标准中"沥青横向洒布量偏差≤±9%；沥青纵向洒布量偏差≤±6%"来看，该数据是一个百分比误差，显然指离散系数 v。如果是，将存在两个问题：

(1)测试需要统一设定值 μ，以保证测试结果平均值 $\bar{x}$ 相近；否则，相同的标准差 s 将得出不同的离散系数，有可能 μ 值大时洒布质量合格，μ 值小时洒布质量不合格。

(2)这一评价方法没有把系统误差 c 考虑进去，而实际上洒布总量的控制主要取决于系统误差 c，影响沥青路面工程的施工质量也就在于此。

既然标准中规定洒布量偏差为≤±9%或≤±6%，为一个百分数，一般会认为是洒布量的试验测定均值与设定值之差除以设定值，即洒布量偏差$=\frac{x-\mu}{\mu}$。如果是，也存在上述问题。就是同样的系统误差，不同的设定值 μ 将得出不同的洒布量偏差，μ 且这一评价方法没有考虑标准差 s 对洒布质量的影响。

道路施工中，对洒布量 $\mu\pm0.1$ 的要求是靠沥青洒布量及其精度来保证的，然而由于沥青洒布机的复杂性，洒布时的系统误差和随机误差的影响，每次洒布量抽检是不可能一致的。理论和实际表明，沥青洒布量是一个随机变量，符合正态分布 $N(\bar{x},s^2)$，其概率密度分布为：

$$P_{\mathrm{N}}(x)=\frac{1}{s\sqrt{2\pi}}\mathrm{e}^{-\frac{(x-\bar{x})^2}{2s^2}}$$

式中：$\bar{x}$——测量值的均值；

s——标准差。

用置信概率表示洒布量精度比较符合沥青洒布量的沥青路面养护工程要求，就是实际洒布量落入设计洒布量 $\mu\pm0.1$ 区间内的概率。例如：置信概率 99.7%，偏差区间是−3s～+3s；置信概率 95.4%，偏差区间是−2s～+2s，其相应关系如表 5.2-3 所示。

置信概率、标准差关系 表 5.2-3

置信概率(%)	正态分布区间范围	标准差 $s(\mu\pm0.1)$
99.7	−3s～+3s	0.033
95.4	−2s～+2s	0.050

由于系统误差的存在，实际洒布量抽样检验的均值 $\bar{x}$ 将偏离设计洒布量中值 μ（$c=\bar{x}-\mu$），对于某一次抽样检验而言，权且认为 c 是一个常数。c 的存在将降低沥青洒布量的置信概率，显然只有当 $c=0$ 时，置信概率最大。然而，在实际工作中，c 值不可能等于 0，故在评价洒布量精度时，应把均值 $\bar{x}$ 和标准差 s 作为检验洒布量精度的条件，把沥青路面养护工程洒布量 $\mu\pm0.1$ 作为检验洒布量的根据。洒布量精度置信概率：

$$P_{\mathrm{s}}=\int_{\mu-0.1}^{\mu+0.1}\frac{1}{s\sqrt{2\pi}}\mathrm{e}^{-\frac{(x-\bar{x})^2}{2s^2}}\mathrm{d}x$$

沥青洒布量的置信概率 P_{s} 还可以用图 5.2-1 通过系统误差 c 和标准差 s 查找。为了对沥青洒

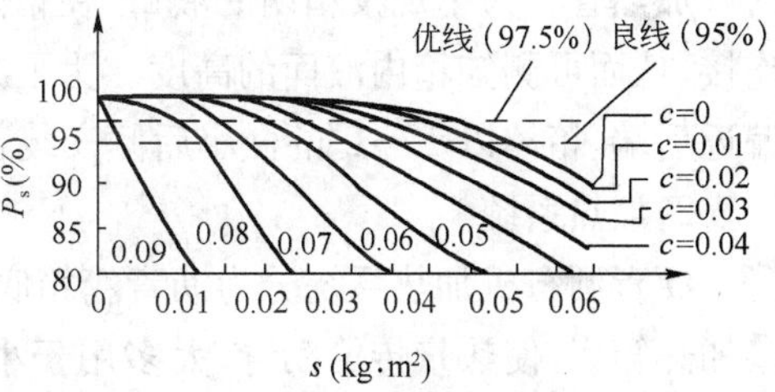

图 5.2-1 置信概率 P_{s} 随标准差 s 变化关系

布量精度进行分级，还可对置信概率 P_s 进行人为分级，如优线、良线等。

显然，沥青洒布量精度误差 $d=1-P_s$。

5.2.4 结构与原理

如图 5.2-2 所示，沥青洒布机主要由保温沥青箱、加热系统、传动系统、循环洒布系统、操纵机构及检查、计量仪表等组成。

沥青洒布机的主要工作流程：由沥青泵从沥青熔化池中将热沥青吸入储箱；运输到施工现场，通过加热系统将沥青加热到工作温度；操纵控制机构，开启喷洒阀门；通过洒布管、喷管，由沥青泵将热沥青按一定的洒布率及一定的洒布压力喷洒到路面上。作业结束后，即操纵沥青泵反向运转，将循环管路中的残留沥青吸送到沥青保温箱中。

1)沥青箱

如图 5.2-3 所示，沥青箱主要包括箱体、隔热层、外罩、溢流管、过油管、阀门、隔板、加热管、浮标及固定架等部件。

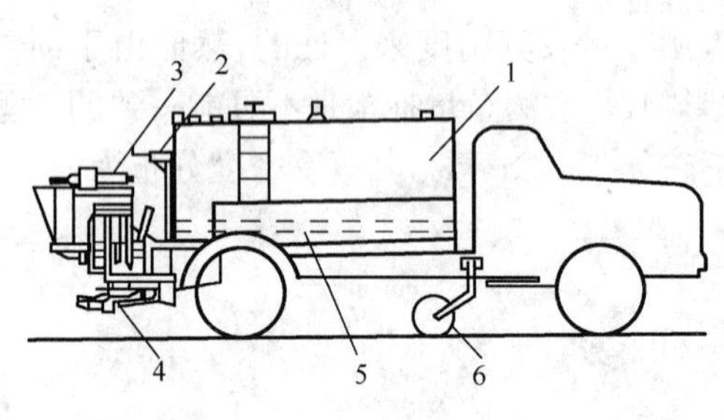

图 5.2-2 沥青洒布机

1-沥青箱；2-操纵系统；3-动力及传动装置；4-洒布系统；5-加热系统；6-第五车轮测速仪

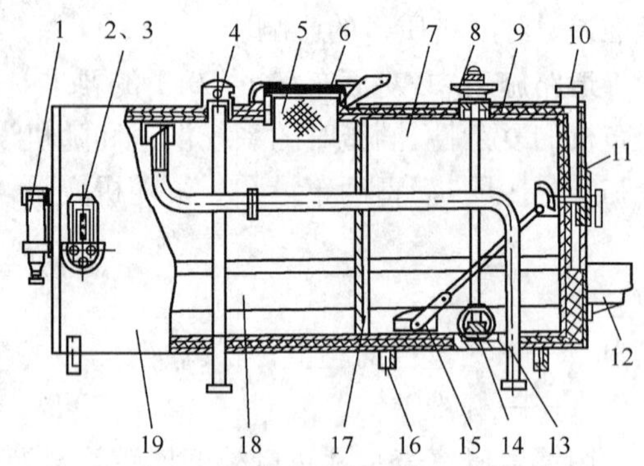

图 5.2-3 沥青箱

1-灭火器；2-温度计；3-溢流管；4-排气盖；5-进料滤网；6-进料口盖；7-箱体；8-总阀门手轮；9-保温层；10-排烟口；11-刻度盘；12-固定喷灯；13-进油管；14-总阀门；15-浮标；16-沥青箱固定架；17-隔板；18-加热火管；19-箱外罩

沥青箱一般为一个用 3～5mm 厚的钢板焊接成的椭圆形断面长筒，筒体外包有一层约 50mm 厚的隔热保温层，隔热保温层外通常再包裹一层薄钢板外罩。为了减缓箱内液料在沥青洒布机行驶时所产生的冲击振荡以及加强箱体的坚固性，在箱内的中部焊有一块横隔板，使箱体分隔成前后两室，以减少冲击。箱顶中部设置有带滤网的大加油口，箱体中部焊有一块横隔板，箱底后部开有出油孔，孔内置有总阀门。为了加热箱体内的沥青，一般箱体中下部还排列有加热管。为了观察箱内的液量，在箱内置有浮标，它通过杆件与箱后壁外侧的刻度盘指针连接，从而可测知箱内液面的高度。为了减少箱底沥青残留量，常在底部特设凹槽，底阀位置偏近后端，箱体以 1°～2°的微小后倾安装在车架上。

2)加热系统

沥青洒布机加热系统分为沥青箱箱底加热和箱内加热两种方式。箱底加热方式是火焰直接加热箱底，使热量传给沥青，大多用于小型沥青洒布机。箱内加热方式目前大多采用 U 形或 L 形火管，根据沥青箱大小可用 1 根或 2 根火管。

如图 5.2-4 所示，加热系统主要由燃油箱、喷灯、U 形火管和带燃油滤清器的油管系统所组成。

3)传动系统

自行式洒布机的传动系统包括两部分，一部分是将发动机的动力传递给基础车的驱动轮使车辆行驶，它由汽车底盘部分的传动系统来执行；另一部分是驱动沥青洒布机沥青泵工作的传动系统，它是由装在基础车右侧的分动箱来完成的。传动的顺序是：发动机→离合器→变速器→分动器→传动轴及联轴器→沥青泵，在联轴器与泵轴之间安装有安全销，一旦油泵超载，安全销首先折断而起到安全作用。

4)洒布系统

洒布系统的主要功能是：从沥青储料箱内吸进高温液态沥青，完成液态沥青的洒布工作；工作完成以后抽空储料箱和洒布管内的余留沥青；输送液态沥青；液态沥青通过管道不断循环，使储料箱内的沥青保持均匀的温度。

如图 5.2-5 所示，洒布系统主要包括：沥青泵、洒布管道和大小三通阀三个部分。沥青泵一般为低压齿轮泵，安装在输油总管上，转速为 150～600r/min，控制转速即可控制沥青的洒布量。

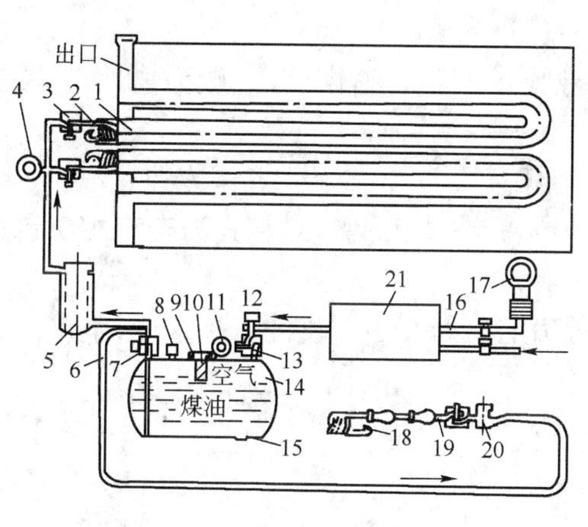

图 5.2-4　沥青洒布机加热系统

1-火管；2-固定喷灯；3-喷灯开关；4-压力表；5-燃油滤清器；6-手提式喷灯软管；7-燃油箱出油开关；8-安全阀；9-油箱盖；10-滤网；11-油箱压力表；12-安全阀；13-进气开关；14-燃油箱；15-放油塞；16-气管；17-空气压缩机；18-手提式喷灯；19-手提式喷灯开关；20-滤网；21-汽车制动系储气筒

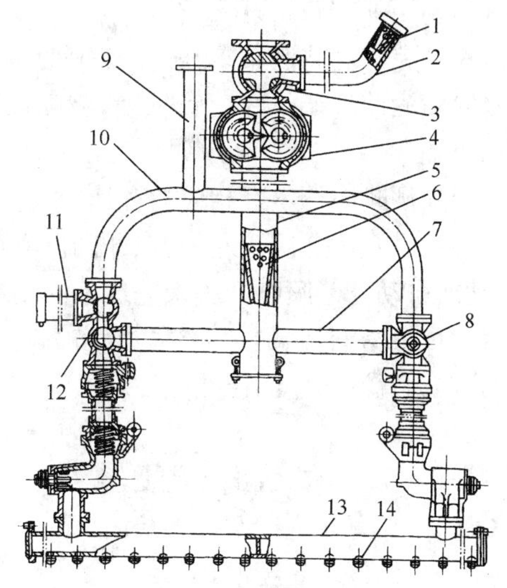

图 5.2-5　洒布系统

1、6-滤网；2-加油管；3-沥青泵主三通阀；4-沥青泵；5-输油总管；7-横管；8-右横管小三通阀；9-进油管；10-循环管；11-转输时放油管；12-左横管小三通阀；13-洒布管；14-喷嘴

循环洒布管道是用不同长度和规格的无缝钢管做成的，其作用是输送高温液态沥青。管道应力求短，以减少热量损失。它一般由吸油管、输油总管、横管、进油管、循环管、洒布管等所组成。洒布管中间被隔开，以控制左右侧沥青洒布；洒布管的长度一般为 2～2.5m，并每隔 100mm 开一个小孔，以便配制不同规格的喷嘴。喷嘴按不同的需要选定。为了扩大洒布机的使用范围，在洒布管的两侧可以临时安装活动洒布管。

三通阀用来控制液态沥青在管道内流动的方向，通过操纵三通阀的不同位置，并配合沥青泵的正反转，可以完成沥青洒布机的吸油、循环、洒布、左右洒布、抽空和少量洒布等多种作业形式。

5)操纵机构

如图 5.2-6 所示，操纵机构是由站在沥青洒布机后面的操纵台上的工作人员通过手轮和操纵杆等进行操纵。操纵包括三通阀的拨转和洒布管的升降两部分。前者在一般作业中拨动一次即可，后者则在洒布过程中要根据施工的需要经常操作和调整。

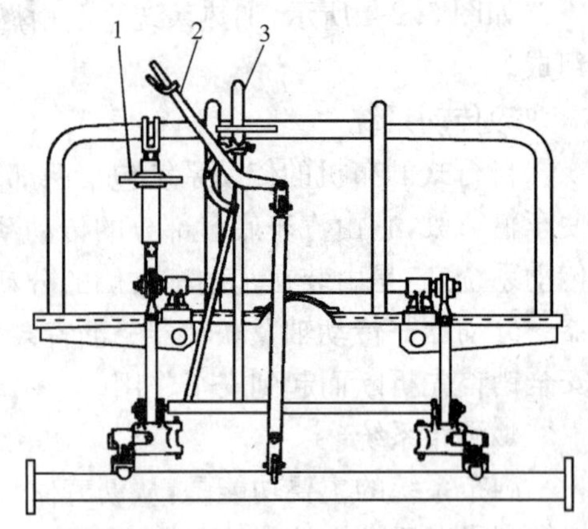

图 5.2-6 沥青洒布机的操纵机构

1-洒布管的升降手轮；2-洒布管的喷洒角调整手柄；3-洒布管左右摆动的推杆

5.2.5 技术使用

(1)沥青洒布机在工作前，首先要检查沥青泵是否被冷沥青凝固，如发现有凝固现象，则需用手提喷灯将其烤热熔化，直到泵能运转自如为止。

(2)利用外部管路泵入或沥青泵吸入对沥青箱加注沥青，加注时通过液位指示器观察箱中油位，充油完毕后将洒布车开至沥青喷洒地段。

(3)喷洒前先调整好喷管长度，将喷管根据作业要求调至合适高度，一般为离地面 25cm 左右。

(4)喷洒时应调整好相应的车速，平稳前进，不得任意摆动、急转转向盘或变速。

(5)操纵主三通阀及左、右三通阀以实现全喷洒或左、右半喷洒。对新式沥青洒布机可通过手动或自动开闭喷嘴开关来完成不同洒布作业要求。

(6)可根据沥青泵的生产率、洒布宽度及洒布量确定出沥青洒布机的行进速度，也可由下式计算出沥青洒布车的作业速度：

$$v = Q_L / q \cdot B$$

式中：v——沥青洒布机工作速度，m/min；

Q_L——沥青泵生产率，L/min；

B——沥青洒布宽度，m；

q——每平方米面积洒布量，L/m^2。

(7)石油沥青的加热温度一般为 140～160℃，过低(低于 100℃)，喷洒困难，过高，沥青会老化变质甚至起火燃烧。SBS 改性沥青洒布温度一般为 160～180℃，温度过低沥青黏度过大洒布质量难以保证。因此，在工作前首先检查沥青温度。

工作中若用燃烧器加热沥青应经常观察沥青温度，并保证沥青在循环系统中能连续循环。

(8)作业中要使沥青洒布机有稳定喷洒压力。喷雾角是由压力来维持的，压力不稳，会使喷洒的扇形雾化状况有变化，致使喷洒不均。

(9)相邻喷洒带之间有一定的重叠量，一般横缝重叠量为 10～15cm，纵缝重叠量为 20～30cm。

(10)在工作完成以后，或者罐内沥青已喷洒完毕，应立即关闭三通阀，并升起洒布管，使其喷嘴向上，并倒转沥青泵，将管内沥青抽回箱内，并用喷灯熔化喷嘴或部分管道内的沥青，使其全部回收到罐内。

(11)手提喷灯点燃时不允许接近易燃品，若喷灯的火焰过大或扩散蔓延时，应立即关闭喷灯，使其余燃物烧尽后再点燃。

(12)喷燃器的压缩空气压力一般为 0.3～0.4MPa，当喷燃器熄灭以后，应关闭燃油箱的进气开关，并完全降低箱内的剩余压力。

(13)沥青洒布机在工作时严禁使用喷燃系统，满载行驶时要避免紧急制动，遇有弯道斜坡应提前减速。

(14)喷洒时，沥青洒布车应在距喷洒起点 5～10m 处起步，到达喷洒起点时，迅速打开左右管道上的三通阀；洒布作业停止后，沥青洒布机应继续前进 4～8m 停车。

5.2.6 智能化沥青洒布机

1)结构

智能化沥青洒布机就是在普通沥青洒布机的基础上增加了智能模块，通过电脑自动调节和计算喷洒量，还可以通过气动开关来实现升降、平移、开关喷嘴、清洗、喷洒等多种功能，大大简化了操作。智能化沥青洒布机可广泛用于运输和洒布高温液态沥青、乳化沥青和改性沥青等，作为黑色路面的透油层、下封层和黑色路面各层之间的黏层，它也是石屑封层的主要机械。

如图 5.2-7 所示，智能化沥青洒布机主要由汽车底盘、液压系统、导热油系统、加热系统、罐体、智能控制系统、后喷管路系统等组成。

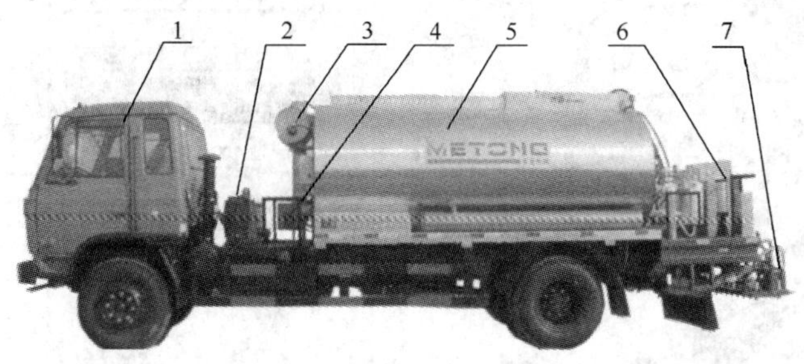

图 5.2-7 智能化沥青洒布机

1-汽车底盘；2-液压系统；3-导热油系统；4-加热系统；5-罐体；6-智能控制系统；7-后喷管路系统

智能化沥青洒布机的工作过程是通过液压系统和智能控制系统把罐体内的沥青从后喷管道系统中以设定的喷洒量喷洒出来。为防止沥青由于温度降低而凝固，又采取了燃烧器保温罐体和导热油系统保温管道的技术。

沥青罐四周采用硅酸铝保温材料隔热，保温性能较好，一般情况不需加温。沥青由后固定喷管按设定量自动喷洒。沥青泵外置，便于维修，通过导热油加热保温，既节省能源又环保。管路系统采用高压空气清洗，喷嘴不易堵塞。液压系统采用变量泵控制，稳定、可靠、精度高。智能控制系统的核心是采用西门子(SIEMENS)控制器为硬件；车速的检测采用雷达测速传感器，不受轮胎半径变化影响。自动燃烧器热效率高、稳定性好。

2)技术特点

智能化沥青洒布机有如下技术特点：

(1)导热油加热方式改变了传统的火管加热方式，导热油加热系统原理如图 5.2-8 所示。

(2)如图 5.2-9 所示，洒布杆采用折叠和液压伸缩方式改变洒布宽度，取代了以往通过更换不同长度洒布杆改变洒布宽度的方式。

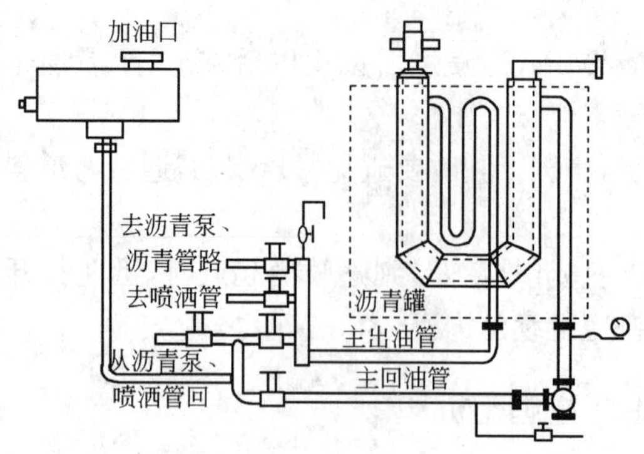

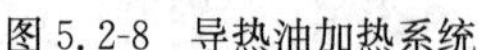

图 5.2-8　导热油加热系统

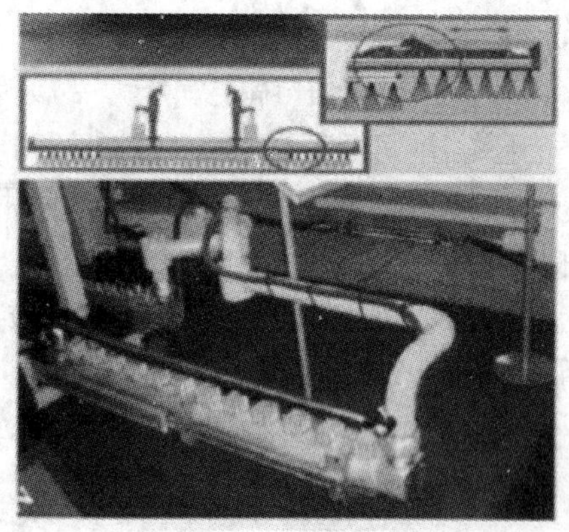

图 5.2-9　伸缩式洒布杆

(3)液压传动技术的引入,改变了以往机械式沥青洒布机洒布量调节范围过小的缺陷,现在的沥青洒布机洒布量范围在 0.3～3kg/m² 范围内连续可调。图 5.2-10 为沥青泵驱动液压系统。

(4)如图 5.2-11、图 5.2-12 所示,采用了先进的电子技术。

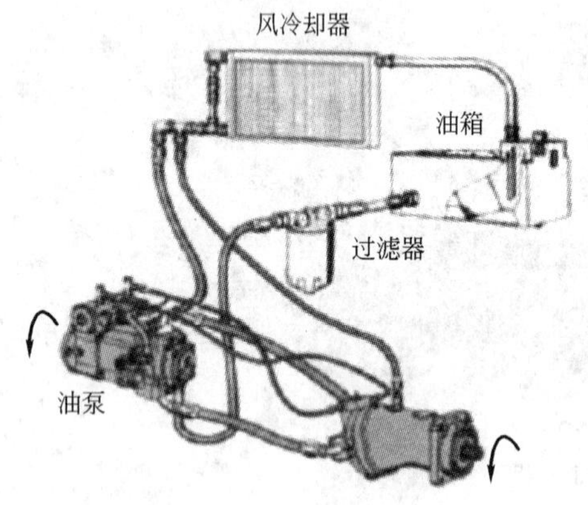

图 5.2-10　沥青泵驱动液压系统

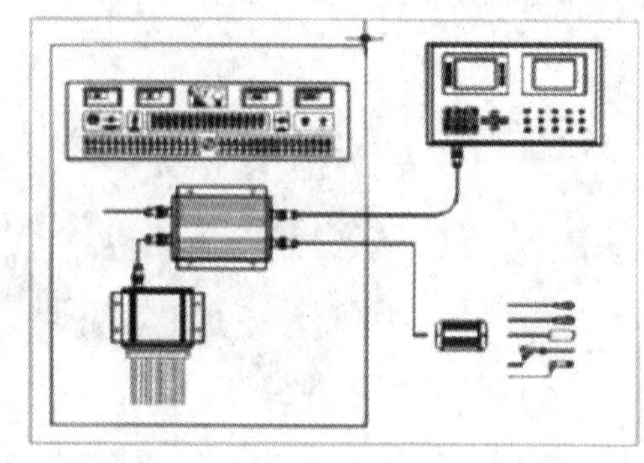

图 5.2-11　控制系统框图

(5)如图 5.2-13 所示,先进的测控技术可以消除动力半径变化和地面滑转等因素对洒布量的影响,使洒布精度进一步提高。

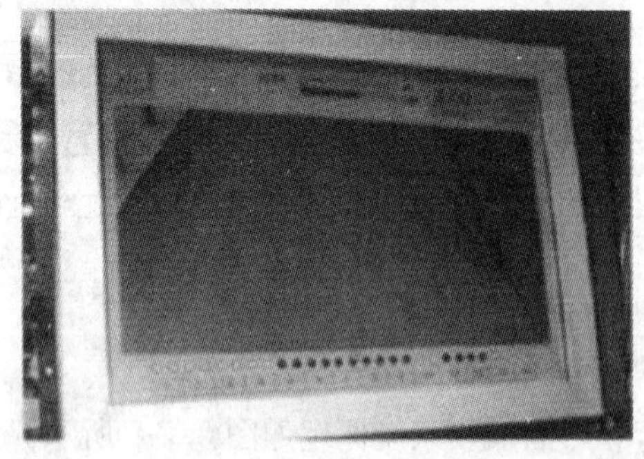

图 5.2-12　能根据路面状况实时调节的视频监控系统

图 5.2-13　雷达测速装置

3)控制系统功能

智能化沥青洒布机控制系统的功能包括：

(1)沥青洒布量的恒定控制。控制系统能够根据作业车速度变化,对沥青泵的转速进行实时调节,维持沥青喷洒量恒定。

(2)沥青温度和导热油温度的自动控制。控制系统可对喷燃器的启闭进行手动和自动控制,控制沥青和导热油温度在预设的温度范围内。

(3)喷洒、循环等功能一键控制。

(4)人性化操作界面。人机界面简单直观,显示器能够显示主要的工作参数。显示参数一般包括:洒布宽度、洒布量、沥青密度、沥青泵温度、沥青罐内温度、推荐车速、实测车速、推荐挡位、推荐泵速、实测泵速、实测洒布距离、报警信息等。

(5)故障监测、诊断及保护功能。控制系统能够进行故障监测、显示和报警。对误操作,控制系统能够实现自我保护。

(6)GPS、GSM 远程通信。

4)沥青洒布质量控制

(1)控制流程。实际施工过程中,由于发动机、液压泵、液压马达和沥青泵系统调节范围的局限性,沥青洒布机无法在某一挡位下进行所有洒布量的作业,宽度变化还会使得这一过程更加复杂。因此,如图 5.2-14 所示,洒布量的分布必须按照挡位和洒布宽度进行分配。沥青洒布量控制流程如图 5.2-15 所示。

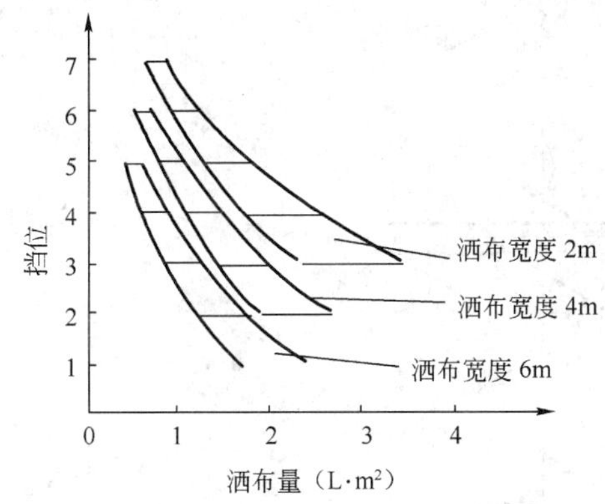

图 5.2-14　沥青洒布量按挡位分布

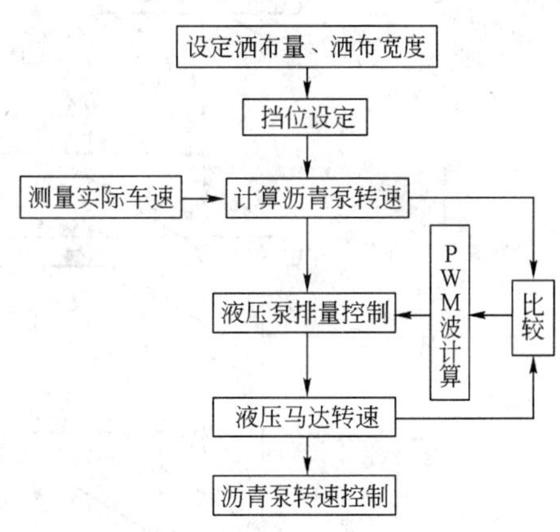

图 5.2-15　沥青洒布量控制流程

(2)单喷嘴洒布。沥青洒布机通常可采用锥形喷嘴或长缝喷嘴。锥形喷嘴喷洒出的沥青呈圆锥状,相邻两喷嘴喷洒出的圆锥状沥青幕帘在空中发生干涉,造成沥青洒布的横向不均匀。而长缝喷嘴喷洒出的沥青呈扇形状,只需将喷嘴旋转一定角度,便可避免两相邻喷嘴喷洒出的沥青幕帘产生干涉,并易于实现沥青的多重叠洒布。智能化洒布机都采用长缝喷嘴。

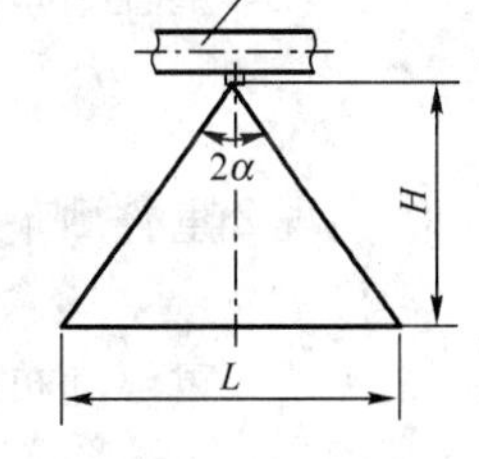

图 5.2-16　单喷嘴喷洒扇形

如图 5.2-16 所示为单喷嘴喷洒液态沥青所形成的扇形尺寸。

$$L = 2H\tan\alpha$$

式中:L——单喷嘴实际喷洒宽度；

H——喷嘴距地高度；

2α——喷洒扇形角。

如图 5.2-17 所示，为避免相邻两喷嘴喷洒出的沥青幕帘产生干涉，喷嘴应旋转一定的角度，即喷嘴口部开的长缝中心线与喷洒管轴线形成一定夹角。

根据图 5.2-18，可得出单个喷嘴在横向（即路面宽度方向）的有效喷洒宽度。

$$B = 2H\tan\alpha\cos\phi$$

式中：B——单喷嘴有效喷洒宽度；

ϕ——喷嘴旋转角。

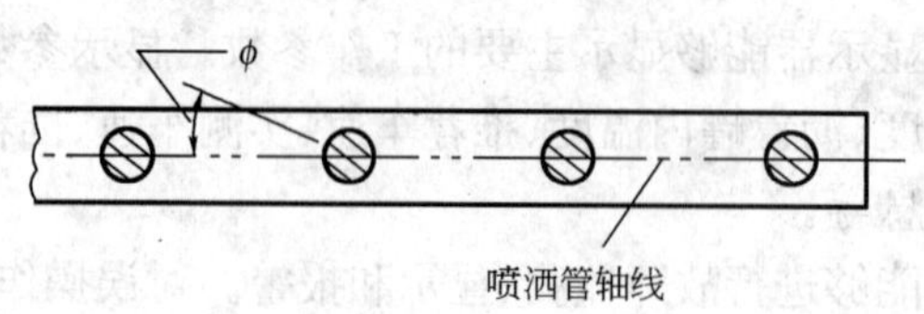

图 5.2-17 喷嘴旋转角

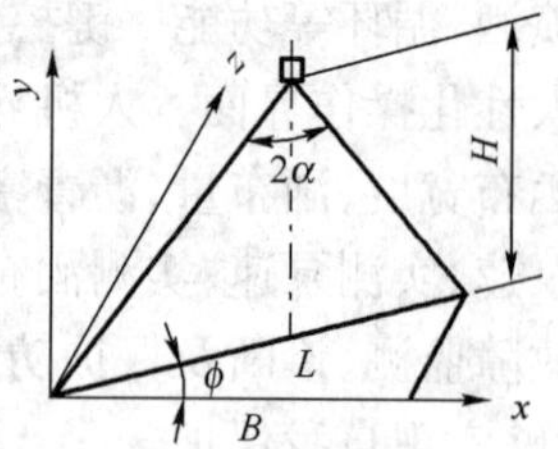

图 5.2-18 单喷嘴旋转一个角度参数

(3)多重叠洒布。如图 5.2-19 所示为沥青洒布机喷洒管沥青形成多重叠洒布，其中图 a)、b)、c)分别为 1～3 重叠洒布的情况，图中 b 为喷嘴间距。

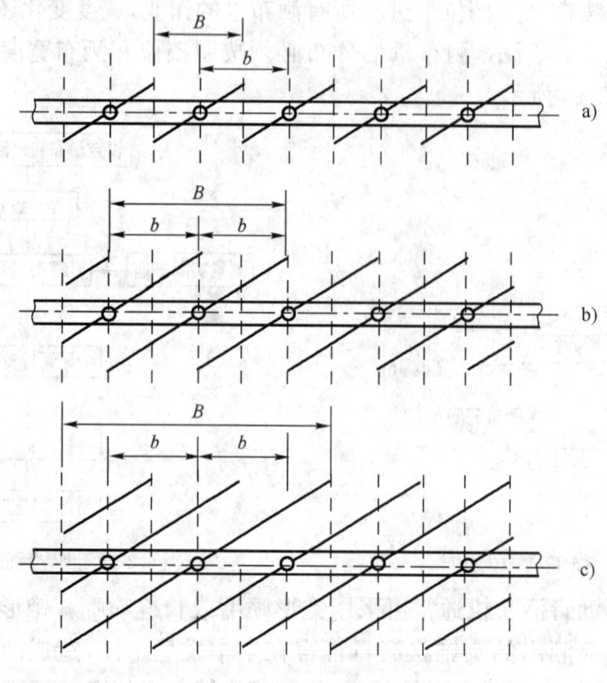

图 5.2-19 多重叠洒布

①实现单重叠洒布的条件。如图 5.2-19a)所示，若实现单重叠洒布，则要求 $B=b$，即：

$$H\tan\alpha\cos\phi = \frac{1}{2}b$$

②实现 2 重叠洒布的条件。如图 5.2-19b)所示，若实现 2 重叠洒布，则要求 $B=2b$，即：

$$H\tan\alpha\cos\phi = b$$

③实现 3 重叠洒布的条件。如图 5.2-19c)所示，若实现 3 重叠洒布，则要求 $B=3b$，即：

$$H\tan\alpha\cos\phi = \frac{3}{2}b$$

如图 5.2-20 所示，调整喷嘴离地高度，实现多重叠洒布。

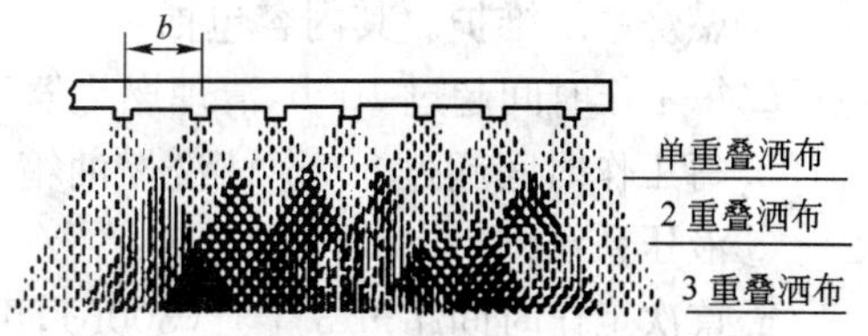

图 5.2-20 调整喷嘴距地高度实现多重叠洒布

(4)沥青温度与喷洒压力对质量的影响。沥青温度与喷洒压力对喷洒质量的影响见表5.2-4。沥青温度的具体反映与表现就是它的黏度。对热沥青而言，温度越低，黏度越高，导致沥青的喷雾质量变差，雾化角减小，影响沥青喷洒的宽度和重叠区域。喷洒压力的变化，最直接的反映是喷嘴的流量变化和雾化效果。压力降低、流量减小，雾化效果变差，喷雾角相应减小。

在实际使用过程中，要求保证沥青温度和喷洒压力的稳定，从而控制沥青洒布质量。

沥青温度与喷洒压力对喷洒质量的影响 表 5.2-4

影响因素	流量	喷雾效果	流量分布	影响结果
沥青温度	影响很小	温度降低，喷雾角减小，雾化效果降低	温度降低，均匀性变差	喷洒的重叠区域变小，流量分布均匀性变差
喷洒压力	压力降低，流量减少	压力降低，喷雾角减小，雾化效果降低	压力降低，均匀性变差	

5)维护与修理

(1)新车走合期维护。其内容包括：

①新车的走合期限为行驶 2 500km，作业时间 60h。

②新车在行驶 2 500km 以内，必须到汽车底盘特约维修站做“走合期维护”。

③应按《汽车使用说明书》新车走合期一节中的规定严格执行。

④在新车走合期限内，沥青洒布车应低速行驶；实载质量应在额定荷载的 60%以下。

⑤每天应检查各部位的螺栓紧固情况，检查沥青、燃油、液压油、高压空气、冷却水各管路接头有否渗漏和松动。

(2)周期维护。应在洒布作业结束后 0.5h 以内进行。

①用压缩空气吹喷洒管，以彻底清除喷洒管中的沥青。

②排空沥青过滤器中的沥青。

③长期停机时应给沥青泵灌注柴油，以利于下次顺利启动。

(3)技术维护。沥青洒布车在使用过程中，应按时进行技术维护，以保证沥青洒布机械正常运行、延长其使用寿命。洒布车除底盘部分必须按《汽车使用说明书》严格进行各级技术维护外，还必须对各工作系统定时做好维护工作。

①动力传动系统润滑。每工作时间超过 200h，应对传动轴、泵传动装置加注润滑脂。

②空压机维护。其内容包括：

a. 每工作时间超过 100h，清洗空气滤芯。

b. 经常检查机油液面，必要时予以补充。

c. 检查传动带，严重磨损时则更换。

③沥青泵维护。其内容包括：

a. 经常检查沥青泵输入轴颈处是否漏油，将压紧螺母往内旋 1～2 圈。

b. 每工作时间超过 100h，加 1～2 圈密封盘根，加的过程中在轴颈、密封盘根、压紧螺母内表面涂抹耐高温润滑脂。

④燃烧系统维护。其内容包括：

a. 每工作时间超过 100h，清理燃烧器积炭。

b. 每工作时间超过 300h，清洗燃油箱。

⑤液压系统维护。其内容包括：

a. 首次工作时间超过 3 个月(300h)，更换液压油。以后每年更换液压油一次，并清洗液压油箱。如果液压油没有变质，可采用 5μm 以下过滤机过滤后再使用。

b. 首次工作时间超过 3 个月(300h)，更换吸、回油滤芯，以后每年更换吸、回油滤芯一次。

c. 检查各管道接头，发现渗漏，则更换密封圈。

d. 经常检查液压油面，必要时予以补充。

⑥更换清洗油箱内柴油。其内容包括：

a. 及时补充清洗油箱内柴油。

b. 每 2～3d 将清洗油箱内柴油全部放出，清洗油箱底部沉淀沥青，可将放出的柴油经沉淀、过滤后重新灌入。

5.3 石屑撒布机

5.3.1 分　　类

石屑撒布机是以一定的宽度、一定的流量继沥青洒布后向地面撒布石屑的机械。石屑撒布机用于沥青路面的新建和养护作业。新建和改建路面用于下封层石屑撒布，即在沥青下封层表面上撒布一层石屑，撒布量为 4～6L/m^2，能够覆盖沥青表面 80%，同样方式亦可用于沥青路面应力吸收层石屑撒布。沥青路面预防性养护作业，常用层铺法对沥青路面进行表面处置。

石屑撒布量以 m^3/1 000m^2 数来表示；也用 L/m^2 数来表示。石屑撒布量的大小取决于底盘移动速度和石屑排出流量。当底盘移动速度一定时，石屑排出流量增大，则撒布量增大，石屑排出流量减小，则撒布量减小；当石屑排出流量一定时，底盘移动速度增大，撒布量减小，相反，底盘移动速度减小，撒布量增大。为求得需要的石屑撒布量，现有的石屑撒布机，不论是手动控制或自动控制都是通过调节两者的不同配合来实现的。石屑排出采用撒布辊法，即用旋转的撒布辊将自然堆积起的石屑抛撒出去；石屑排出装置通常安装在可移动的底盘上，根据不同的底盘和移动方式，石屑撒布机可分为悬挂式、拖式和自行式三种。

5.3.2 悬挂式石屑撒布机

悬挂式石屑撒布机是固定悬挂在自卸车的车厢后面与自卸车共同工作。其撒布过程是：装有石屑的自卸车厢被顶起后，在石屑自身重力的作用下流至处于旋转状态的撒布辊上，并在撒布辊的旋转带动下抛至分流板上，然后石屑沿倾斜的分流板下滑，经反弹布料板后落向地面。分流板是一个带沟槽的上窄下宽的梯形结构，上端宽度与撒布滚宽度相配合，宽度约 2 300mm，下部宽度为 3 000～3 100mm，用以将石屑撒布扩宽。石屑经反弹布料板后落地，可以使石屑撒布更加均匀。

1)分类

根据技术特点对悬挂式石屑撒布机可分为以下三类：

(1)根据有无辅助发动机,悬挂式石屑撒布机又可分为带辅助发动机的悬挂式石屑撒布机和不带辅助发动机的悬挂式石屑撒布机。

(2)根据驱动撒布辊的动力源,悬挂式石屑撒布机又可分为液压驱动悬挂式石屑撒布机和电驱动悬挂式石屑撒布机。

(3)根据启动料斗闸门的动力源,悬挂式石屑撒布机又可分为气动门悬挂式石屑撒布机和机械门悬挂式石屑撒布机。

图 5.3-1 所示是一种无辅助发动机、电驱动撒布、机械操作启闭料斗闸门的悬挂式石屑撒布机,结构简单,制造成本低,可靠性强,使用性能好。采用电驱动撒布辊的优点:一是撒布辊驱动功率不大,约 200W;二是对汽车底盘运行来说,石屑撒布工作时间较短,汽车有足够的时间为蓄电池恢复充电;三是调速较为方便,可通过控制箱上的“霍尔手柄”对撒布辊进行调速,以达到石屑撒布量的设定要求。

图 5.3-1　悬挂式石屑撒布机

石屑撒布机安装示意如图 5.3-2 所示。

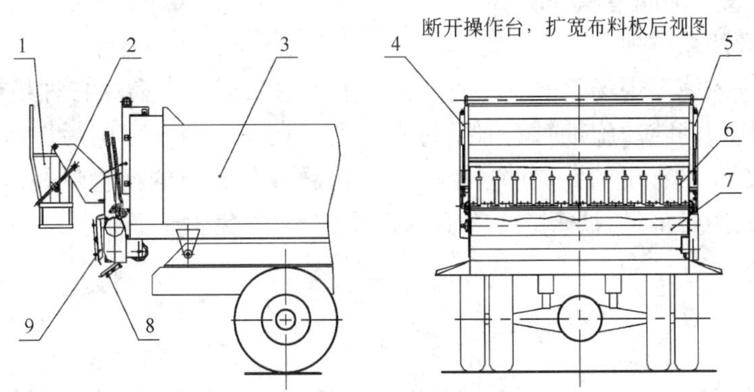

图 5.3-2　悬挂式石屑撒布机安装

1-操作台;2-导杆;3-自卸车料箱;4-闸门开启手柄;5-料门调节手柄;6-单闸门操作手柄;7-撒布辊;8-反弹布料板;9-分流板

2)操作程序

悬挂式石屑撒布机无论哪种结构形式,其操作程序大体是一样的,现以液压驱动撒布方式为例:

(1)启动汽油机,使齿轮泵工作,液压油经液压油管、分流阀、摆线马达,通过链轮使撒布辊旋转。

(2)操纵转盘,调节好料门的开启限位高度。

(3)选择好合理的车速,与相应的撒布要求相匹配。

(4)打开气缸阀门的控制开关,石屑随即撒布至路面上。

3)撒布宽度调节

撒布宽度最大为3 100mm,其他宽度可以通过关闭闸门数量(共10个闸门)来进行调节。

4)撒布量调节

(1)通过改变分流阀的流量来调节撒布辊的转速。

(2)改变闸门的开启大小。

(3)调节车辆的行驶速度。

5)影响撒布均匀的因素

(1)车厢的倾斜角度(最佳角度为35°)。

(2)车厢的出料底板的平整度。

(3)分流板的倾斜角度。

(4)下滑板的倾斜角度。

(5)车速的稳定性。

(6)石屑的清洁及干燥等。

6)维护

其内容包括:

(1)使用前,须检查液压油箱的液位高度。

(2)汽油机的维护按其使用说明书的规定进行。

(3)液压缸活塞杆表面,每周应涂一次润滑脂。

(4)撒布闸门转动轴部位,每周应注射一次润滑脂。

(5)撒布辊轴承座处每周注入一次润滑脂。

(6)传动链处每周加润滑脂一次。

7)施工方法及注意事项

石屑撒布机进入施工现场之前,应先在路上进行试撒,以确定撒布各种规格石料时应控制的供料量和撒布料门间隙。施工时石屑撒布机应紧跟在沥青撒布车的后面,最小安全距离保持在10～15m。石屑撒布机的石屑储备量应与沥青撒布车撒布的沥青量相匹配,如果不能及时撒布石屑或石屑用量不足,沥青撒布车必须停止施工,避免由于沥青黏结剂冷却而降低石屑与沥青的黏结效果。

5.3.3 拖式石屑撒布机

拖式石屑撒布机(图5.3-3)主要由带有拖臂和行走轮的底盘,料斗和石屑撒布机构,支撑轮机构以及操纵机构等组成,如图5.3-4所示。

1)主要性能特点

(1)自身不带动力,靠自卸车倒车行驶推动行走。

(2)石屑通过撒布辊不经分料板直接抛落地面,落地宽度与撒布滚宽度相同,防止了因分料板引起的撒布不均匀性。

(3)撒布辊的动力来自拖式石屑撒布机的行走轮(图5.3-4中的9),通过一组传动链轮调速后驱动撒布辊撒布石屑。由于撒布辊与行走轮联动,将导致石屑撒布量自动受控于行驶速度,撒布量随行驶速度增减,有效保证了石屑撒布的均匀性。

(4)拖式石屑撒布机与自卸车联机工作,石屑撒布完之后再与自卸车脱机。因此,一台拖式石屑撒布机可配合多台运料自卸车在现场连续工作,可以节省石屑撒布机的购置数量。

(5)撒布辊离地面较低,有利于减少石屑飞溅。

2)主要性能指标

(1)石子粒径:5～35mm。

(2)撒布幅宽:250～3 000mm(级差 250mm)。

(3)撒布速度:50～80m/min。

3)操作(参考图 5.3-3 及图 5.3-4)

图 5.3-3 拖式石屑撒布机外观

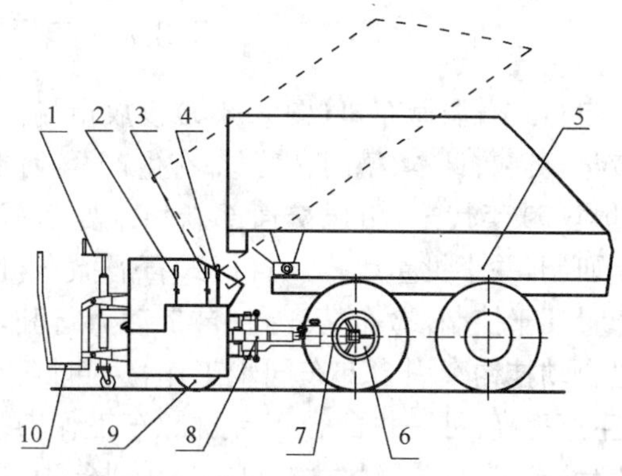

图 5.3-4 拖式石屑撒布基本组成

1-支撑轮升降摇把;2、3-离合器手柄;4-制动器手柄;5-自卸车料箱;6-拖臂夹持盘;7-伸缩臂;8-支撑调节杆;9-行走轮;10-工作台

(1)将碎石撒布机运至施工现场,将离合器手把 2 和 3 等放至"分离"位置。装满石子的自卸车倒至撒布机工作面,对正。调整伸缩臂 7 到适当孔位,插上插销,使两边拖臂夹持盘 6 扣在自卸车的轮辋上(与支撑轮及自卸车配合协同调整)。转动支撑调节杆 8 及支撑臂的端头,使支撑臂端头销孔与伸缩臂外套侧耳销孔对正,插上插销。最后再转动支撑调节杆 8,使整个牵引臂与自卸车车轮紧定牢固。

(2)转动支撑轮升降摇把 1,使支撑轮离开地面。扳动闸门手把(图中未标出),使闸门关闭。搬动料门调节手把,在不影响闸门关闭的情况下,使料门开度定在经验位置(平时根据石子不同粒度及空隙率调整的位置)。自卸车向料斗内倾倒石子。

(3)松开制动器手柄 4,将离合器手柄 2、3 等搬至"结合"位置。工作开始,自卸车缓慢退行,同时应开启闸门,观察撒布情况,再根据实际情况微调料门开度,以达到撒布要求。

(4)工作台 10 上应有 1～2 人配合操作,有人石子或其他异物阻料时应及时排除。

(5)石子撒完停车时,将离合器手柄 2 和 3 放至"分离"位置,关闭闸门,并扳动制动器手柄 4 使石屑撒布机制动。转动支撑轮升降摇把 1 使支撑轮撑地。转动两边支撑调节杆 8,放松夹紧,拔掉插销,扳转伸缩臂 7,使夹持盘 6 脱离汽车轮辋,自卸车开走再次装料。如此反复进行。

(6)调整撒布宽度时,拉动单个闸门调节手把(图未示),打开部分闸门。

4)安全规程

(1)运转前按要求进行润滑。各离合器手柄都必须放在分离位置,闸门处于关闭状态。

(2)运转后根据作业要求,调整离合器位置及开启闸门和调节料门。

(3)严禁超标号的大石子进入料斗。

(4)严禁将工具等异物放入料斗。

(5)运行过程中,严禁用手触动运转部件或拨动料斗内石子。

(6)自卸车与本机连接后至运行前,必须将支撑轮提起,制动器松开。自卸车停止作业并与本机脱离前,必须先将支撑轮放下支撑牢固,制动器抱紧,闸门关闭,离合器脱开。运行过程中严禁操作制动器。

(7)严禁将装有石料的石屑撒布机械单独停在坡道上。

(8)严禁在非作业现场推拉石屑撒布机行走。

5.3.4 自行式石屑撒布机

自行式石屑撒布机(图 5.3-5)投放市场的时间较早,英国、日本、德国、美国都有生产。我国是20世纪70年代末,由原交通部新津筑路机械厂开始研制,并小批量生产。自行式石屑撒布机的撒布量便于控制,撒布精度高;自带动力行驶,可通过自动挂钩牵引自卸车同步工作,边卸料边撒布,生产率高;可一机配合多台自卸车工作,减少购机台数。自行式石屑撒布机前进中进行石屑撒布作业,驾驶员操作便于控制,且工作速度范围较大,性能优于悬挂式和拖式石屑撒布机。

图 5.3-5 自行式石屑撒布机

1)结构

自行式石屑撒布机主要结构如下:

(1)挂钩。挂钩用于牵引自卸车同步工作,因此自卸车后机架部分应配装相应的环状连接构件。挂钩一般由液压操纵启闭,由石屑撒布机驾驶员控制。

(2)后料斗。后料斗用于接收自卸车倾卸下来的石屑,把石屑分流给石屑输送带。后料斗左右有两个由液压缸驱动的槽形翼板,可以展开也可以收起。工作时翼板展开,增大料斗容量;行驶时翼板收起,缩小通行宽度。

(3)带式输送机。带式输送机倾斜安装在机架上,后底前高,把后料斗接收的石料及时传送入前料斗内。带式输送机可以用一条中间布置,也可以用两条分两边布置,一般多用两条输送带。

(4)前料斗。前料斗可连续、均匀地把石屑分布在撒布辊上。其下部安装有闸门和料门,用于控制撒布宽度以及料门开度。

(5)撒布装置。撒布装置主要由撒布辊、驱动机构组成。撒布辊长度决定撒布宽度,撒布辊转速调节撒布量。撒布辊驱动一般用液压马达。

(6)行走机构及动力装置。行走机构一般由前桥和后桥组成,通常前桥转向、后桥驱动。自行式石屑撒布机都带有独立的发动机,行走机构可以用机械驱动,也可用液压驱动,但撒布辊多用液压驱动,便于转速控制。

(7)控制系统。现代电子技术和液压技术的发展,为自行式石屑撒布机的控制系统创造了条件。为保证前料斗料位高度,常采用传感技术以控制皮带机运转速度。为保证撒布均匀性,一方面采用电控技术精确控制撒布辊转速及车速;另一方面为防止车速变化对撒布精度的影响,还采用车速反馈信号闭环控制撒布辊转速,以减少车速变化的影响。

2)操作

自行式石屑撒布机的操作方法类似于拖式石屑撒布机。使用时,首先将自卸车倒驶到工作位置,在辅助人员的照看下,小心把挂钩机构合上。打开后料斗两侧翼板,运转皮带机,慢慢提升自卸车料斗,石料卸入前料斗内。待前料斗料面达到一定高度时,停止输料。根据撒布量的要求打开闸门和料门,然后按要求的车速前进并撒布石屑。撒布过程中驾驶员和辅助人员随时观察调节皮带速度及自卸车料斗卸料速度,以保证前料斗料位合适,能连续、均匀给撒布辊供料。

当石料撒布完时或自卸车卸料完之后,连接挂钩即可脱开,更换另一台自卸车为石屑撒布机供料。如此循环工作。

5.4 同步碎石封层机

5.4.1 同步碎石封层技术

1)同步碎石封层技术发展

同步碎石封层技术,从20世纪80年代开始在法国被大规模采用,20世纪90年代在整个欧洲及美国、俄罗斯、印度、非洲、澳洲等得到推广。据统计,在欧洲有95%以上的公路沥青路面采用这项技术进行养护。目前,同步碎石封层技术在我国部分省市的高速公路及国道、省道的建设中已经得到应用。与其他技术如稀浆封层技术相比,同步碎石封层技术具有较强的防水性、很高的防滑性。同步碎石封层技术既适用于高等级公路,也适用于城市道路和乡村公路。

采用同步碎石封层技术由于受矿料和沥青的数量限制,每天施工路段相对较短,宜用于日常沥青路面养护。由于同步碎石封层将沥青喷洒与集料撒布两道工序集中在一台车上同时进行,可以使碎石颗粒立即与刚喷洒的沥青相黏结。由于沥青流动性较好,能够更深地埋入黏结剂内。同步碎石封层缩短了沥青喷洒与集料撒布之间的间隔,增加了集料颗粒与黏结剂的裹覆面积,更易保证他们之间的稳定比例关系,提高了作业效率,降低了施工成本。沥青路面经过同步碎石封层处理后,具有良好的抗滑性能和防渗水性能,能有效治愈路面贫油、掉粒、轻微网裂、车辙、沉陷等病害。在美国,据记载同步碎石封层可延长沥青路面使用寿命10年以上;澳大利亚研究表明,同步碎石封层技术能使损坏比较严重的道路寿命延长10～15年。同步碎石封层技术是一种薄层技术,其单层施工的厚度大致为所用集料的粒径大小,与热摊铺和稀浆封层/微表处比较更薄。沥青与集料无须高温加热拌和或搅拌拌和即可很好地结合。同步碎石封层技术是一种施工成本最低的技术(图5.4-1)。

2)同步碎石封层技术特点

其内容包括:

(1)同步碎石封层是靠一定厚度沥青膜(1～2mm)黏结的超薄沥青碎石表面处治层,其整体力学特征是柔性的,能增加路面抗裂性能,治愈路面龟网裂,减少路面反射裂缝,提高路面防渗水性能。

(2)同步碎石封层可以提高原沥青路面的摩擦系数,即增加路面防滑性能,并能使沥青路面平整度得到一定程度的恢复。

(3)通过采用局部多层摊铺不同粒径石料的施工方法,同步碎石封层能有效治愈深达10cm以上的车辙、沉陷等病害,这是其他养护方法无法比拟的。

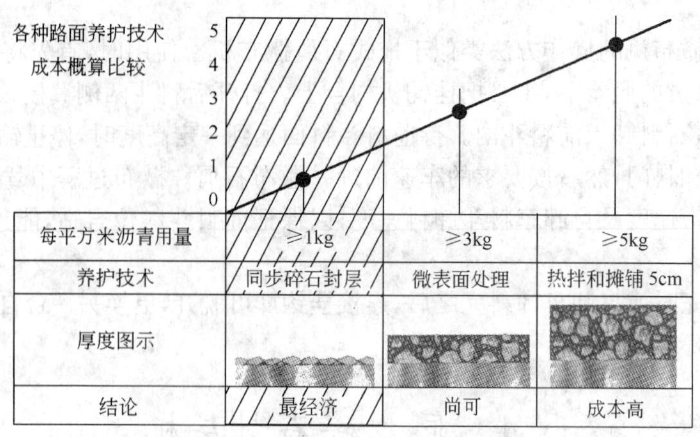

图 5.4-1 路面养护技术成本比较

(4)同步碎石封层可以作为低等级公路的过渡型路面。

(5)同步碎石封层工序简单,施工速度快,可即时限速开放交通。

(6)无论用于道路养护还是作为过渡型路面,同步碎石封层的性能价格比明显优于其他表处方法,从而大大降低道路的维修养护成本。

3)同步碎石封层工艺

从沥青路面预防性养护角度看,与其他养护技术相比,同步碎石封层技术没有对施工条件提出更高的要求。为了提高养护性能,充分发挥同步封层技术优势,首先要对公路表面损伤进行诊断,明确将要进行修补的要害问题。充分考虑沥青结合料和集料的质量标准,比如其润湿性、黏合性、耐磨性、抗压性等。在技术规范所允许的范围内正确合理地选择材料,确定级配,正确操作机械。

同步碎石封层施工工艺如下:

(1)常用的结构。普遍采用间断级配结构,碎石封层所用石料粒径范围有严格要求,即等粒径石料最理想。考虑到石料加工的难易程度及路面防滑性能的要求不同,可分 2～4mm,4～6mm,6～10mm,8～12mm,10～14mm 等五档,比较常用的粒径范围为 4～6mm,6～10mm 这两种,而 8～12mm 和 10～14mm 两档主要用于低等级公路过渡型路面的下面层或中面层。

(2)根据沥青路面平整度情况和抗滑性能要求确定石料的粒径范围。一般沥青路面进行一次碎石封层即可,沥青路面平整度较差时可选用适宜粒径的石料作为下封层找平,然后再做上封层。碎石封层作为低等级公路沥青路面时须二层或三层,表 5.4-1 说明,各层石料粒径应互相搭配以产生嵌挤作用,一般遵循下粗上细原则。

结构示意　　表 5.4-1

单石单层同步结构(MSG)	
双石单层同步结构(MDG)	

续上表

双层同步结构(BIC)	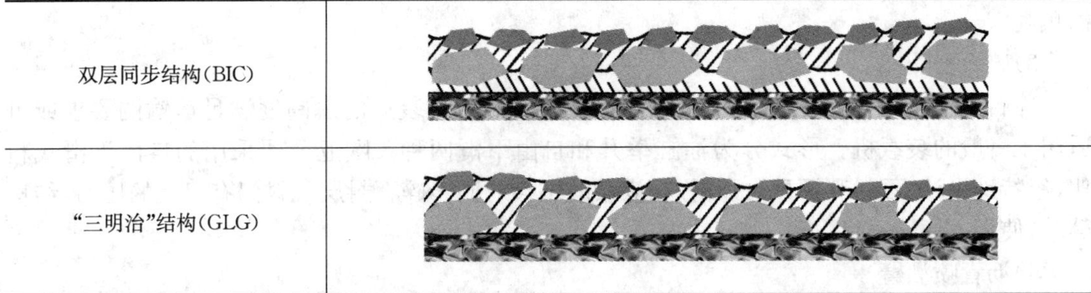
“三明治”结构(GLG)	

(3)封层前要对原沥青路面进行认真清扫，作业过程中应保证足够数量的轮胎压路机，以便在沥青温度降低之前或乳化沥青破乳后能及时完成碾压定位工序。另外，封层后即可开放交通，但在初期应限制车速，以防止快速行车造成石子飞溅，待 2h 后可完全开放。

(4)使用改性沥青作为黏结料时，为保证雾状喷洒而形成均匀的沥青膜，必须保证沥青的温度在 160～170℃范围内。

(5)同步碎石封层机的喷嘴高度不同，所形成的沥青膜厚度会不同，可通过调整喷嘴高度使得沥青膜的厚度符合要求。

(6)同步碎石封层机应以设定的速度均匀行驶，石料和黏结料两者的撒布率必须匹配。

(7)作为表处层或磨耗层的碎石封层，其前提条件是原沥青路面的平整度和强度满足要求。

5.4.2 结　　构

同步碎石封层机如图 5.4-2 所示，主要包括汽车底盘(牵引车＋挂车)、沥青保温罐、沥青管路平台、碎石料斗、沥青喷洒臂、碎石撒布机、配电柜及控制电脑等。

图 5.4-2　同步碎石封层车

1)沥青罐

罐上配有快速上料阀、重力清空阀、液位计、防波板。罐外有大于 100mm 厚的保温材料，外罩不锈钢薄板。特制的 U 形管道的导热油加热器安装在沥青罐内，法兰、螺栓固定，容易拆卸。另外有自动点火加热器及全自动阀门。

2)沥青管路平台

平台上的沥青泵及管路可以实现沥青的上料、排空、循环及喷洒。所有功能均靠自动阀与电脑配合来实现，操作简单。所有沥青管道均为双层管路，内有导热油循环加热，通过导热油泵的循环为沥青管路升温及防止沥青过冷而堵塞;同时为沥青泵升温,保证沥青泵在启动时轻松顺利。

3)碎石料斗

碎石料斗容积一般为6～12m^3,宽度不超过2.5m,上装后的总高度满足运输的要求或可适用于一般的装载机。形式分为油缸举升和自由下滑两种。欧亚公司采用的自由下滑式料斗,经特殊设计,石料利用重力下滑,在满载时不会对同步碎石封层机料门有很大的压力,结构简单,使用方便。

4)沥青喷洒臂

沥青喷洒臂按结构分为折叠式和翻转式,洒布宽度根据同步碎石封层机的结构和施工要求,设计为3.2～4m,喷嘴的结构直接影响洒布精度,所以要求其应雾化效果好,洒布精确,且能独立拆卸,易于清洗。

5)碎石撒布机

碎石撒布机固定在碎石的料斗后面,由液压马达带动料辊转动,液压油缸控制料门开度的大小,保证撒布量的均匀准确。料门由汽缸控制,可实现独立开关,撒布宽度要与沥青的洒布宽度一致。

6)配电柜及电脑

配电柜安装在碎石料斗或碎石撒布机上,可实现手动操作与自动操作的转换,在电脑出现问题时可方便地转为手动操作,而不会延误工期。电脑设定了沥青模式、碎石模式和同步模式,即同步碎石封层机可用于单独喷洒沥青或撒布碎石,也可用于两种物料的同时撒(洒)布。

7)其他

工作系统的动力取自底盘车或牵引车,同步碎石封层机上安装取力器,带动液压泵从而驱动沥青泵和导热油泵上的液压马达运转,同步碎石封层机上装有车速雷达及泵速传感器,电脑可以根据车速、泵速、及洒布量的要求,自动调整沥青泵的转速,从而精确控制沥青的洒布量。

5.4.3 控制系统

1)功能

控制系统使同步碎石封层机作业时准确地控制沥青洒布与碎石撒布,精确调节和控制沥青的洒布量及其均匀性,并能智能联动沥青、碎石同步封层,使施工中的沥青洒布需求和碎石撒布需求在同一时间内同步进行,保证沥青路面的施工及养护质量。

同步碎石封层机控制系统要求可以实现“联动/分动”模式的切换。联动模式下由控制系统实现沥青喷洒与碎石撒布的自动同步进行,分动模式下由操作人员根据实际工况分别手动操控沥青喷洒与碎石撒布的进行,根据施工要求单独进行沥青洒布作业或碎石撒布作业。

同步碎石封层机控制系统应该与主车参数实现精确匹配以达到最佳控制效果:控制精确有效,人机交互方便;具有高温、高振动恶劣条件下的高可靠性。

控制系统采用数字控制技术,与主机参数精确匹配以达到性能指标要求,实现最佳控制效果。

同时,采用先进的测控技术,消除动力半径变化和地面滑移等因素对沥青洒布量及碎石撒布量的影响,保证作业的精度。

2)构成

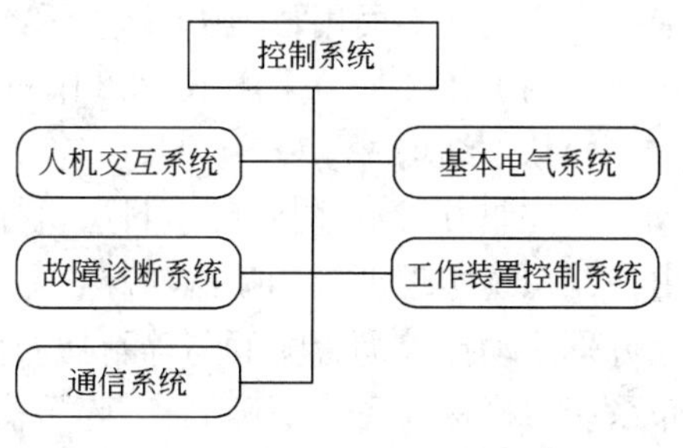

图 5.4-3　同步碎石封层机控制系统模块

如图 5.4-3 所示，同步碎石封层机控制系统包括基本电气系统、工作装置控制系统、人机交互系统、故障诊断系统、通信系统等几大主要模块。

工作装置控制系统实现沥青喷洒与碎石撒布的自动控制，精确调节和控制沥青的洒布量及洒布宽度、碎石的撒布量及撒布宽度，能够保证同步碎石封层机工作时，平稳有序地按照工艺流程及工作程序完成各种动作，可进行"联动/分动"模式的切换。

通过对沥青喷嘴气阀、沥青循环电磁阀及沥青泵的控制，实现沥青喷洒的自动控制。单位面积沥青洒布量一经设定后，控制系统能够根据车速和喷洒宽度的变化对沥青泵转速进行实时调节，使沥青洒布量不随车速及喷洒宽度的变化而变化。

通过对料斗、主调节板、挡料板及布料辊的控制，实现碎石撒布的自动控制。单位面积碎石撒布量一经设定后，控制系统能够随着车速和撒布宽度的变化对布料辊转速进行实时调节，使碎石撒布量不随车速以及撒布宽度而变化。

对沥青温度进行监控，确保作业过程中沥青温度保持在适合的喷洒温度范围之内。

3)硬件结构(图 5.4-4)

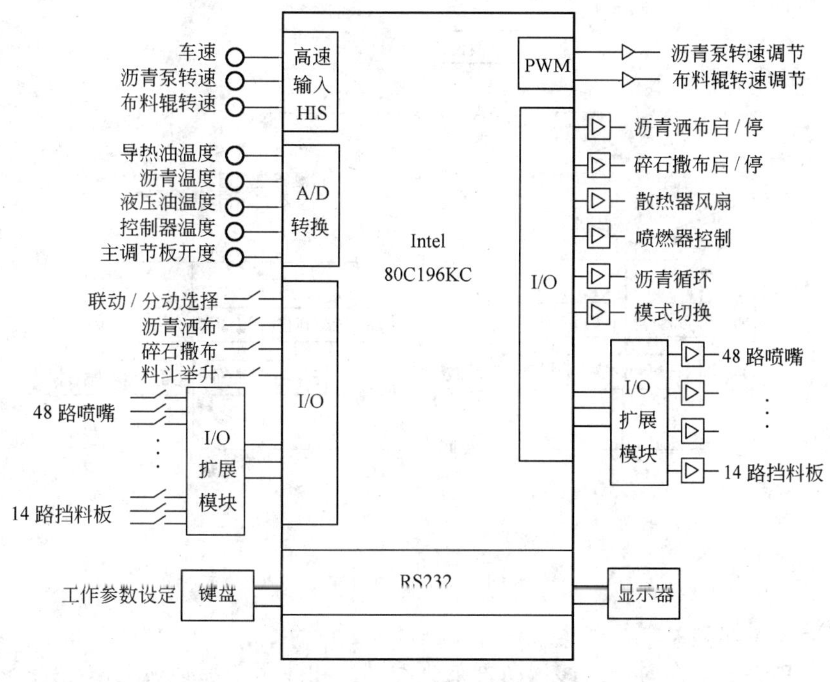

图 5.4-4　控制系统硬件结构

控制系统主控制器的性能对提高施工自动化程度、作业质量及作业效率起着至关重要的作用。Intel 公司的 MCS-96 系列单片机是目前应用最广泛的 16 位单片机系列之一，适用于高速、高精度的工业控制，80C196KC 是其推出的第三代 CMOS 单片机，运算速度快，具有高效、精简的指令系统，提高了系统的实时性。片内集成有丰富的外设单元，增加了外设事务服务器(PTS)和事件处理器(EPA)，方便了各类自动控制系统。

人机交互界面用智能 LCD 显示终端。工作温度为－20～70℃，可以适应同步碎石封层机作业时的工作环境。采用 RS232 串行接口与主控制器连接，支持 8×8 矩阵键盘。

4）软件结构

在控制方式上，同步碎石封层机控制系统要求可以“联动/分动”模式的切换，联动模式下由控制系统实现沥青的喷洒与碎石撒布的自动同步进行，分动模式下由操作人员根据实际工况分别手动操控沥青喷洒与碎石撒布的进行。因此，控制软件具有两个独立的子系统，沥青洒布系统可确保沥青的精确洒布，碎石撒布系统则确保碎石的最佳撒布。两个子系统共享车速信息，通过软件设计实现智能联动。

除此之外，控制软件还具有以下几个子系统：

（1）温度控制系统，实时监控沥青、导热油及液压油温度。

（2）人机交互系统。

（3）故障、误操作报警子系统。

控制流程如图 5.4-5 所示。

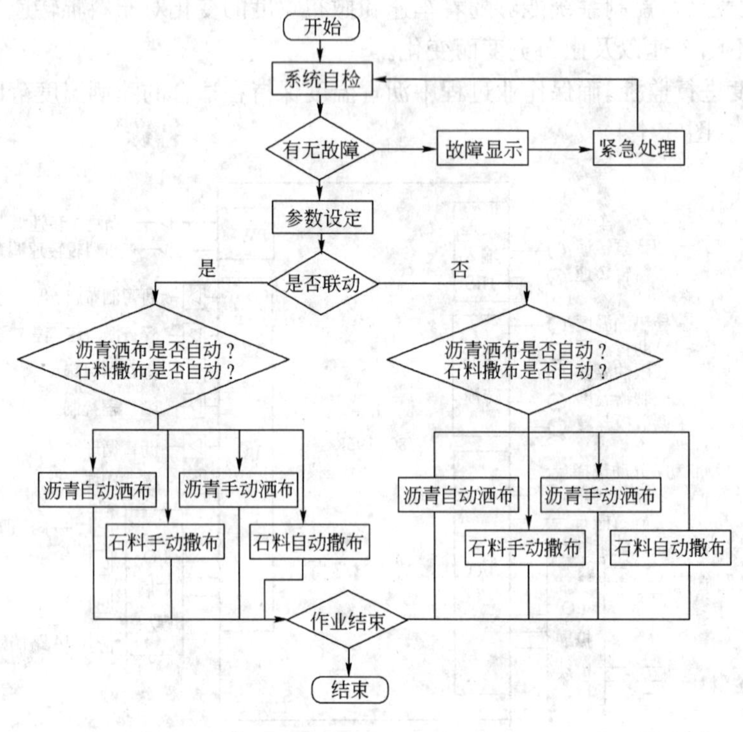

图 5.4-5　控制流程

5）沥青洒布量控制

同步碎石封层机工作时，沥青泵、沥青泵驱动马达和液压泵都必须工作在一个合理的工作区域内，三者的容积效率和机械效率都比较高，可以在保证系统控制精度的同时，提高驱动系统的动力性和经济性。因此，控制系统需要将这一共同工作区域作为沥青洒布量控制的调节区域。此外，由于发动机、液压泵、液压马达和沥青泵系统调解范围的局限性，同步碎石封层机无法在某一挡位下实现所有洒布量的作业，作业宽度的变化还会使得这一过程更加复杂。因此，洒布量的分布必须按照挡位和洒布宽度进行分配，由控制系统根据洒布宽度、洒布量给出推荐挡位。在控制系统中，这一分配关系以函数形式存储，作业过程中控制系统根据输入的洒布量和喷洒宽度以及沥青种类，通过查表得到作业行驶的最佳挡位和车速。在推荐挡位下，控制系统根据实时车速精确调整沥青泵转速，调节沥青的洒布量，使之能达到设计喷洒精度。碎石撒布的调节原理与此相同。

$$\text{沥青洒布量}=\frac{\text{沥青密度}\times\text{泵转速}}{\text{车速}\times\text{洒布宽度}}\leqslant\pm 1\%$$

沥青洒布量控制系统如图 5.4-6 所示。

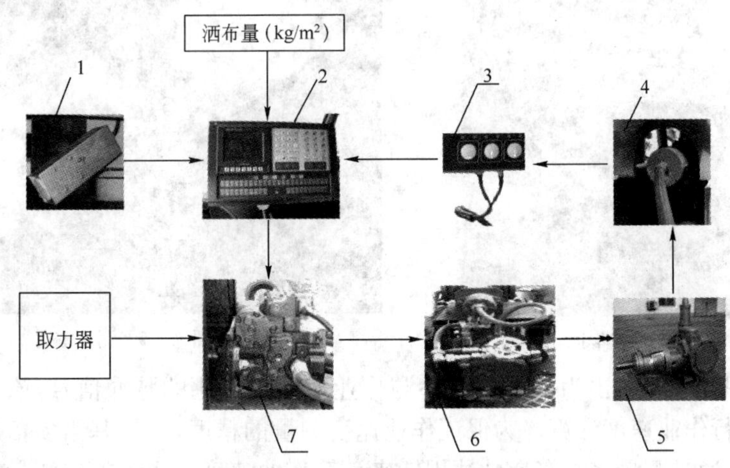

图 5.4-6 沥青洒布量控制系统

1-雷达；2-电脑；3-数据光纤；4-传感器；5-沥青泵；6-液压马达；7-液压变量泵

6)碎石撒布量控制

碎石撒布量控制系统由液压定量泵带动液压马达，驱动碎石料辊，并由传感器将料辊转速和撒布杆高度通过光纤上传电脑，电脑根据设定的撒布量和雷达采集的车速，计算出所需的撒布杆高度，自动调整撒布杆，使碎石的撒布量与车速无关，从而保证了碎石撒布的精度。使碎石靠重力沿均匀分布的导向槽向下滑动，并经过挡料板的撞击使其分散并均匀地滑向地面，从而保证了其撒布的均匀性。

$$\text{碎石撒布量}=\frac{\text{撒布杆高度}\times\text{料滚转速}}{\text{车速}}$$

碎石撒布量控制系统工艺流程如图 5.4-7 所示，碎石流动路线如图 5.4-8 所示。

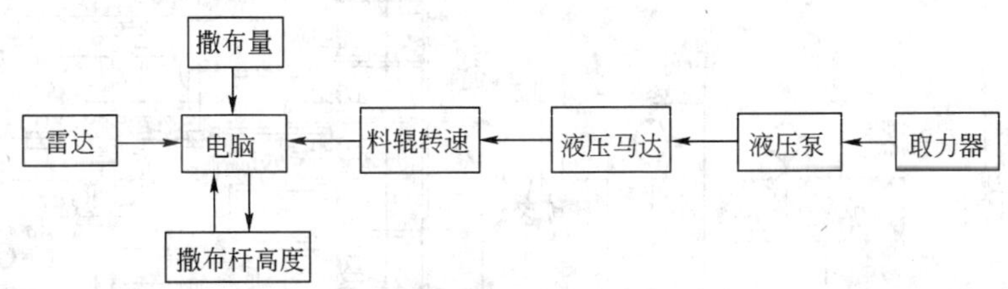

图 5.4-7 碎石撒布量控制系统工艺流程

7)作业速度测量

同步碎石封层机作业时，控制系统根据作业速度对沥青泵和布料辊转速进行调节。因此，作业速度测量的准确性将会直接影响到作业精度。传统测速方法是通过测量车辆传动轴转速或是驱动轮转速来进行换算的。此方法无法消除车辆滑动率(地面条件和承载质量)、动力半径(轮胎气压、气温、轮胎磨损程度)等参数对作业速度的影响。雷达测速技术，使得测量精度不仅可以满足同步碎石封层机控制系统要求，而且可以消除车辆滑移率和动力半径等因素造成的影响。同步碎石封层机的测速雷达选用美国DICKEY-JOHN生产的地面雷达测速传感器，测速范围最低可达0.53km/h，测量精度在作业速度0.53～3.20km/h范围内小于±5%，作业速度高于3.20km/h时则小于±3%，完全满足同步碎石封层机测速的需要。

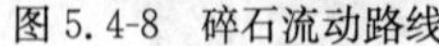

图5.4-8 碎石流动路线

图5.4-9 测速雷达

测速雷达(图5.4-9)输出为一系列频率与作业速度成正比的脉冲信号，该脉冲信号经控制器处理后可进行作业速度计算。为保证作业速度测量的精度，采用基于多倍周期法设计作业速度计算方法，通过测量多个车速脉冲周期来计算作业速度。用该方法测量的误差无论是低频还是高频信号都只有时钟频率的计数误差。以采用16MHz的晶振为例，80C196KC单片机的定时器误差为±1μs，每50ms计算一次作业速度，则应用该算法的相对误差为2×10^{-5}，足以满足作业速度的精度要求。

5.4.4 液压系统

1)结构

图5.4-10所示是法国赛格玛公司40通用型同步碎石封层机液压系统原理。其主要液压执行元件包括：

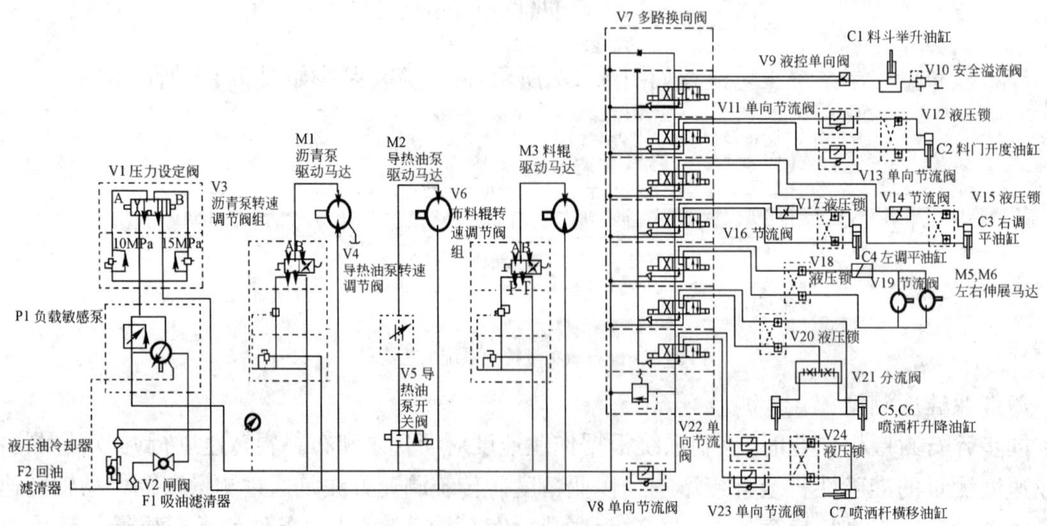

图5.4-10 法国赛格玛公司40通用型同步碎石分层机液压系统原理

(1)沥青泵驱动液压马达。该马达用来驱动沥青泵泵出适量沥青，其转速能够通过比例调速阀进行调节，以适应车速变化时沥青洒布作业的要求。

(2)导热油泵驱动液压马达。该马达用来驱动导热油泵，使导热油在加热管路内循环，保持作业过程中沥青温度不发生改变。速度精度要求低，无须调节。

(3)布料辊驱动液压马达。该马达用来驱动布料辊旋转，均布石料。精度要求高，但不需要适时调节。

(4)其他执行元件。石料斗举升油缸、石料门开度调节油缸、车身调平油缸、洒布杆伸展马达、洒布杆提升油缸和洒布杆侧移油缸等执行元件仅在作业开始前和作业结束后动作，作业过程中不做调节。

同步碎石封层机的液压系统与沥青洒布机的液压系统相类似。但是，由于石料斗举升油缸的容积大(约 52L)，为了获得较快的提升速度，需要配备排量较大的液压泵，而布料辊驱动液压马达和导热油泵驱动液压马达所需的流量相对较小。若采用如沥青洒布机液压系统的设计，即沥青泵采用闭式回路驱动，很难在石料斗的快速举升和液压系统驱动之间取得平衡。图 5.4-10 系统中，所有的执行机构用 1 台带远程恒压控制功能的负载敏感泵驱动，负载敏感泵的排量能够根据系统流量需要和远程调压阀设定压力，自动实现排量调节，始终保持泵的出口压力在调压阀的调定压力点。液压马达转速和液压缸的速度通过节流调速阀进行控制，负载只会对节流调速阀的出口压力产生影响，不会影响到节流阀的入口压力。通过设立两个不同的工作点，以满足不同作业的需要。

2)性能分析

同步碎石封层机液压系统的两个重要指标是：沥青泵的转速控制精度和液压系统的效率。

图 5.4-10 所示的液压系统中，沥青泵的转速通过比例节流阀进行调节，流经节流阀的流量方程式为：

$$Q=C_q \cdot a(p_i-p_0)^m$$

式中：Q——流经节流调速阀的流量；

C_q——流量系数；

a——小孔截面面积；

p_i——节流调速阀进口压力；

p_0——节流调速阀出口压力；

m——指数，节流孔为薄壁小孔时，$m=0.5$；节流孔为细长孔时，$m=1$；节流孔为厚壁孔时，$0.5<m<1$。

液压系统中，节流调速阀一般采用薄壁小孔，即式中 m 取 0.5。

对上式求导可得：

$$\frac{\mathrm{d}Q}{\mathrm{d}p}=-C_q \cdot \frac{a}{(p_i-p)^{\frac{1}{2}}}$$

从上式可以看出，在节流调速阀开口面积保持不变的情况下，随着节流调速阀出口压力的升高，流经节流调速阀的流量降低。随着节流调速阀出口压力的升高，对于同样的压力变化(负荷变化)，流经节流调速阀的流量逐渐变大，说明流量更容易受到外界负荷的干扰，液压马达转速的稳定性较差。

节流调速阀不存在流量损失，效率约等于节流调速阀两端压力的比值，即：

$$\eta=\frac{p_0}{p_i}$$

由于液压泵的出口压力是恒定的，节流调速阀的效率直接由出口压力决定。在沥青喷洒压力较低时（相应的沥青泵驱动液压马达工作压力也低），液压系统的效率非常低。例如：液压泵的出口压力为10MPa保持不变，当节流调速阀的出口压力（液压马达工作压力）为1MPa时，液压系统的总效率将不足10%。大量的能量以热量形式散发到液压系统内部，造成液压系统发热严重。目前，采用此种结构形式液压系统的同步碎石封层机，大多加大了液压油散热器的功率或是配备两台液压油散热器。

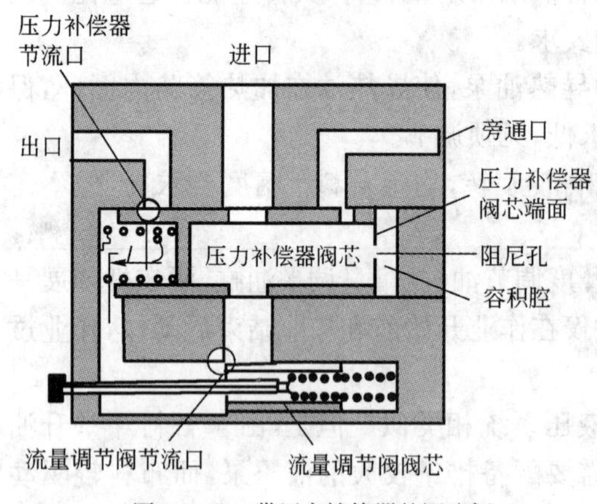

图 5.4-11　带压力补偿器的调速阀

为了提高沥青泵转速的稳定性，为沥青泵驱动液压马达的调速阀配置了压力补偿器，其原理如图 5.4-11 所示。压力补偿器可以将调速阀两端的压力差控制在一定值。在正常工作范围内，无论负载压力如何变化，均不会对流经调速阀的流量造成影响，整个调速系统始终保持均一的调速精度。此外，由于该系统中负载敏感泵是作为远程恒压泵来使用的，压力补偿器的引入，对于提高液压系统的工作稳定性具有重要意义。

5.4.5　技术使用与维护

1)技术使用

具体内容如下：

(1)清扫路面并保持路面平整干燥，路面的清洁程度是影响沥青和碎石附着在路面的重要因素。

(2)沥青喷洒和碎石的撒布，根据施工路面状况和设计要求，及时喷洒沥青和撒布碎石，两道工序几乎同步进行。

(3)胶轮压路机压实同步撒（洒）布后的路面，可以在不破坏沥青和石料的情况下更加充分地使沥青和石料有效地和路面黏结和定位。

(4)清除多余的碎石，保持路面的清洁。

2)维护与修理

同步碎石封层车的控制电脑一般都带有自诊断功能，当设备发生故障时，在电脑屏幕上可以清晰的显示故障信息，经验丰富的售后服务工程师根据此信息会在最短的时间排除故障。

(1)沥青管道、沥青泵和喷洒臂的维护与修理。在本年度施工期结束时（即在最后一次施工之后），先清空沥青罐。然后用柴油浸泡沥青管道、沥青泵和喷洒臂。使其不产生锈蚀，保证次年工作时沥青阀门和喷嘴灵活开启；再次工作时，将柴油排出。在第一次使用或第二个施工期开始时，加入沥青前先将空罐进行加热，并打开罐顶入孔，使加热后产生的水蒸气排出罐外。

(2)液压系统的维护与修理。首次使用50h后，更换液压油过滤器；每年或每工作500h后，更换液压油过滤器；检查液压过滤器上的压力表，如果负压达到设定值时更换液压油过滤器；更换液压油时先使液压系统工作，当液压油温度升到40℃时，停止运转液压系统，然后打开液压油箱下面的排油塞。

(3)其他元件的维护与修理。沥青罐固定连接：使用50h后，重新紧固所有连接件。每工作 200h，重新紧固沥青罐固定连接件；检查沥青泵链条松紧程度；检查沥青泵密封件松紧；每工作 1 000h，更换导热油；更换液压油。

5.5 石屑封层材料

5.5.1 沥青材料

沥青的作用是把石料黏到路基上，石屑封层对沥青没有特别严格的要求，可以使用不同的沥青结合料，如石油沥青、煤沥青、改性沥青、乳化沥青、聚合物改性乳化沥青、稀释沥青等。根据路面、天气和工期等情况，需要选定沥青的种类。在西方国家特别在法国用得最多的是乳化沥青，要求沥青含量必须占 60%，如果要进行表处工艺沥青含量必须达到 69%。施工时具体使用的沥青标号应根据当地的气候情况和施工单位的实际条件来确定。常用沥青材料标号可参照表 5.5-1 选用。

石屑封层适用的沥青材料　　表 5.5-1

沥青种类	上 封 层	下 封 层	质 量 要 求
道路石油沥青	AH-90、AH-110、AH-130	AH-110、AH-130	符合重交通道路石油沥青技术要求
	A-100、A-140、A-180	A-100、A-140、A-180	符合中、轻交通道路石油沥青技术要求
乳化沥青	PC-3、PA-3、BC-3、BA-3	PC-2、PA-2、BC-2、BA-2	符合道路用乳化石油沥青技术要求
煤沥青	T-5、T-6、T-7	T-4、T-5	符合道路用煤沥青技术要求
液体石油沥青		AL(M)-5、AL(M)-6、AL(S)-5、AL(S)-6	符合道路用液体石油沥青技术要求

5.5.2 集　　料

石屑封层所用石料粒径范围有严格要求，考虑到石料加工的难易程度及沥青路面防滑性能的要求不同，有 2～4mm、4～6mm、6～10mm、8～12mm、10～14mm 等五挡，比较常用的粒径范围为 4～6mm、6～10mm 两种，而 8～12mm 和 10～14mm 两挡主要用于低等级公路过渡型路面的下面层或中面层。石屑封层要求所选用的集料应该干燥清洁，并最好能在撒布前先用液体沥青预拌，以保证碎石表面无尘土和石粉，增强碎石和沥青的黏结力，避免集料散失。石屑封层施工后，应在施工路段两侧另备 S12(5～10mm)碎石或 S14(3～5mm)石屑作为初期养护用料。

碎石的颗粒需要达到一定的均匀度和硬度。它的质量可以通过两种方式检测：一是用东西击打时，是否会破碎，在法国称其为洛杉矶检测法，检测其硬度；二是用打磨看其是否易磨损，在法国称其为 DEVAL 检测方法。

通过了硬度的检测，还要考虑石料颗粒的均匀度。石料的均匀度是在生产中控制的，一般情况下石料需要达到以下指标。

(1)粒径范围。2～4mm、4～6 mm、6～10 mm、8～12 mm、10～14 mm。

(2)石料一般都是破碎出来的，要求其粒径成立方的、且棱角分明的几何尺寸，这样的石料硬度较大，具体标准是：

①在法国 90%石料的标准要达到 $L+G\leqslant 6E$；

②如果车流量少,25%的碎石要达到 $G/E>1.56$;

③如果车流量多,15%的碎石要达到 $G/E>1.56$;

④如果车流量非常多,10%的碎石要达到 $G/E>1.56$。

其中,L 为长度,G 为周长,E 为厚度。

5.6 工程实例

5.6.1 工程概况

(1)工程地点。山东省日照市 017 省道岚山段和 335 省道莒县段。于 2000 年 7 月至 9 月,分别在 017 省道岚山段和 335 省道莒县段进行石屑封层 8.5 万 m^2 和 14.4 万 m^2。

(2)设备。法国汉骅沥青洒布机、碎石撒布机及稀浆封层车。

(3)采用的结构形式:A 单层沥青表面处治;B 单层沥青表面处治+稀浆封层;C 双层沥青表面处治。

(4)材料。采用 AH-70 普通热沥青、乳化沥青及 MAC70 改性沥青和 3~5mm、5~10mm、10~20mm 规格的玄武岩集料。

(5)沥青表面处治的材料规格和用量见表 5.6-1。

沥青表面处治材料规格和用量 表 5.6-1

沥青种类	类型	厚度(mm)	集料(m^3/1 000m^2)				沥青或乳液用量(kg/㎡)		
			第一层		第二层		第一次	第二次	合计用量
			粒径规格	用量	粒径规格	用量			
石油沥青	单层	1.0	S12	8			1.1		1.1
	双层	2.0	S9	17	S12	8	1.76	1.0	2.76
乳化沥青	单层	0.5	S14	9			1.0		1.0
	双层	1.0	S12	11	S14	4	1.3	1.0	2.3

(6)试验路段路面结构见表 5.6-2。

试验路段路面结构 表 5.6-2

交通量	路况	路段	结构形式					
			热沥青			乳化沥青		
			单层沥青表面处治	单层沥青表面处治+稀浆封层	双层沥青表面处治	单层沥青表面处治	单层沥青表面处治+稀浆封层	双层沥青表面处治
重	中	S335 K64~K65		K64+000~K64+500	K64+900~K65+200			K64+500~K64+900
	良	S335 K67~K69	K67+600~K68+100			K68+100~K68+600		

续上表

交通量	路况	路段	结构形式					
			热沥青			乳化沥青		
			单层沥青表面处治	单层沥青表面处治+稀浆封层	双层沥青表面处治	单层沥青表面处治	单层沥青表面处治+稀浆封层	双层沥青表面处治
中等	中	S335 K54～K56	K54＋400～K54＋900		K54＋100～K54＋400		K55＋300～K55＋700	K54＋900～K55＋300
	良	S335 K61～K62	K61＋000～K61＋500			K61＋500～K62＋000		

5.6.2 施工工艺

(1)处理路面病害。首先将要进行石屑封层的沥青路面存在的坑槽、裂缝等路面病害进行处理。

(2)清扫路面。将原沥青路面清扫干净并保证路面干燥。

(3)喷洒沥青和撒布集料。用汉骅沥青洒布机和石屑撒布机分别喷洒沥青和撒布集料，石油沥青的洒布温度为150℃，乳化沥青的洒布温度为75℃。沥青洒布长度要与集料撒布能力相匹配。当使用乳化沥青时，集料撒布必须在破乳前完成。

(4)压路机碾压。撒布集料后立即用16～20t轮胎压路机碾压3～4遍。碾压速度开始不宜超过2km/h，以后可适当增加。

(5)稀浆封层的施工。采用专用的稀浆封层机摊铺。在摊铺作业中，控制好配合比，匀速行进，达到厚度均匀、表面平整。

(6)初期养护。开放交通初期，限制车辆行驶速度不大于20 km/h，并注意废料的扫除和缺陷的修补。

5.6.3 工程总结与推广

通过试验段的铺筑及检测，得出以下结论：

(1)采用高性能沥青洒布和石屑撒布设备进行沥青表面处治的施工提高了工作效率和施工质量。

(2)应用新设备新工艺进行双层乳化沥青表面处治，比旧工艺的层铺法罩面施工速度快，质量满足规范要求，比拌和法罩面节约资金、提高工作效率。

(3)采用单层沥青表面处治可抑制原沥青路面病害的发展，防止原有病害导致新病害的发生，且施工方便快捷。

(4)采用单层乳化沥青表面处治与稀浆封层相比，表面处治施工方便快捷，可明显改善沥青路面使用性能。

(5)中等路况采用双层乳化沥青表面处治可以达到满意的使用效果，交通量较小也可采用单层热沥青表面处治；良好路况、交通量较大时应用单层热沥青表面处治，中等交通量则用单层乳化沥青表面处治。

(6)采用MAC改性沥青表面处治粒料分布均匀，表面平整，色泽一致，无花白泛油现象，与普通热沥青表面处治相比，其高温稳定性和黏结力均明显提高。

(7)采用热沥青表面处治时应适当减少洒布量(规范中采用的沥青用量偏大);单层热沥青表面处治当集料规格为5～10mm时,沥青洒布量取0.95kg/m²较为合适。

(8)沥青表面处治只能用于恢复和改善沥青路面使用质量,但不能解决原沥青路面的结构和强度问题,所以可应用在面积小、中修养护和预防性沥青路面养护中,以延长其使用年限。

石屑封层技术在山东省日照市公路管理局已成功应用7年,该技术被广泛应用于沥青路面预防性养护和大中修工程建设中,具有较好的经济效益和社会效益。日照市公路管理局在石屑封层预防性养护技术应用中积累了施工经验,培养了专业施工队伍。在设备配备上,选用法国高性能汉骅沥青洒布机和汉骅石屑撒布机;在材料的选用上沥青采用70号沥青或改性沥青,集料使用符合规范要求的玄武岩集料,并在撒布集料前,事先把符合级配要求的集料在沥青拌和站进行加热除尘,并用3%～4%的沥青裹覆集料,增加黏结力和稳定性。

石屑封层技术作为一种预防性养护手段,具有较强的防水性、很高的防滑性和施工方便快捷的特点,可以防止沥青路面病害的进一步扩展,减缓沥青路面使用性能的恶化,延长沥青路面的使用寿命,提高沥青路面的服务效能,节约养护资金,已得到了各级公路管理部门的认可。

随着新技术、新设备的不断出现,施工工艺的改进和施工经验的不断积累,石屑封层技术必将在我国公路沥青路面养护中得到广泛应用。

5.7 纤维封层技术

5.7.1 发　展

纤维封层技术是在同时洒(撒)布沥青黏结料和玻璃纤维后,再在上面撒布碎石经碾压后形成新的磨耗层或者应力吸收中间层的一种新型道路建设施工和养护技术。

纤维封层技术发源于英国,凭借其优越的性能及广泛的适用性,现在英国、美国、澳大利亚、法国等国家都已得到普遍应用。美国得克萨斯州A&M大学在宾夕法尼亚州及得克萨斯州一直在进行纤维封层的相关研究,曾与四个不同的国家对纤维封层进行了一项长达15年之久的持续实验室评估;并在宾夕法尼亚州设置了检测段。澳大利亚新南威尔士州的公路运输厅自20世纪90年代起,一直对纤维封层路段进行现场的性能跟踪观察。一致的实验结果数据以及现场评估观察均表明纤维封层能延长路面的服务寿命,减少病害,并能提供很好的防水性能。此工艺可应用于各种路面结构和各种路面条件,很快便可开放交通。

纤维封层施工中,经过专门工艺破碎切割的纤维在上下两层均匀洒布的沥青结合料中呈多向均匀分布,相互搭接,与沥青混合料形成网络缠绕结构,有效地提高了封层的抗拉、抗剪、抗压和抗冲击强度等综合力学性能,类似在新建道路基层和面层之间或原有路面基础上加铺了一层具有高弹性和高强度的防护网垫。特别适用于旧沥青路面(或新建路基)、面层层间应力吸收中间层施工(图5.7-1)和原沥青路面耐磨层施工(图5.7-2),使抗拉强度增大30%以上,抗疲劳性能增大30%以上,抗车辙性能增大300%以上,对新旧沥青道路建设及养护起到有效的保护作用,更能延长其养护周期及服务寿命。

5.7.2 技术特点

1)良好的应力吸收和分散能力

如图5.7-3所示,具有网络缠绕独特结构的纤维封层,由于纤维本身高抗拉伸强度和高弹

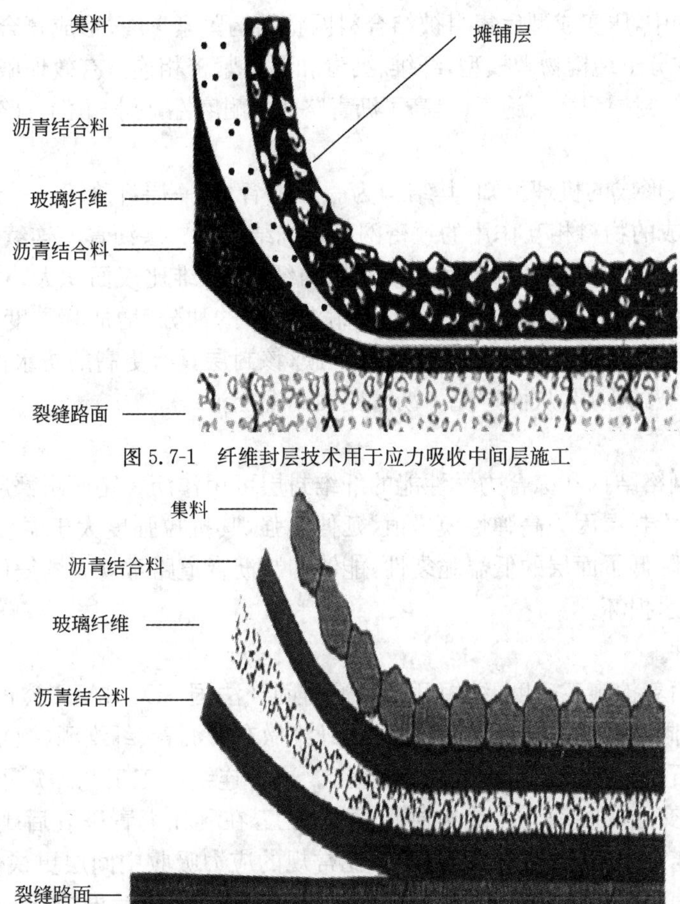

图 5.7-1　纤维封层技术用于应力吸收中间层施工

图 5.7-2　纤维封层技术用于面层耐磨层施工

性模量值的特性,有效地提高了封层的抗拉、抗剪、抗压和抗冲击强度。利用纤维封层进行应力吸收中间层施工。铺设于旧沥青面层与新沥青面层或新建路基和新建沥青面层之间的纤维封层黏结层,兼具极高的张力与弹力,加之独特的结构,对外界的应力具有极其有效的吸收和分散功能,是一种很好的应力吸收中间层(SAMI)。一方面,它能够吸收摊铺层中的应力或车辆荷载产生的局部集中应力,并重新分散和分布。通过纤维封层大面积的分散减少了覆层所承受的张力,并有效地抑制了裂缝的产生;另一方面,它能够吸收和分散旧沥青路面原有裂缝或路基的反射应力,消除旧沥青路面裂缝尖端产生的应力集中,能够有效抑制反射裂缝出现,阻止因车辆载负荷过大而造成的沥青路面破坏,极大地提高了道路的使用寿命。

图 5.7-3　网络缠绕

2)高耐磨性

纤维封层设备施工后,紧接其后进行碎石集料撒布。撒布后的集料进入由纤维与沥青结合料形成的网状结构中,压实成型后集料被结合料网状结构紧紧裹缚,形成复合的力学嵌锁体系,类似微观领域中的分子结构物理模型,纤维、沥青和集料紧密相连。有效地限制了集料的滑移、脱落,因此采用纤维封层耐磨层施工,提高了沥青路面的耐磨性,延长了沥青路面的使用寿命。

3)高防水性

结合纤维封层形成的机理可知,其结构为一层沥青+ 一层纤维+ 一层沥青连续施工工艺+ 一层碎石形成的物料相互作用的致密网络缠绕结构。二层沥青的连续洒布,更加提高了封层的密闭性,加之结构中起到加筋和桥接作用的纤维,纤维比表面积大,对于前后两层沥青结合料起到很大的吸附作用,能非常容易地吸附沥青中的油分,增加其黏度和黏附力,能阻止沥青的流动,在原有路面上形成一层致密的保护膜,该封层具有更高的防水性能。对沥青起到高温稳定、增韧阻裂的作用,从而避免了沥青路面高温泛油。

4)高稳定性

具有独特的网络结构和综合力学性能的纤维封层可用作沥青路面耐磨层或养护施工。北方寒冬季节里,纤维封层因为高弹性模量值,延伸力强,其抗拉强度大于温度变化带来的收缩拉应力或拉应变,降低了面层的低温脆裂性,能够抑制沥青道路常规裂缝—低温收缩裂缝的产生,避免了面层的水损坏。

5)施工快捷性

加快沥青路面养护施工速度、缩短开放交通时间。法国 SECMAIR 公司研制的纤维封层车,在一台设备上同时完成二层沥青洒布、一层纤维撒布。沥青、纤维洒(撒)布后,碎石撒布车马上进行一层碎石撒布,即刻完成纤维封层施工。这种连续施工工艺缩短了沥青道路养护的时间,缩短了开放交通的时间。纤维封层耐磨层施工,在乳化沥青破乳后 15min 即可开放交通。纤维封层用作应力吸收中间层(SAMI),比常规的应力吸收中间层更快付诸应用,完成初摊铺及磨耗层摊铺之后便可立即开放交通,磨耗层甚至还可以稍后再进行摊铺。

5.7.3 应　　用

具有优良性能的纤维封层工艺,可广泛应用于以下道路施工及养护:

(1)用作新建路基、面层层间黏结应力吸收层,防止反射裂缝。

(2)新/旧沥青路面铺设耐磨层,进行预防性养护。

(3)各等级公路下封层施工。

(4)旧水泥路面改造。

(5)桥梁防水层的施工。

如图 5.7-4 所示,2007 年 6 月,我国首次引进第一台纤维封层设备,一经使用便取得了很好的效果,并在大范围内得到推广及应用。

赛格玛纤维封层中国首次施工(辽宁营口)

纤维封层连续施工(辽宁沈阳)

赛格玛纤维封层施工(辽宁抚顺)

赛格玛纤维封层施工(辽宁锦州)

图 5.7-4　纤维封层技术在国内的应用

第6章 公路沥青路面再生机械化作业

6.1 沥青路面再生的意义及原理

6.1.1 沥青路面再生的意义

日趋严重的能源危机，促使循环经济发展成为全世界各个行业的努力方向。循环经济本质上是运用生态学规律来指导人类社会的经济活动。传统经济是一种由“资源－产品－污染排放”单向流动的线性经济，其特征是高开采、低利用、高排放。在经济中，人们高强度地把地球上的物质和能源提取出来，然后又把污染和废物大量地排放到水系、空气和土壤中，对资源的利用是粗放的和一次性的，通过把资源连续地变为废物来实现经济的数量型增长。与此不同，循环经济所指的“资源”不仅是自然资源，而且包括再生资源；所指的“能源”不仅是一般能源如煤、石油、天然气等，而且包括太阳能、风能、潮汐能、地热能等绿色能源。循环经济倡导的是一种与环境和谐的经济发展模式。它要求把经济活动组织成一个“资源－产品－再生资源”的反馈式流程。其特征是低开采、高利用、低排放；所有的物质和能源在经济循环中得到合理和持久的利用，以把经济活动对自然环境的影响降低到尽可能小的程度。

在过去的50年里，随着我国人口的增长和经济的迅猛发展促使广泛的沥青公路网的形成。据原交通部资料显示，中国高速公路起步于1988年，大规模建设从1995年开始。“十五”期间中国建成高速公路2.47万km，是“八五”和“九五”建成高速公路总和的1.5倍。全国高速公路通车总里程先后跃上了2万km、3万km、4万km三个台阶，到2008年年底，高速公路总里程达到6.03万km，居世界第二。

国家高速公路网规划采用放射线与纵横网格相结合的布局方案，形成由中心城市向外放射以及横贯东西、纵贯南北的大通道，由7条首都放射线、9条南北纵向线和18条东西横向线组成，简称“7918网”，总规模约8.5万km，其中主线6.8万km，地区环线、联络线等其他路线约1.7万km。

“十一五”期间，原交通部着手组织实施国家高速公路网规划，到2010年，新建高速公路2.4万km，全国高速公路总里程将达到6.5万km，国家高速公路网骨架基本形成。

到“十一五”末，山东省公路总里程将达到9万km，全省94%以上的县(市、区)通达高速公路，并拥有省际间12个高速公路出口。

我国现有的公路中98%为沥青路面。沥青路面在服务几年后陆续出现各种损坏现象，随着人们对环保、社会效益的关注及技术的进步，沥青路面再生利用技术越来越受到人们的重视。据美国联邦公路管理局的调查，旧沥青路面再生利用，可以节约材料费53.4%，路面造价降低25%左右，沥青节约50%。根据我国公路网发展规划，2020年路网总里程将达到650万km。按照沥青的设计寿命，每10年左右翻修一次，以路面平均宽度22m、翻修厚度10cm计算，8.5 万 km 的高速公路网平均每年将产生接近 5 000 万 t 的旧沥青混凝土，如能加以利用，每年可节省材料费约 100 亿元。从图 6.1-1 路面状况和时间的关系可以看出，及时的维修如重新罩面或循环利用等方法，不仅可以保持沥青路面的质量和延长其使用寿命，还具有如下意义：

(1)沥青路面的再生，可 100%地处理旧沥青路面维修时产生的废料，最大限度地利用资源和保护环境。

(2)可循环利用旧沥青混凝土中的沥青，减少沥青路面施工和养护对新沥青资源的需求量，对于缓解我国资源压力尤为重要。

(3)可循环利用旧沥青混凝土中的砂石材料，减少沥青路面施工和养护对砂石材料资源的占用和消耗，也减少砂石料开采时对环境的破坏。

(4)由于目前使用的沥青大多是碳氢化合物，其化学性能短时间难于降解，如果废料处理不当，很容易引起周边环境恶化和土质的改变，而沥青再生技术通过重复利用沥青混凝土，防止废料随意丢弃，既节省能源，又保护环境。

(5)旧沥青路面的再生还具有直接的经济效益，回收旧料成本低，每回收利用 1t 旧沥青混凝土，可节省约 0.8t 新沥青混凝土的材料费用，可大大降低路面维修及改造的成本。

(6)缩短施工期、提高沥青路面施工的安全性、保持现有沥青路面的几何形状和净空间隙、改善沥青路面平整度、改善路面物理性能等。

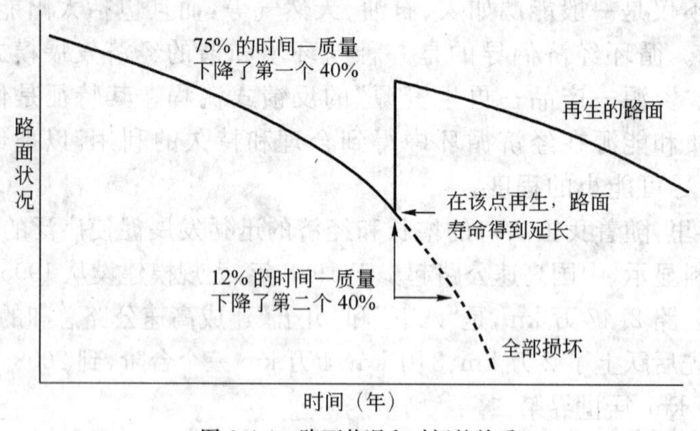

图 6.1-1 路面状况和时间的关系

6.1.2 沥青路面再生原理

沥青路面再生是将旧沥青路面经过路面再生专用设备的翻挖、回收、加工整理后，与再生剂、新沥青、新集料等按一定比例重新拌和成混凝土，重新铺筑于路面并满足一定的路用性能的一整套工艺。“再生”包括三个层面的含义：旧沥青的再生，旧沥青混凝土的再生，旧沥青路面的再生，三者的关系如图 6.1-2 所示。

旧沥青再生需要添加新的软质沥青或再生剂，与旧沥青在加热的状态下充分混合，便可有效地调整旧沥青的针入度、延度、软化点、黏度等各项指标。按所设计的再生沥青混凝土的油石比，添加一定比例的新沥青或再生添加剂并搅拌混合。由于旧沥青不能单独从沥青混凝土中分离出来，因此旧沥青的再生只能在沥青混凝土的再生过程中完成。

沥青混凝土最重要的特点是它对“级配”和“油石比”有着严格的要求。旧沥青混凝土由于来源不同，如挖掘或铣刨会打碎原有的粗集料，使它的“级配”中的细集料增多；其次，老化了的

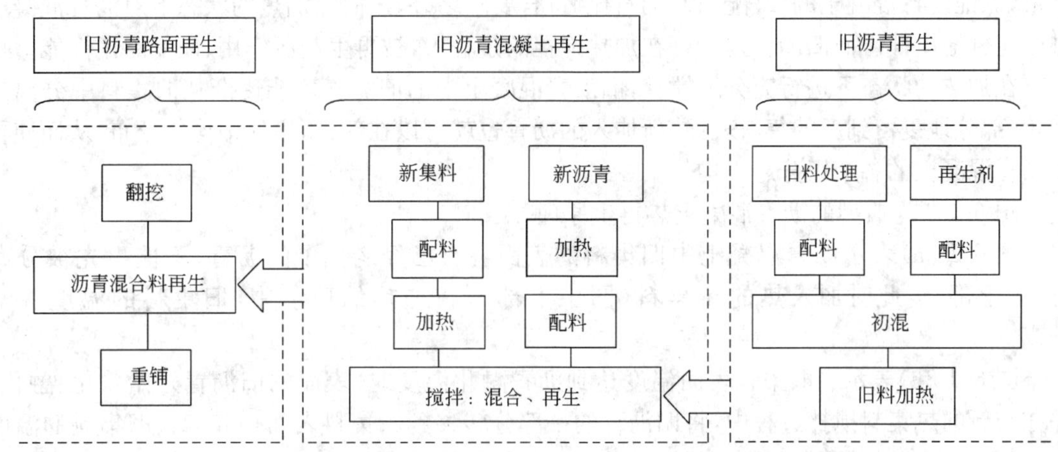

图 6.1-2　旧沥青、旧沥青混凝土、旧沥青路面再生三者间的关系

沥青则会减少沥青的有效成分，降低了沥青混凝土的“油石比”。为了生产出性能良好的再生沥青混凝土，还需在再生工艺上保证各种矿料和回收料的配料准确性。按照设计的级配曲线，添加适量粒径合适的新集料。与旧料混合和再生是恢复再生沥青混凝土的合理级配、提高再生质量的有效途径。同样，添加一定比例的新的沥青或再生添加剂，也是恢复再生沥青混凝土具有正确的“油石比”的必要条件。

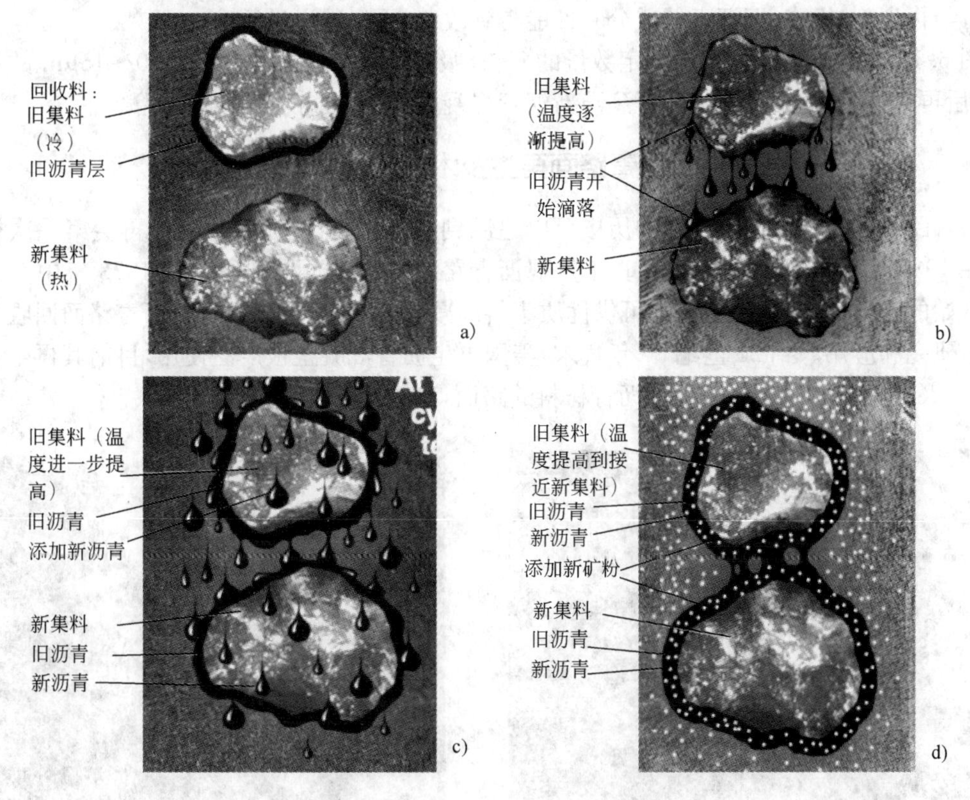

图 6.1-3　典型沥青混凝土热再生原理

要得到高质量的再生沥青混凝土，除了必须（对旧沥青混凝土、新集料、新沥青）用准确的

计量，保证沥青混凝土的“级配”和“油石比”符合要求之外，还需在加热的状态下对沥青混凝土进行充分地搅拌。而旧沥青则正好在加热搅拌的过程中，被再生剂所作用、恢复路用性能。也只有在加热的状态下进行充分地搅拌，旧沥青混凝土中的旧沥青才能逐渐从旧集料中分离出来，并部分地裹覆到新的集料表面，新加入的沥青也就可以在新、旧集料中均匀分布，从而使再生沥青混凝土的各个组分趋于均一。

图 6.1-3 为典型的沥青混凝土热再生原理。

图 6.1-3a)表示沥青混凝土中旧集料的表面裹有已经老化了的沥青，不能事先被分离(图中上部)。此时加入热的新集料(图中下部)，在加热的环境中，旧集料的温度逐渐升高。

图 6.1-3b)表示当旧集料表面温度达到沥青融化温度时，表面的旧沥青开始软化、融化，并在与新的热集料搅拌过程中，将旧沥青的一部分转移到新集料表面，同时新、旧集料的温度也趋于一致。一般情况下，该过程结束时，新、旧集料的温度在 130～150℃，旧沥青裹覆在新、旧集料表面的薄膜也趋于均匀。

图 6.1-3c)表示按预定的比例，加入新沥青(或新沥青与再生剂)，在搅拌过程中，新沥青(或新沥青与再生剂)将均匀地裹覆到新、旧集料的表面，同时与原有的旧沥青紧密结合。由于新、旧集料，新沥青(或新沥青与再生剂)和旧沥青的温度已经一致，约达到 150～160℃，而且新沥青(新沥青与再生剂)与旧沥青有着最大可能的接触面，于是新沥青(或新沥青与再生剂)与旧沥青的界面间发生了渗透和交换，集料表面最后的沥青膜由混合均匀的新、旧沥青(或新、旧沥青与再生剂)组成，旧沥青的成分和性能得到改善，再生得以进行。

图 6.1-3d)表示再经过添加预定数量的矿粉、吸附沥青，形成合理厚度 10～15μm 的沥青膜，最后再经过一段时间的搅拌，得到与新沥青混凝土同样性能的再生沥青混凝土。

6.1.3 沥青路面再生技术在国内外的应用

沥青路面回收材料再生利用的历史可以追溯到 1915 年。但沥青路面热再生第一次被使用是在 1930 年的美国(图 6.1-4)，真正重视沥青路面材料的再生利用是从 1973 年中东石油危机开始的，沥青材料价格上涨及可供优质集料的减少，促使道路部门进行沥青路面回收材料的再生研究和应用。到 20 世纪 80 年代末，美国再生沥青混凝土被广泛使用，目前其再生利用率达 80 %。相比常规全部使用新沥青材料的路面，节约成本 10%～30%。

图 6.1-4　第一次沥青路面热再生现场

德国是最早将沥青再生混合料用于高速公路路面养护的国家。欧美等工业发达国家都特别重视再生沥青实用性的研究,他们在再生剂的开发以及沥青路面工程中应用的各种机械设备的研制方面都取得了很大的成就,达到了规范化和标准化的程度。资源短缺的日本也非常重视旧沥青路面再生利用的研究,现在日本每个搅拌站都具备再生沥青混凝土的生产能力。

我国在20世纪70年代开始研究沥青混凝土再生技术。80年代原交通部将沥青路面再生利用技术作为重点科研项目立项研究,1985年,原建设部也开始进行专题研究。1991年6月发布了《热拌再生沥青混凝土路面施工及验收规程》(CJJ 43—91),指出再生沥青混凝土所用矿料、沥青的品质及沥青混凝土技术要求,应符合普通沥青混凝土的有关规定。

进入21世纪,北京、天津、上海、广东、山东、江苏、河北等省市都相继引进了大型的沥青路面再生设备,并结合高速公路的维修工程,开始研究沥青路面再生技术。

6.2 沥青路面再生工艺

旧沥青路面再生,根据再生方式和拌和地点,可分为冷铣刨再生、厂拌热再生、现场热再生、厂拌冷再生、现场冷再生等五种再生工艺。

6.2.1 冷铣刨再生

沥青路面在服务几年后,由于施工质量、气候、交通量等诸多因素出现不同类型的损坏,例如泛油、车辙、表面松散、抗滑性变差等,这时可采用冷铣刨再生工艺进行修复。

冷铣刨再生是指采用专门设计的铣刨机有控制地剥离原沥青路面,使其达到设定值的深度、纵断面、横坡及抗滑能力。

冷铣刨再生施工主要设备是专用的铣刨机、自卸车、洒水车、清扫车等。冷铣刨再生施工中产生的旧沥青混凝土用铣刨机的集料输送装置输送到自卸车上,然后把旧沥青混凝土用厂拌冷再生法或热再生法进行再生。旧沥青混凝土可作为基层集料用于道路施工和加宽、路面修补料或沙石路上的无尘路面。旧沥青混凝土用作基层集料是循环经济中4R原则(减量化Reduce、再使用Reuse、再生利用Recycle、再循环Recycle)中的一种形式。其主要优点是:可消除车辙、波浪、老化路面和老化沥青;可纠正纵断面和横坡;恢复排水;去除整个沥青路面结构,以便在道路重建或路肩加宽施工中进一步再生;提高摩擦系数;清除路缘建筑,以恢复道路高程;为其他类型沥青再生方法进行之前准备路表面;相对于其他重建方法节约了资源;提高了公路工程施工效率和原有材料的再利用;高生产率,低交通延误。

6.2.2 厂拌热再生

厂拌热再生是指把回收的旧沥青混凝土在拌和厂中进行集中处理,是一种实用、灵活、简便而又能保证质量的沥青路面再生技术。

厂拌热再生工艺如图6.2-1所示,将旧沥青路面经过翻挖后运回拌和厂,再集中破碎,根据路面不同的质量要求进行配比设计,确定旧沥青混凝土的添加比例,再生剂、新沥青材料、新集料等在拌和机中拌和成新的沥青混合料,然后用沥青摊铺机,铺筑成再生沥青路面。

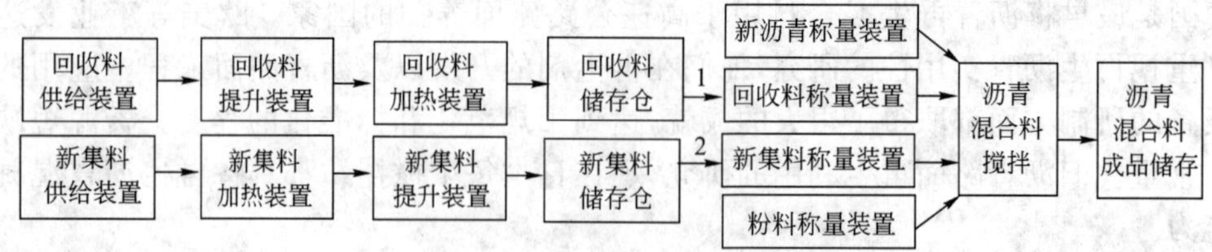

图 6.2-1　厂拌热再生工艺流程

厂拌热再生:沥青混凝土可以对已被翻挖的基层甚至路基的一些地段进行有效的补强,可以像新沥青路面施工一样,分别按下面层、中面层、上面层(磨耗层)的不同技术要求进行配合比设计,确定旧沥青混凝土回收料的添加比例。

厂拌热再生的特点:

(1)再生料比例可达 50%。

(2)沥青混凝土拌和厂需要有旧料堆放场地并配备专用的破碎机械。

(3)旧料来源混杂,影响再生沥青混凝土品质。

(4)要增加产量,沥青混凝土厂拌机需要添置旧料预热装置。

6.2.3　现场热再生

沥青路面现场热再生技术也称为表层再生技术。该技术是采用就地加热、翻松、搅拌、摊铺、压实等连续作业,一次成型新路面,如图 6.2-2 所示。

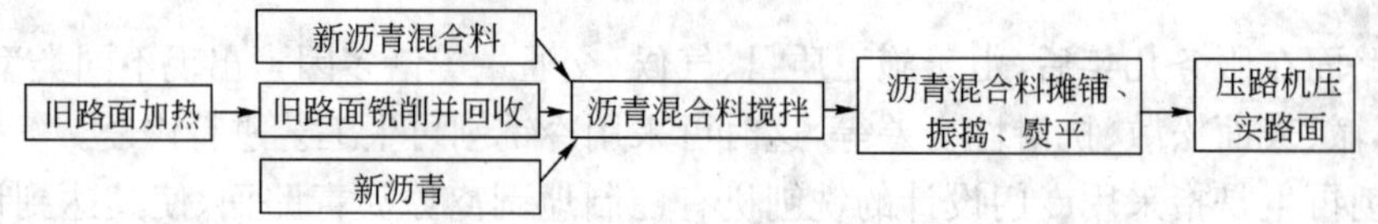

图 6.2-2　现场热再生工艺流程

现场热再生主要特点:

(1)旧料现场热再生利用不需要搬运废料及废弃物堆放。

(2)旧料百分之百再生利用,可以节省新沥青混凝土的用量,经济效益显著。

(3)与其他维修工艺相比,影响交通及沿途居民的程度小,施工结束即可开放交通。

(4)施工产生的振动、噪声比其他施工方法的小,可以夜间作业。

(5)由于使用专用机组机械化施工,此工艺适用于大工程量维修作业。

(6)这种再生工艺是以沥青路面的面层为施工对象,所以沥青路面损坏影响到基层以下时,原则上不适用。

(7)此工艺是现场加热旧沥青路面,施工容易受气候的影响,寒冷季节一般不宜施工。

沥青路面现场热再生工艺有复拌再生工艺和重铺再生工艺两种。复拌再生工艺主要用在需要改善旧沥青混凝土质量的路段上,包括加热、翻松、新旧混凝土拌和、摊铺、碾压等工序。重铺再生工艺主要用在不要求改善旧沥青混凝土质量的维修路段,包括加热、翻松、摊铺并在其铺层上重新铺上新沥青混凝土,而后碾压成型。两种工艺的作业过程如图 6.2-3 所示。

复拌再生工艺可以改善集料级配、沥青含量及旧沥青针入度,达到改善沥青路面结构综合性能指标的目的,并能够形成全断面的再生面层,但在旧沥青路面大坑处会产生集料级配不同的现象。

重铺再生工艺由于最上层使用的是新沥青混凝土,即使局部路段的旧混凝土发生变化,也能确保面层均一的外观质量。但使用再生添加剂只能改善旧沥青针入度,要通过改变集料级配及沥青含量来改善沥青混凝土的质量较为困难，且较薄的上层容易被磨损而露出下层。

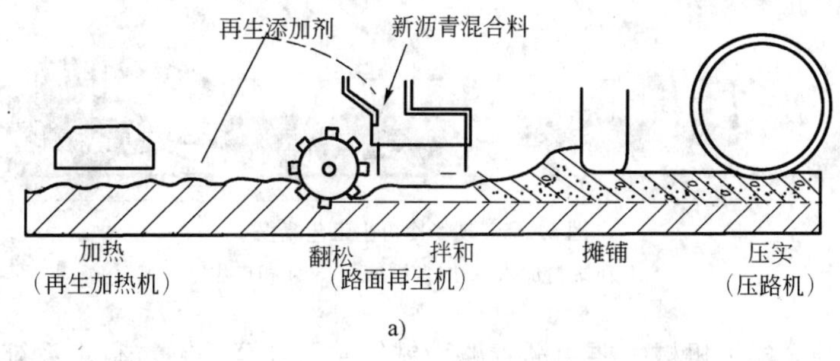

a)

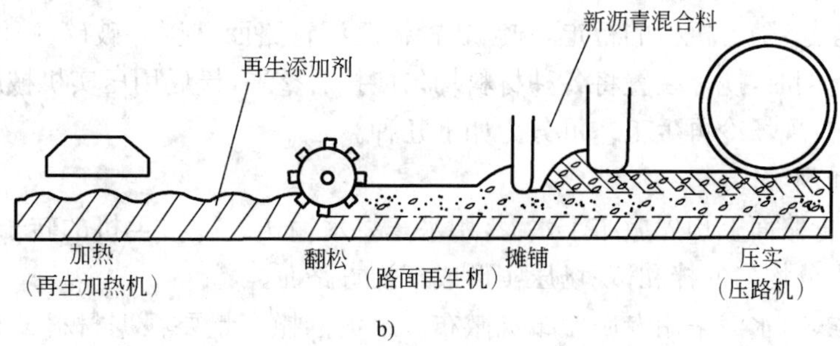

b)

图 6.2-3 现场热再生工艺过程

a)复拌再生；b)重铺再生

6.2.4 厂拌冷再生

沥青路面厂拌冷再生是指将旧沥青混凝土运输至间歇强制式沥青搅拌厂，经预处理，按设计的配比直接加入搅拌器中，与新集料、新沥青、新矿粉一起搅拌成再生混凝土。其工艺流程如图 6.2-4 所示。

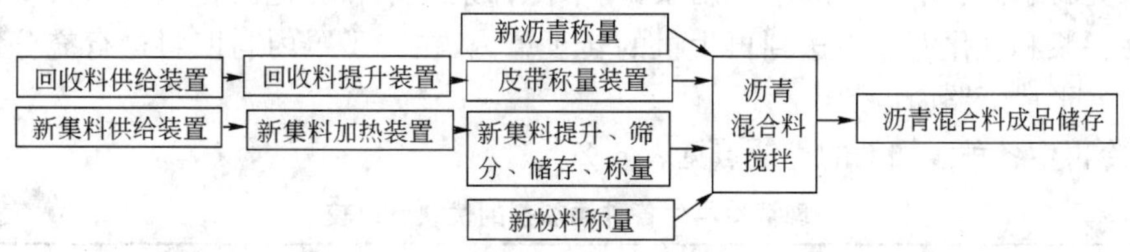

图 6.2-4 厂拌冷再生工艺流程

厂拌热再生主要技术特点：

(1)厂拌冷再生利用旧沥青混凝土的比例可达 75%～100%，而厂拌热再生最多只能利用 50%的废旧沥青混凝土。

(2)厂拌冷再生对废旧沥青混凝土不需要加热烘干，从而节省了能源和成本，同时具有很好的环保性。

(3)与就地再生相比，厂拌再生材料的配合比质量容易得到控制和保障。采用厂拌再生技术，可预先对旧沥青混凝土进行破碎筛分处理，确保再生沥青混凝土的均匀性与级配。因此，厂拌冷再生沥青混凝土可用于新修沥青路面的基层。

6.2.5 现场冷再生

现场冷再生工艺如图 6.2-5 所示，通过对旧沥青路面的铣刨、破碎并加入适量的新材料

(水泥、水、乳化沥青、泡沫沥青、集料等)拌和后,现场整平并碾压成型,得到满足路用强度指标要求的新沥青路面。

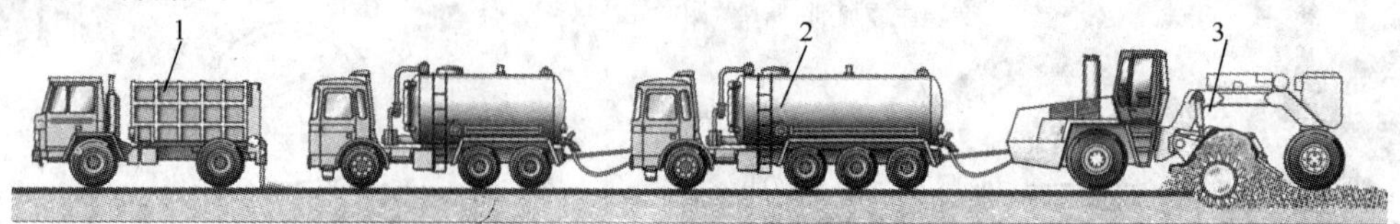

图 6.2-5 现场冷再生工艺流程

1-新集料加入;2-加入添加剂;3-拌和再生

沥青路面现场冷再生机械主要由沥青路面铣刨装置、喷洒装置、行走系统和控制系统等组成。其工作过程是:随着机械的行走,铣刨装置将旧沥青路面铣刨并破碎,喷洒装置按配比喷入黏合剂。与此同时,搅拌装置将各种材料均匀搅拌后整平,最后用压实机械压实成型。

根据添加剂、现场冷再生工艺可分为如下几种。

1)水泥添加剂

(1)在旧沥青路面上预先撒布干水泥,用水车将水输送到冷再生机的转子罩内,在转子罩内与旧料进行充分均匀的拌和,现场压实形成新沥青路面。

为了撒布均匀,水泥采用专用撒布机撒布。水泥的撒布量要根据材料试验确定。经验表明,水泥撒布量约是集料的 3.5%~4.5%。

(2)预先将水泥和水混合成水泥稀浆,用水泥稀浆输送罐车与再生机协同作业,将水泥稀浆输送到再生机的转子罩内,在转子罩内与旧料进行充分均匀的拌和,现场压实形成新沥青路面。

2)乳化沥青添加剂

(1)在旧的沥青路面上预先撒布干水泥,用水车和乳化沥青罐车将水和乳化沥青输送到冷再生机的转子罩内,在转子罩内与旧料和水泥进行充分均匀的拌和,现场压实形成新沥青路面。

(2)预先将水泥和水混合成水泥稀浆,用水泥稀浆罐车和乳化沥青罐车与再生机协同作业,将水泥稀浆和乳化沥青输送到再生机的转子罩内,在转子罩内与旧料进行充分均匀的拌和,现场压实形成新路面。

现场冷再生各种添加剂的优缺点见表 6.2-1。

现场冷再生各种添加剂的优缺点比较 表 6.2-1

添加剂	优点	缺点
水泥	1.与沥青相比较,便宜 2.应用广泛,有现成的标准实验方法和规范 3.能显著提高材料的抗压强度 4.提高材料的抗水能力	1.增加了强度,但是降低了疲劳特性 2.需养生,不能立即开放交通
乳化沥青	1.黏弹性好,抗疲劳性好 2.应用较广泛,有现成的标准实验方法和规范	1.需要专业生产,生产质量要求高 2.乳化剂价格贵,沥青与水需同时运输 3.含水率高的材料加入后,养生时间长 4.强度大小受水分散失速度影响大

6.2.6 沥青路面再生工艺选择

具体使用何种沥青路面再生工艺,要根据旧沥青路面的实际情况、新沥青路面的要求以及实际的施工能力等因素综合分析后确定(表 6.2-2)。

路面损坏类型与再生工艺的选择表 表 6.2-2

路面损坏类别		冷刨再生	热拌再生	现场热拌再生	现场冷拌再生
路表缺陷	表面松散	√	√	√①	
	冒油	√	√	√	
	失去抗滑性	√	√	√①	
路面变形	波浪纹	√②	√	√②	
	浅车辙	√②	√	√②	
	深车辙③		√		√④
与荷载有关的裂缝	龟裂		√		√
	轮迹处之纵向裂纹		√	√⑦	√
	路缘裂缝		√		√
	滑动裂缝		√	√⑧	
与荷载无关的裂缝	区块状裂缝		√		√
	纵向接缝裂纹		√	√⑦	
	横向温缩龟裂		√		√
反射裂缝			√		√
养路修补缺陷	沥青喷洒		√		
	表皮修补		√		
	孔洞修补		√		
	深洞热拌修补		√		
软弱底层或路基					
平坦度缺陷	一般性不平整	√	√	√	
	路面沉陷	√⑨	√⑨	√⑨	
	路面隆起	√⑨	√⑨	√⑨	

注：①在面层厚度低于 1.5in 时使用。
②车辙只发生于路面结构之上层 38.1～50.8mm。
③指车辙乃由路面结构之下层产生。
④若未将下层以稳定处理法加强，此种处理法只是一种暂时性措施。
⑤对不稳定底层可能要添加新集材。
⑥若路基土壤湿且软弱，可能须施以化学稳定处理。
⑦受限与裂缝只出现于面层时使用。
⑧处理深度需能达到打滑发生层。
⑨若路面失效与路基底层软弱有关，则此处理法只为暂时性措施。

6.3 沥青路面铣刨机

6.3.1 功用及分类

1）功用

沥青路面铣刨机（以下简称铣刨机）是用铣刨方法清除沥青路面的拥包、波浪、网裂、车辙和坑槽等病害，并可提高其平整度和粗糙度。由于其作业效率高、施工工艺简单、铣刨深度易于控制、操纵灵活方便、机动性好、铣刨下来的旧料可再生利用，因此被广泛用于沥青路面的养护、维修和再生。

2)分类

铣刨机可根据铣刨形式、铣削转子的旋转方向、结构特点、转子宽度等进行分类。

根据铣刨形式，铣刨机可以分为冷铣刨式和热铣刨式两种。冷铣刨式如图 6.3-1a)、b)所示，使用较为普遍；热铣刨式如图 6.3-1c)所示，由于加装了加热装置而使结构复杂，一般用于沥青路面再生作业。

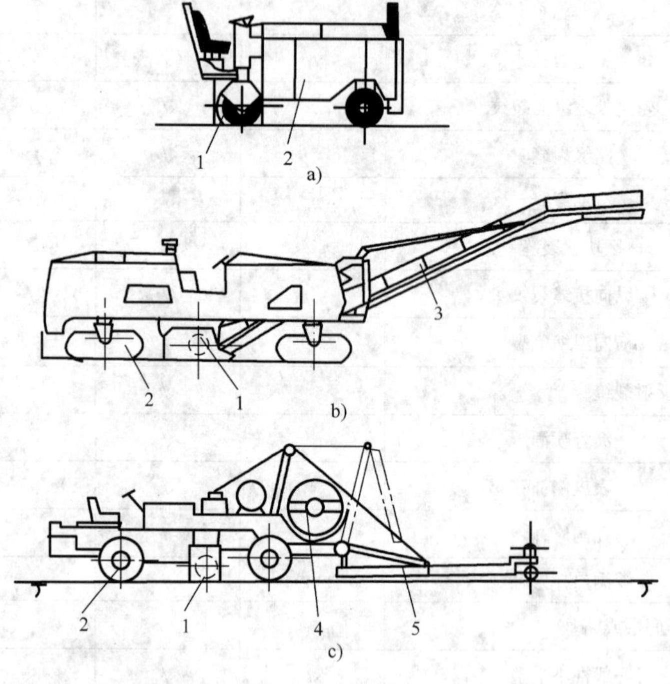

图 6.3-1　铣刨机

a)后桥同轴式；b)履带式；c)热铣式

1-铣削装置；2-行走底盘；3-输送带；4-燃料箱；5-加热装置

根据铣削转子的旋转方向，铣刨机可以分为顺铣式和逆铣式两种。转子的旋转方向与行走方向相同的称为顺铣式，反之则为逆铣式。

根据结构特点，铣刨机可以分为四轮式和履带式两种。四轮式的机动性好，多用于中小型铣刨机；履带式的多用于铣刨宽度 2m 以上的大型铣刨机，用于大面积沥青路面再生工程。

根据铣削转子的位置，铣刨机可以分为后悬式、中悬式与后桥同轴式。后悬式铣削转子悬挂在后桥的后面；中悬式铣削转子在前、后桥之间；后桥同轴式铣削转子与后桥同轴布置。

根据转子宽度，铣刨机可以分为小型、中型、大型三种。小型铣刨机的铣削宽度为 0.3～0.8m，整机功率为 25～70kW，铣削转子多采用机械传动；中型铣刨机的铣刨宽度为 1～2m，整机功率为 80～180kW，铣刨转子多采用液压传动；大型铣刨机的铣刨宽度在 2m 以上。国内外常用沥青路面铣刨机主要参数见表 6.3-1。

国内外常用沥青路面铣刨机主要参数对照表 表 6.3-1

厂家	型号	铣刨宽度(mm)	铣刨深度(mm)	发动机功率(kw)	工作速度(m/min)	行走速度(km/h)	刀头数	驱动方式	工作驱动	整机质量(kg)
镇江华晨	LX50	500	0～50	39	0～28	0～14	36	轮式/液压	机械	4 600
	LXZY500	500	0～60	46	0～28	0～14	38		液压	5 200
	LXZYH1000	1 000	0～100	112	0～13	0～11	80			13 500
	LXZYH1300	1 300	0～120	136	0～12	0～12	104			15 800
天津道桥	LX1000B	1 000	0～80	82	23.2	11.5	78	轮式/液压	机械	7 200
徐工	BG10	1 000	0～180	136	0～6.4/10	0～10	92	轮式/液压	机械	11 500
山东德工	LX1000	1 000	0～100	93	0～10	0～10	80	轮式/液压	机械	12 500
维特根	W50	500	0～100	79	0～10	0～8	44	三轮/液压	液压	7 400
	WL100L	1 000	0～250	123	0～10	0～10	80	轮式/液压	机械	13 830
	WL100C	1 000	0～180	104	0～13	0～10	80			14 700
	1300DC	1 300	0～300	243	0～31	0～5.4	115	履带/液压		24 500
	1900DC	1 905	0～300	243	0～31	0～5.4	154			25 300
	W2000	2 000	0～320	292	0～82	0～5	162			29 000
必泰利	SF200L	2 000	0～320	370	0～30	0～4.5	154	履带/液压	机械	28 700
戴纳派克	PL2000S	2 010	0～320	448	0～40	0～5	166	履带/液压	机械	34 000
玛连尼	MP2000	2 010	0～320	364	0～33	0～4.7	156	履带/液压	机械	27 000

6.3.2 结构与原理

铣刨机由发动机、车架、行走系统、铣削转子、铣削深度调节装置、液压系统、集料输送装置等组成。由于铣刨机的规格、型号不同,其机构、布置也有所区别,但其工作原理是相同或相似的。

1)车架

车架一般为刚性整体结构,由厚钢板焊接成型,具有足够的刚度和强度。车架是整机的承重构件,同时要求车架有足够的质量以减少作业时整机的振动。

2)行走系统

铣刨机的底盘结构和一般养护机械有较大区别,如小型单侧后轮可摆动铣刨机,其四车轮悬挂在方形导向机构上,均可独立升降。铣刨深度由后轮升降调节,前轮的升降用于作业和行驶,右后轮可摆至铣刨转子前方,以便能更好地铣削路面边缘。每只轮子皆由各自的液压马达驱动,行驶和作业时的速度均为无级变速。开关差速器锁控制前后轮牵引的均匀性与稳定性。典型铣刨机行走传动系统如图 6.3-2 所示。

铣刨机的前轴为转向轴,采用全液压转向机构,转向灵活,操作方便,工作可靠。

铣刨机的制动由液压系统完成,另配有摩擦片作为附加制动装置。

3)铣刨装置

铣刨机的铣削装置一般由铣削转子及其升降机构、深度控制机构等组成。

(1)铣刨转子。铣刨转子如图 6.3-3 所示,由刀头、铣刨轴、铣刨刀座及防护板等组成。铣

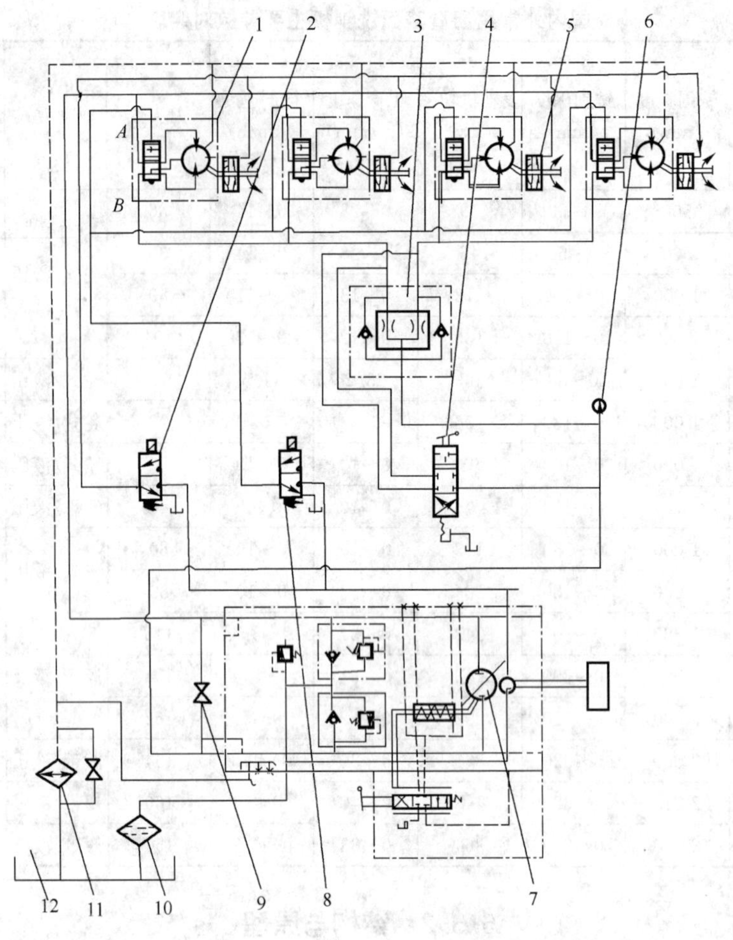

图 6.3-2　典型铣刨机行走传动系统

1-变量马达；2、8-电磁阀；3-单向节流阀；4-手动换向阀；5-制动器；6-压力表；7-变量泵；9-截止阀；10-滤油器；11-冷却器；12-液压油箱

刨转子可分为固定宽度和可变宽度两种。图6.3-4所示为宽度有级变动的铣削转子机构，一般以250mm为宽度级别。铣削转子液压回路如图6.3-5所示。液压泵的方向由手动换向阀控制，液压马达设有双向缓冲卸荷装置，以防止过载。变量泵具有铣削阻力增加时自动减少切削速度的功能，保证铣削转子的正常工作。冷却油泵的作用是将液压油箱中的液压油送到冷却油池，进行循环冷却，保证液压油正常工作温度。

图 6.3-3　铣刨转子

①铣削转子轴。铣刨机作业时动力由铣削转子轴传递，铣削转子轴必须有足够的强度和刚度。按轴的大小采用厚臂钢管制造或整体锻造。转子轴上排列铣刨刀座，刀座的排列以左右对称的单头或多头螺旋线分布，螺旋线方向应保证转子

工作时将铣削出的散料抛向轴的中间部分，使切削料集中成堆。

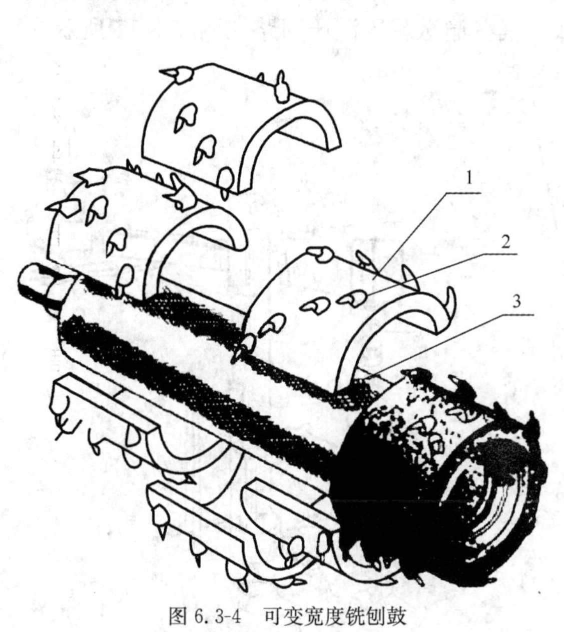

图 6.3-4　可变宽度铣刨鼓

1-座瓦；2-刀具；3-鼓轴

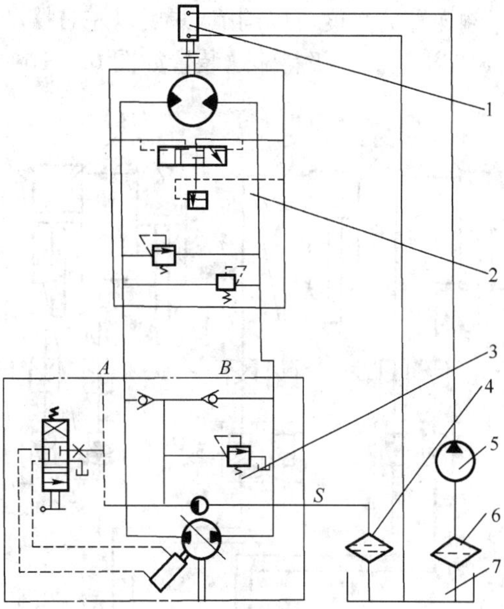

图 6.3-5　铣刨机铣削转子液压回路

1-冷却油池；2-液压马达；3-变量泵；4-精滤器；5-冷却液压泵；6-粗滤器；7-液压油箱

②铣削刀座。铣削刀座的固定方式有焊接或螺钉紧固两种方式，座体一般用优质钢锻造，座孔用于安装铣刀头，孔内加工有环形槽，用弹性簧片将刀头夹持在座孔中。

③铣削刀头。铣削刀头为子弹头形结构，它由刀尖及刀体两部分焊接而成，刀头由高硬度、高耐磨的硬质粉末冶金制作，刀体用优质合金钢制作，一般铣削刀头焊接后作特殊的强化处理。刀头工作时直接与路面摩擦，为使其磨损均匀，刀头在刀座中要能自由转动(图6.3-6)。刀头(图 6.3-7)为铣刨机的主要易损件。

图 6.3-6　铣削刀安装图

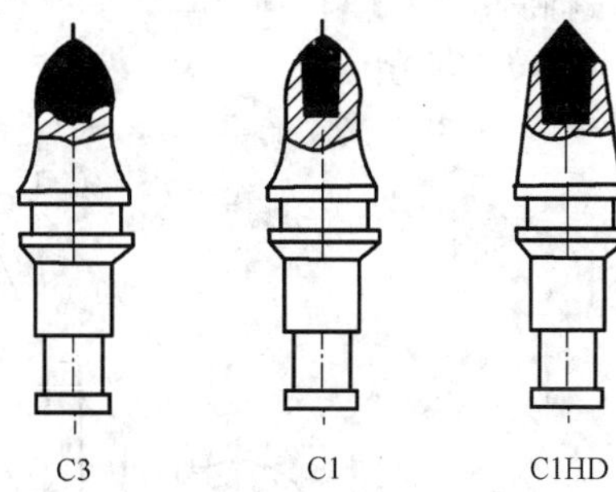

图 6.3-7　铣刨机用刀头

(2)铣削深度调节装置。铣刨机通过铣削转子侧盖作为测定铣削基准面，利用自动调节装置控制两个定位液压缸，使所给定的铣削深度保持恒定。有的铣刨机根据需要可以安装一倾斜度调整器，用来控制铣削转子的倾斜度。铣削转子升降机构原理如图 6.3-8 所示。深度自动调节装置如图 6.3-9 所示。

4)集料输送装置

一般大型铣刨机都带有集料输送装置，可将铣出的散料集中并传送至随机行走的运输货车上。一般装卸系统由传送带和集料器组成，可将铣削物从铣削转子下直接输送到运载货车上，输送臂的高度可以调节，并可以左右摆动调整卸料位置，整个输送系统采用封闭式结构，以防灰尘扩散。二级料输送装置如图 6.3-10 所示。集料输送装置液压回路如图 6.3-11 所示。

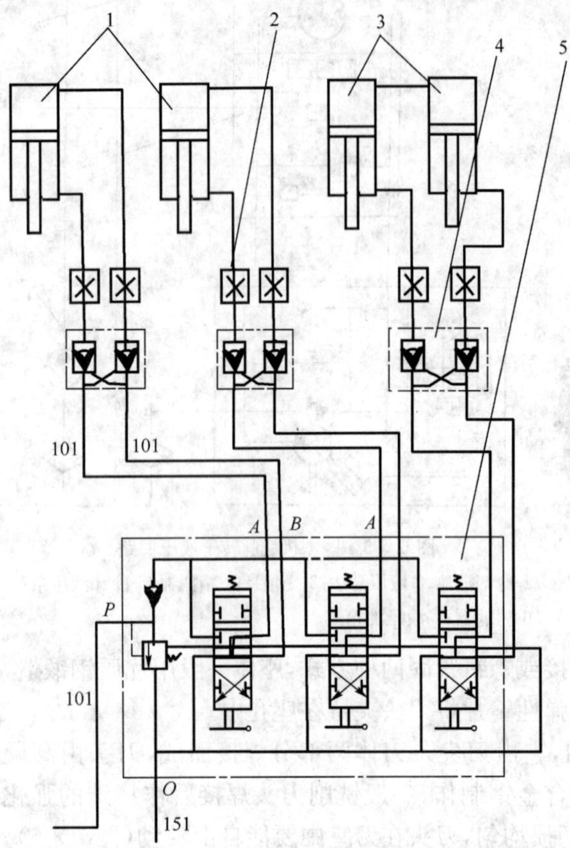

图 6.3-8 铣削转子升降机构原理

1-后轮升降油缸；2-单向阀；3-后轮升降油缸；4-液压锁；5-多路换向阀

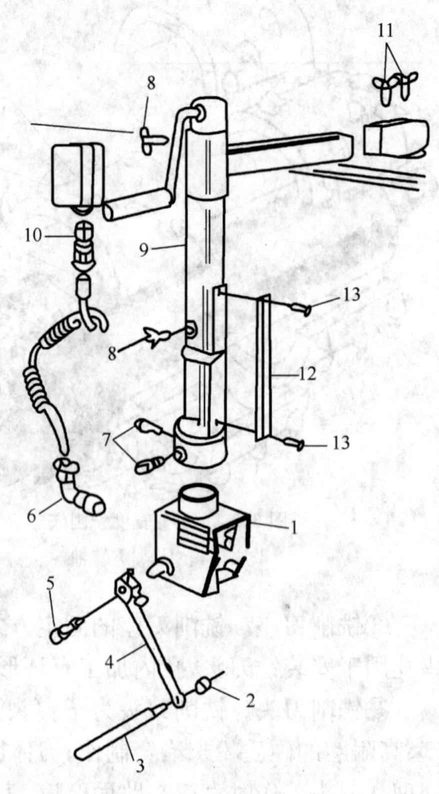

图 6.3-9 深度自动调节装置

1-传感器；2-螺母；3-传感触棒；4-曲臂；5-平衡块；6-弯电插头；7、13-螺钉；8、11-异形螺钉；9-立柱；10-直电插头；12-标尺

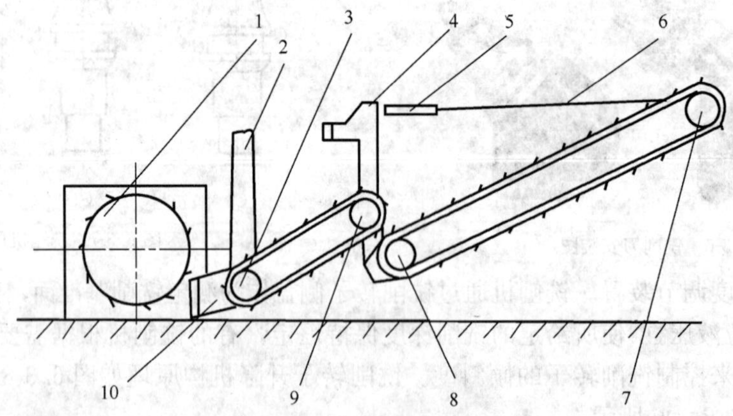

图 6.3-10 二级料输送装置

1-铣刨鼓；2-机架；3-换向滚筒；4-回转臂；5-升降油缸；6-钢丝绳；7-液压马达；8-换向滚筒；9-液压马达；10-拾料簸箕

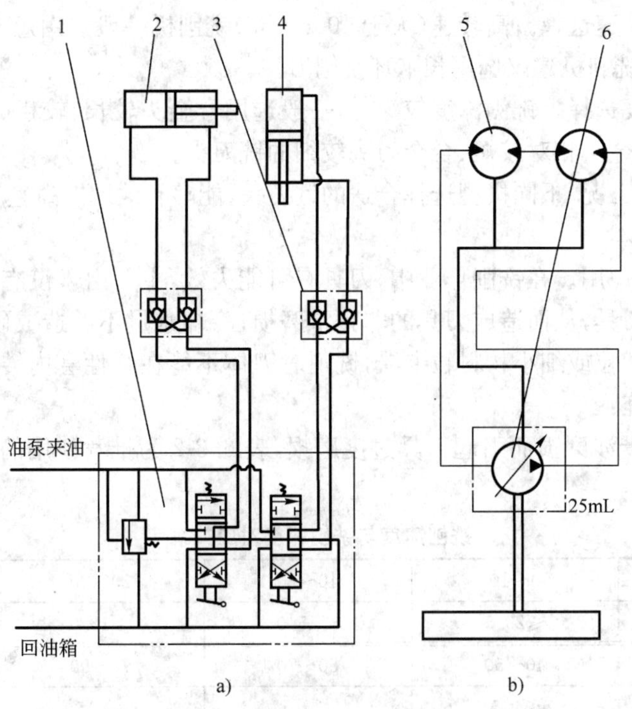

图 6.3-11　集料输送装置液压回路

a)撞车输送带摆动、升降回路;b)输送带驱动回路

1-多路换向阀;2-升降油缸;3-液压锁;4-水平油缸;5-液压马达;6-变量泵

6.3.3　技术使用与维护

1)生产效率计算

铣刨机生产效率可以按下式计算:

$$Q = 60hBv\rho$$

式中:h——铣刨厚度,m;

B——铣刨宽度,m;

v——铣刨速度,m/min,一般为 4～6m/min;

ρ——沥青混凝土密度,t/m^3,一般取 2.2～2.35t/m^3。

2)铣刨刀的选择与使用

(1)刀具的选择。应根据不同工况、不同机型选择合适的铣刀头。

①根据路面材料选择。铣刨机在施工作业前,一定要清楚路面材料的组成,根据路面的松散程度,确定施工工艺,选配合适的刀具。例如:沥青路面的拉毛等作业,一般选用合金头比较长、合金嵌入刀体部分较深的铣刀头;高硬度高磨耗沥青路面一般选用合金头比较粗大、合金头与刀体焊接面积大的铣刀头;中软硬度沥青路面一般选用合金头相对较细的铣刀头,因为切入阻力小,效率高。

②根据铣刨机功率选择。大功率(大于 400kW)铣刨机,一般选用合金头比较粗大、耐磨,刀体相对较粗的铣刨刀;中等功率(147～400kW)一般选用合金头较粗大、耐磨,刀体相对较细的铣刨刀头;小功率(小于 147kW)一般选用合金头相对细长、耐磨刀体材料少的铣刀头,以减少切削阻力。

③根据铣刨鼓转速选择。高转速(大于400r/min)铣刨机一般选用短卡环铣刨刀头;低转速(小于300r/min)铣刨机建议选用长卡环铣刨刀。

④根据铣刨深度选择。铣刨深度较深时,一般选用合金头较长、较粗的铣刀头;铣刨深度较浅时,一般选用合金头相对较短、合金刀头较细的铣刀头。

总之,根据不同工况、不同机型选择合适的铣刀头,能够有效地提高生产率,提高刀具的使用寿命,降低生产成本。

(2)刀具的合理使用。在铣削作业中,刀具有可能失效,主要由于没有根据实际工况来选取与之相配的铣削刀具,从而造成刀具的非正常磨损;冷却水量不够造成硬质合金头热蚀;刀体与弹性套之间被沙粒或细小物料粒卡滞,铣削时刀体不能在弹性套内转动,造成刀具偏磨。为此应采取以下措施:

①为避免刀座干涉磨损而引起刀具过度磨损,表6.3-2为推荐使用的合理的铣刨速度与铣刨深度。

铣刨速度与铣刨深度对应关系 表6.3-2

铣刨深度(mm)	0~10	10~20	20~30	30~40
铣刨速度(m/min)	≤29.5	≤15.0	≤12.0	≤11.0
铣刨深度(mm)	40~50	50~70	70~90	90~100
铣刨速度(m/min)	≤9.5	≤8.5	≤7.5	≤7.0
铣刨深度(mm)	100~150	150~200	200~250	250~300
铣刨速度(m/min)	≤6.0	≤5.0	≤4.5	≤4.0

②铣削深度越大,刀具与物料接触的时间越长,摩擦发热越多。为避免刀具硬质合金头热蚀,需加大冷却刀头的喷水量,当铣刨深度较浅时(6cm以下)应减少冷却刀具与被铣下物料的接触,减少刀具的磨损。

③每工作6~8h,检查刀具的转动情况和磨损情况,确保安装的刀具能在刀座孔中自由转动,刀具磨损严重时应及时更换。如果铣刨刀具有1/2磨损严重需要更换,建议把整套刀具都更换掉;磨损但不严重的刀具重新合成一套,继续使用,这样既能保证施工质量,又能延长刀具使用寿命,减少施工成本。

3)铣刨机的正确使用

包括作业前技术准备、作业和行驶中技术要求以及作业技术工作。

(1)作业前的技术准备:

①铣刨机应由经过培训、技术熟练的人员操作。

②检查转向系和制动系是否灵活、可靠。

③检查液压系统有无渗漏、液压油是否充足,否则必须予以补充。

④铣削转子安全罩应完好有效,检查刀头是否齐全、安装牢固。

⑤柴油机启动前,铣刨转子操作手柄和主油泵操作杆应置于空位。

⑥按柴油机操作规程,准备并启动柴油机。在柴油机怠速暖车过程中检查柴油机运转情况和各仪表的显示值。待柴油机冷却水温达到60℃时,铣刨机方可作业。

⑦了解施工现场作业条件,明确铣刨作业的技术要求,准备配套好相应的辅助作业设备,如运输汽车和装载机等。

(2)作业和行驶中的技术要求:

①在一挡行驶速度或停车时,缓慢下降铣削转子至铣削深度。

②一次性铣削沥青路面的最大铣削深度不得超过铣刨机的规定数值。

③铣刨硬路面时严禁高速作业,以免损坏刀头。

④铣刨机行驶中严禁换挡。换挡时主油泵操作杆应置于中位。

⑤铣刨机行驶或作业的过程中,应随时观察各仪表和指示灯的显示情况。

⑥铣刨作业时操作人员不得离开驾驶室,否则必须提起转子。

(3)作业后的技术工作:

①铣刨机应停放在平坦、安全、不妨碍交通的地方。

②铣刨机停放时,应提起铣刨转子,脱开铣刨挡,发动机运转 3～5min 后熄火。

③打开铣刨转子安全罩,进行彻底清理。

④检查刀头,如有损坏或严重磨损予以更换。

⑤按维修规程或使用说明书的规定,对发动机及底盘进行例行维护。

6.3.4 维　　护

铣刨机的技术性能会随着其运转时间或行驶里程的增加而发生变化,这是由于机械零件间的自然磨损以及没遵守技术使用和维护规程而引起的。为了减少和防止机械零件的异常磨损,保证铣刨机的合理润滑,细心合理地操作机械,充分合理利用铣刨刀,使铣刨机性能时刻保持在良好的状态。

1)维护的目的

(1)使铣刨机保持完好状态,以便随时可以启动运转。

(2)在合理操作的条件下,正确选用刀具,有效减少功率消耗。

(3)使铣刨机及其总成的技术状态保持均衡,达到最长的修理周期。

(4)在实际工作过程中使燃料、零件消耗率最低。

2)维护内容

(1)合理操作。操作人员在启动柴油机前要检查冷却液和机油,不足时,补加后启动;作业时,不能让柴油机长时间的最大负荷工作。均匀加大负荷,保证铣刨机处于较为平稳的工作状态,以降低机械磨损、减少故障产生。

(2)充分保护收料带。铣刨机的收料带接收来自转子铣削下来的材料,为防止松散材料可能对收料带造成的磨损,密封转子空间以及限制旧料颗粒,同时为了确保收料带的可靠性,采用收料带靴及级配控制梁。定期地检查更换收料带靴和采用合理的级配控制方案可充分保护收料带,减少收料带磨损,形成可靠、稳定的收料机构。

(3)速度合理匹配。铣刨机工作速度和转子速度是铣刨机的主要技术性能参数。因受沥青路面材料种类、沥青混凝土强度、铣削深度和环境温度的影响,工作速度一般都采用无级变速。铣刨机的工作速度与铣削深度的关系如图 6.3-12 所示。实践表明,转子刀尖的线速度限制在 4～5m/s,且通常设为定值,以保证铣刨机具有较好的技术经济性。若超过限制,则刀具磨损加剧,转子受铣削冲击阻力增大,铣刨机的技术经济性显著下降。

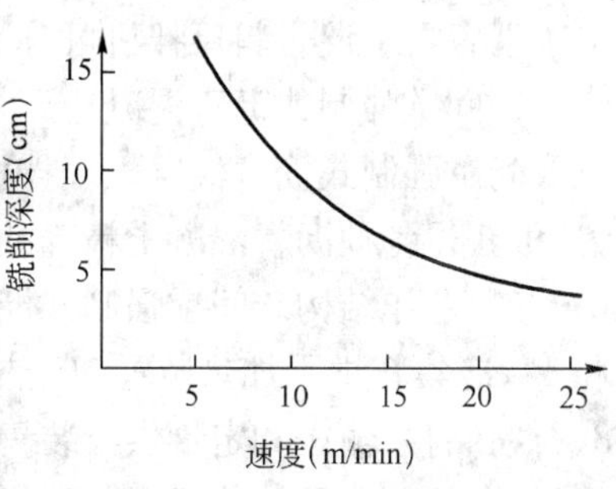

图 6.3-12　工作速度与铣削深度的关系

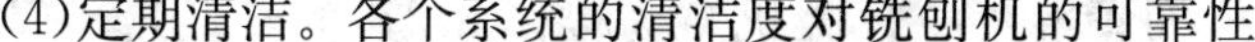
(4)定期清洁。各个系统的清洁度对铣刨机的可靠性

非常重要，清洁中要特别做好发动机“三滤”的清洁和液压系统、电气系统的清洁。

(5)紧固调整。由于铣刨机在工作时不断振动和受交变负荷影响，螺栓可能松动，必要时加以紧固，否则可能发生漏油、漏气、漏水、漏电等现象。此外，螺栓松动可能导致操纵失灵，零件或总成移动或掉落，甚至造成机械事故。

铣刨机上有很多零件的相互关系和工作参数需要及时进行检查调整，才能保证正常工作，否则可能导致铣刨机发生事故。调整内容和部位如下：

①间隙方面，如齿轮间隙、气门间隙、制动带间隙等。

②行程方面，如踏板行程等。

③角度方面，如供油提前角等。

④压力方面，如燃油喷射压力、机油压力、压缩空气压力、液压系统工作压力等。

⑤流量方面，如循环供油量、液压系统流量等。

⑥松紧方面，如风扇收料带、收料带、履带张紧装置等。

⑦轮胎换位。

除上述以外，还有电压、电流等很多内容都要及时检查、调整。

(6)合理润滑。凡活动部件，包括传动和往复运动的部件都需要良好的润滑，这样才能保证铣刨机正常工作。其中包括发动机的各摩擦表面、传动部分的齿轮啮合、滚动轴承，另外还有一些拉杆、滑轮、销子等运动部位。

(7)充分防腐。铣刨机在长期使用中不可避免地会发生一些金属制品的保护层脱落和金属表面的氧化，对此要进行喷漆或喷油脂等防腐处理。对一些非金属制品也应采取必要的防腐措施，例如洗净橡胶制品上的油污等。另外一些检查、加添等辅助作业属例行维护，在铣刨机运行前、班内工作暂停或一段工作结束后进行。主要内容是检查一些核心零件和易磨损部位，如主要机械零件的完整情况，机油、冷却水数量是否足够，操纵和安全装置(如转向、制动等)是否完好，关键部件的紧固情况，有无漏油、水、电等情况；必要时加添燃料、润滑油脂和冷却水，以确保铣刨机的正常运行和安全生产。同时还有一些特殊维护，包括停放期维护、换季期维护等。这些措施都是确保铣刨机各个总成、机构、零部件具有良好的工作性能，在投入正常的使用中发挥整机的最佳性能。

6.4 沥青路面厂拌热再生机

6.4.1 沥青混凝土厂拌机

沥青再生混合料厂拌机可分为间歇强制式和连续滚筒式两类。

1)间歇强制式沥青混凝土厂拌机

间歇强制式沥青混凝土厂拌机历史悠久，其生产工艺已趋于完善，并且采用精确的计量装置，可获得各种沥青混凝土精确的配合比，因此得到了广泛应用。

(1)总体结构。间歇强制式沥青混凝土厂拌机如图 6.4-1 所示，主要由冷集料供给装置 1 和 11、冷集料烘干加热装置 10、热集料提升装置 3、热集料筛分与存储装置 4、热集料计量装置 8、石粉储存、输送和定量供给装置 7、沥青储存、加热、输送和定量供给装置 5、拌和装置 9、成品料输送、储存及加热保温装置 6、除尘装置 2、控制装置等组成。

(2)生产工艺流程。间歇强制式沥青混凝土厂拌机多为楼体式，其生产工艺流程如图

6.4-2所示，整个生产工艺如下：

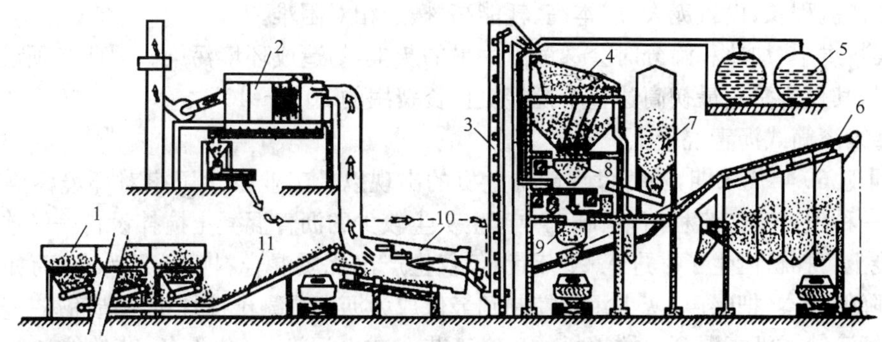

图 6.4-1 间歇强制式沥青混凝土厂拌机总体结构

1-冷集料储存与定量供给装置；2-除尘装置；3-热集料提升装置；4-热集料筛分与储存装置；5-沥青储存、加热、输送和定量供给装置；6-成品料输送、储存及加热保温装置；7-石粉储存、输送和定量供给装置；8-热集料计量装置；9-拌和装置；10-冷集料烘干加热装置；11-冷集料输送装置

①不同规格的冷集料。冷集料进行粗配、皮带输送机输送、滚筒内的火焰逆流将集料烘干并加热到足够的温度、热集料被提生机输送、热集料筛分并储存、热集料精确计量、搅拌器搅拌。

②矿粉。矿粉储仓、计量配料装置、搅拌器搅拌。

③沥青。沥青保温罐、沥青计量供给装置、搅拌器搅拌。

④成品沥青混凝土。成品料提升机、成品混合料储仓(或直接运往施工现场)。

⑤干燥滚筒、热集料筛分等产生的粉尘。除尘器将粉尘分离出来、粉尘储仓(或矿粉配料定料装置再利用)。

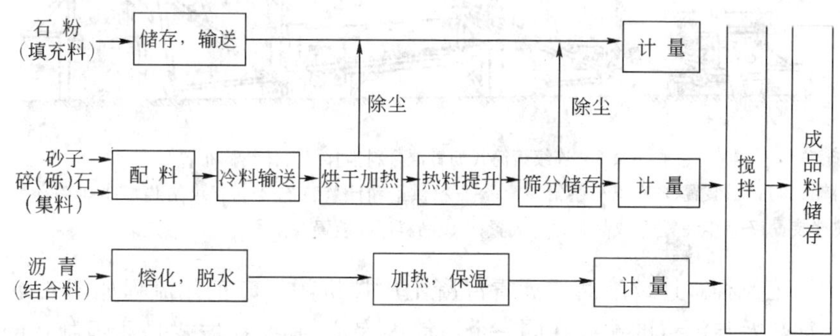

图 6.4-2 间歇强制式沥青混凝土厂拌机生产工艺流程

(3)特点。间歇强制式沥青混凝土厂拌机生产工艺优点：

①冷集料的烘干、加热及与热沥青搅拌是先后在不同的装置中进行。级配后的各种冷集料在干燥滚筒内烘干、加热后经二次筛分、储存，每种集料分别累计计量后与单独计量的矿粉、热沥青按照预先设定好的程序和配合比分别投入到搅拌器内强制搅拌，成品料分批卸出。因此，间歇强制式生产工艺能保证集料的级配、集料与沥青的比例达到相当精确的程度。

②可以根据需要随时变更集料级配和油石比。

③成品沥青混凝土的质量高，能很好地满足高等级沥青混凝土路面修建中对高性能、高质量路面材料的要求。

其缺点是：

①工艺流程长、设备庞大、成本高、耗能高、搬迁相对困难。

②集料烘干、加热和筛分时会逸散出大量的灰尘，易造成环境污染。因此必须设置庞大的除尘装置，其投资费用最初高达整个搅拌机投资费用的30％～40％。

2)连续滚筒式沥青混凝土厂拌机

20世纪60年代末期，随着世界能源危机的出现以及工业发达国家对环境污染问题的普遍重视，一种生产工艺流程简单、施工中产生灰尘较少的沥青混凝土搅拌设备——连续滚筒式沥青混凝土厂拌机诞生了。进入90年代，仅仅生产出优质混合料已不足为奇，而如何减少能源消耗、降低成本，把噪声、灰尘污染控制到最低成为沥青混凝土搅拌机制造商进一步的目标。因此，连续滚筒式沥青混凝土搅拌机的生产工艺在减少污染、简化设备、节约能源等方面显示出了很大潜力，特别是美国，近年来连续滚筒式沥青混凝土搅拌机发展非常迅速。

(1)总体结构。连续滚筒式沥青混凝土厂拌机(图6.4-3)，主要由冷集料输送与计量装置1(水平带式输送机和倾斜带式输送机、含水率计及砂石料动态称重装置)、冷集料供给装置2(3～6个碎石、砂子储仓、皮带或振动给料器)、石粉供给和计量装置3(石粉仓、螺旋输送机、调速电机、带式电子秤)、沥青供给和计量装置4与5(沥青储存罐、沥青加热装置、沥青输送泵、调速电机、沥青计量喷洒装置)、加热搅拌装置6、除尘装置7、成品料输送和储存装置8与装置9等组成。

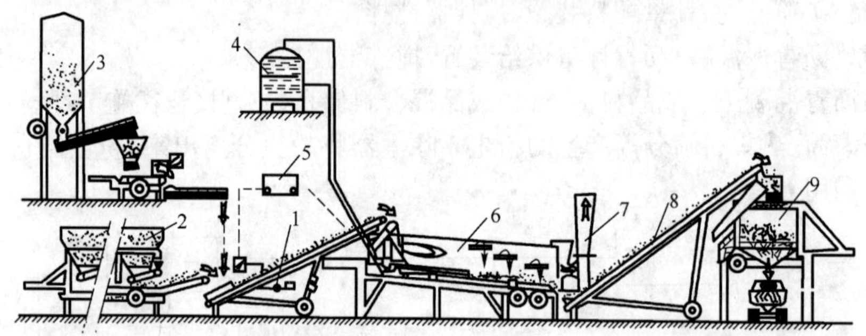

图6.4-3　连续滚筒式沥青混合料搅拌机总体结构布置

1-冷集料输送与计量装置；2-冷集料供给装置；3-石粉供给和计量装置；4-沥青供给装置；5-油石比控制装置；6-加热搅拌装置；7-除尘装置；8-成品料输送装置；9-成品料储存装置

(2)生产工艺流程。连续滚筒式沥青混凝土厂拌机的生产工艺流程如图6.4-4所示。冷集料的烘干、加热及与沥青的搅拌在同一个滚筒内完成，其搅拌方式是非强制式的，依靠集料在旋转滚筒内的自由跌落实现搅拌。其生产工艺流程如下：

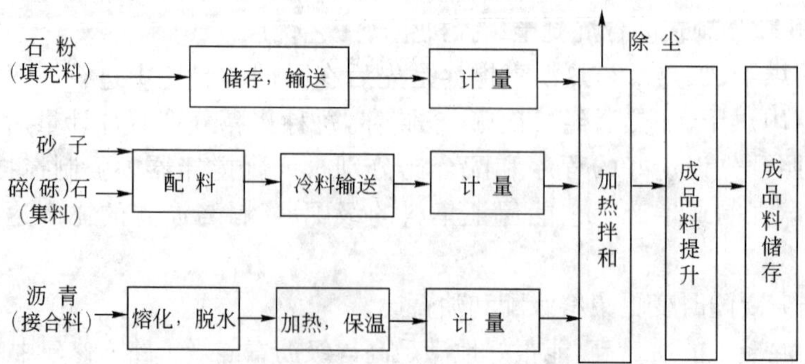

图6.4-4　连续滚筒式沥青混凝土搅拌机生产工艺流程

①不同规格的冷集料。冷集料配料计量装置料斗、带式输送机输送、干燥滚筒前半段烘干并加热到足够的温度、干燥滚筒后半段搅拌。

②矿粉。矿粉储仓、电子秤连续计量、冷集料带式输送机(或干燥滚筒)。

③沥青。沥青供给装置、沥青输送装置、计量、干燥搅拌筒、由沥青喷洒装置将沥青喷入干燥滚筒后段、与加热的集料一起搅拌。

④搅拌好的成品沥青混凝土。成品料提升机、成品料储仓。

(3)特点。与间歇强制式沥青混凝土厂拌机生产工艺相比,连续滚筒式沥青混凝土厂拌机生产工艺的优点是:

①工艺简单,设备的组成较少,成本及维修费用低,能耗少。

②冷集料加热及搅拌在滚筒内完成,对空气污染低,不需加复杂的除尘装置。

缺点有:

①集料的加热采用热气顺流式,热效率低。

②成品沥青混凝土含水率大,且温度也较低(110～140℃)。

③由于配料和搅拌是连续的,配比调整比较困难。

④由于没有热集料筛分环节,对冷集料的质量要求高,每种规格的集料要均匀、稳定,不同规格的集料不能混杂。

6.4.2 主要工作装置

1)冷集料供给装置

冷集料供给装置由集料料斗、给料器和输送机组成。料斗可根据需要设置3～6个,料斗并列装在同一框架上,框架可装在固定的立柱上。具有一定容积的料斗用来储存集料,集料由闸门卸出。给料器用来对集料进行计量并按要求进行级配,根据其结构形式和工作原理分为往复滑板式(图6.4-5a)、电磁振动式(图6.4-5b)、带式(图6.4-5c)与圆盘式等几种。输送机是用来将级配后的冷集料输送至干燥筒,由集料带式输送机和倾斜带式输送机组成。

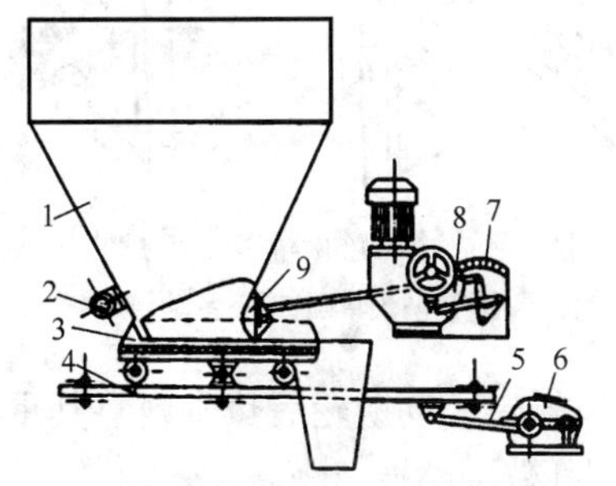

a)往复滑板式给料器

1-料斗;2-振动电机;3-滑板;4-导杆;5-曲柄连杆机构;6-减速机;7-标盘;8-伺服机构;9-扇形闸门

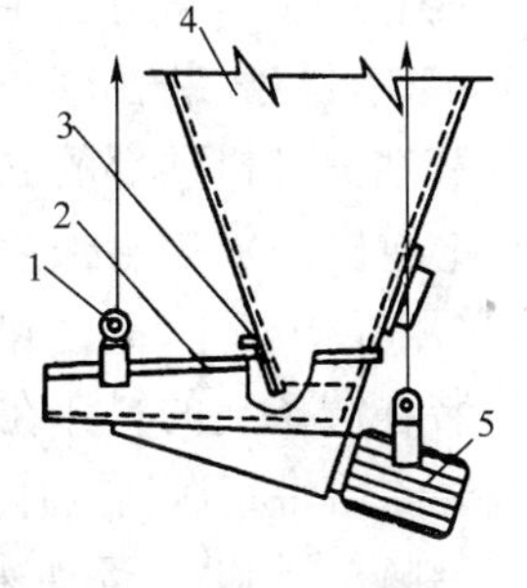

b)电磁振动给料器

1-吊环;2-卸料槽;3-料斗闸门;4-料斗;5-电磁振动器

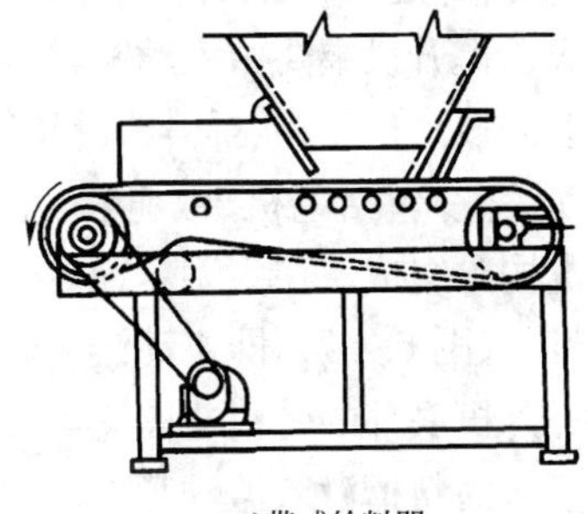

c)带式给料器

图6.4-5 典型的给料器

2)集料烘干加热装置

冷集料烘干加热装置(图6.4-6)包括干燥滚筒和加热装置两部分。工作中干燥滚筒不断地转动,筒内的提升叶片不断将进入筒内的冷料升起、抛下,同时燃烧器向筒内喷入火焰,冷集料逐渐被烘干加热到其工作温度。

干燥滚筒用来加热烘干冷湿集料。其内的集料加热方式有两种:逆流加热式(火焰从滚筒的出料口一端喷入，热气流逆着料流方向穿过滚筒)；顺流加热式(火焰自滚筒进料口一端喷入，热气流顺着料流方向穿过滚筒)。

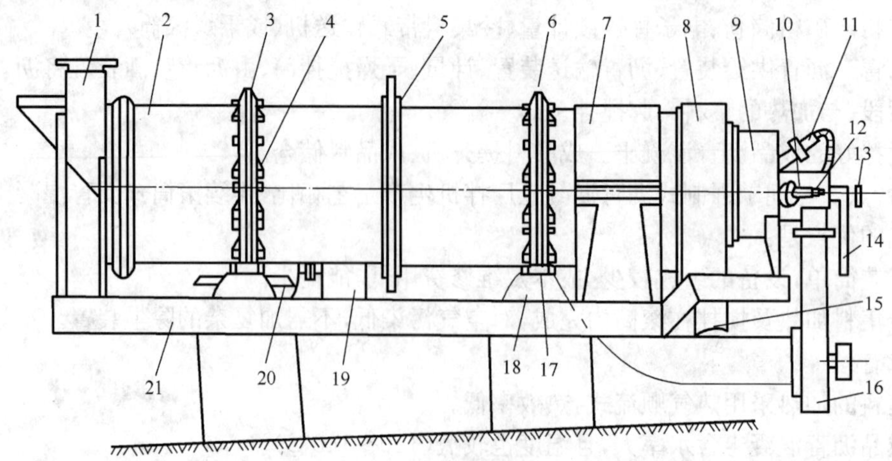

图 6.4-6　冷集料烘干加热装置

1-加料箱和排烟箱；2-滚筒筒体；3、6-筒箍；4-膨胀件；5-传动齿圈(或链轮)；7-滚筒冷却罩；8-卸料箱；9-火箱；10-点火喷头；11-燃料燃烧传感器；12-燃烧器；13-燃油调节器；14-燃油管；15-卸料槽；16-鼓风机；17-支撑滚轮；18-防护罩；19-驱动装置；20-挡滑滚轮；21-机架

加热装置是由燃油箱、油泵管道、燃烧器、鼓风机及火箱组成。其主要功能是将物料烘干并加热到工作温度。目前，与干燥滚筒相匹配的加热装置大都采用液体燃料(通常以重油和柴油为主)。

3)热集料提升装置

热集料提升装置是间歇强制式厂拌机的必备转输装置，其功用是将干燥滚筒卸出的热集料提升到一定的高度，并送入二次筛分装置内。提升机通常采用链斗式。提升机主要由主动链轮、从动链轮、链条、装在链条上的多个运料斗、提升机外罩及安装在提升机顶部的驱动装置(包括电机、减速器、主轴、止逆机构)、链轮张紧机构等组成。在大型厂拌机上多采用导槽料斗、重力卸料式(图 6.4-7)，即主动链轮转动，装在链条上的料斗在提升机底部的受料斗内盛满热集料，之后将其送到提升机顶部，转过主动链轮后热骨料靠其重力落入溜料槽滑入振动筛内。重力卸料方式的链条运动速度低，可减少磨损及噪声。

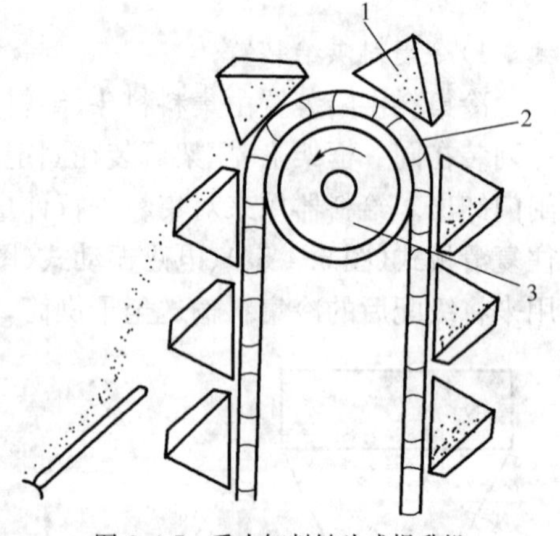

图 6.4-7　重力卸料链斗式提升机

1-导槽料斗；2-牵引链；3-主动链轮

4)筛分装置与热集料储仓

筛分装置的功能是将热集料提升机输送来的热集料按颗粒大小进行分级，以利于在搅拌之前进行精确的计量和级配，常用的有单轴振动筛、双轴振动筛及共振筛。

在振动筛的下方设置一排热集料仓(图 6.4-8)，分别用来储存砂子、细碎石、中粒度碎石和大粒碎石。

5)沥青计量、喷洒装置

沥青计量有两种方式:按份计量和连续计量。前者一般用于强制间歇式厂拌机，后者则用于滚筒连续式厂拌机。按份计量又分容积计量和质量计量，计量后用沥青喷射泵通过喷洒管的喷嘴一次喷入

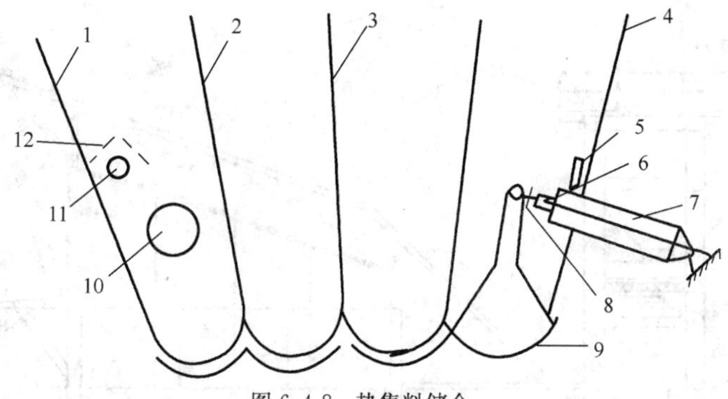

图 6.4-8　热集料储仓

1、4-壁板；2、3-隔板；5-快放阀；6-调节套；7-汽缸；8-缓冲垫；9-放料门；10-料位器；11-温度传感器；12-挡料板

搅拌器内。连续计量是用容积式沥青计量泵和沥青输送泵连续地输入或喷入搅拌器内。

沥青按份计量大多采用沥青量桶进行。沥青量桶有按质量计和按容积计两种。按质量计的沥青量桶是用杠杆秤或电子秤来进行计量的。容积式沥青量桶有浮子式(图 6.4-9)和量斗式(图 6.4-10)。

6)成品料储仓及输送装置

成品料储仓主要用来协调厂拌机产量与成品料运输能力，提高厂拌机的生产率，满足小批量用户，减少频繁开机、停机。对于连续滚筒式厂拌机，由于成品料出口低，必须通过储仓来解决成品料的装车问题。在较好的保温与防氧化的措施等条件下，大型储仓也可用于成品料的较长时间(15d)的储备。

厂拌机的成品料仓大多采用竖立的筒仓，1～4 个筒仓并列支撑在支架上(图 6.4-11)。间歇式厂拌机采用沿导轨提升的滑车运料，连续式厂拌机采用刮板输送器运料。

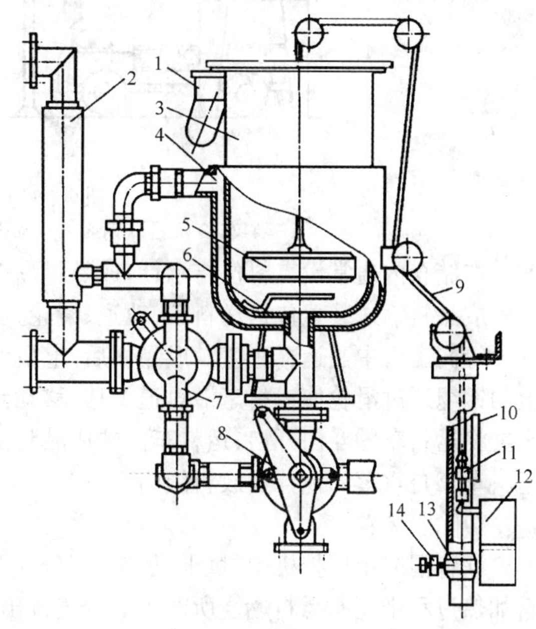

图 6.4-9　浮子式沥青量桶

1-溢流管；2-沥青注入管；3-量桶；4-保温套；5-浮子；6-挡板；7-沥青注入阀；8-沥青排放阀；9-软钢绳；10-标尺；11-重块；12-传感器；13-夹头；14-调整螺钉

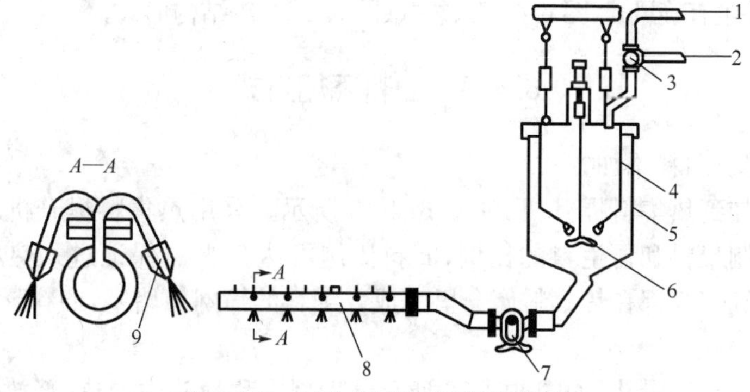

图 6.4-10　量斗式沥青计量和喷洒装置

1-沥青回流管；2-沥青注入管；3-三通阀；4-沥青量桶；5-沥青罐；6-锥形底阀；7-沥青喷射泵；8-喷射管；9-喷嘴

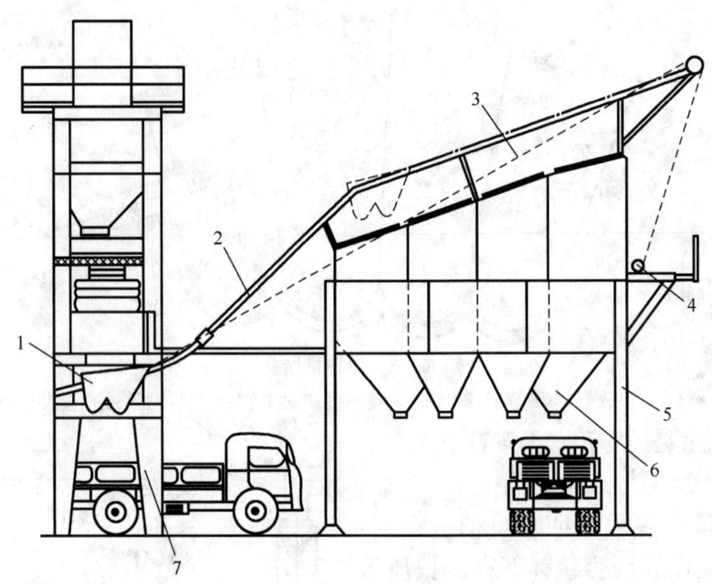

图 6.4-11　成品料储仓

1-运料车；2-轨道；3-钢索；4-驱动机构；5-支架；6-成品料仓；7-搅拌楼

在储仓内通常设有料位指示计，成品料满仓时料位计及时给控制室发出信号，禁止进料。

成品料输送装置包括送料车、轨道、滑轮、驱动钢绳、滚轮、减速机、制动器、电动机及行程开关等。工作中当运料车盛满成品料后，电机经减速机减速增矩后使滚筒运转。缠绕在滚筒上的钢绳通过滑轮使运料车沿轨道上移，移动到成品料仓上方，行程开关使运料车停止运行，汽缸将运料车的斗门开启，运料车内的成品料放入成品料储仓内。卸料完毕，驱动电机反转，运料车靠自重落回搅拌器放料闸门下方。

7)除尘装置

沥青混凝土厂拌机中，烘干、加热、筛分、称量及搅拌等工序都伴随有大量粉尘逸出，在集料加热过程中还有燃料燃烧所产生的废气排出。这些都将造成环境污染。除尘装置是将这些污染物尽可能地收集起来，以净化环境，使之符合国家环保法规的要求。

沥青混凝土厂拌机的除尘器有一级除尘器和二级除尘器。前者只是滤除污染物中的粗粉尘，后者除进行一次粗滤外，还要再进行一次清除污染物中的微粒粉尘工作。

常用除尘装置按其工艺形式分湿式、干式两种。湿式除尘又有喷淋式和文丘里式(图 6.4-12)等结构形式；干式除尘有旋风式(图 6.4-13)、袋式(图 6.4-14)等结构形式。

6.4.3　旧料添加方式

1)间歇式搅拌机旧料添加方式

(1)旧料直接加到热集料提升机，如图 6.4-15 所示。采用热集料提升机对再生料进行加热，利用带秤来控制集料和再生料的比例，旧料比例可达 25%。保证进入热料储仓的料粒径一致，旧料的筛分和储存都在热集料储仓里完成。细料的筛网易堵塞，旧料释放的蒸气进入到废气排放中。

(2)旧料直接加到称量斗，如图 6.4-16 所示。旧料在称量斗内加热，释放的蒸气进入废气排放中。

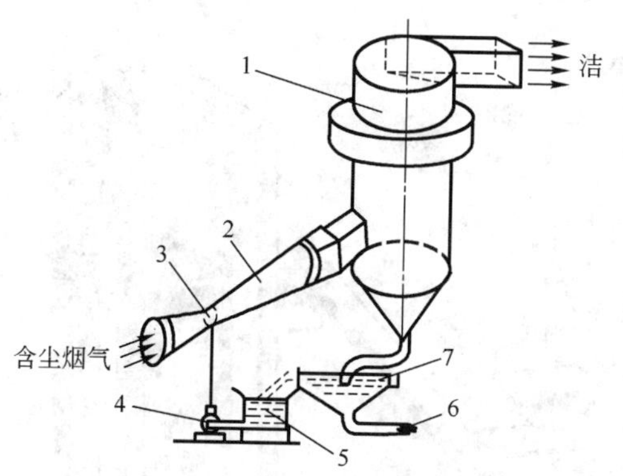

图 6.4-12　文丘里式除尘

1-气液分离罐；2-文丘里洗涤器；3-文丘里喷嘴；4-加压水泵；5-清水池；6-排水管；7-沉淀池

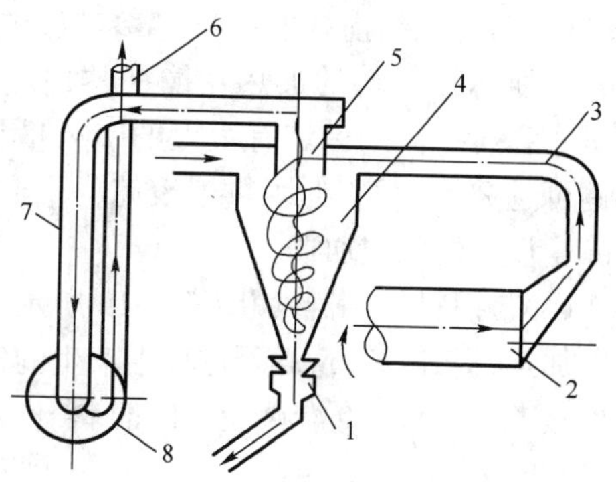

图 6.4-13　旋风式除尘器

1-卸尘闸门；2-干燥滚筒；3-风管；4-旋风集尘筒；5-吸风小筒；6-烟囱；7-抽风管；8-抽风机

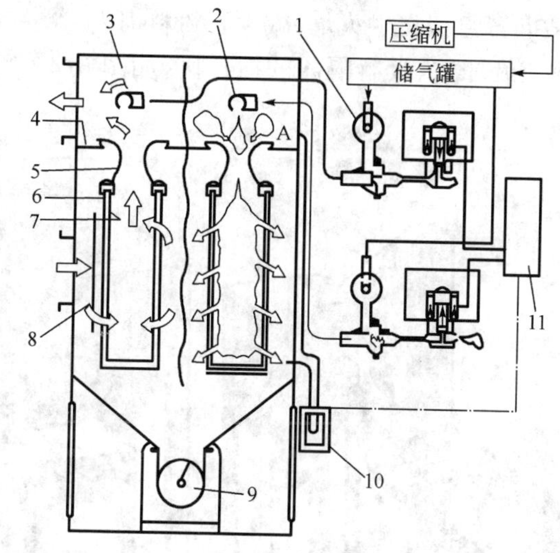

图 6.4-14　袋式除尘器

1-脉冲阀；2-喷吹管；3-净气；4-管座板；5-喉管；6-滤袋；7-袋骨架；8-折流板；9-螺旋输送器；10-差压计；11-控制器

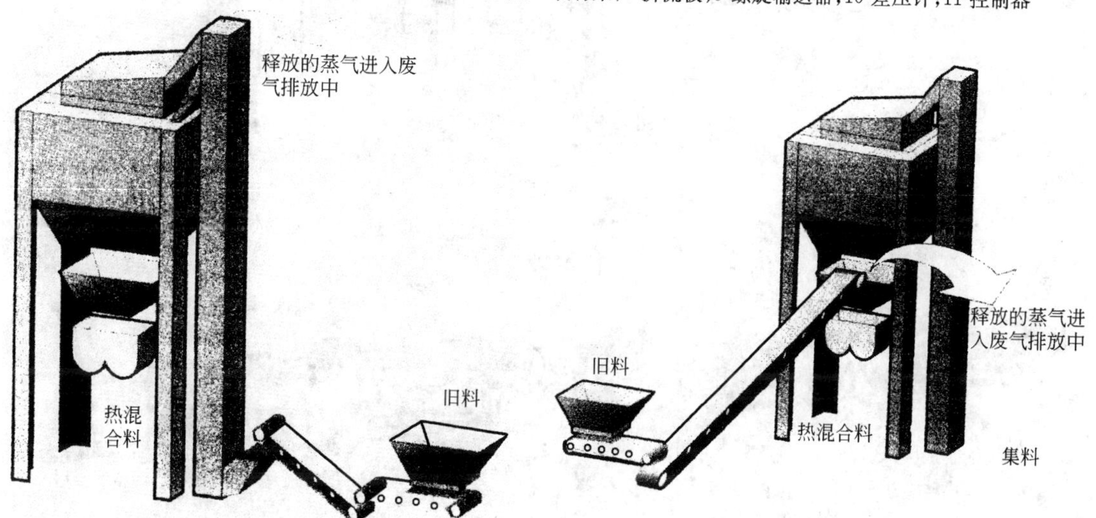

图 6.4-15　旧料直接加到热集料提升机

图 6.4-16　旧料直接加入称量斗

(3)旧料加到搅拌器(带秆量装置)中,如图6.4-17所示。旧料的加热在搅拌器内完成,在计量斗和搅拌器的区域有很大的引风量。旧料比例可达20%,但降低了烘干滚筒的生产能力,使除尘设备的负担加重。

(4)带旧料加热器,如图6.4-18所示。旧料单独加热、提升、计量,烘干过程中产生的气体进入到集料干燥滚筒燃烧区,其旧料比例可达40%～50%。

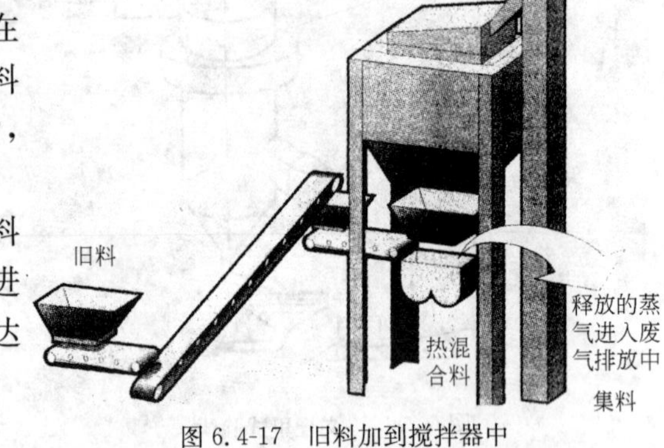

图6.4-17 旧料加到搅拌器中

2)连续式厂拌机旧料添加方式

(1)顺流式滚筒、中间加入式,如图6.4-19所示。采用此方法,旧料的比例可达25%。

(2)顺流式滚筒、中间加入、具有隔离的搅拌区,如图6.4-20所示。利用此方法,旧料的比例可达35%。可以避免新沥青直接接触火焰,减少了粉料损失。

(3)顺流式滚筒、旧料逆流加入、具有隔离的搅拌区,如图6.4-21所示。此方法的旧料比例可达35%。

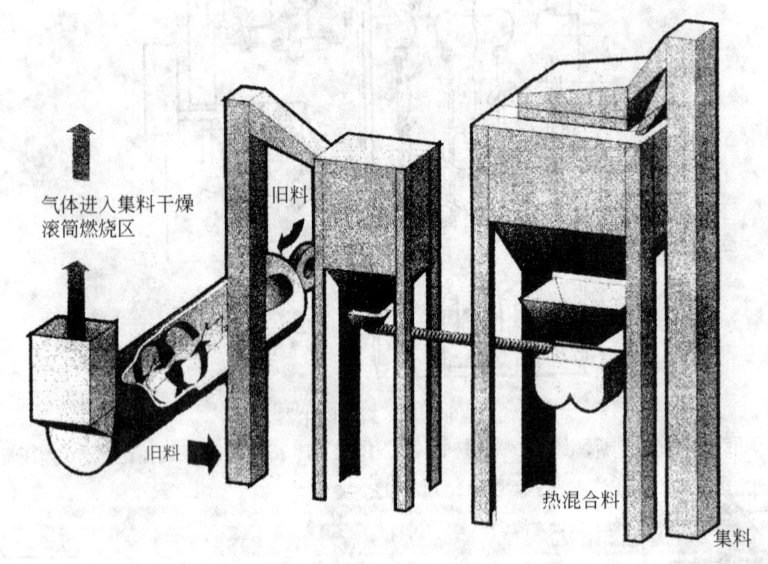

图6.4-18 带旧料加热器

图6.4-19 顺流式滚筒、中间加入式

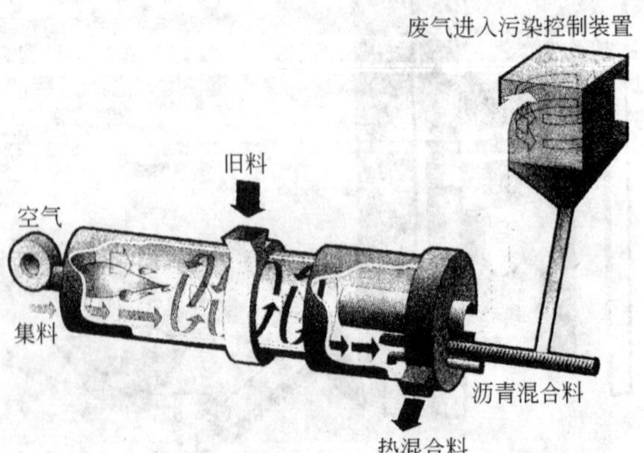

图6.4-20 顺流式滚筒、中间加入、具有隔离的搅拌区

(4)逆流式滚筒、旧料直接加入裹敷机，如图 6.4-22 所示。此方法可以改善烘干筒的热效率。

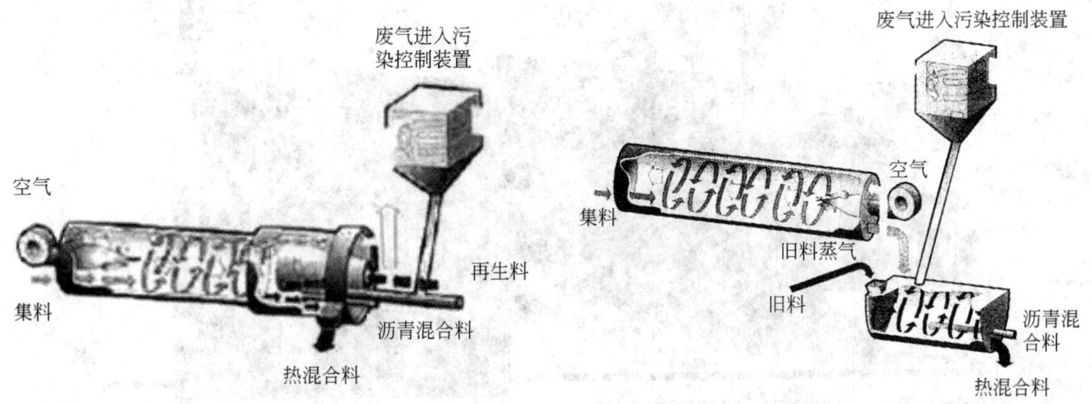

图 6.4-21 顺流式滚筒、旧料逆流加入、具有隔离的搅拌区　　图 6.4-22 逆流式滚筒、旧料直接加入裹敷机

(5)逆流式滚筒、旧料从中间加入至热交换室，如图 6.4-23 所示。旧料比例可达 40%，同时使热效率进一步提高。

(6)顺流式滚筒、旧料直接加入裹敷机，如图 6.4-24 所示。旧料的比例可达 35%。

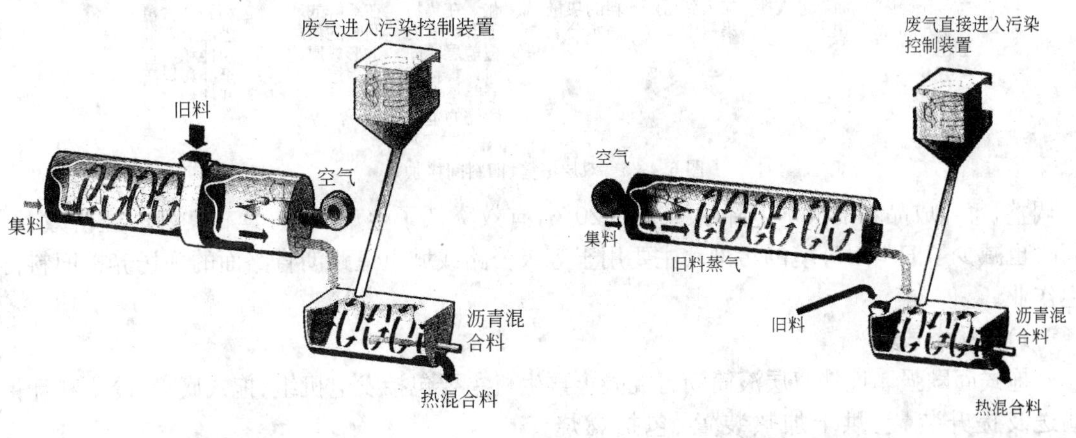

图 6.4-23 逆流式滚筒、旧料从中间加入至热交换室　　图 6.4-24 顺流式滚筒、旧料直接加入裹敷机

(7)双层滚筒、旧料间接加热，如图 6.4-25 所示。旧料的比例可达 40%～50%。

6.4.4 拖式间歇强制搅拌双层滚筒沥青混凝土再生机

拖式间歇强制搅拌双层滚筒沥青混凝土再生机，是利用破碎的旧沥青混凝土和新集料，共用同一个滚筒和燃烧器，通过烘干、加热、加入新沥青，经强制搅拌生产沥青再生混凝土的拌和设备。双层烘干滚筒，内外层同步转动进行烘干加热。内层滚筒与燃烧器连接用于加热烘干新集料，外层滚筒通过热辐射、对流及传导的方式对旧沥青混凝土加热。该机以柴油为燃料，配备发电机组，通过电机驱动所有工作装置、利用电热管对沥青实施加热并保温。具有自动控制冷集料计量输送及提升、烘干加热与强制搅拌、自动计量沥青喷洒用量、可实现连续生产全过程手动与自动控制及系统故障自诊断等全方位功能。由于采用双层滚筒(内滚筒加热烘干新集料，外滚筒加热旧沥青混凝土)的设计方案，有效地避免了旧沥青混凝土中沥青与火焰的直接接触，解决了旧料沥青在加热过程中的氧化和老化问题。通过对旧料比例和新沥青用量

图 6.4-25　双层滚筒、旧料间接加热

的调整，每吨成品料的成本下降了 15%～20%，有效降低了生产成本，具有良好的经济效益，同时也减少了旧料对环境的污染。主要用于等级公路或城市道路沥青路面的现场养护旧料再生作业。

1)结构组成

拖式间歇强制搅拌双层滚筒沥青混凝土再生机主要包括发电机组、拖式底盘、冷集料计量输送及提升装置、烘干加热装置（包括燃烧器）、强制搅拌装置、沥青加热保温与计量喷洒装置、排烟除尘装置、控制柜、自动控制系统等，如图 6.4-26 所示。

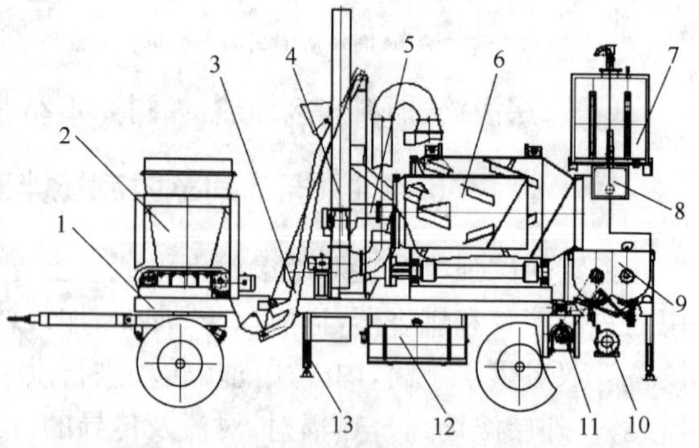

图 6.4-26　JQS-150A 型拖式间歇强制搅拌双层滚筒沥青混凝土再生机

1-底盘；2-冷集料仓及输送计量装置；3-冷集料提升装置；4-排烟除尘装置；5-燃烧器；6-烘干加热装置；7-沥青加热保温装置；8-沥青计量装置；9-搅拌装置；10-沥青泵；11-搅拌器开门电机；12-柴油箱；13-支腿

(1)新旧冷料供给系统。新旧冷料料仓布置在底盘牵引方向，新旧料各自独立储存，新旧料仓储存量料 700kg。料仓上料口距地面 1.5～1.6m，采用人工或小型装载机上料。出料口设有手动调节料门并配有带式输送计量装置，通过调节料门开度及电机的运转时间，实现新旧冷料计量。配置新旧料斗各一个，在计量完成后分别提升，通过滚筒上的新旧料接料槽将新旧料分别送入滚筒的内外层。

(2)双层滚筒。双层滚筒水平布置,内层新集料与火焰直接接触,通过燃料燃烧烘干加热,加热时间自动调节。外层通过热传导和热辐射加热旧料。内外层滚筒均设有提料板及导料板。双层滚筒采用摩擦传动,由电机通过摩擦轮驱动双层滚筒转动。滚筒正转实现烘干加热,反转实现卸料,正反转自动控制。

(3)燃烧、引风、除尘系统。采用带鼓风机的自控柴油燃烧器或煤、油两用燃烧器,烘干加热新旧料;设置离心式风机及旋风式除尘器。

(4)搅拌系统。采用双卧轴强制搅拌器,如图 6.4-27 所示,搅拌器上部接料,底部卸料。搅拌器由电动机通过减速器和 V 形带驱动。搅拌器底部料门由步进电机驱动开闭。

(5)沥青供给系统。沥青供给系统如图 6.4-28 所示,配有能容纳 600kg 沥青的保温箱,采用电热管加热,自动控制沥青的加热、保温,沥青供给采用容积计量。

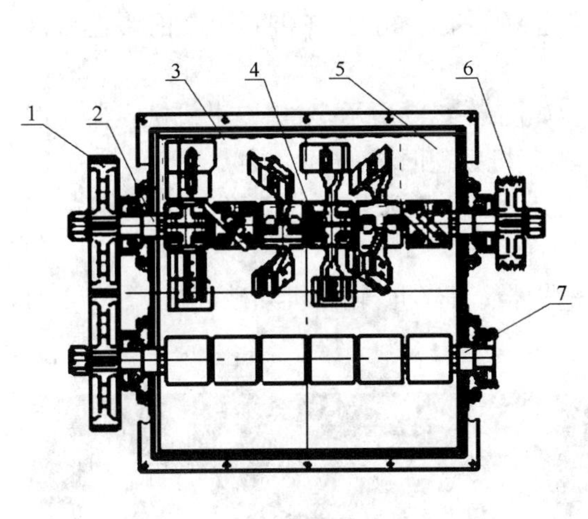

图 6.4-27 双卧轴强制搅拌器

1-齿轮;2-主动轴;3-搅拌叶片;4-搅拌臂;5-搅拌器壳;6-皮带轮;7-从动轴

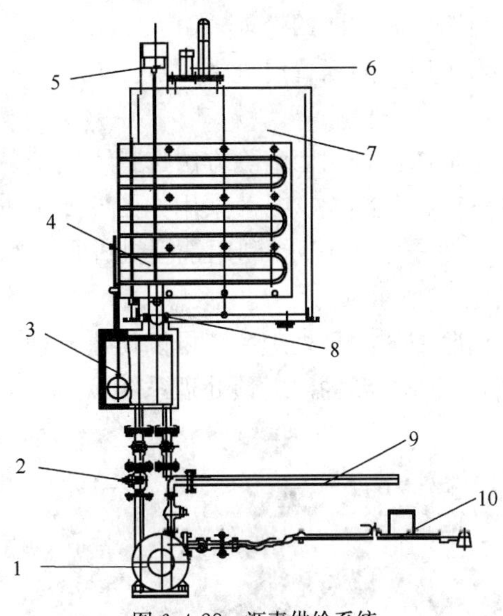

图 6.4-28 沥青供给系统

1-电机沥青泵;2-阀门;3-计量筒;4-电加热管;5-电磁铁;6-加沥青口;7-沥青箱;8-计量阀门;9-喷洒管;10-手持洒布管

(6)动力系统。采用 30kW 柴油发电机组,以驱动工作装置及沥青保温装置。

(7)底盘。拖式底盘自行设计,设置带销轴铰接转向装置的前桥和支撑装置的后桥,钢板悬架减振,单轮胎。前桥带有机械式制动装置。

(8)控制系统。整机采用可编程控制器(PLC)集中控制,具有手动和自动两种控制方式,实现了生产过程的自动化。

2)再生工艺流程

拖式间歇强制搅拌双层滚筒沥青混凝土再生机的再生工艺如图 6.4-29 所示,新、旧集料按一定比例,通过各自计量皮带输送到提升料斗中,提升料斗按要求分别将新、旧料输送至内、外层滚筒中,新集料利用火焰烘干加热,旧集料利用热辐射及高温气流烘干加热,当加热温度达到规定值,双层滚筒反转卸料至搅拌器中,新、旧热料在进行充分混合的同时喷入定量热沥青,待搅拌均匀及混合料基本热平衡后料门开启卸料。在烘干加热过程中产生的粉尘及烟气由排烟除尘装置除尘和排烟。旧集料采用逆流加热,有利于提高旧集料的加热温度,同时提高加热效率。

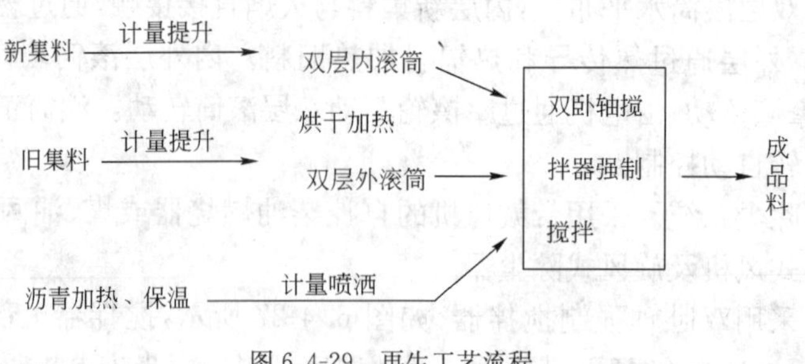

图 6.4-29　再生工艺流程

6.4.5　技术使用与维护

1)旧料添加前的处理

由于回收的沥青混凝土大小不均一,为了确定合理的集料配比,在再利用之前要进行破碎、筛分、成分检测等。

根据旧沥青路面清除方法选择不同的破碎机。如图 6.4-30 所示,采用推土机松土器对旧沥青路面进行翻掘。一般采用如图 6.4-31 所示的破碎机处理旧料。

如图 6.4-32 所示,利用铣刨机进行旧沥青路面处理。一般采用颚式破碎机破碎旧料,如图 6.4-33 所示。

回收旧料的预处理系统可以使用多种形式的输送带、筛分机、轧碎机和破碎机,图 6.4-34 所示是四种典型的旧料预处理系统。

图 6.4-30　推土机松土器翻掘旧沥青路面

图 6.4-31　破碎机

图 6.4-32　用铣刨机铣削旧沥青路面

图 6.4-33　颚式破碎机

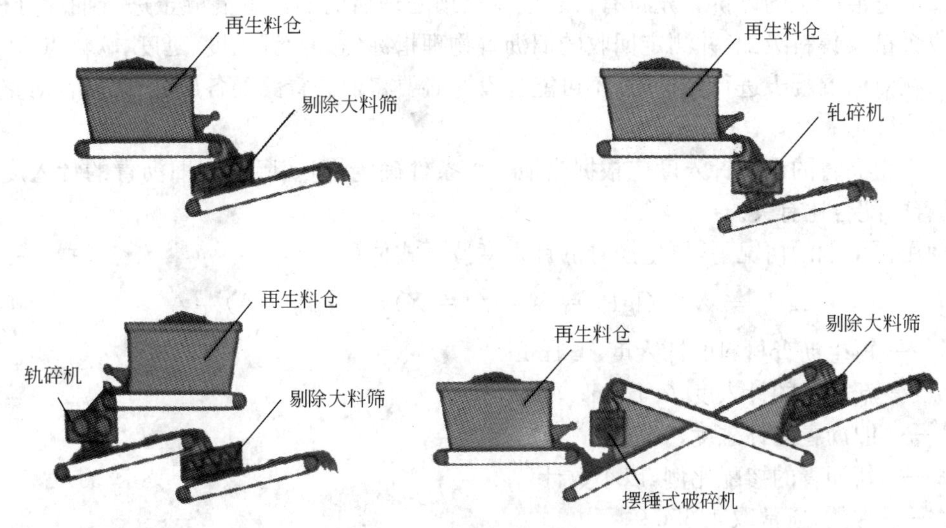

图 6.4-34 四种典型的预处理系统

旧料成分检测是指测出旧料的沥青含量及矿料级配，并测定旧沥青物理指标(黏度、针入度、延度、软化点等)及化学组分。

2)技术使用

(1)再生沥青混凝土的配比。由于沥青路面是双层式或三层式，回收的旧料是粗细料混合的。因此旧料中既有粗级配又有细级配，城市道路的旧料级配更为复杂。因为在大修前沥青路面常常经过了多次养护，所以再生沥青混凝土必须加入新集料来调整级配，使之符合级配规范要求。加入新集料的类型、数量可通过旧料抽提筛分，再根据新集料的原材料筛分分析，采用计算法或图解法来确定配比。确定新、旧沥青配比之后再由马歇尔试验方法(见图 6.4-35)确定新沥青用量。由于再生混凝土是由旧混凝土加新沥青和新集料拌制而成，设计时不但要考虑沥青材料的使用，更重要的是要立足于再生混凝土的性能。

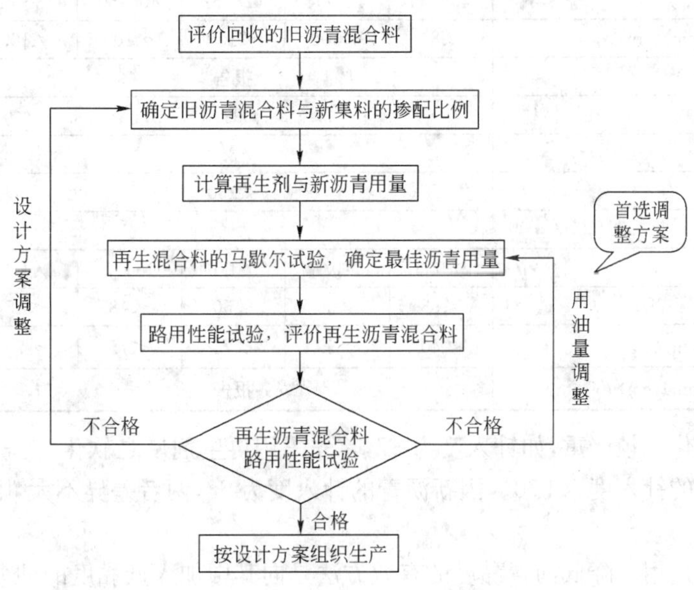

图 6.4-35 再生沥青混凝土马歇尔设计流程

①旧沥青混凝土的评价。先将有代表性粒径预处理后的旧沥青混凝土进行抽提分析，求出其沥青含量及集料级配，并测定回收的旧沥青物理指标(黏度、针入度、延度、软化点等)及化学组分。在对旧混凝土进行分析时，不可能也没有必要将旧沥青路面各层分开分析，对整个旧料进行分析即可。

对于再生沥青的设计针入度应根据当地气候条件确定，但实际值与旧沥青的针入度以及新、旧沥青的配合比有关。

不使用再生剂的情况下，再生沥青的针入度按下式估算：

$$\lg P_R = X^{1.02}(\lg P_b - A) + (1 - X)^{1.02}(\lg P_0 - A) + A$$

式中：P_R——再生沥青材料的针入度，0.1mm；

P_b——新沥青的针入度，0.1mm；

P_0——旧沥青的针入度，0.1mm；

X——新沥青的掺配比例，以小数计；

A——常数，通常取 4.656 9。

例如，某一旧沥青的针入度为 44，新沥青采用 70 号重交通沥青，根据表 6.4-1，针入度定为 68，新旧沥青的配合比例为 56%，则：

$$\begin{aligned}\lg P_R &= 0.56^{1.02}(\lg 68 - 4.6569) + (1 - 0.56)^{1.02}(\lg 44 - 4.6569) + 4.6569 \\ &= 0.5535(1.8325 - 4.6569) + 0.4328(1.6435 - 4.6569) + 4.6569 \\ &= 1.7894\end{aligned}$$

故再生沥青的针入度 $P_R=62$。在室内将旧沥青与新沥青按比例配合后，通过实验测得再生沥青的针入度有误差存在。

国家重交通道路石油沥青技术要求(GB/T 15180—2000)　　表 6.4-1

项　目	质量指标					试验方法
	AH-50	AH-70	AH-90	AH-110	AH-130	
针入度(25℃,100g,5s)(0.1mm)	40～60	60～80	80～100	100～120	120～140	GB/T 4509
软化点(环球法)(℃)	45～55	44～54	42～52	40～50	38～48	GB/T 4507
延度(25℃,5cm/min)(cm)	≮80	≮100	≮100	≮100	≮100	GB/T 4508
密度(25℃)(g/cm³)	报告					GB/T T8928
溶解度(%)	≮99.0					GB/T 11148
蜡含量(%)	≯3.0					SH/T 0425
闪点(℃)	≮230					GB/T 267
薄膜烘箱试验						GB/T 5304
质量损失(m%)	≯0.6	≯0.8	≯1.0	≯1.2	≯1.3	GB/T 5304
针入度比(25℃)(%)	≮58	≮55	≮50	≮48	≮45	GB/T 4509
延度(25℃,5cm/min)(cm)	≮40	≮50	≮75	≮75	≮75	GB/T 4508
延度(15℃,5cm/min)(cm)	报告					

当旧沥青老化比较严重，如针入度为 37，首先采用再生剂使之软化，使软化后的针入度达到或接近新沥青的针入度，如 70。因新沥青的针入度为 68，两者差异不大，则无须计算再生沥青的针入度。

②再生剂的选用。降低沥青黏度的有效方法是向其中加入低黏度的油分。国外的再生剂主要采用石油工业生产低黏度油分和树脂。再生剂具有软化旧沥青并使旧沥青具有一定改性

的作用。掺入再生剂的掺量要使再生后的沥青满足设计性能指标。再生剂的掺量需要通过大量的试验，对再生剂在各种配比中对老化沥青性能的恢复情况作比较，找出最佳掺量(表 6.4-2 和表 6.4-3)。

再生剂推荐技术指标　　表 6.4-2

技术指标	黏度(25℃)(Pa·s)	复合流动度(25℃)	芳香分含量(%)	表面张力(25℃)(10^{-3}N/m)	薄膜烘箱试验黏度比 $\eta_{后}/\eta_{前}$
建议值	0.01～20	>0.90	>30	>36	<3

几种再生剂质量指标测试值　　表 6.4-3

再生剂	黏度(25℃)(Pa·s)	复合流动度(25℃)	芳香分含量(%)	表面张力(25℃)(10^{-3}N/m)	薄膜烘箱试验黏度比 $\eta_{后}/\eta_{前}$
糠醛油	17.3	1.048	46.6	49	<3
润滑油	0.248	1.044	10.2	35	<3
机油	0.037	1.100	7.5	32	<3
玉米油	0.030	1.092	3.2	34	<3

③确定再生混凝土集料的级配。再生沥青混凝土的集料可参照规范 JTG F40—2004 的要求选择。配合比设计时，由于再生沥青混凝土级配是由旧料和新料混合组成的，旧料级配是已知的，新料是未知的，应将旧集料的级配对照设计级配范围进行比较，用图解法、试算法、计算机程序法等方法计算掺配比例，以确定再生混凝土集料的级配。

再生混凝土配比设计过程，是通过不断调整旧料配比、集料级配、再生沥青混凝土性能等找出一个平衡点，得出符合要求的最佳配比。但是，有时无论如何调整都难以符合设计级配要求，此时不能仅局限于调整新集料的用量比例，可考虑将新集料的部分粗集料或细集料筛除重新进行配比设计。有时也可以对旧料的配合比例进行调整，以达到满意的级配要求。

④确定最佳沥青用量。可参照普通沥青混凝土最佳沥青用量的确定方法，根据选定的新旧料配合比成分，估计所需加入的新沥青用量，并以递减及递增沥青用量 0.5%的比率，制备各种沥青用量的试件，按要求的测试项目进行测定，定出符合沥青混凝土性能要求的沥青用量。

(2)生产前的检查：

①冷集料输送机的传动带有无跑偏、打滑现象。

②冷集料供给是否稳定、可靠。

③断料报警是否正常。

④干燥滚筒安装角度和转速是否符合要求。

⑤干燥滚筒出料测温传感器工作是否正常。

⑥检查燃烧器点火、调节火焰大小及断火报警或自动保护功能。

⑦检查燃烧器供油管路中的滤清器、溢流阀、压力表等。

⑧热集料提升机密封情况。

⑨检查振动筛的工作情况。

⑩热集料仓料位计、温度传感器工作是否正常。

⑪校核各个秤的称量误差。

⑫粉料仓的破拱装置是否正常，供粉装置密封情况。

⑬沥青罐液位及温度指示是否正常。

⑭沥青管路及导热油管路有无渗漏现象。

⑮搅拌器桨叶、衬板的磨损情况。

⑯搅拌器转速是否符合要求。

⑰成品料提升机有无卡阻及漏料现象。

⑱成品料仓的保温性能。

⑲螺母、螺栓是否按规定拧紧。

⑳气动和液压元件、管路和接头是否清洁畅通，有无漏气、漏油现象。

㉑各运动部件是否设有防护装置、指示标牌等。

3)维护

(1)燃烧器的维护：

①定期检查燃油调压阀或减压阀，确定可调节螺栓上的锁紧螺母表面是否清洁并可拆卸。

②定期检查油泵密封装置是否完好、内部压力是否稳定。使用热油时，要检查所有的油管是否保温良好。

③安装在油罐与油泵之间的过滤器须定期清洗并检查是否过度磨损。燃烧器上的"Y"形过滤器要经常清洗，特别是使用重油或渣油时，可防止喷油嘴和阀门堵塞。工作时检查燃烧器上的压力表显示值否在正常范围以内。

④需要压缩空气的燃烧器，要检查压力装置是否在燃烧器内产生所需的压力，清洗供气管路上的过滤器并检查管路是否有泄漏。

⑤检查燃烧、雾化空气鼓风机上的入口保护装置是否完好，风机外壳是否损坏及泄漏。观察叶片的运转情况，振动噪声太大时要调节叶片。用带传动的鼓风机，要定期给轴承润滑并调整传动带张紧度，确保鼓风机额定压力。清洗并润滑空气阀门连接处，检查运转是否平滑。检查风压是否达到工作要求。

⑥喷油嘴要定期清洗，检查点火电极火花间隙(3mm 左右)。

⑦常清洁火焰探测器(电子眼)，检查位置是否安装正确、温度是否合适。

(2)干燥滚筒的维护：

①定期检查旋转部件是否有卡阻现象。

②链轮等部件要定期加润滑脂，定期校正压力表等计量仪表误差。

③检查传动带磨损情况。

(3)冷集料供给装置的维护：

①检查带式输送机运转是否灵活、有无卡阻现象。

②检查带式输送机运行是否平稳、有无严重跑偏现象。

③检查输送带松紧情况，是否过度磨损。

④检查料斗出料口处橡胶裙的完好情况。

⑤检查带式给料机、集料机和输送机刮料板的磨损情况。

⑥检查输送带及托辊的工作情况。

(4)热集料提升装置的维护：

①定期检查提升机运行是否平稳、有无异响、轴承有无过热现象。

②检查提升链条的松紧度。

③检查料斗螺栓的紧固情况，查看链条销子是否脱落。

(5)沥青供给装置：

①检查沥青泵运行是否平稳、有无泄漏现象。

②检查燃烧器燃油罐的油位。

③检查导热油泵运行是否平稳、有无泄漏和异响。

④检查沥青及导热油管路、阀门的密封情况。

(6)除尘装置的维护：

①检查引风机运行是否平稳、有无异响、轴承有无过热现象。

②检查螺旋输送机运行是否平稳、有无异响、轴承有无过热现象。

③检查引风机气流调节器的控制功能。

④检查布袋的清洁情况。

(7)成品料储存装置的维护：

①检查运料斗升降是否平稳、就位是否准确、斗门启闭是否正常。

②检查运料斗、斗轮和轨道是否清洁。

③检查制动器与离合器动作是否灵敏、可靠。

④检查运料斗牵引钢丝的完好情况。

6.5 沥青路面现场热再生机

6.5.1 基本组成

沥青路面现场热再生机(又称现场再生列车)如图 6.5-1 所示，由加热机、再生机、压路机等组成。

图 6.5-1 沥青路面现场热再生机组

现场热再生机经历了三代革新，如图 6.5-2、图 6.5-3 和图 6.5-4 所示。

图 6.5-2 第一代现场热再生机

6.5.2 加 热 机

沥青路面现场热再生机的加热机按结构分为集中燃烧式和分散燃烧式；按燃料和加热方式分为红外线辐射式、热风循环式和红外线热风并用式。

图 6.5-3　第二代现场热再生机

图 6.5-4　现代的现场热再生机

1)集中燃烧式加热机

集中燃烧式加热机如图 6.5-5 所示,采用一个大容量的喷燃器 5 并与加热装置分开,设有通风管道 8 和箱罩。喷燃器产生的热量通过通风管道送到加热箱内,并均匀地加热沥青路面。

集中燃烧式加热机的加热温度控制方便,加热宽度可通过液压伸缩装置控制加热箱辊的不同位置来调节。

2)分散燃烧式加热机

分散燃烧式加热机如图 6.5-6 所示,加热装置由几个加热箱组成,每个加热箱内装有许多(10～100)小容量燃烧器,直接加热沥青路面。

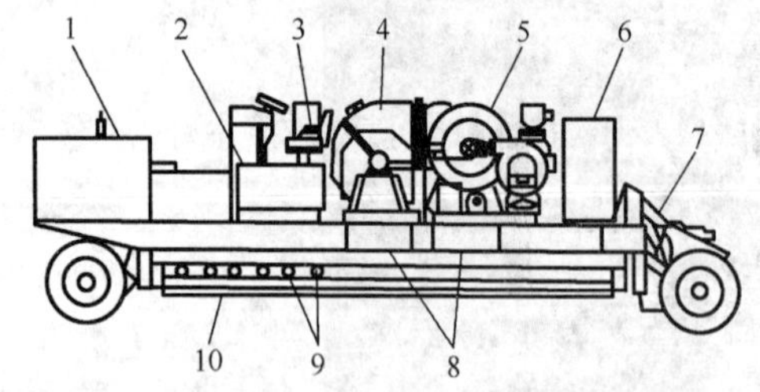

图 6.5-5　集中燃烧式加热机

1-发动机;2-液压油箱;3-座椅;4-风机;5-喷燃器;6-燃油箱;7-升降装置;8-风道;9-热风喷嘴;10-加热箱

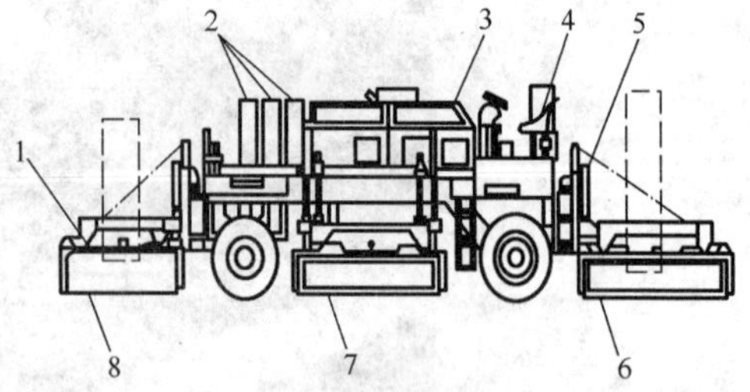

图 6.5-6　分散燃烧式加热机

1-喷嘴;2-燃油箱;3-发动机;4-座椅;5-升降装置;6、7、8-加热箱

分散燃烧式加热机结构简单,热量损失小。但不便于实现自动控制,加热宽度的调节采用拆除部分加热箱或折叠式结构来是实现。

3)红外线辐射式加热机

红外线辐射式加热机采用红外线辐射式加热器，如图 6.5-7 所示。液化石油气(LPG)在金属网 2 附近燃烧并加热金属网，产生的红外线辐射到沥青路面，对路面加热。红外线辐射式加热器具有热效率高、加热均匀等优点，但要求有较完善的安全防火、防爆措施。

4)热风循环式加热机

热风循环式加热机采用热风循环式加热器，如图 6.5-8 所示。燃烧器 4 产生的热风通过加热装置板上的许多喷嘴 11 高速地喷向沥青路面，加热路面。抽风机 7 把加热的余气送回到燃烧室再次加热，循环使用，所以其热效率高，经济性好。通过温度传感器 1 在热风发生器 3 的出口检测热风的温度，实现自动控制燃油量。热风循环加热式加热机根据沥青路面加热的要求，在较宽的控制范围内设定燃油量，因此应用广泛。

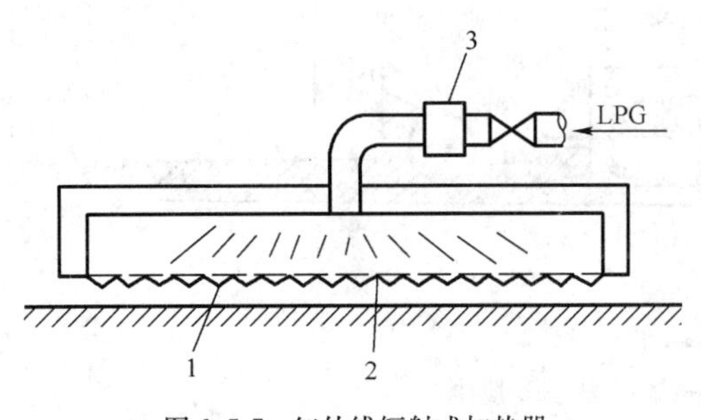

图 6.5-7　红外线辐射式加热器

1-火焰面；2-金属网；3-进气管

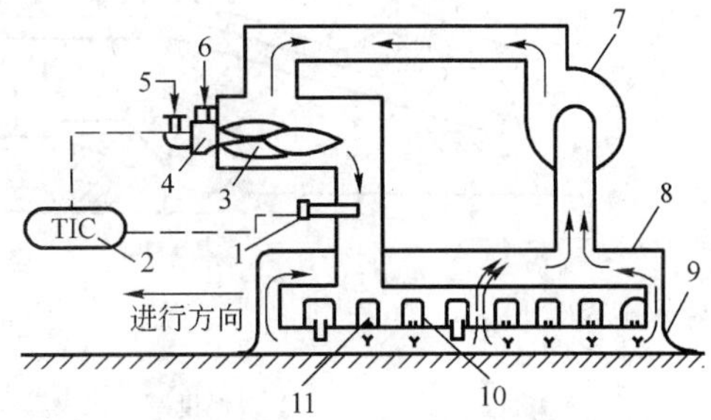

图 6.5-8　热风循环式加热器

1-温度传感器；2-温度控制器；3-热风发生器；4-燃烧器；5-燃油；6-空气；7-抽风机；8-罩壳；9-围板；10-风道；11-喷嘴

5)红外线热风并用式加热机

红外线热风并用式加热机采用红外线热风并用式加热器，按结构形状分为扁平框架式和圆筒形反射板式两种。

(1)扁平框架式加热器。扁平框架式加热器如图 6.5-9 所示，燃烧器上的火焰散射在孔状加热板上，利用热辐射和对流的原理对沥青路面加热。加热的能力可通过改变压力进行调节，调节范围比热风循环式的大。

扁平框架式加热器的受热面积大，热辐射效果好；内部热风压力较高，可防止外部冷空气侵入，可以增大热风排风量。

(2)圆筒形反射板式加热器。圆筒形反射板式加热器如图 6.5-10 所示，将燃烧器产生的高温火焰吹到加热筒 5 的周围并产生红外线，然后通过反射板 4 反射到地面，对地面加热。加热能力可通过改变喷燃器的压力和更换喷嘴进行调节，调节范围比热风循环式要小。由于加热器罩内压力较高，可防止冷空气的侵入，所以热风的排风量较大。

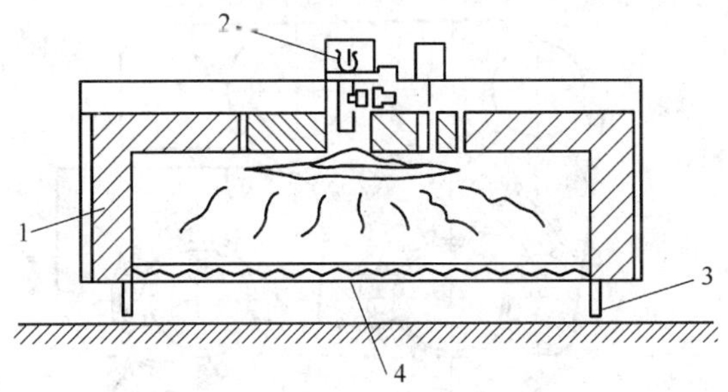

图 6.5-9　扁平框架式加热器

1-保温层；2-燃烧器；3-围板；4-孔状加热板

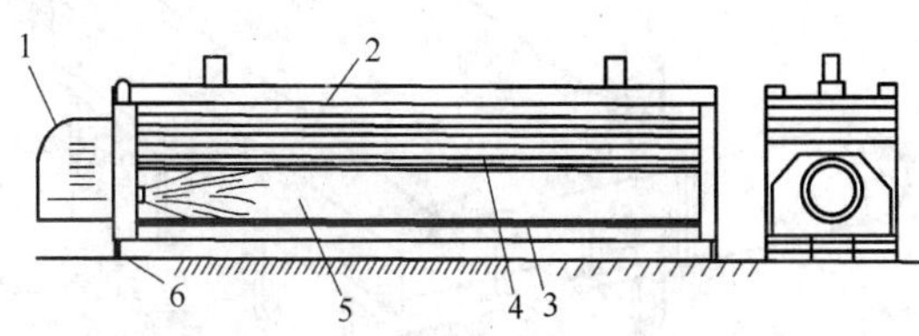

图 6.5-10　圆筒形反射板式加热器

1-燃烧器罩；2-保温层；3-红外线发生筒；4-反射板；5-加热筒；6-防风围板

6.5.3 复 拌 机

复拌机如图 6.5-11 所示，主要由新混合料供给装置、辅助加热装置、添加剂洒布装置、翻松装置、新旧混凝土搅拌装置、再生混凝土摊铺装置、行走装置、动力及其传动装置等组成。作业时复拌机与加热机保持一定的距离并紧跟其后，运料货车把新沥青混凝土卸在接料斗中，复拌机在行进过程中一边把新沥青混凝土输送到搅拌器，一边翻松旧路面，同时将旧沥青混凝土收集到中央，随后输入搅拌器与新沥青混凝土拌和成再生混合料，经熨平、压实后，形成新沥青路面。

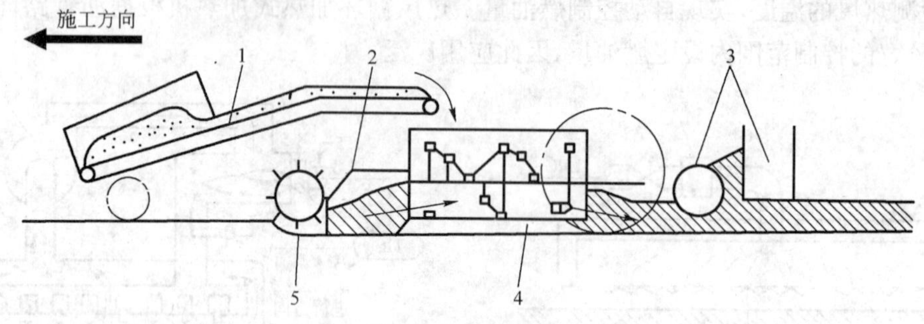

图 6.5-11　复拌机

1-新料供给；2-集料；3-再生料摊铺；4-翻松；5-搅拌

1)新混合料供给装置

该装置主要包括接料斗和刮板给料器，具体结构与常规的沥青混凝土摊铺机给料装置相同。

2)翻松装置

翻松装置应确保足够的翻松深度，翻松宽度要无级调整。翻松装置可分为齿耙式和旋转滚筒式两种。

(1)齿耙式翻松装置如图 6.5-12 所示，在平板上设置纵、横间距一定，若干数量的钢制耙齿，按人字形排列，齿高大于路面要求的翻松深度，由主机牵引进行翻松作业。各耙齿的高低要能独立调整，以便回避路面检修井口等障碍物。

(2)旋转滚筒式翻松装置如图 6.5-13 所示，在滚筒外周按螺旋线形状安装特制刀头，根据滚筒螺旋方向分为正切和反切两种形式。

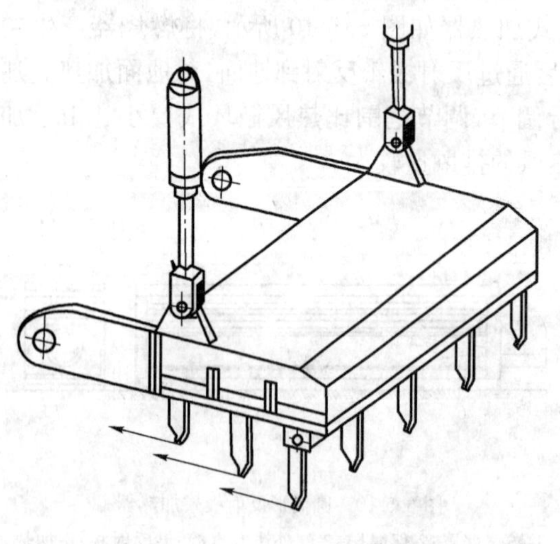

图 6.5-12　齿耙式翻松装置

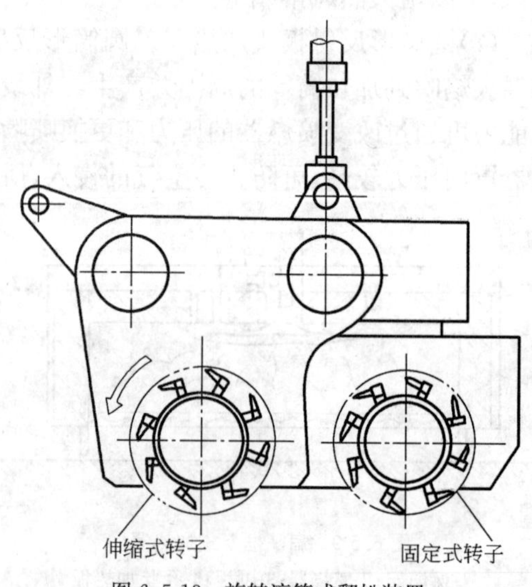

图 6.5-13　旋转滚筒式翻松装置

齿耙式、滚筒式都是通过操纵液压缸的升降来调整翻松深度。目前复拌机大多数采用旋转滚筒式翻松装置，其优点是：

①旋转式比齿耙式的牵引阻力小。

②翻松的平整度高，能确保边缘处的翻松。

③翻松器刀头按螺旋线布置，具有翻松路面及收集翻松材料两种功能。

为适应不同宽度、深度路面及弯道的翻松，翻松装置采用可无级调节宽度、自动调节翻松深度的结构。

3)搅拌装置

搅拌装置是翻松后材料与新沥青混凝土或再生添加剂进行拌和的装置。按搅拌方式分为连续搅拌和间歇搅拌。连续搅拌装置又可分为纵卧轴强制式和横置双卧轴强制式两种。间歇式搅拌装置一般为纵置双卧轴强制式。为防止混凝土温度降低，有时采用带保温层的搅拌锅。

4)再生添加剂供给装置

根据旧沥青路面，有的要通过增加添加剂将已老化的翻松材料恢复到接近新沥青混凝土性质。再生添加剂供给装置如图 6.5-14 所示，主要由添加剂罐、泵、管路、加热和控制系统等组成。控制系统主要用来控制添加剂洒布量。

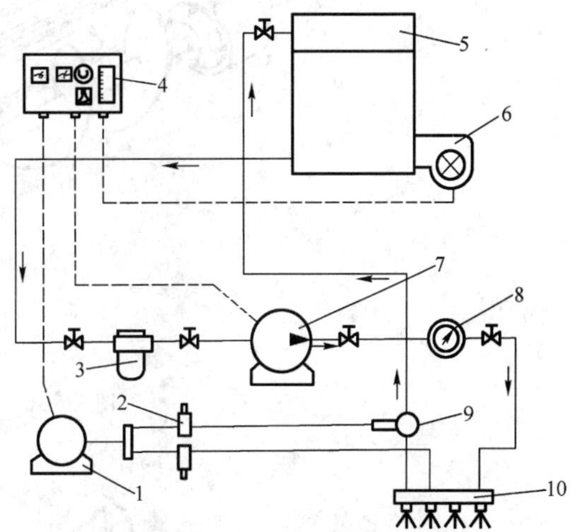

图 6.5-14 再生添加剂供给装置

1-空气压缩机；2-阀；3-过滤器；4-控制盘；5-添加剂罐；6-燃烧器；7-洒布泵；8-流量计；9-自动阀；10-洒布管

6.5.4 重 铺 机

如图 6.5-15 所示重铺机，由新沥青混凝土供给装置、翻松装置、旧沥青混凝土摊铺装置、新沥青混凝土摊铺装置、行走装置、动力及传动装置等组成。

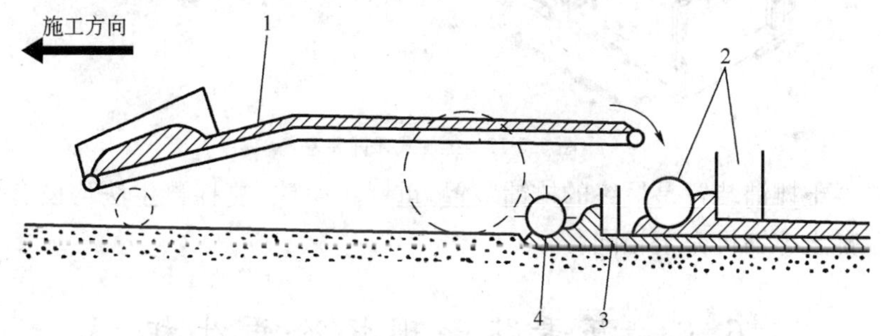

图 6.5-15 重铺机组成与工作原理

1-新料供给；2-新料摊铺；3-再生料摊铺；4-翻松拌和

重铺机与复拌机的整体结构差别不大，只是重铺机设置了两组熨平装置，而复拌机设置了搅拌装置。

再生混凝土的摊铺装置有翻松材料摊铺装置（亦称第一组熨平装置）和新沥青混凝土摊铺装置（亦称第二组熨平装置）。

翻松材料摊铺装置设在翻松装置后面，主要把翻松的材料摊铺整平。它有刮板式(图 6.5-16)和螺旋式(图 6.5-17)两种，结构上又可分为二节式和三节式，采用液压伸缩，无级调整摊铺宽度，通过调节刮板或螺旋的高低位置来控制摊铺厚度。

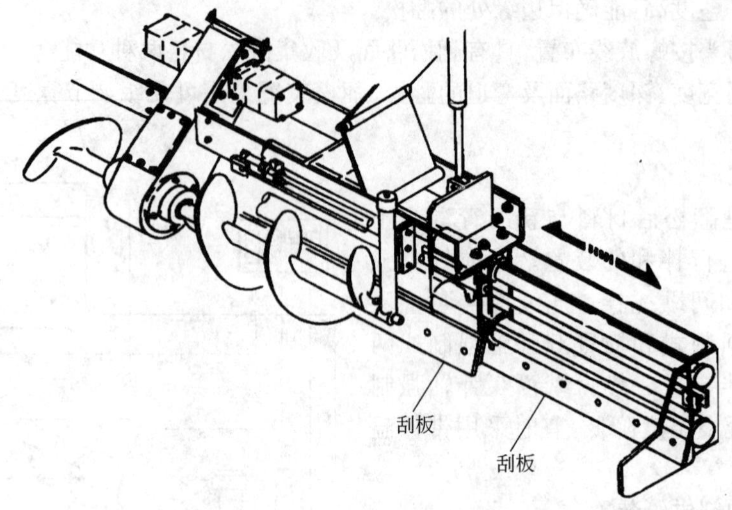

图 6.5-16　刮板式摊铺装置

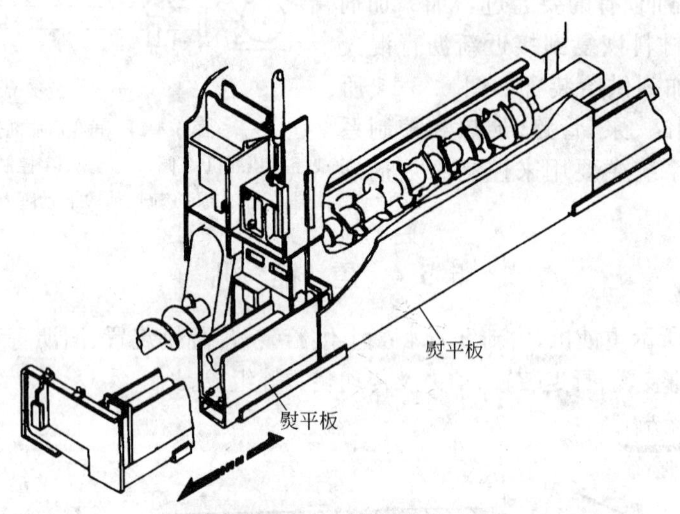

图 6.5-17　螺旋式摊铺装置

新沥青混凝土摊铺装置是最终的摊铺装置，重铺再生法、复拌再生法均设有该装置，结构形式与沥青混凝土摊铺机完全相同。

6.6　沥青路面现场冷再生机

6.6.1　功用、分类与特点

1)功用

现场冷再生机是一种在施工现场直接将稳定剂与沥青路面破碎、均匀拌和的专用自行式施工机械。现场冷再生机可以连续完成路面材料的铣刨、破碎、拌和、摊铺等作业。现场冷再生机不仅可以节约施工成本,加快工程进度,而且还可以保证施工质量。

2)分类

根据结构和工作特点,现场冷再生机可分作如下分类:

(1)按行走机构结构形式,分为履带式和轮胎式。

(2)按转子和行走机构的驱动方式,分为液压驱动式、机械驱动式和机械—液压驱动式。

(3)按工作装置(转子)在机械上的安装位置,分为前置式、中置式和后置式。

(4)按转子的旋转方向,分为正转转子式和反转转子式。

3)特点

履带式现场冷再生机虽然有接地比压小、通过性好和附着性能好等优点,但它机动性差,所以目前现场冷再生机以轮胎式为主。轮胎多为宽基低压越野型,以满足作业对附着性能的要求。

由于液压传动具有“三化”(标准化、系列化、通用化)程度高、布置方便等优点,现场冷再生机目前已全液压传动为多见。行走和转子系统采用液压马达驱动。行走系统中只采用一个液压马达作为变速器驱动桥总成的动力输入,这主要是因为在驱动轮上直接安装车轮马达的传动方式,要求液压马达能承受地面传给驱动轮的各种轴向和径向负载,且马达本身的排量规格匹配主机转矩的要求较难实现。另外,低速大转矩马达容积效率低,价格较贵,因此,全液压现场冷再生机目前多采用上述传动方案。

前置转子式现场冷再生机因为在作业面上会留下车轮痕迹,因此仅见于早期生产的现场冷再生机。中置转子式现场冷再生机(图 6.6-1)没有上述不足,且整机结构紧凑,但维护、更换刀具不方便。后置转子式现场冷再生机(图 6.6-2)拌和转子的维护及刀具的更换比较方便,作业面不会留下车轮痕迹,但这种形式的现场冷再生机需要在前面增设配重。目前,转子中置式和后置式均有采用。

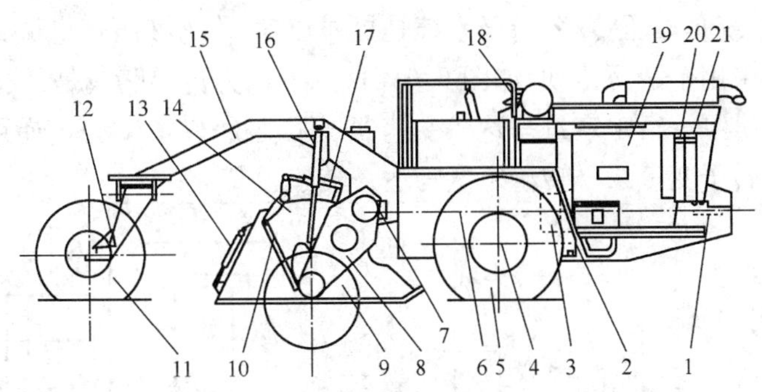

图 6.6-1　中置式现场冷再生机

1-行走泵;2-离合器;3-变速器;4-转向驱动桥;5-前轮;6-传动轴;7-齿轮差速传动桥;8-链传动箱;9-转子;10-推杆;11-后轮;12-后桥;13-尾门油缸;14-罩壳;15-车架;16-提升油缸;17-调节油缸;18-操纵台;19-发动机;20-发动机散热器;21-液压油散热器

现场冷再生机作业时其转子的旋转方向有两种(图 6.6-3),与车轮旋转方向相同的称为转子正转,反之则称为转子反转。前者转子从上向下切削,其切削反力的水平分力与机械的前行方向一致,增大了机械前进驱动力。但在遇到较大障碍物时,切削阻力增加很快,会对转子形成冲击荷载。后者转子由下向上切削,其切削阻力小,且阻力增加平稳、无冲击荷载,更适合于旧沥青路面的再生作业,但整机的功率消耗较大。

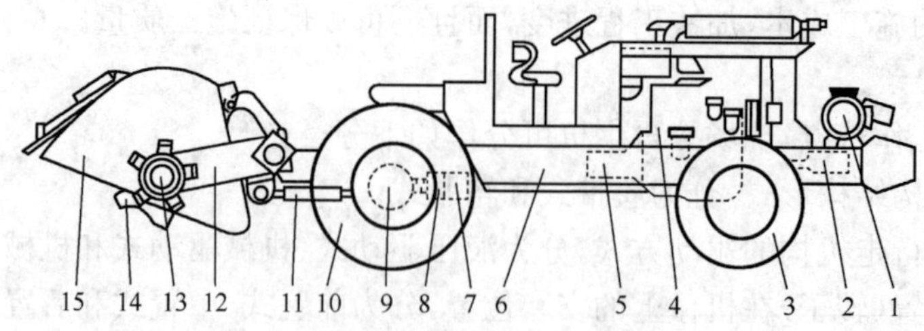

图 6.6-2　后置式现场冷再生机

1-液体喷洒泵；2-行走液压马达；3-前轮；4-发动机；5-转子液压泵；6-车架；7-行走马达；8-变速器；9-驱动桥；10-后轮；11-转子举升油缸；12-举升臂；13-转子马达；14-转子；15-罩壳

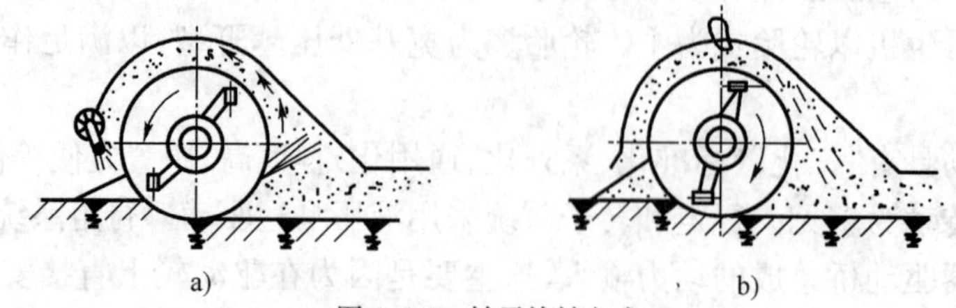

图 6.6-3　转子旋转方式

a)正转；b)反转

6.6.2　结构与原理

现场冷再生机由主机和工作装置两大基本部分组成。主机是现场冷再生机的基础，包括发动机和底盘。底盘作为工作装置的安装基础，包括传动系统、计量喷洒系统、驱动桥、主机架、驾驶室和操纵机构等。

1)传动系统

现场冷再生机的传动形式有两种：一种是行走系统和转子系统均为液压传动，称为全液压式；另一种是行走系统是液压传动，转子系统是机械传动，称为液压—机械式。目前，现场冷再生机传动系统普遍采用全液压传动，如图 6.6-4 所示。动力传递路线是：发动机→万向传动轴→分动器→行走变量泵→行走定量马达→变速器→驱动桥；转子动力传递路线是：发动机→万向传动→分动器→转子变量泵→转子定量马达→转子。

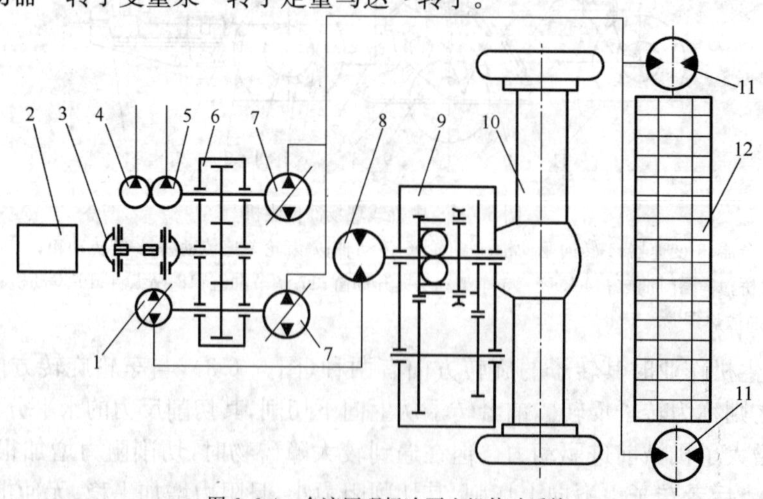

图 6.6-4　全液压现场冷再生机传动系统

1-行走变量泵；2-发动机；3-万向传动；4-转向油泵；5-操纵系统油泵；6-分动器；7-转子变量泵；8-行走定量马达；9-变速器；10-驱动桥；11-转子定量泵；12-转子

液压—机械传动系统如图 6.6-5 所示。行走动力传递路线与上述全液压式相似，而转子动力传递为机械式。其传递路线是：发动机→离合器→变速器→万向传动→换向差速器→传动轴→转子。

2)计量喷洒系统

现场冷再生机的计量喷洒系统（图 6.6-6）是现场冷再生工艺的关键工作装置，其工作过程：随着机械的行走，转子将旧路面铣刨并破碎，计量喷洒系统精确地控制各种再生剂的添加量，并通过喷洒杆上的喷嘴将再生剂均匀的喷入转子罩壳内，经转子与集料搅拌后即可形成新的路用再生材料。

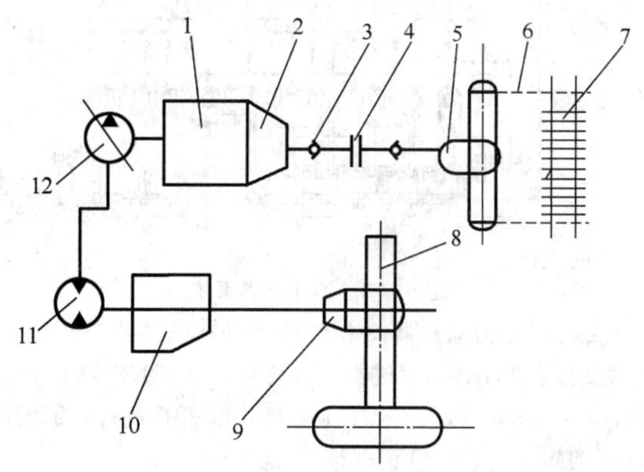

图 6.6-5　液压—机械现场冷再生机传动系统

1-发动机；2、10-变速器；3-万向传动；4-保险销；5-换挡差速器；6-传动轴；7-转子；8-驱动桥；9-差速器；11-行走定量马达；12-行走定量泵

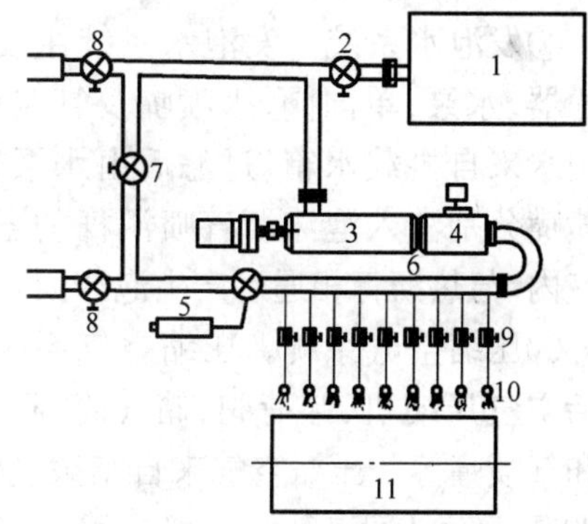

图 6.6-6　冷再生机黏合剂喷洒和计量系统

1-储水箱；2-截止阀；3-计量泵；4-电子流量计；5-主滑阀；6-喷杆；7、8-截止阀；9-调整作业幅度截止阀；10-喷嘴；11-铣削转子

根据再生剂的不同，喷洒系统可以分为泡沫沥青喷洒系统、乳化沥青喷洒系统。

(1)泡沫沥青喷洒系统。泡沫沥青是通过将少量的水和空气注入热沥青中（水和沥青均需精确计量），水遇到高温沥青被迅速气化，从而使沥青产生微细泡沫，体积迅速膨胀至原来的 15～20 倍，形成泡沫沥青（图 6.6-7）。泡沫沥青作再生剂，可以形成柔性基层，增加颗粒的剪切强度和水稳定性；另外在不同的气候和施工条件下，泡沫沥青均具有良好的作业适应性和性能可靠性，应用越来越广泛。

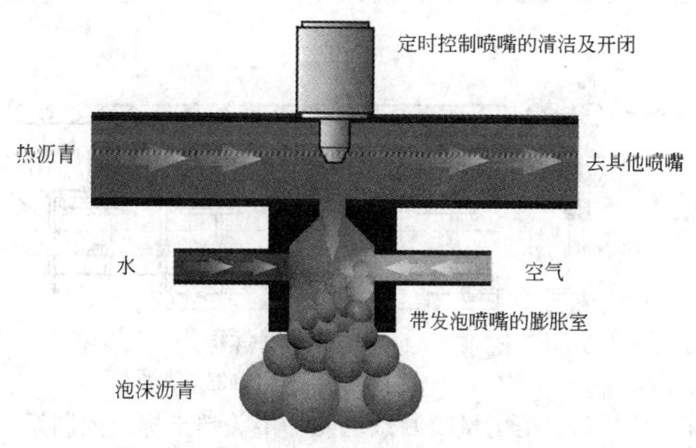

图 6.6-7　泡沫沥青的形成过程

泡沫沥青的主要优点之一是，除了最初的发泡装置的投资外，基本没有其他的生产投资。发泡装置将沥青与发泡介质在发泡器内混合，发泡后由管路分配到各个喷嘴处喷出。

按照泡沫沥青生产机理，泡沫沥青喷洒系统可分为热沥青系统、发泡水系统、压缩空气系统、加热保温系统，如图6.6-8所示。

①热沥青系统主要包括沥青泵、过滤器、泡沫沥青喷洒杆及管路等。沥青泵将来自沥青罐车的热沥青输送到泡沫沥青喷洒杆的各个膨胀室内，热沥青在膨胀室内与水相遇形成泡沫沥青。

②发泡水系统。发泡水系统主要包括过滤器、水泵、单向阀、水喷嘴及管路等，发泡用水来自机载水箱，过滤后由水泵输送，经喷嘴分别注入泡沫沥青喷洒杆的各个膨胀室内，与热沥青相遇后产生泡沫沥青。

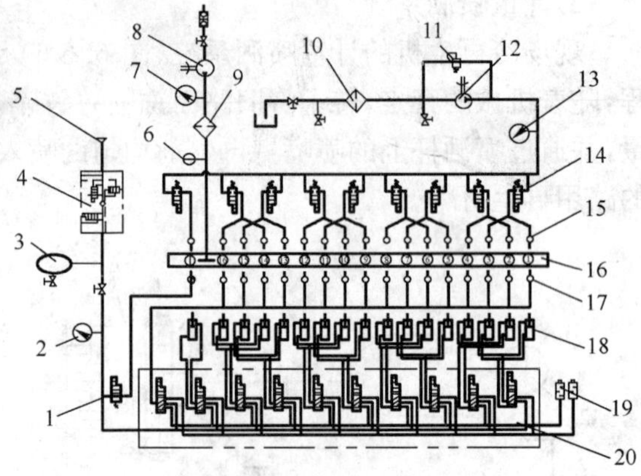

图6.6-8 泡沫沥青系统

1-电磁阀；2-压力输送器；3-储气筒；4-卸荷阀；5-空气压缩机；6-温度传感器；7-压力变送器；8-沥青泵；9、10-过滤器；11-减压阀；12-水泵；13-压力变送器；14-电磁阀；15-单向阀；16-喷洒杆；17-单向阀；18-汽缸；19-消声器；20-阀组

③压缩空气系统。压缩空气系统主要包括空气压缩机、卸荷阀、储气筒、阀组、汽缸和气喷嘴等。压缩空气来自车载空压机，经调压后分为两部分：一部分用于泡沫沥青，它经过单向阀、气喷嘴分别注入泡沫沥青喷洒杆上的各个膨胀室内，用于调节膨胀室的压力，产生最佳的发泡强度和效果；另一部分用于控制汽缸的动作，进而控制沥青喷嘴的开闭，满足再生剂的添加量与工作宽度相一致。

④加热保温系统。加热保温系统包括发电机、温度传感器、热电阻丝、保温管壳等。发电机发出电，热电阻丝螺旋缠绕在沥青管路、过滤器及喷洒杆周围，温度传感器将监测到的各处温度反馈到控制系统，控制系统连续测量并保持其设定的控制温度，确保沥青发泡前及发泡过程中的最佳温度，从而满足系统预热、施工中断时系统保温及完工之后对系统进行清洁需要。

(2)乳化沥青喷洒系统。乳化沥青喷洒系统主要包括螺杆泵、流量计、乳化沥青喷洒杆、油缸和阀组等，如图6.6-9所示。螺杆泵将来自泵车的液体介质(水和乳化沥青)输送给喷洒杆，流量计监视输送量并将数据反馈给控制系统，以保证对喷洒量的要求，包括流量的控制。

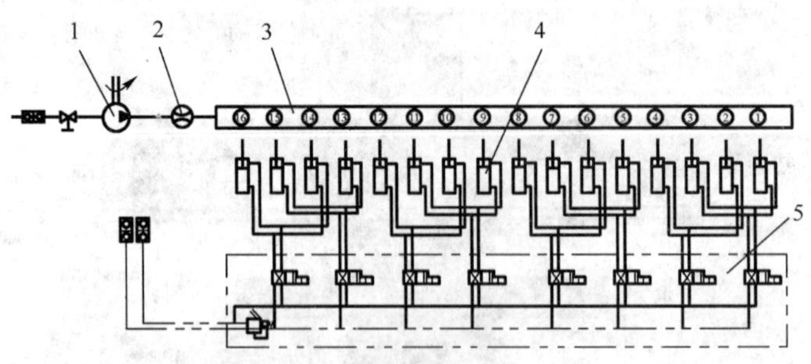

图6.6-9 乳化沥青喷洒系统

1-螺杆泵；2-流量计；3-喷洒杆；4-油缸；5-阀组

(3)控制系统。计量精度是衡量喷洒系统的一个关键指标。控制系统包括流量控制、泡沫沥青油水比计量、喷洒温度自动控制、运行参数监测等，控制系统原理如图6.6-10所示。输送泵由液压马达驱动，液压马达由电调节液压泵驱动。

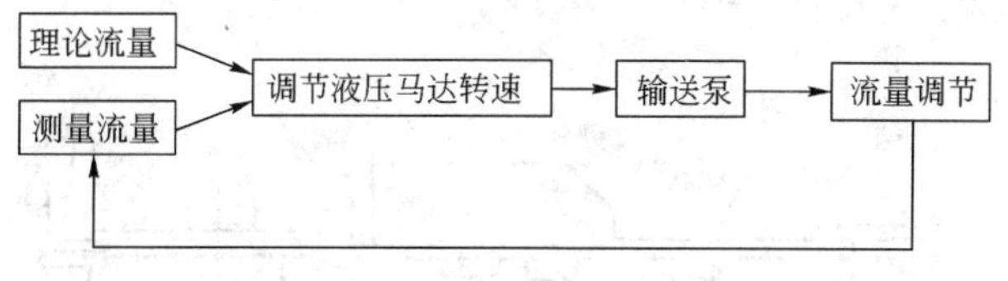

图 6.6-10　控制系统

①车速由一个与左前轮驱动马达相连的脉冲发生器测量,沥青泵出口处安装有速度传感器,监测沥青泵的转速并将数据反馈给控制系统,系统根据设定的油水比控制发泡用水和压缩空气的添加量。

②通过计算机控制液压泵的伺服阀,自动调节液压系统的流量,从而精确控制再生剂泵的转速,从而实现添加剂的流量与车速的匹配控制。

③系统根据再生剂密度及负载的变化,由计算机修正各再生剂泵的效率等参数,从而准确控制泵的流量,精度控制在±2%范围内。

④手工输入工作宽度、工作深度以及材料密度等参数。具体计算公式是:

添加剂的添加量　　$R=Q\lambda_1/BTV\rho Z$

沥青消耗量　　$X=BTV\rho Z\lambda_2$

耗水量　　$Y=BTV\rho Zw\lambda_3$

式中:Q——添加剂的流量,L/min;

B——工作宽度,m;

T——工作深度,m;

ρ——材料密度,t/m^3;

V——机械行走速度,m/min;

Z——沥青添加量,%;

w——沥青中的含水率,%;

λ_1、λ_2、λ_3——系数。

其中参数 Q、V 是自动监测得到的,参数 B、T 和 ρ 在显示器开关上选定,而参数 Z、w、λ_1、λ_2、λ_3 则需根据具体的路段、路况进行实验分析,由现场冷再生工艺设计给出。

⑤传感器检测并反馈实际温度,计算机自动控制恒温。

(4)清理机构。清理机构为液压控制的杠杆机构,由于在喷嘴上安装了小油缸和双板杠杆机构驱动的可上下运动的圆柱滑套,从而实现了喷嘴在固定状态下的清理黏结层功能,避免了喷嘴堵塞。

3)主车架

主车架是现场冷再生机的各总成、系统的安装及相互联系的基础,要求有较强的整体性、较大的刚度和强度。现场冷再生机常用的整体框架结构见图 6.6-11。

主机架由纵梁和横梁等组成,纵梁由槽钢加焊封板构成箱形结构。主机架前端加焊或安装长方形配重箱,尾部支座通过转轴与工作装置相连。由于现场冷再生机械行驶速度不高,所以采用刚性悬挂,主机架与后桥刚性连接。前桥是转向桥,与主机架采用摆动桥铰接连接方式,使前桥可以相对于主机架上下摆动,以适应在不平路面上的行驶。

4)转子装置

转子装置是现场冷再生机的主要工作装置,由罩壳、转子和转子刀、转子提升油缸、罩壳尾门启闭油缸等组成，如图 6.6-12 所示。

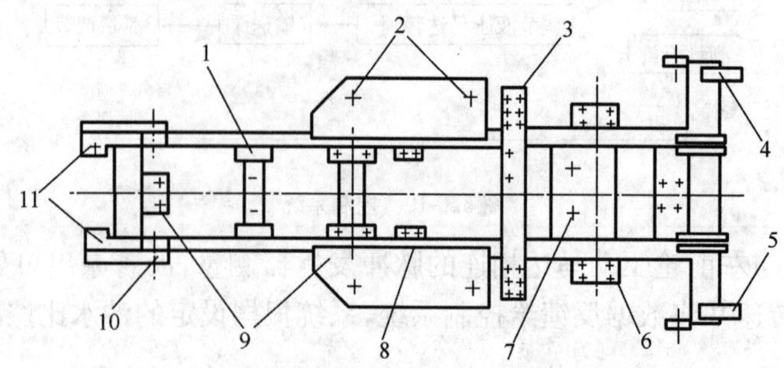

图 6.6-11　整体框架式主机架

1-前桥支座；2-驾驶室支座；3-滚翻保护架支座；4-拌和装置支座；5-铰接支座；6-储气筒支座；7-后桥支座；8-分动器支座；9-柴油机支座；10-发动机罩支座；11-配重支座

全液压现场冷再生机的转子旋转动力来自液压马达，一般有两种传动布置形式：一种是低速大转矩液压马达直接驱动转子(图 6.6-12)；另一种是液压马达经过行星齿轮减速器和链传动减速增矩后将动力传给转子轴，如图 6.6-13 所示。

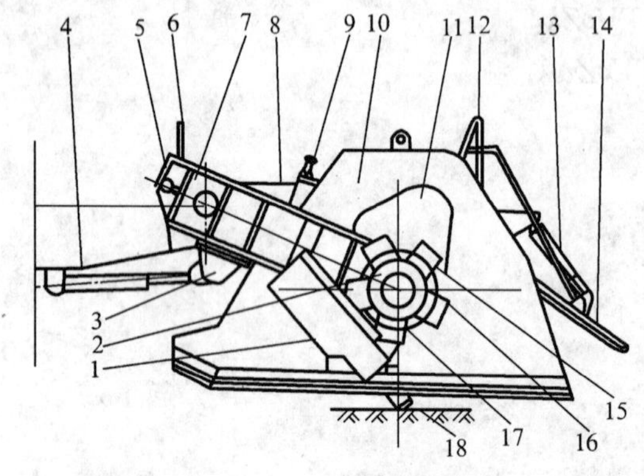

图 6.6-12　现场冷再生机拌和装置一

1-分土器；2-液压马达；3-举升轴；4-转子升降油缸；5-保险销；6-温度指示器；7-举升臂；8-牵引杆；9-调整螺钉；10-罩壳；11-护板；12-尾门开度指示；13-尾门油缸；14-尾门；15-加油口；16-油面口；17-放油口；18-转子拌和刀

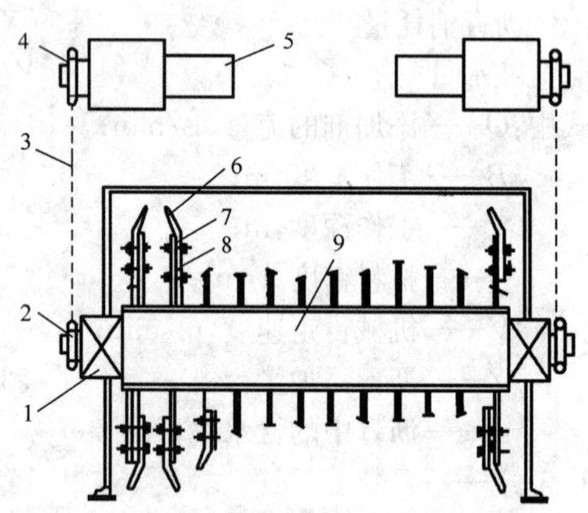

图 6.6-13　转子传动方式

1-轴承；2-轴颈；3-链条；4-链轮；5-液压马达；6-刀片；7-刀盘；8-压板；9-转子轴

图 6.6-14 是现场冷再生机转子装置，转子轴为空心钢管，其上装有刀盘刀片。转子轴两端支撑在转子动臂上。转子动臂用厚钢板焊接而成，并通过水平管梁将左、右转子动臂连为一体，成为转子架。在转子动臂上端内侧安装两个低速大转矩液压马达，从两侧驱动行星减速器、链传动，从而驱动转子旋转。链传动封闭在转子动臂里，打开动臂的侧板便可对链传动进行检查。另一端的活塞杆与固定在水平横梁上的支架连接。液压缸伸缩带动转子动臂和转子绕主梁上下移动。

(1)转子。转子要具有足够的强度和刚度。转子有两种结构形式：刀盘式和刀臂式，如图 6.6-15 所示。刀盘式的转子轴上焊接若干刀盘，采用大直径薄壁空心钢管结构，整体强度和刚度较大，并可减少刀盘尺寸，提高刀盘硬度。刀臂式转子的强度和刚度比刀盘式的要差些，不适合切削阻力大的破碎搅拌工况。但切削阻力小、铣削搅拌深度较大时，采用此结构比较合理。

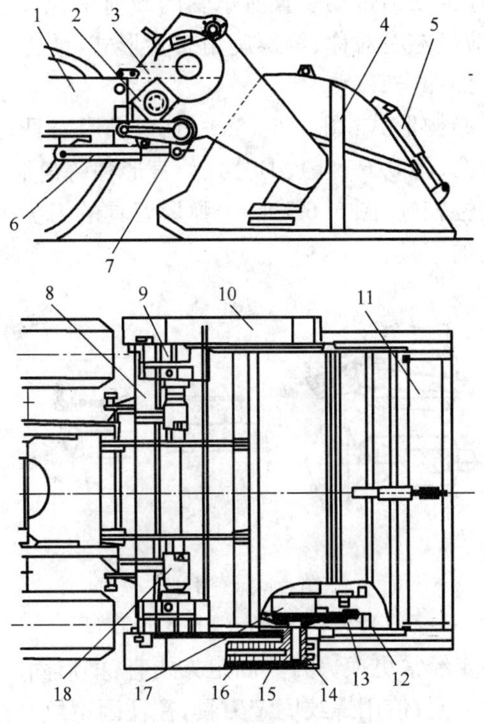

图 6.6-14　现场冷再生机拌和装置二

1-机架；2-支撑座；3-拉杆；4-罩壳；5-尾门油缸；6-动臂油缸；7-主横梁；8-行星齿轮减速器；9-转子动臂；10-尾门；11-液压马达；12-转子轴；13-链条；14-链轮；15-轴承；16-刀盘；17-刀片；18-油缸活塞杆支臂

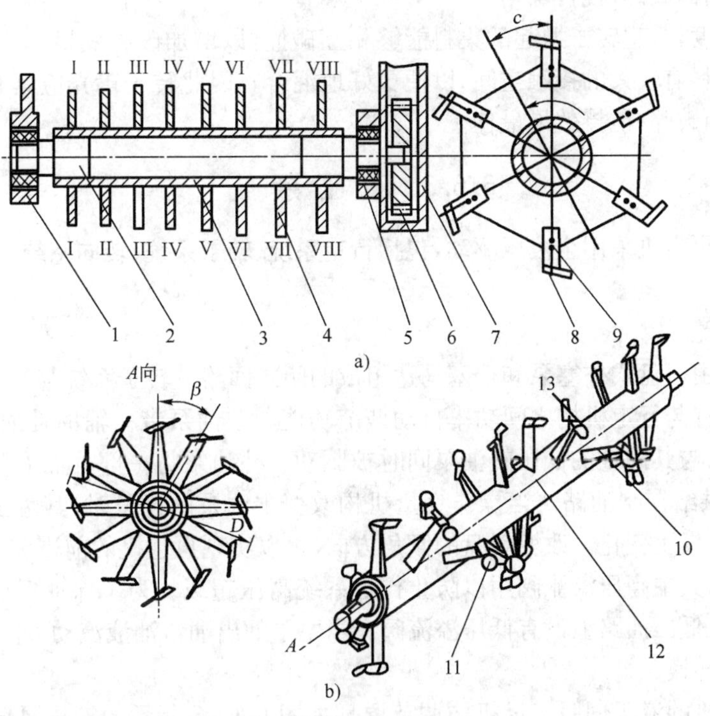

图 6.6-15　转子

a)刀盘式；b)刀臂式

1-转子动臂；2-转子轴头；3、12-转子轴；4-刀盘；5-轴承；6-链轮；7-动臂侧板；8、13-刀片；9-固定螺栓；10-刀臂；11-刀头转子在作业时要尽量保证动力传动装置所承受的载荷平稳、均匀和稳定。刀盘或刀臂上的刀具在转子轴横向排列应呈左右对称、等螺旋角布置形式，使刀具能依次连续地切削、粉碎和拌和，并有利于减少转子的冲击载荷。

(2)刀具。刀具有四种结构形式：图 6.6-16a)、b)为铲形刀具，刀尖的切削刃处镶有耐磨硬质合金，以延长其使用寿命；图 6.6-16c)、d)分别为直形和弯角形刀片，安装后相邻刀片之间有一定的搭接，使搅拌均匀性较好；图 6.6-16e)子弹形刀具的刀尖上也镶有硬质合金，强度和耐磨性很好，是再生机常用的刀具。

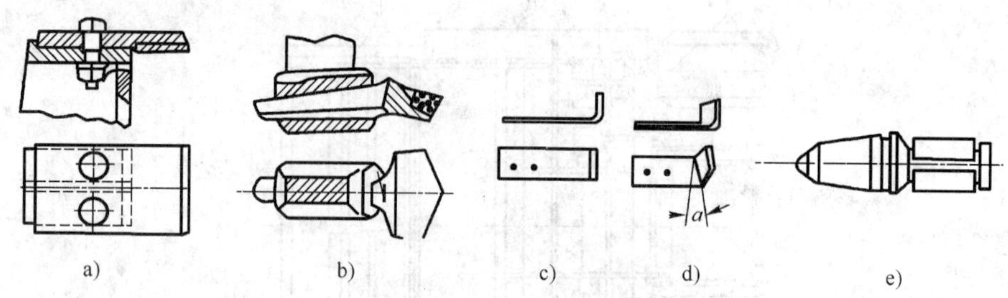

图 6.6-16 刀具

a)、b)铲形；c)直形；d)弯角形；e)子弹形

刀具是易损件，使用中要经常更换。刀具固定方式有：楔形固定利用离心力对刀把楔面的作用使刀片紧固，拆装颇为方便；使用螺纹固定刀具，往往因螺纹锈蚀使刀具拆装困难；刀库固定式，在作业中切削阻力由刀具传给刀库，换装时只需把开口销抽出，斜向即可取出刀头。

(3)转子罩壳。转子罩壳一般用钢板和型钢焊接而成，与地面形成一个封闭的空间，以防止尘土飞扬，使路面破碎、搅拌均匀。

从破碎的角度，希望转子抛起的集料能够相互碰撞，以增加破碎效果。从搅拌的角度，希望添加剂和旧集料有较大的接触空间，以便更好地混合。因此转子罩壳应具有最佳的几何形状和尺寸，使路面破碎、搅拌效果最佳。

6.6.3 液压系统

一般现场冷再生机采用全液压驱动，包括行走系统、转子系统、转向系统和辅助系统等，如图 6.6-17 所示。

1)主液压回路

行走系统是由斜盘式柱塞泵和柱塞马达组成的闭式回路。转子系统与行走系统类似。该回路具有转子装置与行走机构之间功率自动调节功能。主油泵带一辅助补油泵，当发动机带动主油泵旋转时，与其同轴的低压补油泵同时被驱动。补油泵将一部分油液供给主油泵的吸油腔，另一部分供给控制油路。当操作变量机构改变主油泵的排量时，其输出流量即发生变化，再生机的速度发生变化。改变斜盘的倾角方向，可以实现再生机的前进和后退。主油泵上有一双向溢流阀，其中高压溢流阀用以防止行走系统高压超载。为了保证低压油路和控制油路的正常工作，在低压油路上设有低压溢流阀。当主泵的出油口油液流动方向改变时，两个溢流阀的作用相互转换。

现场冷再生机的液压伺服变量机构调节原理如图 6.6-18 所示。液压泵伺服缸加载取决于调节机构的控制杆位置，改变其位置，斜盘倾角及液压泵的排量可以无级调节到所要求的数值，控制杆的摆角方向决定了油液的泵送方向，即冷再生机的行驶方向。

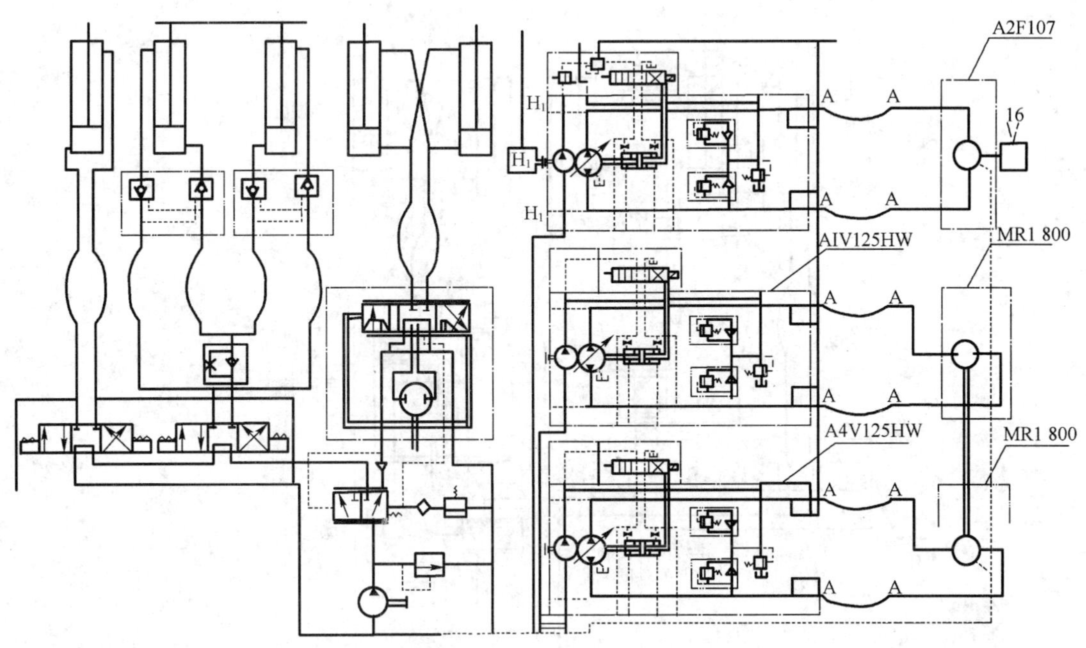

图 6.6-17　典型现场冷再生机液压系统

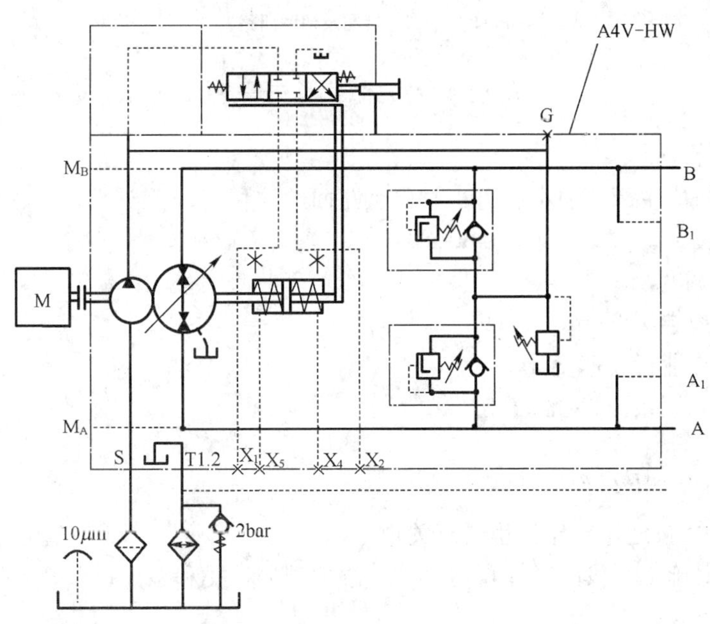

图 6.6-18　液压伺服变量机构调节原理

2)转向和辅助回路

由转向液压泵、负荷传感全液压转向器、转向油缸和转子升降油缸等组成转向与辅助回路,如图 6.6-19 所示。转向泵(附设压力和流量控制机构)将压力油经优先阀供给负荷传感液压转向回路和辅助回路。转向盘和压力转向器连接,并控制转向器工作。当转向盘转动一定角度时,液压系统输出一定量的压力油供给转向油缸,并推动转向桥转动一定的角度,实现机械转向。转向盘的转动角度越大，转向器供油越多，机械的转向角度就越大。

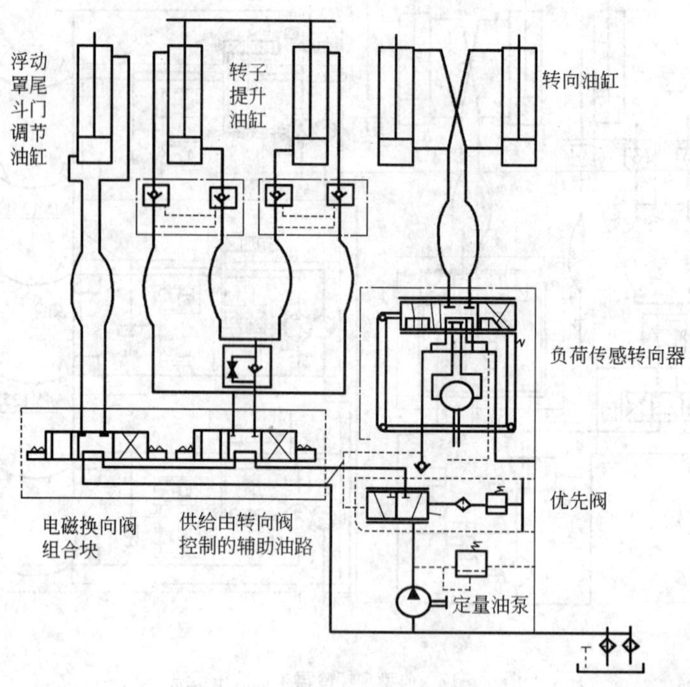

图 6.6-19　转向及辅助回路

6.6.4　技术使用与维护

1)生产率计算

现场冷再生机的生产率通常以每小时再生路面的体积(m^3)来计算：

$$Q = 3\,600BHvK_B \qquad (m^3/h)$$

式中：B——转子宽度，m；

H——转子搅拌深度，m；

v——机械作业行驶速度，m/s；

K_B——时间利用系数，一般取 0.85。

2)正确使用

(1)作业前的技术准备：

①柴油机部分，按通用操作规程的有关规定执行。

②详细了解对施工路段的搅拌宽度、深度，添加剂的种类和添加量以及其他有关施工技术要求。

③检查轮胎是否完好、气压是否符合规定要求。

④检查再生机的各个连接部分有无松动情况。

⑤根据损坏路面程度和添加剂，更换刀具。更换刀具时将转子提升一定的高度，并用方木垫实，插上锁止销后进行。

⑥按操作规程启动发动机，然后使转子空转进行动态观察，并检查转向系和制动系的性能。

(2)行驶和作业中的技术要求：

①现场冷再生机行驶到施工路段时，摆正位置，提升转子并使其空转，再缓慢下降转子至要求深度，然后进行再生作业。

②现场冷再生机作业时，要按预定的道路直线行驶并保证匀速行驶。与其他辅助车辆保持一定的安全距离。

③现场冷再生机在作业时应注意液压油的温度(不得高于 85℃)，观察各个仪表工作是否正常，发现异常现象时应立即停车检查，并予以排除。

④再生作业时要随时检查再生深度和再生质量，发现问题要及时纠正。

⑤现场冷再生机施工完毕驶离作业路段时，应提前提起转子，并将其锁住。

(3)作业后的技术使用：

①现场冷再生机要停放在平坦、安全、不妨碍交通的地方，并将转子落地，实行驻车制动。

②按操作规程对现场冷再生机进行例行维护。

6.7 工程实例

6.7.1 旧路现状调查

G105 国道原设计标准为二级公路，路面宽度 15m，路基宽度 18m。2000 年改建后，路面结构为 8cm 沥青混凝土＋16cm 水泥石灰综合稳定碎石＋15cm 石灰土(外掺 3%水泥)＋15cm 石灰土。G105 国道是原交通部文明样板路，鲁西南通往河南省运送建筑材料的主要运输路线，重型、超载车辆比例较大。该段道路自建成以来，一直处于满载荷、超载荷运转状态，造成部分路段路基变形、沉陷，行车道车辙、坑槽、网裂等损坏现象。

6.7.2 再生混凝土配合比确定

1)路面结构

为加强路面结构的承载能力，新设计提高了路面等级标准，设计轴载采用 BZZ－100，设计年限 12 年。本次改建工程全长 24.844km，其中 K16＋320～K20＋333 段面层补强穿靴部分采用 6cm 沥青混凝土＋沥青下封层，补强部分基层采用 16cm 二灰碎石＋16cm 冷再生基层，横坡 2%。

2)原材料分析

按设计要求，再生混凝土配合比试验设计时，以旧路面实际破碎 16cm 原材料筛分，取得原始的级配范围如下：

(1)原始级配筛分结果见表 6.7-1。通过筛分曲线 (图 6.7-1)分析，决定采用水泥稳定剂，外加 10～25mm 碎石进行合成级配，以提高路面承载能力。

原始级配筛分结果 表 6.7-1

筛孔尺寸(mm)	31.5	26.5	19	9.5	4.75	2.36	0.6	0.075
通过率(%)	100	95.2	87.1	63.3	40.8	23.7	12.9	2.2

(2) 10～25mm 规格碎石的筛分结果见表 6.7-2，筛分曲线如图 6.7-2 所示。

筛分结果 表 6.7-2

筛孔尺寸(mm)	31.5	26.5	19	9.5	4.75	2.36	0.6	0.075
通过率(%)	100	100	72.5	4.5	0	0	0	0

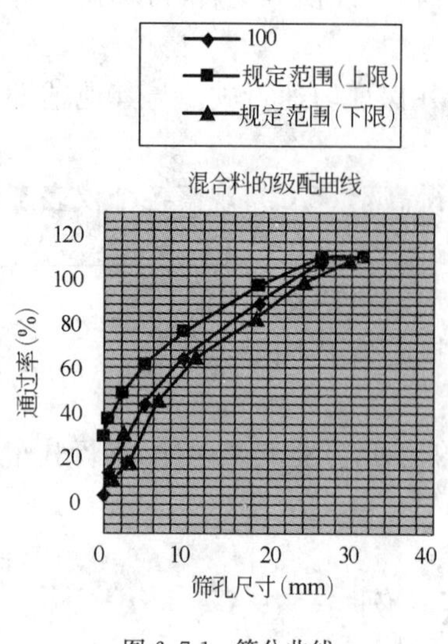

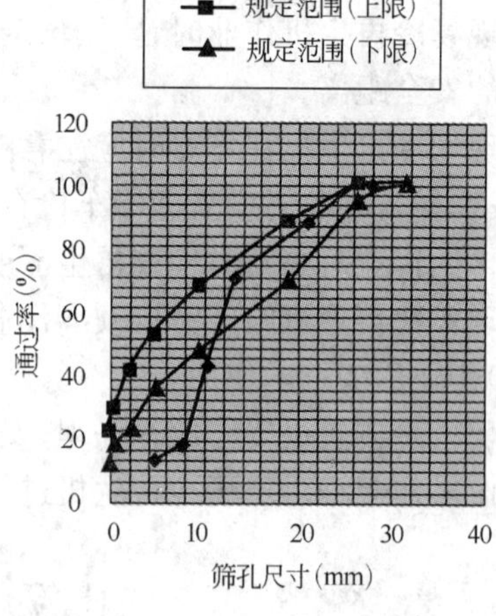

图 6.7-1 筛分曲线

图 6.7-2 筛分曲线

(3)10～25mm 碎石与原冷再生混凝土以 20∶80 的比例合成级配后的筛分结果见表 6.7-3,筛分曲线如图 6.7-3 所示。

筛 分 结 果 表 6.7-3

筛孔尺寸(mm)	31.5	26.5	19	9.5	4.75	2.36	0.6	0.075
通过率(%)	100	96.2	84.2	51.5	32.7	19	10.4	1.8
规范要求的级配范围	100	90～100	72～89	47～67	29～49	17～35	8～22	0～7

冷再生集料的级配和所利用的旧沥青路面结构层有直接的关系,它涉及沥青路面结构层的级配规格以及拌和深度。在道路的改建和升级改造中,若旧沥青路面集料不能满足基层水泥稳定碎石的要求,可根据级配的情况,添加一定比例的碎石等新集料,以改善原沥青路面材料的级配,从而满足《公路路面基层施工技术规范》(JTJ 034—2000)中规定的水泥稳定土 3 号的级配要求。

3)目标配合比的试验

根据原路面的级配范围和招标文件的质量要求,计算应该加入的级配碎石及水泥剂量,提出 4 种目标配合比,试验室做了标准击实试验,试验结果见表 6.7-4。

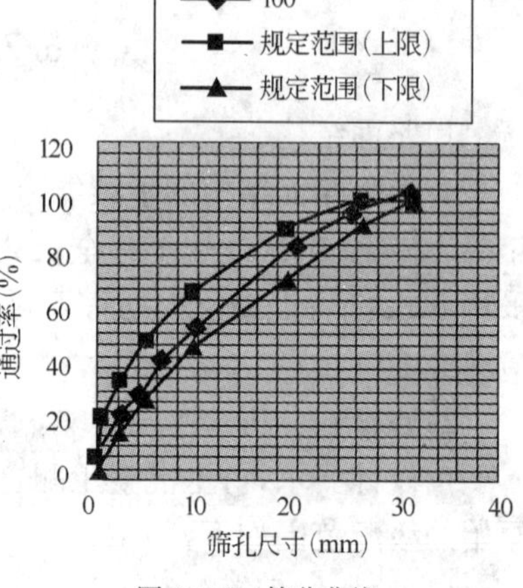

图 6.7-3 筛分曲线

标准击实试验结果 表 6.7-4

配 合 比	级 配				
	10～25mm 碎石	冷再生料	水泥	最大干密度(g/cm^2)	最佳含水率 w(%)
配合比(%)	20	80	4	2.0	9.5
配合比(%)	20	80	4.5	2.0	9.5
配合比(%)	20	80	5	2.01	10
配合比(%)	20	80	5.5	2.01	10

通过试配获取 4 种水泥剂量的最大干密度和最佳含水率，并在规定条件下，试件保湿养生 6d，浸水 24h 后，按《公路工程无机结合料稳定材料试验规程》进行无侧限抗压强度试验，获取 6d 标准抗压强度，确定水泥剂量。

4)生产配合比的确定

(1)取芯检验。试验路段的施工是检验生产配合比与试验室目标配合比是否相似的重要依据。将 3)中 4 种目标配合比按每段 200m 进行试验，7d 后取芯检验，检验结果见表 6.7-5。

取芯检验结果 表 6.7-5

试验桩号	配合比(%)			7d 抗压强度平均值(MPa)	筛分情况	取芯情况	备注
	10～25 碎石	冷再生料	水泥				
K19+600～K19+800	20	80	4	1.72	符合规范	取 4 个芯，平均厚度 16.3cm，3 个基本成型，1 个不成型	冷再生料为 8cm 沥青混凝土＋16cm 水泥石灰土综合稳定碎石
K19+400～K19+600	20	80	4.5	1.88	符合规范	取 4 个芯，平均厚度 16.5cm，4 个基本成型	
K19+200～K19+400	20	80	5	2.02	符合规范	取 4 个芯，平均厚度 16.2cm，4 个完全成型	
K19+000～K19+200	20	80	5.5	2.12	符合规范	取 4 个芯，平均厚度 16.5cm，4 个完全成型	

(2)各试验段具体筛分情况如下：

①K19＋600～K19＋800 段筛分情况(水泥剂量 4%)。筛分结果见表 6.7-6，筛分曲线如图 6.7-4 所示。

筛分结果 表 6.7-6

筛孔尺寸(mm)	31.5	26.5	19	9.5	4.75	2.36	0.6	0.075
通过率(%)	100	99.2	88.6	66.0	40.9	21.2	9.8	2.6

②K19＋400～K19＋600 段筛分情况(水泥剂量 4.5%)。筛分结果如表 6.7-7 所示，筛分曲线如图 6.7-5 所示。

筛分结果 表 6.7-7

筛孔尺寸(mm)	31.5	26.5	19	9.5	4.75	2.36	0.6	0.075
通过率(%)	100	91.4	81.2	55.7	34.7	18.6	6.7	1.1

③K19＋200～K19＋400 段筛分情况(水泥剂量 5%)。筛分结果如表 6.7-8 所示，筛分曲线如图 6.7-6 所示。

筛分结果 表 6.7-8

筛孔尺寸(mm)	31.5	26.5	19	9.5	4.75	2.36	0.6	0.075
通过率(%)	100	97.9	81.6	47.3	30.4	18.6	8.4	0.8

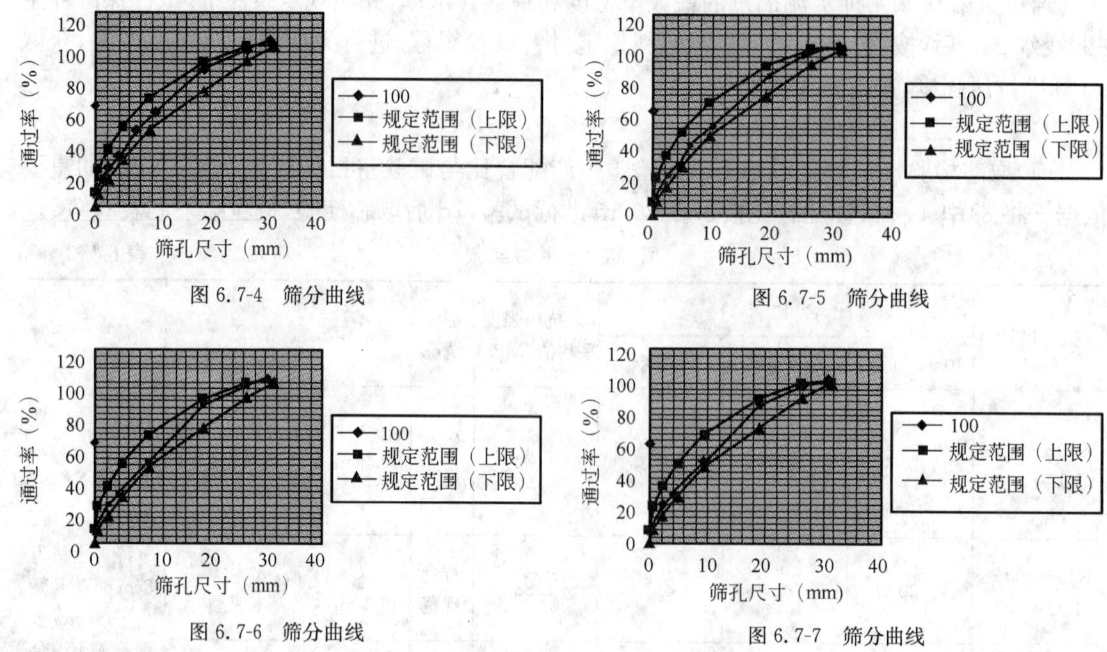

图 6.7-4　筛分曲线　　图 6.7-5　筛分曲线

图 6.7-6　筛分曲线　　图 6.7-7　筛分曲线

④K19＋000～K19＋200 段筛分情况（水泥剂量 5.5％）。筛分结果见表 6.7-9，筛分曲线如图 6.7-7 所示。

根据取样结果，每组试验水泥剂量、级配曲线均满足规范的相关要求。为保证质量，在满足设计要求的前提下，根据监理工程师的要求，项目生产配合比按水泥剂量 5％，新集料 10～25mm，碎石 20％添加进行就地冷再生施工。

筛分结果　　表 6.7-9

筛孔尺寸(mm)	31.5	26.5	19	9.5	4.75	2.36	0.6	0.075
通过率(%)	100	97.9	81.6	47.3	30.4	18.6	8.4	0.8

6.7.3　再生施工准备

再生施工的特点是大型机械、密集施工和高生产率。因此，为了确保沥青路面再生工程进度和质量，再生施工需要有周密的施工计划和良好的施工准备。

1)设备的选型及组合

为了使配套组合的每台机械都能在施工中发挥最大效率，再生施工机械的选型和配套组合应遵循以下基本原则：

(1)选好既定再生工程的主导机械，其他机械必须与主导机械配套。

(2)尽量减少配套机械的数量。

(3)在规定施工期限内，机械应能完成给定的工程量。

(4)要充分发挥主导机械的生产能力。

(5)主导机械与各配套机械的工作能力要保持平衡，使机组得到合理的配合与使用。

(6)同一再生作业要尽量使用同一型号的机械，以便于维修和管理。

再生施工除了需要再生机外，还需要给再生机提供稳定剂的运输车以及压实机械、平地机和水罐车等辅助设备。

(1)再生机。该再生工程主导设备为德国进口 WR2500S 就地冷再生机，每幅再生宽度为 2.4m，施工行走速度为 6～12m，技术可靠，施工效率高，能很好地适应该再生工程施工量大、工期紧的特点。

(2)配套设备。紧跟再生机再生作业需要用 3 台压路机压实再生沥青混凝土。针对 G105 国道采用两次拌和、加宽部分采用穿靴补强的施工特点，压实设备选择 50t 宝马振动压路机 1 台，21t 三轮压路机 2 台，26t 胶轮压路机 1 台；另外平地机 1 台，推土机 1 台，8t 水车 4 台。

2)人员配置

预先撒布添加集料和水泥需辅助工 30 名，测量员 1 名，现场施工管理人员 1 名，试验员 1 名。

3)材料供应

新添集料为 10～25mm 石灰岩碎石，稳定剂采用袋装缓凝普通硅酸盐水泥，根据再生施工速度和工作计划，备足当天所需集料和水泥用量。

4)交通协调

再生施工段内封闭交通，设置齐全的警示标志，并安排 1～2 人专门负责交通安全。

5)再生道路表面的准备工作

具体内容包括：

(1)清除道路表面的积水、杂草、垃圾和其他杂物。

(2)预先铣刨沥青路面上的凸起，挖除修补坑槽中的水泥混凝土或石块，防止对再生设备造成损害。

(3)标出准确的纵向铣刨再生指引线。

(4)调查并标示出沥青路面上涵洞盖板、井盖、管线及线缆等位置和埋藏深度，以提醒设备操作人员注意。

6.7.4 再生施工工艺

1)工艺流程

再生施工的工艺流程如图 6.7-8 所示

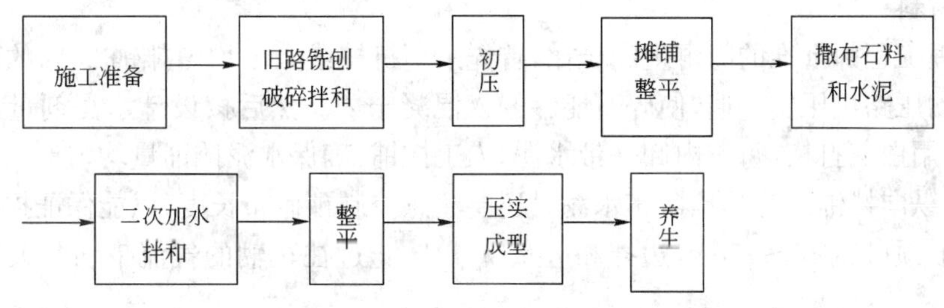

图 6.7-8 再生施工的工艺流程

2)施工准备

冷再生施工前对旧沥青路面实施清理，由测量技术人员画定标线，铣刨宽度确定为 8m。

3)施工现场

冷再生施工现场如图 6.7-9 所示。

4)破碎与拌和

为确保再生的宽度，铣刨顺序为从原路面的路边到路中心。WR2500S 冷再生机每幅拌

图 6.7-9　施工现场

和宽度为 2.48m，拌和额定速度为 6～12m/min。G105 国道采用两次拌和施工，为确保破碎质量，根据调查的旧路结构状况及混凝土破碎后的配合比合理选定，第一遍施工速度控制在 8m/min，上下浮动不超过 1m，单幅施工长度控制在 200m。由于本合同段补强部分原路面及穿靴部分都采用 16cm 冷再生基层结构，要将破碎的混凝土按要求摊铺在全宽范围内，所以为了控制新路面的整体高程，第一遍的破碎深度为 20cm，第二遍拌和深度为 24cm，以避免第二遍拌和时留有素土夹层。铣刨过程中随时检查铣刨深度，以保证破碎的混凝土级配合理。

5)初压

每一工作段三幅破碎完毕后，在摊铺整平之前，先用轻型压路机均匀压实全幅的再生材料。因为再生机的后轮在再生材料的表面行走，轮迹处的材料被部分压实，但是两轮之间的材料却未被压实。为达到同样的密实度，在摊铺整平之前，必须首先压实轮间松散的材料。

6)摊铺与整平

将破碎后的混凝土用推土机摊铺在全宽范围内，并用平地机整平。摊铺整平过程中，测量人员要随时控制混凝土的摊铺厚度，以有效控制路面整体高程。

7)预布材料

按照监理工程师批准的冷再生配合比，首先采用机械或人工均匀摊铺 20%的碎石。摊铺后用重型振动压路机压实一遍，使碎石能够嵌入混凝土内。然后按设计水泥剂量计算每平方米水泥用量，用白灰打格，每格内卸一带水泥，人工摊铺，确保水泥摊铺量均匀。每个工作段采用流水作业，纵向摊铺水泥。预撒布水泥时还要注意控制预撒布长度，以能保证拌和机正常工作为宜。一般预撒布 80～100m，边拌和边撒布，以防止过往车辆的气流带动及天气突然变化造成损失。

8)二次加水拌和

由于第二遍破碎层较薄(仅有 4cm)，且经过第一遍的破碎材料已经松软，所以第二遍拌和速度可适当加快，G105 国道第二遍拌和速度达到了 10m/min，这样 1.5～2h 即可完成半幅 200m 路面的第二遍拌和及整平工作，满足了在水泥初凝前完成再生工作的要求。第二遍拌和时每幅重叠 30cm，拌和深度为 24cm。

9)碾压与整平

第二遍拌和后用重型压路机紧跟冷再生机压实一遍，每次重叠 1/2 轮胎宽度。此道工序很重要，因为在整平前必须消除再生机轮迹处和两轮间的压实差异，以有效控制整体高程。测量和整平后振动压路机压3遍，速度控制在2.0～2.5km/h，每次重叠30cm。再用轮胎压路机排压4遍，速度2.5km/h，轮胎压路机能够将足够多的细集料带到再生层的表面，以填充粗颗粒之间的空隙，并能有效消除再生表面层的松散结构。最后用三轮压路机碾压2遍，即可达到压实度要求。

10)养生

碾压完毕、检验合格后覆盖草帘，保湿养生不少于7d，养生期间中断交通。

6.7.5 再生施工过程中应注意的问题

1)横向接缝

每次再生施工开始和终止都会形成横向接缝，因此再生施工中应尽量减少停机现象。横向接缝施工需要注意以下几个方面：

(1)做好横向接缝施工准备工作，减少人为停机因素。

(2)尽量选用大容量水车，减少更换水车的频率。

(3)横向接缝施工开始时，做好水管的排气工作，防止排气不当造成横向接缝施工开始的最初几米内再生料内含水率偏少的现象。

(4)一旦横向接缝施工开始，操作人员应开足马力，快速达到正常的作业速度，因为当再生机速度过低(≤2m/min)时，喷水系统将不能有效地进行加水工作，会导致再生料含水率偏低。

(5)横缝衔接处采用搭接的方式时，前一段拌和整形后预留1～3m不进行碾压，后一段施工时前段未压部分再添加部分水泥后重新拌和，并与后一段一起进行碾压，这样可有效提高横缝处两段的衔接质量。

2)纵向接缝

因就地冷再生机的铣刨转子宽度通常小于再生道路或行车道的宽度，所以完成全幅路的再生需要多次作业，从而导致数条相邻作业面的纵向接缝。为确保纵向接缝的良好处理，施工前必须确定每条纵向接缝的拌和重叠量，推荐最小重叠宽度一般为15cm。但考虑道路面厚度、再生材料的粒度、稳定剂的种类以及相邻作业的时间间隔等因素时，重叠量应适当增加。

3)水量的控制

再生施工过程中应严格控制加水量。第一遍破碎拌和时，可适当减少水量的添加，添加量一般为设计量的20%，主要是降低再生施工过程中的粉尘污染；第二遍拌和时，必须按照实验确定的剂量进行添加。另外，要经常检查水车的密封情况，水车漏水会对再生混凝土的含水率产生很大的影响，甚至会使混凝土产生“翻浆”现象，严重影响再生施工进度和质量。

4)预破碎深度控制

当预破碎时，必须严格控制首次的作业深度，这有两个重要的原因：

(1)阻止铣刨转子刺入设计再生深度下面的劣质材料层，以免破坏再生材料。

(2)预破碎的深度必须小于稳定的深度，一般保留薄层的4cm左右，以避免因产生素土夹层而导致的基层早期损害。

6.7.6 质量检验与数据分析

冷再生路面养生完毕，进行 7d 无侧限抗压强度的检验，检验数据见表 6.7-10。

检 验 数 据 表 6.7-10

序 号	项 目	路面冷再生	二 灰 碎 石	水泥稳定碎石
1	施工方法	简单、路拌	复杂、厂拌	复杂厂拌
2	水泥含量	5.5%	1.5%	5%
3	7d 无侧限抗压强度	2.2MPa	2.0MPa 以上	3.5MPa 以上

再生施工完毕半年后进行观察，试验段 5.5%水泥剂量路段出现了横向收缩裂缝，其余路段正常，说明再生施工过程中水泥剂量控制在 5%比较合理。

第7章　公路沥青路面其他养护作业机械

7.1　小型液压挖掘机

7.1.1　用途与特点

小型液压挖掘机广泛应用于市政公路养护、土方挖掘、园林绿化城市建筑等工程施工，其外形如图7.1-1所示。

图7.1-1　小型液压挖掘机外形

小型液压挖掘机具有以下特点：

(1)结构紧凑，可以在狭窄、复杂的场合进行施工。

(2)外形尺寸小、质量轻，运输方便。

(3)相对宽大的履带可以增加挖掘机的稳定性，保证挖掘机的附着力。

(4)附属装置多，适用范围广，工作效率高，最具代表性的是液压破碎器、液压夯等。

7.1.2　结构与原理

小型液压挖掘机主要由发动机、液压系统、工作装置、行走装置和电气系统等组成，如图7.1-2所示。

柴油机的动力通过液压泵传递给液压马达等执行元件，驱动挖掘机行走，带动工作装置动作，完成各种作业。

(1)发动机。一般采用直列式多缸水冷柴油机。

(2)液压系统。小型液压挖掘机的液压系统如图7.1-3所示，主要由液压泵、控制阀、液压缸、液压马达、管路、液压油箱等组成。

现代小型液压挖掘机采用先进的负荷传感系统，用控制斜盘式变量柱塞泵斜盘角度(输出流量)的方法，减少发动机的额定功率，从而减少燃油消耗，是一种节能型系统。

(3)工作装置。小型液压挖掘机工作装置如图 7.1-4 所示，其铲斗是进行挖掘作业的装置。它由动臂、斗杆、铲斗三部分铰接而成。动臂起落、斗杆伸缩和铲斗转动都用往复式双作用液压缸控制。为了适应各种不同施工作业的需要，多功能小型液压挖掘机可以配装多种作业机具，如起重、装载、平整、夹钳、推土、冲击锤等。

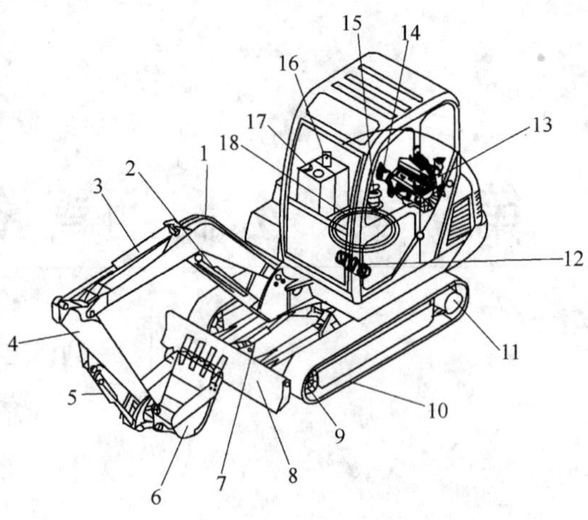

图 7.1-2　典型小型液压挖掘机

1-动臂；2-动臂油缸；3-斗杆油缸；4-斗杆；5-铲斗油缸；6-铲斗；7-推土油缸；8-推土铲；9-导向轮；10-履带；11-行走马达；12-多路阀；13-发动机；14-液压泵；15-回转马达；16-燃油箱；17-液压油箱；18-回转支撑

(4)液压破碎锤。液压破碎锤由带液压缸的壳体、换向控制阀、活塞与撞击部分、可更换的作业工具等组成，如图 7.1-5 所示。破碎时钢凿着实地(路)面后，再启动液压部分进行撞击破碎。撞击部分在双作用液压缸的作用下，在壳体内作往复直线运动，撞击作业工具，完成破碎和开挖作业。

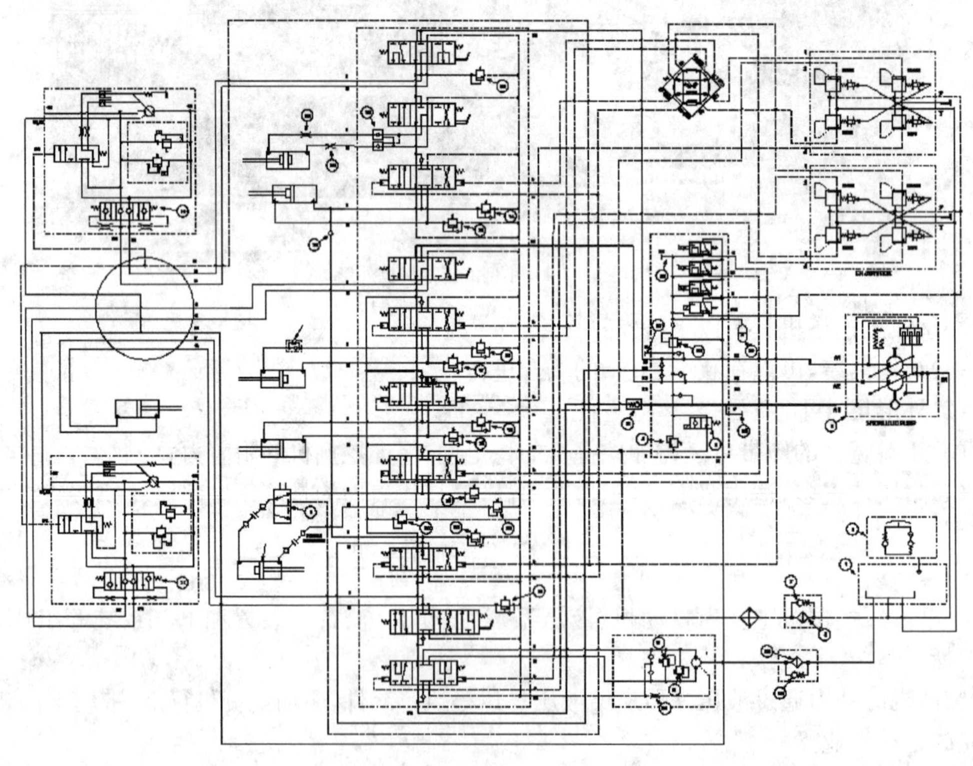

图 7.1-3　典型液压系统原理示意图

液压破碎锤通过附加的中间支座(托架)与斗杆连接。液压破碎锤的托架分为立式和卧式两种,液压破碎锤的托架如图7.1-6所示。为了减轻振动,在破碎器壳体和支座的连接处设有橡胶缓冲装置。

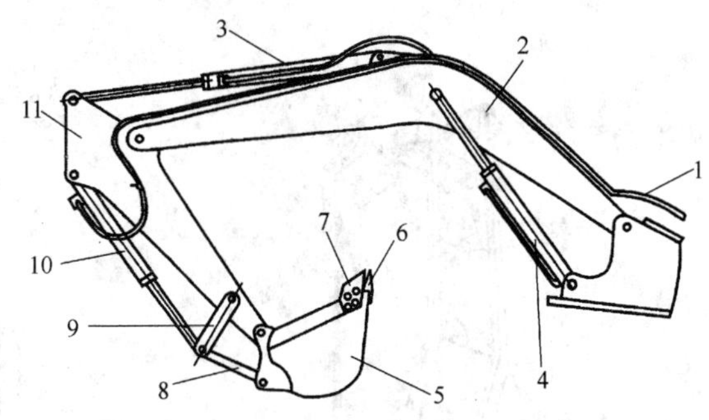

图7.1-4 工作装置结构示意图

1-油管;2-动臂;3-斗杆油缸;4-动臂油缸;5-铲斗;6-斗齿;7-侧齿;8-连杆;9-摇臂;10-铲斗油缸;11-斗杆

(5)回转装置和行走装置。回转装置(图7.1-7)与行走装置(图7.1-8)实施液压挖掘机上部转台回转和整机行走。上部转台设有动力装置和传动系统,液压泵通过先导阀提供动力给回转马达,回转马达带动回转支撑轴承实现机体360°范围旋转。通过控制操作手柄,带动先导阀为行走马达提供液压动力,行走马达驱动驱动轮并带动履带,并且多功能小型液压挖掘机还可以通过电子智能控制,实现挖掘机在高速、低速两种行走模式的自由转换。

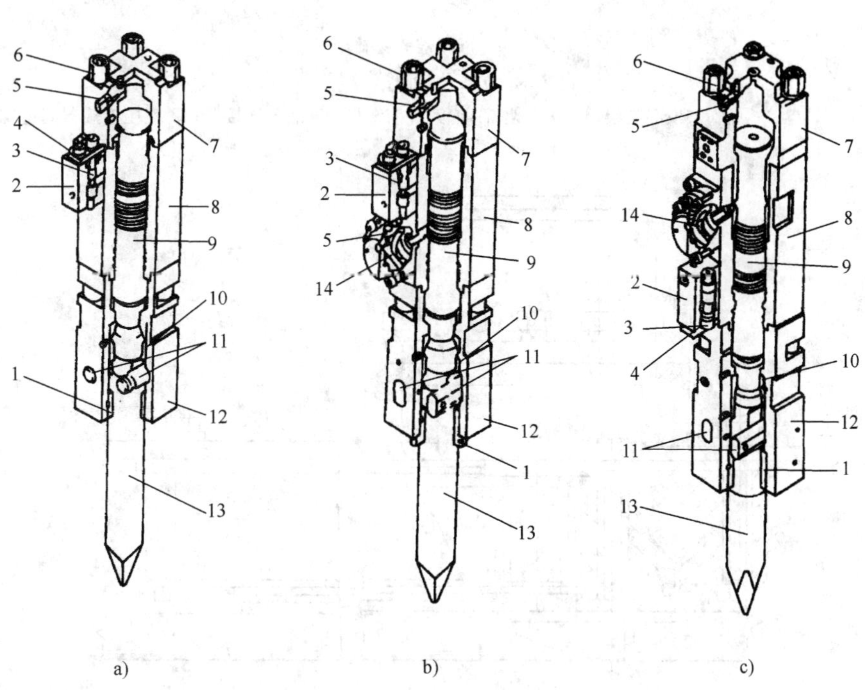

图7.1-5 液压破碎锤结构

a)KCB40/90/150型;b)KCB155型;c)KCB170/250/350型

1-前盖衬套;2-阀体;3-阀芯;4-阀盖;5-充气阀;6-边杆;7-后盖;8-液压缸;9-活塞;10-尾稍衬套;11-钢凿定位销;12-前盖;13-钢凿;14-蓄能器

小型液压挖掘机行走装置的两条履带分别由两台液压行走马达驱动,使挖掘机很方便地实现直线行驶、倒退、转向或就地转弯等运动。

(6)电气系统。如图7.1-9所示,小型液压挖掘机电路主要由电源电路、启动电路、照明和信号电路和仪表电路等组成。

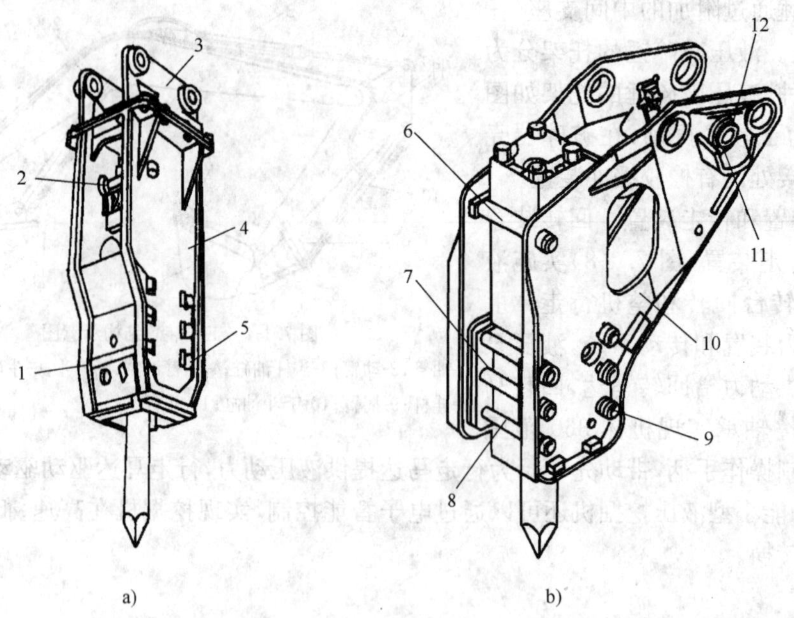

图 7.1-6　液压破碎锤托架

a)立式;b)卧式

1、5、6、8-前螺栓;2-圆管;3-顶部支架;4、10-托架;7-前板;9-前螺母;11-液压连接器;12-液压连接器固定螺栓

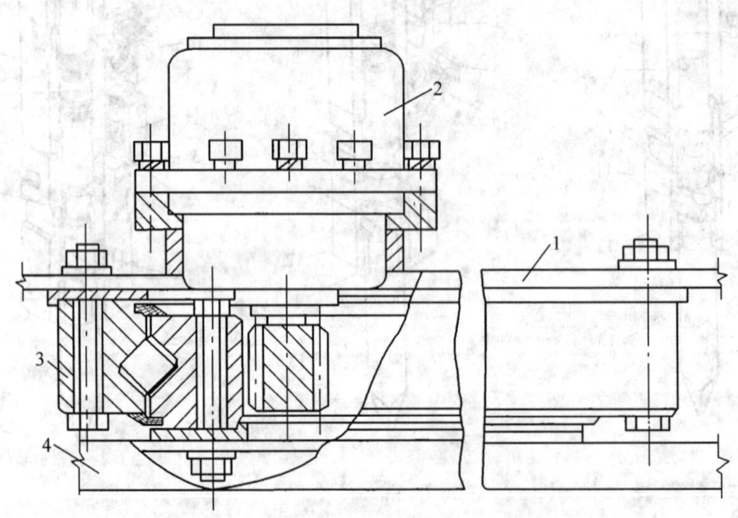

图 7.1-7　回转装置

1-转台;2-回转机构;3-回转支撑;4-底架

7.1.3 技术使用

1)小型液压挖掘机技术参数

小型液压挖掘机技术参数见表 7.1-1。

2)附属主要工作装置参数规格

附属主要工作装置参数规格见表 7.1-2。

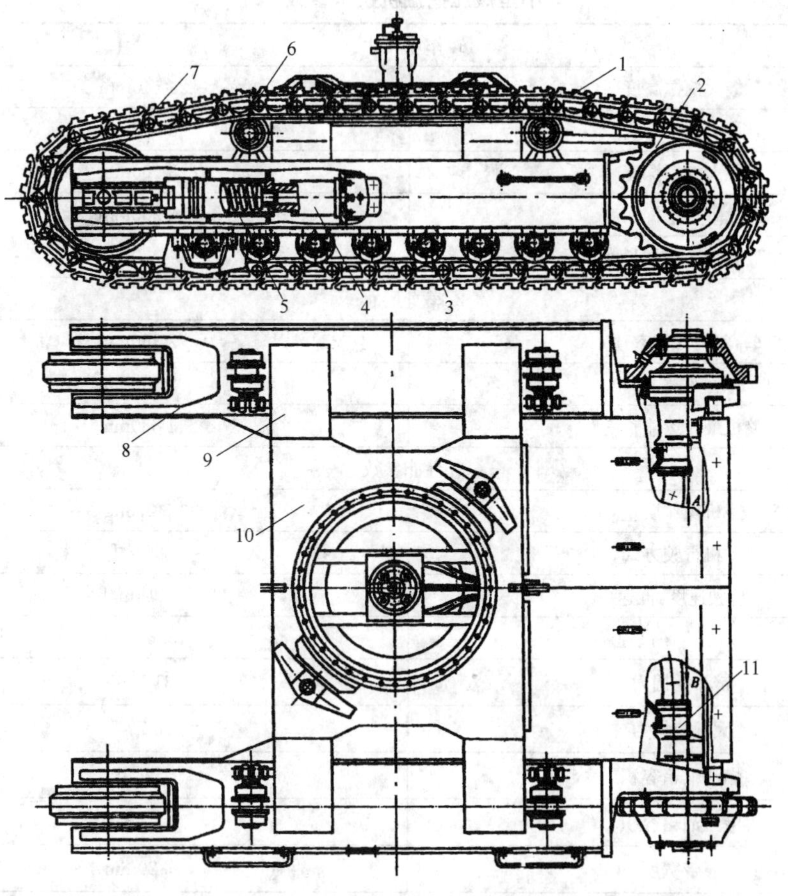

图 7.1-8　行走装置

1-履带;2-驱动轮;3-支重轮;4-张紧装置;5-缓冲弹簧;6-托轮;7-导向轮;8-履带架;9-横梁;10-底架;11-行走机构

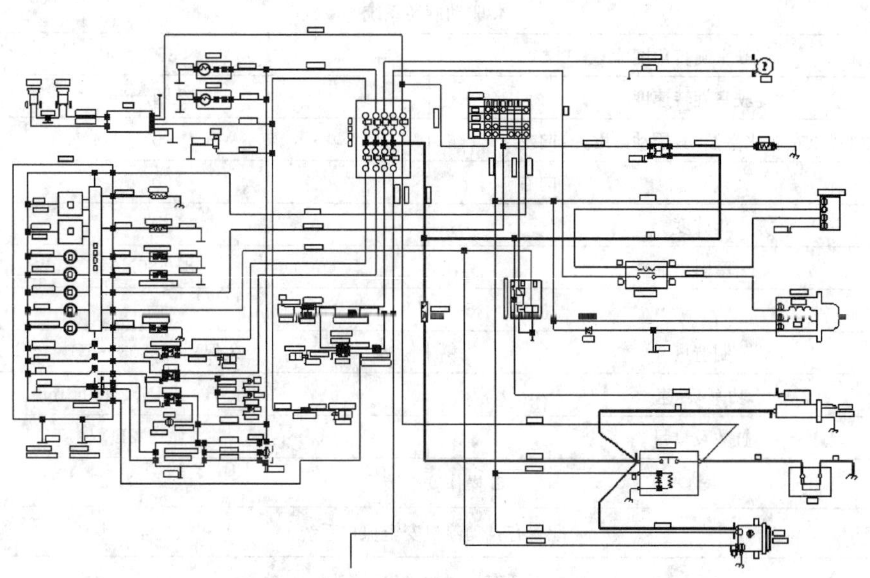

图 7.1-9　小型液压挖掘机典型电气系统

小型液压挖掘机技术参数 表 7.1-1

1. 作业尺寸	
最大挖掘高度	4 540mm
最大翻倒高度	3 090mm
最大挖掘深度	3 100mm
最大垂直挖掘深度	2 200mm
最大水平挖掘长度	4 970mm
2. 车身尺寸	
车高(至驾驶室顶)	2 360mm
车宽	1 540mm
整机最大运输长度	4 880mm
3. 性能参数	
主机操作质量	3 273kg
主机行驶方式	履带式
行驶速度:低速	2.1km/h
高速	5.6km/h
铲斗挖掘力	31 136N
大臂挖掘力	18 794N
燃油油箱容积	57.9L
液压油箱容积	29.5L
履带宽度	320mm
履带接地长度	1 562mm
接地压力	30kPa
4. 驱动旋转系统	
驾驶室旋转角度	360°
驾驶室旋转速度	9.2 圈/min
大臂可以左右水平摆动,摆动角度为:向左	90°
向右	50°
爬坡度	30°
牵引力	31 580N
5. 发动机	
制造厂	久保田 V2203—EB
功率/转速	29.6kW(40HP)/2 400r/min
缸数及排量	4 缸 2.2L
6. 操作安全装置	
配置有自动停机安全保护系统	
配备有自动故障诊断装置	
7. 液压系统	

续上表

液压泵数	3
液压泵的形式	柱塞泵/齿轮泵
液压泵流量	90.9L/min
辅助液压流量	62.1L/min
8.保障服务维护方便	
采用集中润滑系统设计	
采用集中式液压阀及管路布置	
9.驾驶室	
驾驶室符合 SAE 标准,防翻滚及防坠落物保护;驾驶室为全封闭,带冷暖空调	
10.配置其他附件选择	
主机配置有 X 形快速更换连接装置,用来快速更换铲斗和液压破碎锤等附件	
挖掘铲斗:宽度	610mm
斗容	0.18m^3

附属主要工作装置参数规格 表 7.1-2

型号及性能	HB980 液压破碎锤
冲击能量	650J
打击频率	1 450@86/min
质量	327kg
破碎锤钎杆工作长度	356mm
破碎锤钎杆直径	72mm
推荐工作厚度范围	150～350mm

3)技术使用

(1)启动前的检查:

①检查柴油机润滑油的油面是否处在油标尺上、下限之间。

②检查燃油箱内是否有积水,燃油是否充足。

③检查冷却水是否充足。

④检查蓄电池内电解液液面高度和电量。

⑤检查发动机外部连接件有无松动、损坏。

⑥检查各操纵杆是否处于中位。

⑦检查并确认周围的安全状况。

(2)启动发动机。将转向手柄放到中位。将发动机转速控制手柄(油门拉杆)放到低怠速位置。如果需要预热,先将钥匙开关转到预热位置。将钥匙开关转到启动位置,发动机启动后立即松开钥匙开关,以便钥匙开关自动回到运转位置。如果警告灯不熄灭,警报器蜂鸣器响,应立即停止发动机运转,检查原因并排除故障后方可再次启动发动机。若需要,发动机启动后应怠速暖车运转 3～5min。将钥匙开关转到熄火位置,发动机立即停止运转。

(3)转向和行走。

①前进和后退:小型液压挖掘机行驶时推土板应该在前面,慢慢向前移动两个转向手柄,挖掘机向前行驶;向后移动转向手柄,挖掘机则向后行驶。

②向右转向:向前行驶时,向前推左手柄;后退行驶时,向后拉左手柄。向左转向;向前行驶时,向前推右手柄;后退行驶时,向后拉右手柄。

(4)液压控制系统。

左控制手柄控制操纵小臂和回转:小臂外伸;小臂外伸,同时平台向右回转;平台向右回转;小臂收回,同时平台向右回转;小臂回收;小臂回收,同时平台向左回转;平台向左回转;小臂外伸,同时平台向左回转。

右控制手柄控制操纵大臂和铲斗:大臂下降;大臂下降,同时铲斗卸料;铲斗卸料;大臂提升,同时铲斗卸料;大臂提升;大臂提升,同时铲斗收回;铲斗回收;大臂下降,同时铲斗回收。

推土板控制手柄:向前推动手柄将放下推土板,向后拉手柄推土板将提起。挖掘作业时将推土板降到地面,有助于挖掘机的稳定。

大臂侧摆控制踏杆:松开踏杆锁,将前踏杆移,踩踏杆前端大臂向左摆动,踩后踏杆大臂向右摆动。

辅助液压系统:按住右控制台上辅助液压按钮,打开辅助液压控制系统;左右拨动右控制手柄上的开关,使液压油流向挖掘机所配的其他工作属具。

7.1.4 维　　护

日常检查及维护内容:

(1)检查发动机润滑油位;

(2)检查液压油位;

(3)检查空气滤清器堵塞指示器,排出灰尘;检查进气系统有无损坏及漏气情况;

(4)检查发动机冷却液面,必要时添加新的冷却液;

(5)检查安全带;

(6)排放柴油滤清器沉积的污水;

(7)检查大臂、小臂、铲斗快换装置,润滑油缸(共21处);

(8)检查和调整履带松紧度;

(9)检查安全踏板和安全标记(标牌),视需要更换;

(10)清扫驾驶室加热器空气滤清器;

(11)检查蓄电池;

(12)检查并调整发电机和风扇皮带松紧。

强制性维护时间规定:

(1)第一个50h更换发动机机油及机油滤芯,以后每250h更换一次。

(2)第一个50h更换柴油滤芯及柴油初级滤芯,以后每250h更换一次,或视需要更换。

(3)第一个100h更换液压油滤芯,以后每500h更换一次。

(4)第一个100h需要更换驱动马达齿轮油;以后每1 000h更换一次。

(5)每500h更换壳体泄油过滤器滤芯。

(6)每1 000h或存放一年应更换液压油。

7.1.5 常见故障及排除方法

小型挖掘机的常见故障及排除方法,见表7.1-3。

小型挖掘机常见故障及排除方法 表 7.1-3

故障现象	原因分析	排除方法
液压泵不泵油	1.泵轴不转动 2.泵不吸油	1.检查电气故障原因并排除 2.清洗更换滤芯 3.拆泵检查 4.加油至油位线
液压泵噪声大	1.吸空现象严重 2.吸入气泡 3.液压泵运转不良 4.液压泵安装不良	1.清洗或更换滤油器 2.进行空载运转,排除空气 3.清洗、更换 4.重新安装达到技术要求,同轴度一般应达到 0.1mm
液压泵压力不稳,流量少,异常发热	1.油液过脏 2.装配不良	1.过滤或更换油液 2.拆开清洗,重新安装达到技术要求
液压马达转速低 输出功率不足	1.液压泵供油不足 2.液压泵出口压力不足 3.马达内泄 4.马达外泄	1.调整供油 2.提高液压泵出口压力 3.排除内泄 4.排除外泄
液压缸爬行	1.缸内进气	1.排气
蓄电池亏电	1.线路搭铁 2.结构因素	1.检查电路,排除故障 2.更换
钥匙开关损坏	1.结构因素 2.暴力操作	1.更换 2.按操作说明操作
蓄电池继电器损坏	1.结构因素 2.电路短路	1.更换 2.检查电路,排除故障

7.2 挖掘装载机

7.2.1 用途与特点

挖掘装载机(图 7.2-1)既有挖掘机的功能又有装载机的功能,是一种多用途、高效率的机种。主要适用于城市建设、公路施工与养护、环境卫生、中小型水利工程、开挖建筑地坑、下水道、电缆沟及其他土方工程。

挖掘装载机具有下列特点:

(1)采用液力机械传动。液力变矩器与发动机的合理匹配,充分利用发动机功率,使得整机具有牵引力大、速度高、加速性能好、作业效率高等特点。

(2)采用定轴式动力换挡变速器,结构简单紧凑,尺寸小,维修方便,换挡轻便、平稳。它与液力变矩器组装后,传动系统有较大的传动范围和较理想的效率。

(3)铰接式车架及全液压转向系统,转向灵活,转弯半径小,通过性能好。

(4)八连杆工作装置,具有掘起力大、动作时间短、作业效率高等特点。

(5)制动系统采用了真空增压器,提高了制动可靠性,减小了脚踏板力,以适应不同的制动工况。

(6)挖掘装置预置液压系统及预留快换接头,可快速连接破碎锤、钻土器、扒渣器、吊具等。必要时装载斗可更换推雪铲、路面铣刨机、搅拌器、平叉等装置,充分满足作业要求。

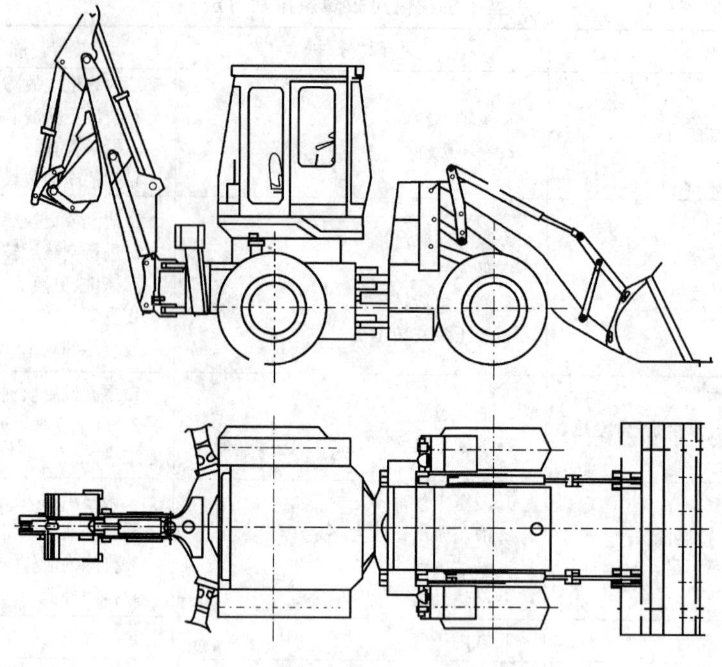

图 7.2-1　挖掘装载机

7.2.2　结构与原理

挖掘装载机由柴油机、底盘、装载装置、挖掘装置、电气系统和液压系统等组成。

1)柴油机

柴油机如图 7.2-2 所示，主要由机体 2、散热器 1、加速踏板 5、燃油箱 4 及熄火装置 6 等组成。柴油机上安装有空气滤清器、消声器等附件。机体的支腿经减振垫与前车架相连接。

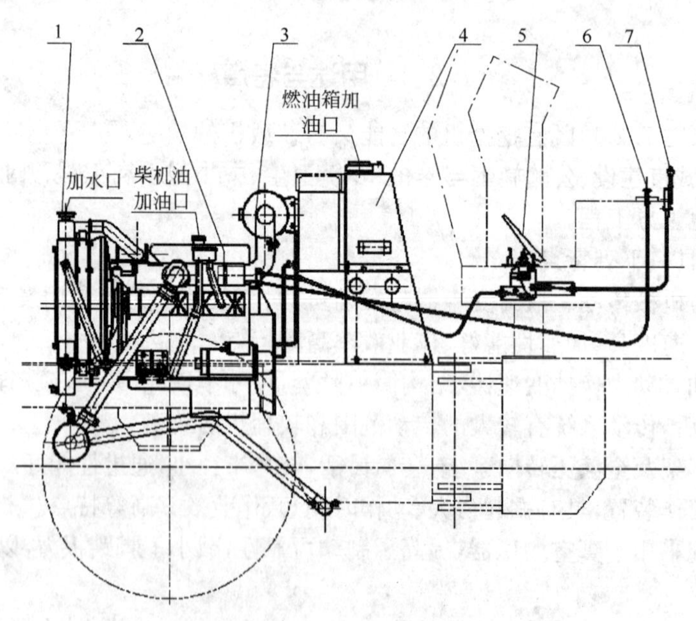

图 7.2-2　柴油机

1散热器；2-机体；3-空气滤清器；4-燃油箱；5-加速踏板；6-熄火装置；7-软轴控制器

2)底盘

底盘由传动系、行走系、转向系和制动系等组成。

(1)传动系。传动系将柴油机的动力传递给驱动轮。如图 7.2-3 所示,由液力变矩器、变速器、传动轴和前、后驱动桥等组成。

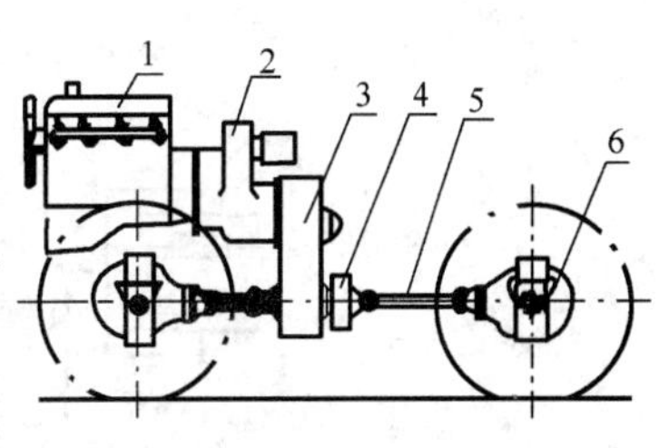

图 7.2-3 传动系总体布置

1-柴油机;2-液力变矩器;3-变速器;4-手制动器;5-传动轴;6-驱动桥

(2)行走系。行走系由车架、车桥和车轮组成,起支撑底盘各部件和保证挖掘装载机行驶的作用。

(3)转向系。如图 7.2-4 所示,它主要由全液压转向器、转向油缸、油管以及与工作液压系统共用的工作油箱、油泵和优先阀等组成。其工作原理是,来自液压泵的压力油经优先阀获得一个稳定的额定流量给摆线式全液压转向器。转向油缸分左右两支,左油缸大腔与右油缸小腔相连;左油缸小腔与右油缸大腔相连。当转向盘向左转时,油经转向器进入右油缸大腔,使挖掘装载机左转,当转向盘向右转时,油经转向器进入左油缸小腔,使挖掘装载机右转。

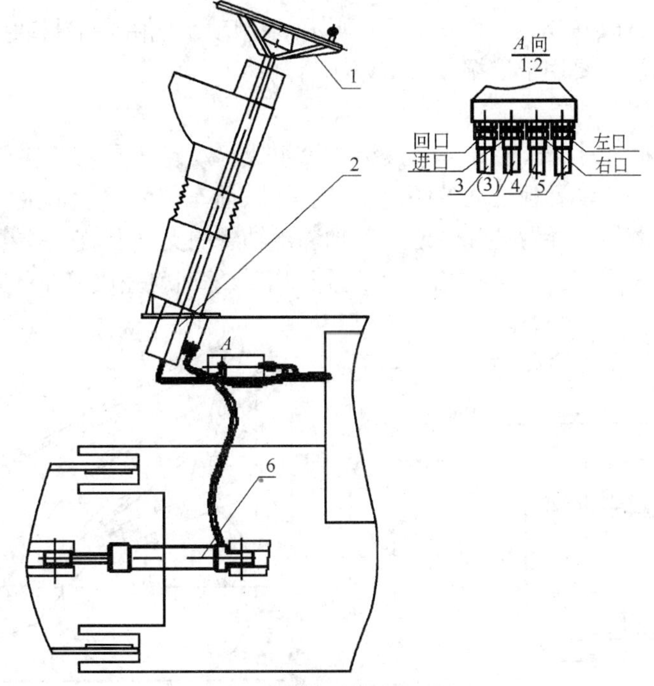

图 7.2-4 转向系统组成及原理

1-转向盘;2-转向器;3、4、5-胶管接头;6-转向油缸

(4)制动系。挖掘装载机制动系统是由行车制动和驻车制动两个独立的部分组成,用来迅速降低挖掘装载机的行驶速度以至停车。

①行车制动(又称脚制动)。如图 7.2-5 所示,挖掘装载机采用真空增压液压钳盘式行车制动系统。真空源是真空泵,在发动机工作时,使真空缸 5 中产生一定的真空度,作为制动加力的力源。

踏下制动踏板时,自制动总泵 2 压出的制动液先进入真空增压器的辅助缸 B。液压作用力由此传入前、后桥分泵 1 和 7。与此同时,又作用于真空增压器的控制阀 C,使真空加力气室 A 起作用,而对辅助缸活塞加力,使辅助缸和制动分泵液压远高于总泵液压,实现制动。此外,从安全缸出来的制动液进入变速器的截止阀,切断传入前后桥的动力,实现正常制动。

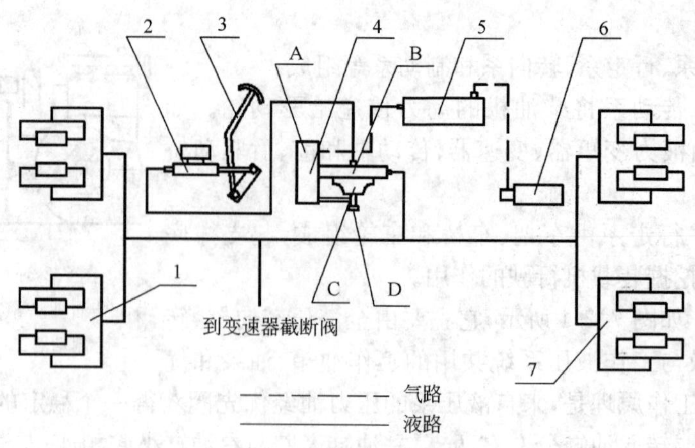

图 7.2-5 行车制动系统

1-前桥分泵;2-制动总泵;3-制动踏板;4-66-Ⅳ型真空增压器;5-真空缸;6-带真空泵的发电机;7-后桥分泵;A-真空加力气室;B-辅助缸;C-控制前阀;D-空气滤清器

②驻车制动(又称手制动)。如图 7.2-6 所示,手制动系统由驻车制动操纵杆、驻车制动拉筋、手制动器等组成,主要用于挖掘装载机停车后制动。

3)装载工作装置

如图 7.2-7 所示,由拉杆、摇臂、动臂、铲斗等组成。动臂 3 是用两块厚钢板制成的,它们同轴管焊接后保证了两动臂板之间的距离,又同铲斗、前车架铰接后形成一个牢固的框架,以适应于工作时的外载荷。摇臂 2 和 4 通过销轴装于轴管的支座上,它一端同翻斗油缸连接,另一端分别同拉杆 1 和 5 连接,翻斗油缸的活塞杆伸出或缩回就完成铲斗的收斗和倾翻动作。

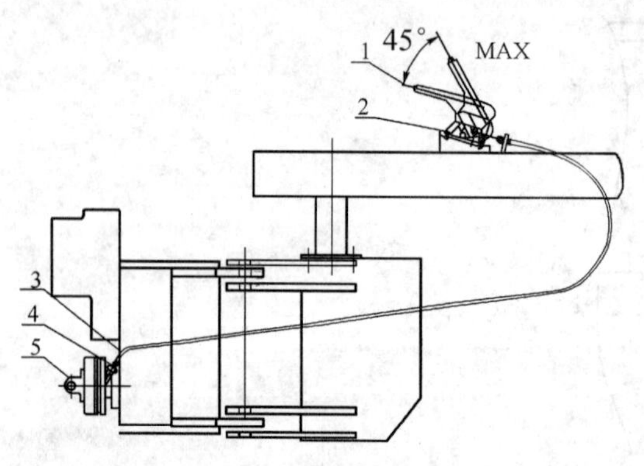

图 7.2-6 驻车制动系统

1-驻车制动操纵杆;2-螺栓;3-驻车制动拉筋;4-销;5-手制动器

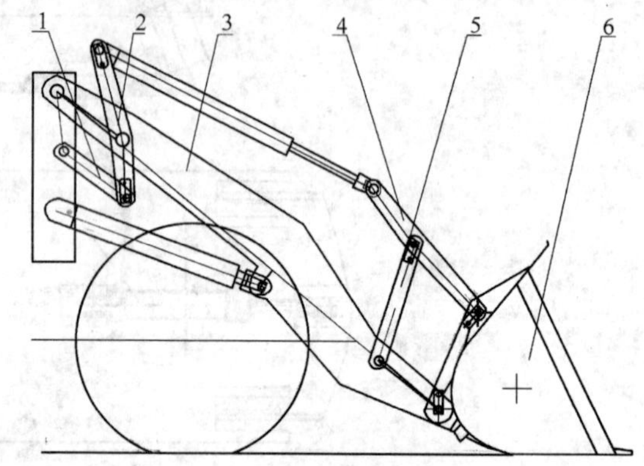

图 7.2-7 装载工作装置

1、5-拉杆;2、4-摇臂;3-动臂;6-铲斗

4)挖掘工作装置

如图 7.2-8 所示,挖掘装置是由斗杆、摇杆、拉杆、挖掘斗、动臂等组成。

5)电气系统

如图 7.2-9 所示,整机电气系统主要由电源电路、启动电路、照明和信号电路以及仪表电路组成。

6)液压系统

如图 7.2-10 所示,液压系统包括装载工作装置液压回路(图 7.2-11)、挖掘工作装置液压回路(图 7.2-12)和转向液压回路。装载工作装置液压回路采用了带过桥的二联多路换向阀;

挖掘工作装置液压回路采用了七联多路换向阀。挖掘工作装置的回转采用油缸直接驱动。转向液压回路采用了复合传感换向器和优先阀组成的回路，既可在最大液压功率下工作，又能降低液压系统的热平衡温度。挖掘装置与工作装置使用同一工作泵，由液压泵出来的液压油经过优先阀一路进入转向系统，另一路经过桥式二联分配阀直接到七联分配阀，然后回油箱。控制二联阀，通过操纵相应的滑阀把油液送到动臂油缸或翻斗油缸。控制七联阀，可以实现液压支腿伸缩，回转体回转，挖掘装置以及附加装置的动作等。

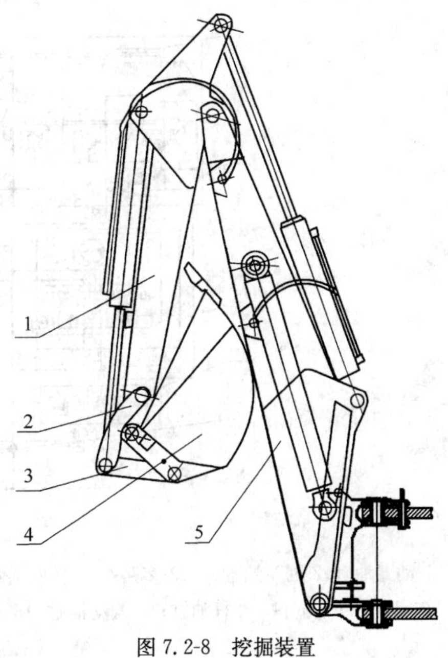

图 7.2-8　挖掘装置

1-斗杆；2-摇臂；3-拉杆；4-挖掘斗；5-动臂

7.2.3　技术使用

1)注意事项

(1)驾驶人员必须经过交通规则及挖掘装载机的结构、操作方法、技术维护等方面的学习，并熟悉所操作的机械使用说明书。

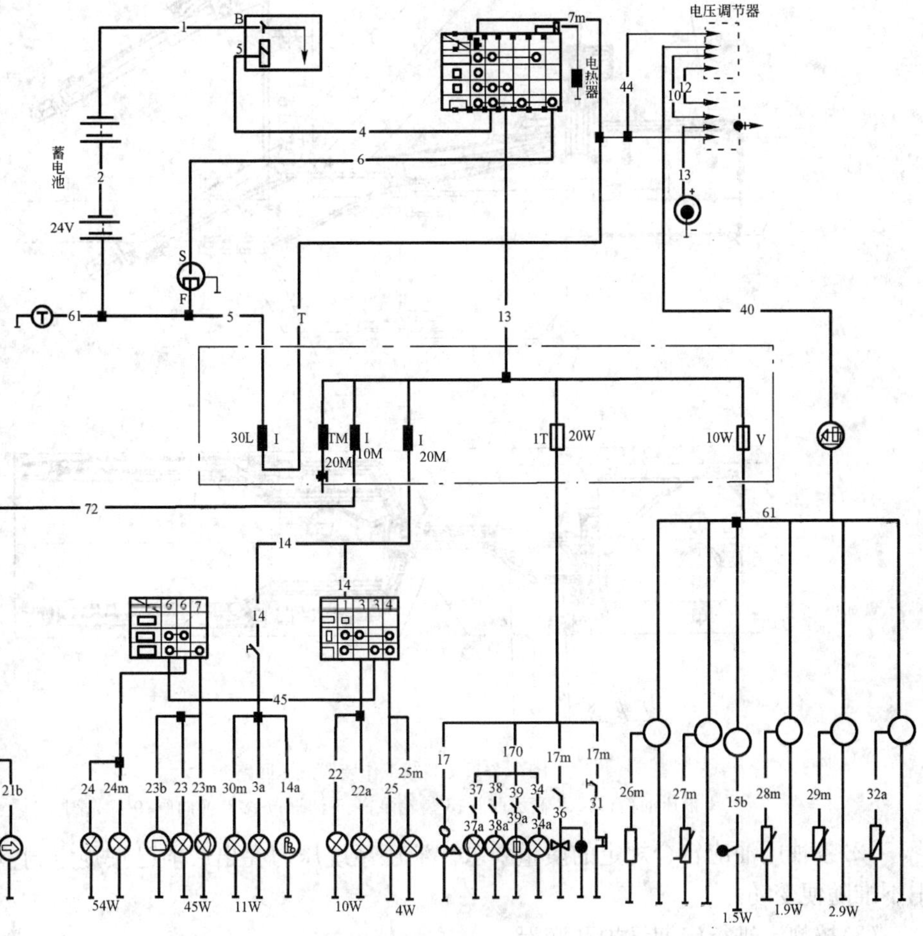

图 7.2-9　电气系统示意图

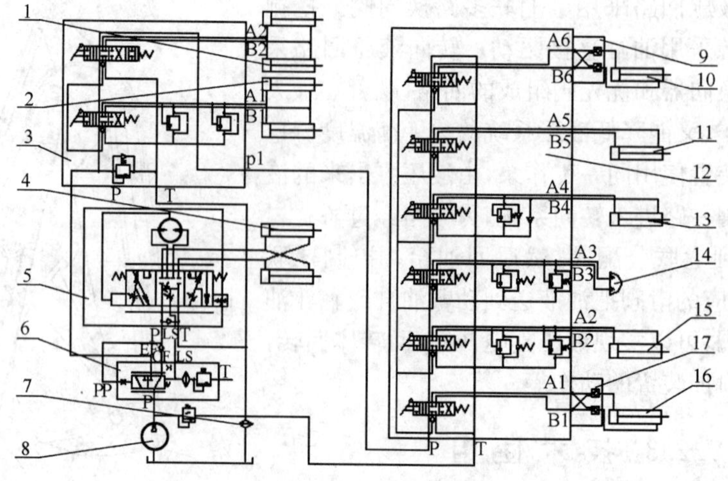

图 7.2-10 液压系统原理

1-动臂油缸;2-翻斗油缸;3、12-多路阀;4-转向油缸;5-转向器;6-优先阀;7-滤油器;8-液压泵;9、17-液压锁;10、16-支腿油缸;11-挖斗油缸;13-斗杆油缸;14-摆动油缸;15-动臂油缸

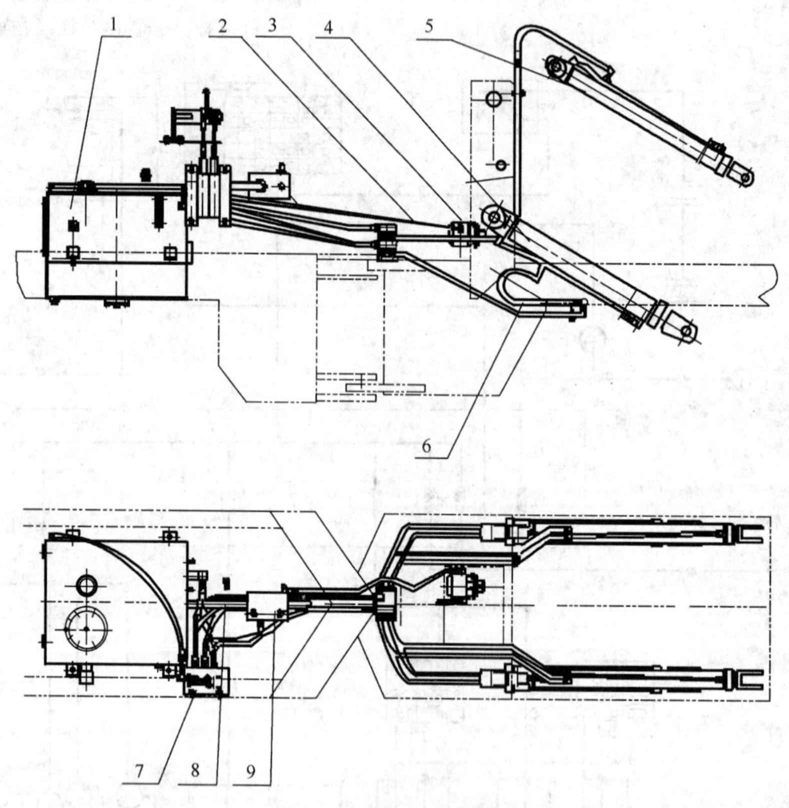

图 7.2-11 装载工作装置液压回路

1-液压油箱;2、6、8-高压胶管;3-齿轮泵;4、5-油缸;7-多路换向阀;9-优先阀

(2)各种用油应符合规定的质量要求。液压系统压力在出厂前已按规定调整,用户在使用中不准随便变动。

(3)按规定进行定期维护和润滑。

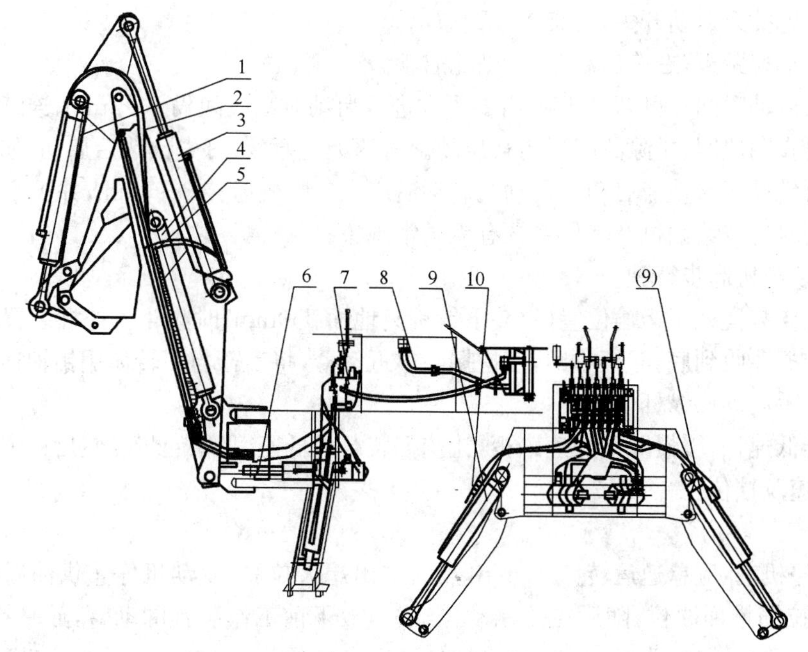

图 7.2-12　挖掘工作装置液压回路

1-挖斗油缸；2-挖斗油管；3-斗杆油缸；4-动臂油缸；5-斗杆油管；6-回转油缸；7-多路换向阀；8-油管；9-支腿油缸；10-双向液压锁

(4)当气温低于 5℃时，发动机启动前使用预热措施。

(5)发动机启动后怠速暖车运转，待水温达到 55℃后再起步行驶和作业。

(6)作业时发动机水温应为 80～95℃，变矩器油温不超过 110℃。

(7)行驶中变速换挡不必停车，也不必踩制动踏板。由低速变高速时，先松一下加速踏板，同时操纵手柄变速，然后再踩下加速踏板。由高速变低速时，加速踏板位置加大，使变速器输出轴与传动轴转速一致。

(8)行驶中不得将发动机熄火，否则将无法转向。

(9)挖掘作业时应选择较为平整、结实的场地作为停机面，放下液压支腿。尽可能让柴油机在较高转速、较大负荷下运转，避免高转速、全负荷或低转速小负荷运转，以保持其良好的动力性和经济性。

(10)避免挖掘装载机在高速行驶或在陡坡上突然转向，以防倾翻。

(11)行车制动时不必将换向杆置于空挡位置。

(12)当挖掘装载机在坡道上起步时，在松开制动器的同时适当踩下加速踏板，以保证挖掘装载机不倒退而慢慢地起步。

(13)除发生紧急情况外，不得在行车时使用驻车制动。

2)柴油机启动

(1)对于拆卸过的油路或久停不用的柴油机，启动前先排除油路中的空气，以保证启动顺利。具体操作是，松开柴油机柴油滤清器的放气螺钉，用手压泵泵油，直至无气泡为止。然后拧紧柴油滤清器的放气螺钉，再松开喷油泵上的放气螺钉，同样放气至无气泡为止。

(2)将换向手柄置于空挡位置，工作装置操纵杆、挖掘及斗杆操纵杆置于中位。

(3)驻车制动器应置于制动状态。

(4)将钥匙插入启动开关,右旋Ⅰ挡接通电源。

(5)踩下加速踏板,右旋启动开关,则能启动。

(6)一次启动时间不可超过15s,需要再次进行启动时则应间隔1～2min,连续4次还不能启动时,则要查明原因、排除故障后再行启动。若遇天气寒冷,可先预热后启动,如预热后仍不能启动时,可借助于启动液启动。发动机启动后应怠速暖机运转3～5min,并观察各仪表指示是否正常,同时检查柴油机及其他系统有无异常现象。

3)挖掘装载机起步行驶

(1)前工作装置处于运输位置(铲斗下铰销离地面350mm)时收斗。挖掘装置的动臂举升到最高,将挖掘斗收到底,斗杆收回,使挖掘斗靠近动臂,将动臂与回转体用销轴连接好。

(2)松开手制动操纵杆。

(3)先挂低速挡,缓慢踩下加速踏板,让挖掘装载机低速、平稳起步。然后视道路和作业情况来选择加速及挡位。

4)停车

发动机停机前,应怠速运转2～3min,然后拉出熄火拉筋,发动机停止供油后即熄火。停车后将熄火拉筋推回原位,随后拉手制动操纵杆,放下前工作装置的动臂,放平铲斗至地面。收起后挖掘装置的动臂、斗杆、挖斗,将动臂锁死。各操纵杆放在中位,关掉启动开关,断开总电源,取出钥匙。

冬季停车时拧开发动机冷却系放水阀,放净冷却水。当气温降至－20℃以下时,应将蓄电池取下、搬入室内,以免冻裂。

7.2.4 维　护

1)润滑

润滑部位如图7.2-13所示。

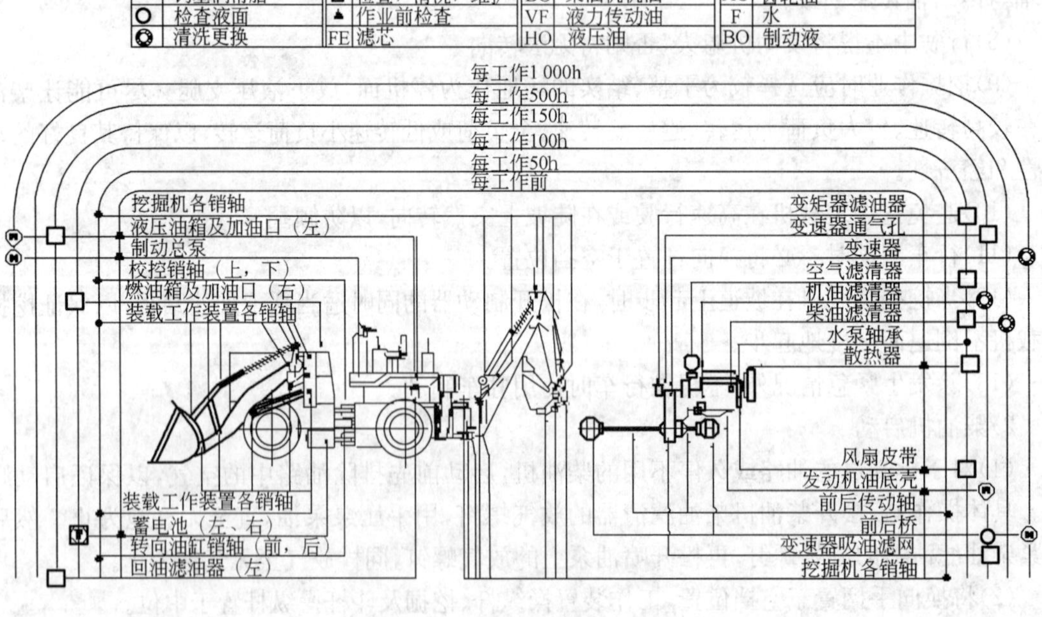

•	钙基润滑脂	□	检查，清洗，维护	BO	柴油机机油	AO	齿轮油
○	检查液面	▲	作业前检查	VF	液力传动油	F	水
◎	清洗更换	FE	滤芯	HO	液压油	BO	制动液

每工作1 000h
每工作500h
每工作150h
每工作100h
每工作50h
每工作前

挖掘机各销轴
液压油箱及加油口（左）
制动总泵
校控销轴（上，下）
燃油箱及加油口（右）
装载工作装置各销轴
装载工作装置各销轴
蓄电池（左、右）
转向油缸销轴（前，后）
回油滤油器（左）

变矩器滤油器
变速器通气孔
变速器
空气滤清器
机油滤清器
柴油滤清器
水泵轴承
散热器
风扇皮带
发动机油底壳
前后传动轴
前后桥
变速器吸油滤网
挖掘机各销轴

图7.2-13　挖掘装载机润滑部位图

2)检查、维护

(1)检查水箱水位;

(2)检查燃油箱油量;

(3)检查发动机油底壳机油量;

(4)检查制动油杯油量;

(5)检查液压油箱和变速器的油位;

(6)检查液压管路、气动管路及水路等各接头处的密封情况;

(7)检查各系统高压胶管的使用情况;

(8)检查螺栓、螺母的紧固情况,特别是传动轴连接螺栓、轮辋螺母等;

(9)检查轮胎气压及磨损情况;

(10)检查铲斗齿的磨损情况;

(11)检查各操纵杆是否灵活,可靠;

(12)检查风扇带松紧度;

(13)检查发动机是否泄漏机油或燃油;

(14)检查电气系统各接线柱情况,蓄电池电解液高度;

(15)检查发动机排气颜色、声音及运转情况;

(16)检查行车制动、驻车制动的工作情况;

(17)检查转向系的工作情况;

(18)检查各仪表和照明设备的工作情况;

(19)检查工作装置的动作情况;

(20)检查各挡位操纵情况;

(21)气温低于0℃时应将冷却水放出。

7.2.5 常见故障及排除方法

1)传动系统常见故障及排除方法(表7.2-1)

传动系统常见故障及排除方法　　表7.2-1

序　号	故障特征	产生原因	排除方法
1	起步后不能行驶	1.未挂上挡或换挡手柄位置不正确 2.变速阀中截断阀芯未能复位 3.变速压力过低 4.变矩器严重供油不足 5.乱挡 6.制动盘被制动 7.驻车制动器制动 8.传动系统机械故障	1.重新挂挡或重新调整变速操纵系统 2.阀芯卡住或油压未释放 3.见本表序号3 4.见本表序号6 5.见本表序号5 6.找出原因,释放制动钳油压 7.释放驻车制动 8.检查排除
2	牵引力不足	1.变速压力低 2.变矩器进口压力低,供油不足 3.变矩器油温过高 4.发动机功率不足 5.传动系统机械故障 6.驻车制动器未松开 7.制动钳活塞未复位	1.见本表序号4 2.检查变速泵、吸油滤网、变速阀中的变矩器进口安全阀及油路系统 3.本表序号6 4.检修发动机 5.检查排除 6.松开驻车制动 7.释放油压或调整总泵回油

续上表

序　号	故障特征	产生原因	排除方法
3	各挡变速压力均低	1.变速器油位过低 2.变速阀主油道泄油 3.变速器吸油滤网堵塞 4.变速油泵失效 5.变速阀中主调压阀弹簧失效 6.主调压阀芯或蓄能器活塞被卡 7.变速阀上的缓冲小孔被局部堵塞 8.变速阀中截断阀芯未复位，这时主变速压力0.8MPa左右	1.加油至规定油位 2.拆检变速阀 3.清洗吸油滤网 4.拆检、修理或更换 5.更换调压弹簧 6.拆检、消除被卡现象 7.拆检、清洗小孔 8.查截断阀找出不复位原因并排除故障
4	某挡位变速压力低	1.该挡油路中轴端密封环损坏 2.该挡离合器活塞密封圈损坏 3.该挡油道漏油	1.更换密封环 2.更换密封圈 3.检查油路，排除故障
5	乱挡	1.轴端密封环损坏 2.某离合器活塞卡死 3.变速阀中油路串位或某挡回油路局部阻塞	1.更换密封环 2.拆箱修复 3.拆阀检修
6	变矩器油温过高	1.变速器油位过低 2.变速器油位过高 3.变矩器散热器堵塞 4.散热器或水箱散热片孔阻塞 5.变矩器连续高负荷长时间工作 6.离合器摩擦片打滑 7.变速器传动部分机械效率低，局部发热 8.变矩器内部油路局部阻塞	1.加油至规定油位 2.放油至规定油位 3.清洗、疏通或更换散热器 4.清洗散热器或水箱外部 5.适当停车冷却 6.检查变速油压及轴端密封环 7.查明原因并排除 8.拆检变矩器，找出原因并排除

2)制动系统常见故障及排除方法(表7.2-2)

制动系统常见故障及排除方法　　表7.2-2

序号	故障特征	产生原因	排除方法
1	行车制动力不足	1.制动液压管路中有气体 2.制动器渗油 3.制动总泵或增力缸活塞密封损坏 4.制动盘或制动片上有油污 5.制动片已磨损到极限 6.制动总泵复位调整不正确	1.通过制动器上放气孔放出油路中的气体 2.检查更换密封圈 3.拆检、更换密封圈 4.清洗干净 5.更换制动片 6.按规定要求调整
2	制动后挂不上挡	1.截断阀未复位 2.制动总泵或增力缸活塞复位不良	1.查明原因，排除故障 2.检查制动总泵或增力缸活塞复位弹簧。调整制动总泵活塞复位弹簧，使之能顺利回油
3	制动时跑偏	1.左右车轮制动力矩不等 2.左右轮胎气压不同	1.检修管路及制动器，如某个制动器中有气体，制动力矩小 2.按规定充气
4	驻车制动力不足	1.驻车制动毂与摩擦片间隙过大 2.驻车制动毂或摩擦片上有油污 3.摩擦片已磨损到极限	1.按规定重新调整间隙 2.清洗干净 3.更换摩擦片

3)转向系统常见故障及排除方法表(表 7.2-3)

转向系统常见故障及排除方法　　表 7.2-3

序号	故障特征	产生原因	排除方法
1	慢转转向盘时轻,快转转向盘时沉	转向系统供油不足	检查转向油泵、单路稳定恒流阀阀芯及阀芯弹簧等处,查明原因并排除故障
2	转动转向盘时,车轮时转动,时不转动,且油口有泡沫,发出不规则的响声	转向系统中有空气	排除系统中空气,可多循环几次,并检查转向系统管路的密封性
3	快转与慢转转向盘时均沉重,并且转向无压力	转向器阀体内单向阀钢球失效	如钢球丢失或损失则重新装入 ϕ8 钢球;如有脏物卡住钢球应进行清洗
4	轻负载时转向轻,重负载时转向沉	转向系统安全阀调定压力低于实际工作压力或安全阀芯被脏物卡住	重新按规定调整系统压力或清洗安全阀
5	转向盘不能自动回中,中立位置压力降增加	1.转向器中弹簧片折断 2.转向操纵装置转动阻力矩大	1.拆检转向器,更换弹簧片 2.拆检转向操纵装置,找出原因并排除故障
6	压力振摆明显增加甚至不能转向	1.转向器内拨销折断或变形 2.转向器内联动轴开口折断或变形	1.更换拨销 2.更换联动轴
7	转向盘自转或左右摆动配油关系错乱	转向器内转子与联动轴相互位置装错	按规定重新装配转向器,有标记按标记装配,无标记时按联动轴开口槽方向对准内转子的凹齿根处装配
8	车辆跑偏或转动转向盘时,转向油缸不动	转向器上双向缓冲阀失灵。如钢球被脏物卡住或弹簧失效	清洗双向缓冲阀或更换钢球、弹簧
9	动力转向转到头时,终点感不明显,人力转向时,转向盘转动,转向油缸不动	转向器中阀芯与阀套的径向间隙过大	更换阀芯或阀套

4)工作装置液压系统常见故障及排除方法(表 7.2-4)

工作装置液压系统常见故障及排除方法 表 7.2-4

序号	故障特征	产生原因	排除方法
1	工作装置铲挖无力	1.液压系统安全阀调整不当或失效 2.液压系统中混有空气,噪声大 3.工作油泵失效 4.多路换向阀内泄严重 5.工作油缸活塞密封破坏 6.所用油牌号不正确 7.发动机功率不足	1.规定调整压力或检修安全阀。系统主安全阀为 17.5MPa,转斗油缸两腔的过载阀为 20MPa 2.检查油泵吸油管路,排除故障 3.检修或更换 4.检修或更换多路换向阀 5.拆检、更换密封件 6.按规定牌号用油 7.检修发动机
2	工作液压系统油温过高	1.重负载工作时间过长 2.液压油箱油位不足 3.液压系统安全阀开启时间过长 4.液压系统局部阻塞 5.所用油牌号不正确	1.停机冷却或减少负载 2.加油至规定油位 3.正确操纵,尽量减少安全阀开启时间 4.检修管路 5.按规定牌号用油
3	动臂举升后自行沉降	多路换向阀中动臂连换向阀中立位置时内泄漏过大,动臂油缸内泄	修理或更换动臂换向阀,检修动臂自由油缸
4	收斗后铲斗自行下翻	1.多路阀中转斗连换向阀中立位置时内泄漏过大,铲斗油缸内泄 2.多路阀中转斗油缸大腔过载阀封闭不严	1.修理或更换转斗连换向阀,检修铲斗油缸 2.检修、清洗或更换过路阀
5	工作装置运行时间过长,达不到要求	1.液压系统供油不足 2.系统安全阀开启压力过低 3.多路换向阀及油缸工作时内泄严重 4.多路换向阀换向不到位,产生局部节流 5.发动机转速低	1.检查工作油泵、吸油管路、油箱油位等 2.检查主安全阀及两个过载阀,调整至规定要求 3.拆检找出内泄原因或更换密封件 4.找出不到位原因并排除 5.找出原因并排除

5)挖掘装置及挖掘装置液压系统常见故障及排除方法(表 7.2-5)

挖掘装置及挖掘装置液压系统常见故障及排除方法 表 7.2-5

故障部位	故障特征	产生原因	排除方法
挖掘装置方面	载荷时铲斗自动下降	1.油缸内漏油或磨损 2.油缸控制阀杆串通	1.修复或更换 2.更换阀装置
	液压缸抖动	1.液压油箱油位太低 2.活塞与油缸筒配合太松 3.活塞杆弯曲	1.加油到规定位置 2.检查修复或更换 3.拆开液压缸全面检修
	操纵阀芯有卡住倾向,操纵困难	1.系统太脏 2.阀芯弯曲 3.操纵装置损坏	1.排除系统中脏油,清洗阀芯并换油 2.更换 3.修复或更换
	铲斗提升太慢	1.手油门操纵不到位置 2.安全阀开阀压力太低	1.调整手油门至合适位置 2.调整到规定

续上表

故障部位	故障特征	产生原因	排除方法
液压系统方面	系统中没有压力或压力过低	1. 没有油或流量太低 2. 锁紧螺母松动 3. 安全阀调整不当 4. 安全阀磨损或损坏 5. 安全阀磨损，调压弹簧变形	1. 工作泵损坏或吸油管堵塞 2. 调整压力，锁紧螺母 3. 重新调整 4. 重新调整或更换 5. 重新调整或更换调压弹簧
	压力不稳	1. 油中有空气 2. 安全阀磨损 3. 油脏	1. 检查吸油管路 2. 检查并更换 3. 排出脏油，冲洗并更换新油
	压力太高	安全阀调整不当	重新调整到合适
	油缸不动作	1. 没有油或没有压力 2. 油缸磨损或损坏	1. 检查工作泵、安全阀是否损坏 2. 检查或更换
	油缸动作缓慢	1. 流量太低 2. 压力不足 3. 油缸、油马达磨损	1. 检查手油门位置，并调整合适 2. 重新调整安全阀 3. 检查并更换
	滑阀不能复位及在定位位置不能定位	1. 复位弹簧变形 2. 定位弹簧变形 3. 定位套磨损 4. 滑阀与阀体之间不清洁 5. 操纵机构不灵 6. 连接螺栓拧得太紧	1. 更换复位弹簧 2. 更换定位弹簧 3. 更换定位套 4. 清洗 5. 调整操纵机构 6. 重新拧紧连接螺栓
	滑阀在中立位置时工作机构明显下沉	1. 滑阀与阀体之间的间隙增大 2. 滑阀位置没有对中 3. 安全阀磨损或被污物卡住	1. 修复或更换滑阀 2. 使滑阀位置对中 3. 更换或清洗安全阀
	外泄漏	1. 换向阀体两端 O 形圈磨损 2. 各阀体接触面间 O 形圈损坏 3. 液压油缸密封件损坏 4. 各连接接头处 O 形圈损坏	1. 更换 O 形圈 2. 更换 O 形圈 3. 更换密封件 4. 更换 O 形圈
	油的泡沫太多	1. 油频繁地通过安全阀 2. 安全阀磨损或损坏	1. 调整安全阀使压力合适 2. 检查并更换

6)电气系统常见故障及排除方法(表 7.2-6)

电气系统常见故障及排除方法 表 7.2-6

序号	故障特征	产生原因	排除方法
1	发电机不发电	1.电压调节器有故障或未工作 2.发电机励磁线圈断路 3.电枢调节短路或断路 4.整流二极管损坏	1.用导线把发电机上电枢拉线柱与励磁线圈接线柱短接一下后,若发电机能正常发电,说明电压调节器能正常工作,只是由于某种原因使得电压调节器中截流器触点未闭合造成发电机没有励磁。这主要是因为:①启动时未用启动开关。②启动时间过短以至于截流器触点还未能闭合就断电了 2.修复或换新 3.修复或换新 4.换新
2	发电电压低或充电电流很小	1.传动带打滑 2.电压调节器调整不正确或有故障 3.发动机电刷与滑环接触不良 4.励磁接线有搭铁现象	1.按规定调整传动带松紧度 2.调整、修理或更换 3.清除油污杂质等,更换电刷调整弹簧 4.修复
3	不充电	1.电压表连线断路或松脱 2.发电机不发电	1.修复 2.见本表序号 1
4	充电电流过大	电压调节器因故失调	检查、调整或更换
5	电压表指针振摆过大	1.发电机炭刷接触不良 2.电压调节器中触点烧损	1.拆检、修理或更换 2.用零号砂布打磨触点
6	发电机过热	1.电压调节器调整电压过高 2.发电机轴承磨损或缺润滑油 3.发电机电枢线圈或整流二极管内部短路	1.重新调整发电机输出电压为 28V 2.换轴承或加润滑油 3.拆检、更换线圈或二极管
7	启动马达不运转或运转无力	1.蓄电池电量不足 2.蓄电池连接线或启动导线接触不良 3.换向操纵杆不在空挡位置上致使启动线路不通 4.发动机启动阻力过大 5.启动马达启动线圈开关触点烧蚀或接触不良 6启动马达有故障	1.检测蓄电池液面和电液比重,充电 2.检查导线接触情况 3.将换向操纵杆置于空挡位置启动 4.检查发动机,排除故障 5.修理或更换 6.拆检、修理或更换
8	整机灯光仪表经常烧毁	电压调节器调整电压过高或触点烧毁	检查、调整或修理更换,保证整机工作电压小于 28V
9	整机线路无电	1.启动开关未打开 2.蓄电池继电器未吸合或损坏 3.电源连线断路	1.将钥匙插入启动开关后,顺时针旋转 I 挡即接通总电源 2.查明原因或检修继电器 3.检查修复
10	某部位电气仪表不工作	1.线路有故障或该部位熔断丝熔断 2.传感器有问题	1.检修线路或更换熔断丝 2.检查更换

7.3 滑移转向装载机

7.3.1 滑移转向原理

滑移转向装载机是能够原地 360°转向的多功能小型工程机械,特别适用于狭小场地作业。其转向原理如图 7.3-1 所示,四轮驱动,两个马达分别驱动一侧的两个车轮,当两侧的车轮同时向前或向后转时,若转速相同则直线行驶;若转速不同或一前一后时,根据线速度差实现转向;若向前与向后的转速相同时,可实现原地 360°转向。转向是由左右两个换向阀操纵的。

7.3.2 结构与工作原理

滑移转向装载机是前端式装载机,短轴距、短后悬,动臂支撑点在机械的后上方。驾驶室位于两侧动臂间,驾驶员须跨越工作装置才能进入驾驶室内。不设前后桥,四个驱动轮各自独立悬挂在传动箱(车架)上。由于轴距短,各轮均为刚性悬挂,高速行驶时容易发生跳动。其外形如图 7.3-2 所示,主要由动力系统、电气系统、液压系统、工作装置和行走系统等组成。

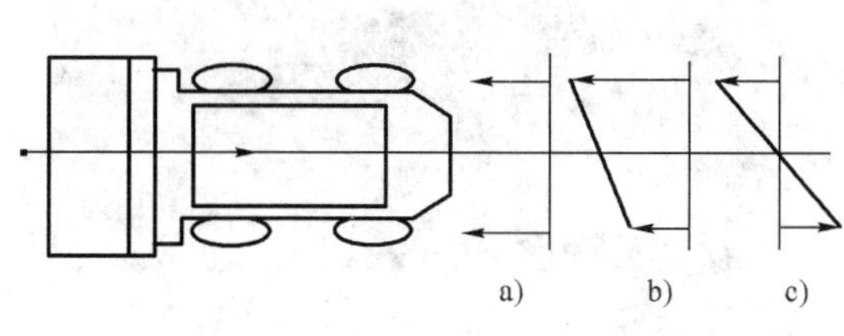

图 7.3-1 转向原理

a)$n_1=n_2$直线行驶;b)$n_1\neq n_2$转向行驶;c)$n_1=-n_2$原地回转

图 7.3-2 滑移转向装载机

(1)动力系统。发动机后置,一般选用 10～55kW 发动机,经液压泵转化为液压能,实现全液压控制。

(2)液压系统。一般采用双回路闭式系统、斜盘式双向变量泵、斜轴式高速马达,其典型液压系统如图 7.3-3 所示,由于行走液压回路封闭,车辆停车即制动,不需另设行车制动装置,为消除由于车辆惯性力而产生的过大冲击,液压马达进出油口处设限压阀。液压泵多采用两个行走变量柱塞泵＋补油泵、一个工作齿轮泵,部分机型还有先导操纵回路的低压泵。

(3)工作装置。工作装置主要由铲斗、快换连接装置(图 7.3-4)和主机动臂组成。

主机动臂如图 7.3-5 所示,多采用箱形截面结构,以提高其扭转刚度。受整机布置所限,动臂提升只能采用双液压缸的形式。转斗液压缸通常设置在动臂前端,为解决在动臂提升过程中的"铲斗平移"问题,部分机型采用四连杆结构,以减少动臂提升过程中铲斗的后翻角度,但影响驾驶视野,也无法实现动臂举升时的"铲斗自动放平"。为此,在动臂油缸和转斗油缸之间加有一个平衡阀块,当动臂举升时,动臂油缸的一部分回油经平衡阀块的调节进入转斗油缸使其达到平衡。

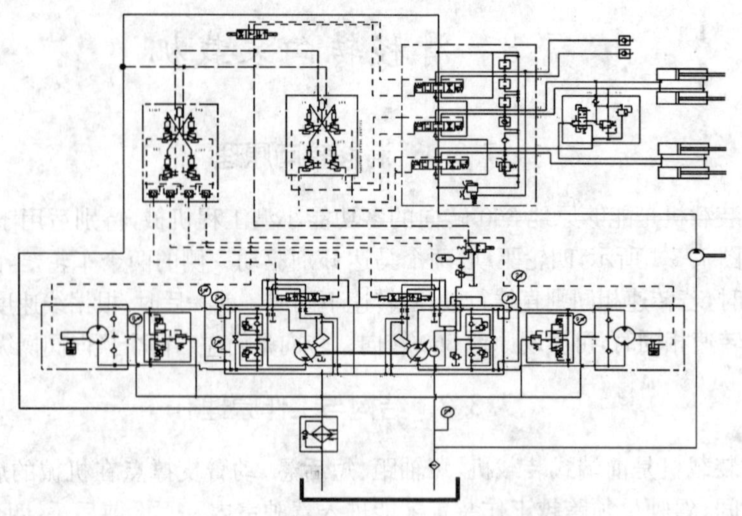

图 7.3-3　滑移转向装载机典型液压系统

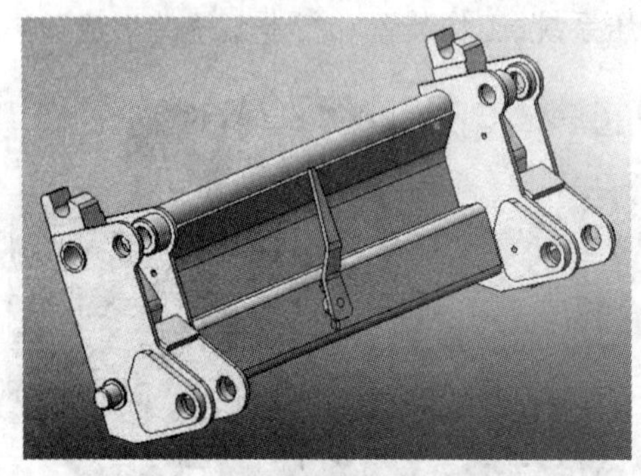

图 7.3-4　快换连接装置示意图

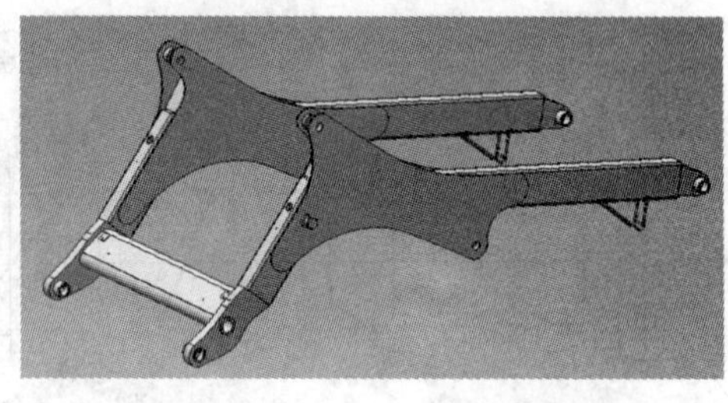

图 7.3-5　主机动臂

(4)行走系统。行走系统如图 7.3-6 所示，采用液压—机械式传动方式，由液压马达带动链轮、链条驱动。

7.3.3　技术特点

(1)行驶部分采用静压传动技术，比传统的机械传动、液压传动有如下优势：

①在发动机转速范围内，即使是较低转速时，仍能保持最大牵引力和足够的制动效果，作业效率高，安全可靠。

②在工作状态(包括铲斗举升、倾翻动作)时，不降低牵引力，可使该装载机保持足够的行驶速度。

③液压系统温升较小，便于滑移转向装载机长时间连续作业。

④行驶中，进、退、换向等操作简便、动作迅速、无级变速。

⑤四轮驱动，克服障碍能力强；滑移转向，转弯半径极小，在狭小空间运行自如。

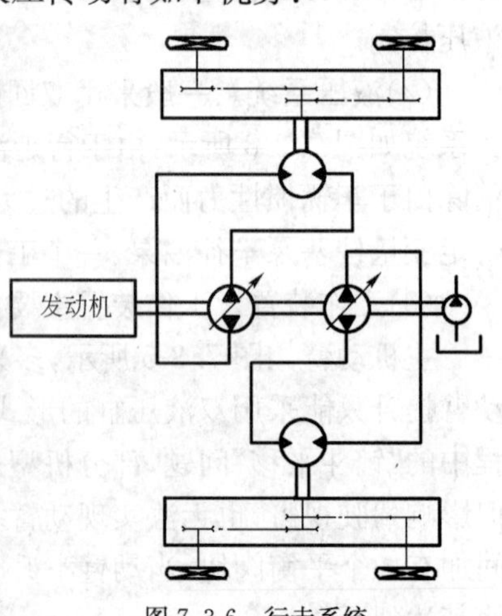

图 7.3-6　行走系统

(2)整机结构紧凑，作业效率高。底盘为整体结构，比较接式结构强度高、稳定性好，有助于克服工作过程中的突加载荷，使用寿命长、起升臂为后式高架双臂结构，箱形双臂用钢板焊接，质量轻，刚度大，双工作臂上设有三对六个液压缸，作业效率、稳定性都优于普通装载机；铲装物料时间 0.8s，升起、下落时间 3s，卸料时间 1.8s，生产率可达 120t/h。

(3)采用快换工作装置，配有多种用途的换装机具，一机多用，提高了该装载机的利用率。

采用了结构简单的刚性连接、机具快换装置，使用方便，更换迅速，不需要专用工具和设施。

(4)全封闭、低噪声的驾驶室，改善了操作人员的工作条件，特别适合高粉尘作业环境。驾驶室与车体连接为全浮式，内装有空调，座椅柔软可调，四周玻璃、视野良好，提高了耐振性和舒适性。

(5)操纵系统方便可靠。该装载机行驶、工作臂的起升及卸载全由两支独立、带液压助力的手柄操纵。

(6)安全性好。驾驶室采用防滚翻及防意外物体降落机构，座椅设有安全带。在驾驶室前端装有安全杆(此杆不放下，整机不工作)；在铲装物料时，起升臂两组平衡液压缸使铲斗自动保持平衡，防止物料倾出；把操纵杆退回空挡，该机即可自动停车；遇到紧急情况时，可关闭发动机或抬起安全杆实现制动。

7.3.4 用　途

(1)铣刨。在修复路面凹坑、裂缝等小型养护作业时，由于铣刨机的价格高、转场需要拖运、速度慢、影响交通比较大等缺点，所以，这时可以选择滑移转向装载机并安装铣刨器，如图 7.3-7 所示。

图 7.3-7　铣刨

铣刨器具有侧移功能，当公路边侧等有大型铣刨机不可能接触的地方时，通常滑移铣刨器可以侧移 50～60cm；左右侧摆功能，当铣刨一刀后又要紧接着铣刨下一刀时，利用此功能调节，可控制平整度。铣刨器在沥青路面上最大铣刨深度 15cm；其使用的刀头与大型铣刨机是相同的。

(2)清扫。如图 7.3-8 所示，在铣刨作业结束以后，滑移转向装载机可以换上专用清扫收集器，代替传统的人工清扫路面，以提高作业效率、安全性，降低劳动强度。

(3)切割。如图 7.3-9 所示，当公路上铺设管道、路面需要开沟作业时，滑移转向装载机可以配上专用的轮盘切割器进行作业。相对手推式的切割器，不仅提高了工作速度，还减少了设备的数量。同时，在水泥路面上切缝时可以得到很好的外表面，相邻水泥板块表面具有精确的几何形状、降低成本。

(4)吹雪。如图 7.3-10 所示，路面有积雪时，可安装吹雪机进行除雪作业。

(5)破碎。如图 7.3-11 所示，换装破碎锤可对路面进行破碎作业，破碎锤的破碎深度可达 30cm。

(6)路面压实。换装碾压器，可对路面进行压实工作。

(7)可以作为移动式泵站使用，为手持式液压镐等液压机具提供动力源。

图 7.3-8　清扫

图 7.3-9　切割

图 7.3-10　吹雪

图 7.3-11　破碎

7.3.5 维　修

1)维护和检查内容(表 7.3-1)

维护和检查程序一览表　　表 7.3-1

<table>
<tr><th>序号</th><th>维护和检查内容</th><th>间隔时间(运转台时)</th></tr>
<tr><td>1</td><td>检查紧固件、胶管、支架、工作装置、接头、轮胎、仪器和车灯等</td><td>10</td></tr>
<tr><td>2</td><td>检查发动机</td><td>10</td></tr>
<tr><td>3</td><td>检查冷却液</td><td>10</td></tr>
<tr><td>4</td><td>检查液压油</td><td>10</td></tr>
<tr><td>5</td><td>润滑枢轴</td><td>50</td></tr>
<tr><td>6</td><td>检查行走齿轮箱油位</td><td>10</td></tr>
<tr><td>7</td><td>检查燃油系统,清洗柴油粗滤器</td><td>70/首次,后每 50h</td></tr>
<tr><td>8</td><td>更换发动机机油滤清器,第一次更换</td><td rowspan="3">200/首次,后每 50h</td></tr>
<tr><td>9</td><td>更换发动机机油,第一次更换</td></tr>
<tr><td>10</td><td>检查 V 形带,润滑水泵</td></tr>
<tr><td>11</td><td>检查蓄电池电解液液位,加蒸馏水</td><td>200/首次,后每 50h</td></tr>
<tr><td>12</td><td>更换燃油滤清器</td><td>200</td></tr>
</table>

续上表

序号	维护和检查内容	间隔时间(运转台时)
13	润滑悬臂、锁具、枢轴	200
14	检查动力阀间隙	600/首次,后每 50h
15	检查轮胎螺母	600/首次,后每 50h
16	检查驻车制动效果	600
17 17a	更换液压油滤清器滤芯 更换液压油	600
18	发动机-更换 V 形带	视需要
19	发动机-视需要调整发动机怠转速度	600/首次,后每 250h
20	冷却系统-检查冷冻剂稠密度	600
21	发动机-检查紧固发动机	600/首次,后每 50h
22	发动机-检查喷油嘴	600/SERVIS
23	齿轮箱-更换齿轮油	1 200/首次,后每 50h
24	液压系统-检查行走压力、工作装置和控制仪器	1 200/首次,后每 50h
25	冷却系统－更换冷冻剂/2 年后	1 200
26	更换液压油/每年	1 200/首次,后每 500h
27	电气线路-检查	1 200/首次,后每 500h
28	发动机-根据工地灰尘状况清洗/更换滤清器	600/首次,后每 50h 或视需要
29	热空调-根据工地灰尘状况清洗/更换滤清器	视需要
30	充气轮胎-检查压力、泵气	视需要
31	冷却系统-清洗冷却器	视需要
32	燃油系统-清洗油箱	视需要
33	前后窗清洗器-重新充水/液体	视需要
34	车身-观察泄漏和排除泄漏	视需要
35	车身和发动机-检查螺栓连接/重新紧固	首次 500h,后视需要
36	发动机-转动阀门(气门)	2 400 或视需要
37	进水泵-用螺纹丝转动油杯润滑水泵	70

2)电气系统维护和使用原则

(1)作业结束特别是长时间不使用时,必须用绝缘体脱开蓄电池,在滑移转向装载机上进行焊接时也必须这样做。

(2)不要在发动机运转时脱开蓄电池,这样可能引起充电系统半导体毁坏。

(3)保持蓄电池端口清洁度。电极不能接错,即正极连接启动器出口,负极用车架搭铁。在使用外电源启动时,必须把正极电线连接到蓄电池正极,负极电线连接到车架上。

7.4 清 扫 车

7.4.1 分 类

清扫车主要用于沥青路面、水泥路面、机场跑道等的污物清扫,也可用于城市街道、广场的垃圾收集和运输。

清扫车按不同特征进行分类,如图 7.4-1 所示。

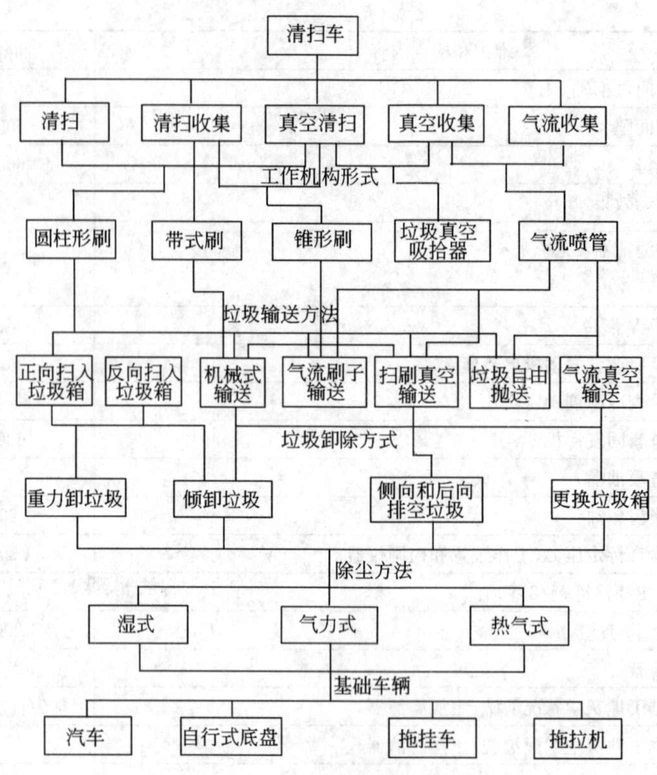

图 7.4-1 清扫车的分类框图

7.4.2 结构与原理

1)垃圾输送系统

清扫车的垃圾输送系统如图 7.4-2 所示。

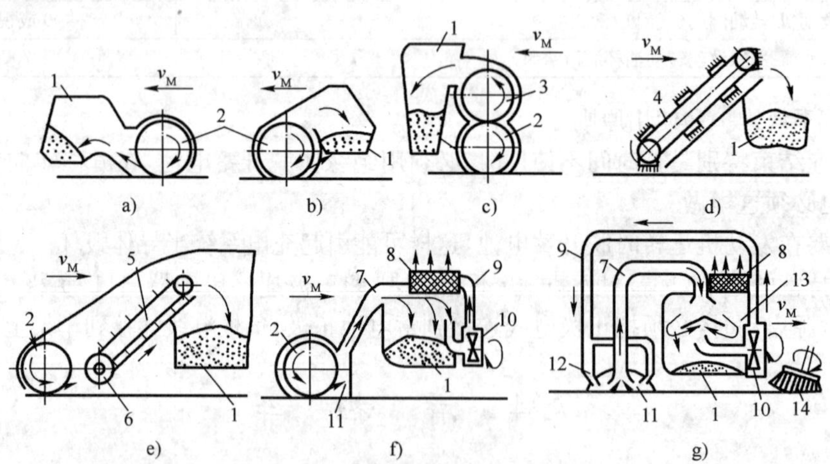

图 7.4-2 清扫车垃圾输送系统

a)正向扔送；b)反向扔送；c)叶片式抛料器扔送；d)带刷扔送；e)螺旋与刮板输送器输送；f)扫刷真空输送和重力式分离；g)气流真空输送和惯性式分离

1-垃圾箱；2-圆柱形扫刷；3-叶片式抛料器；4-带刷；5-刮板输送器；6-螺旋输送器；7-吸风管道；8-滤清器；9-压力管道；10-真空风机；11-真空输送器；12-吹分喷嘴；13-旋风除尘器；14-锥形扫刷

2)侧盘刷结构

清扫车的侧盘刷是用来收集和输送车体两侧以外的路缘、隔离带或护栏下垃圾的工作装置。为了使侧盘刷对路况具有自适应能力,保证清扫效果,并能对前方障碍作出快速反应、尽快恢复工作状态,所以侧盘刷机构由升降和伸缩机构和避障机构组成。

(1)侧盘刷升降和伸缩机构有以下两种形式:

①侧盘刷连同动臂绕底盘纵向水平轴旋转,如图 7.4-3 所示。

②侧盘刷绕铅锤升降、伸缩,如图 7.4-4 所示。

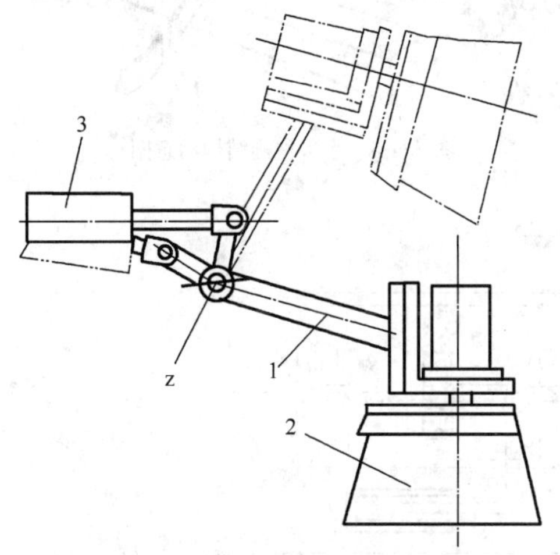

图 7.4-3 侧盘刷纵向水平轴升降、伸缩

1-动臂;2-侧盘刷;3-液压缸

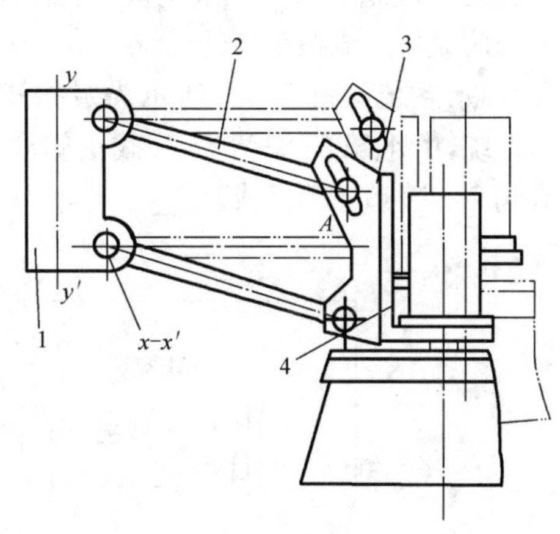

图 7.4-4 侧盘刷绕铅锤升降、伸缩

1-动臂座;2-上连架杆;3-连杆;4-弯座杆

(2)避障机构,如图 7.4-5 所示。

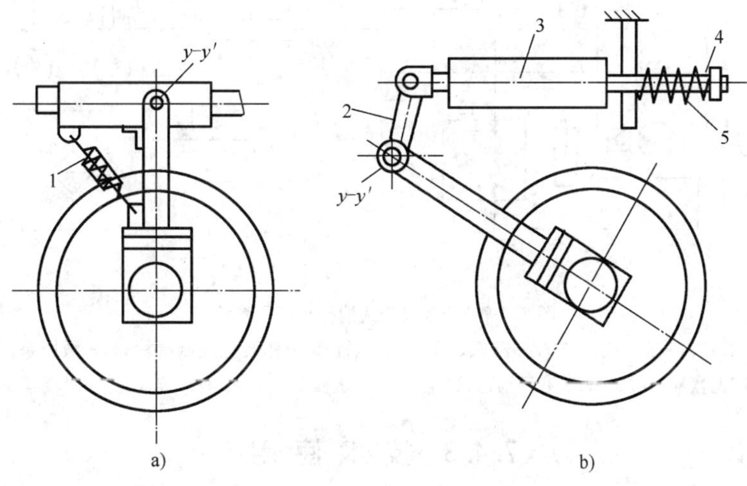

图 7.4-5 弹簧避障机构

a)拉簧式避障机构;b)压簧式避障机构

1、5-避障弹簧;2-曲柄;3-液压缸;4-芯轴

3)水平柱刷结构

如图 7.4-6 所示,为开放吸扫式清扫车水平柱刷机构,主要由悬架、罩壳、刷体、汽缸、摆动座、液压缸等组成。

4)控制系统

(1)液压系统。清扫车的许多动作是通过液压传动实现的,使动力的分流、传递、控制和动力元件的布置、安装大为简化。如图 7.4-7 所示为开放吸扫式清扫车液压系统。

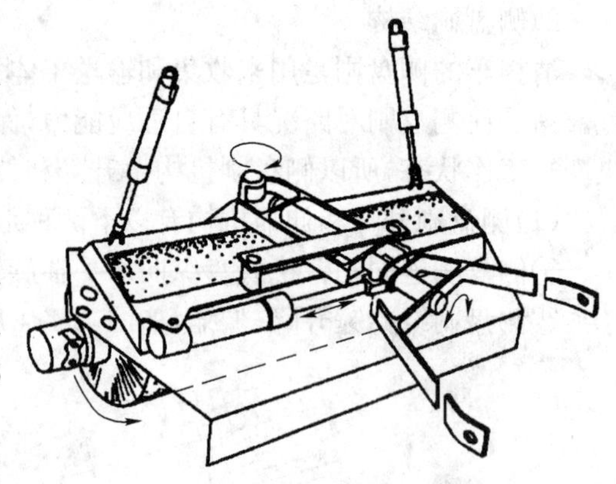

图 7.4-6　水平柱刷结构示意图

(2)气动系统。清扫车气动系统从底盘气压制动系统的储气筒取出压缩空气,经过气压三联件进行调压和过滤后向气压系统供气。图 7.4-8 所示为开放吸扫式清扫车气动系统。

(3)喷水系统。图 7.4-9 所示为吸扫式清扫车喷水系统,由水箱 1、滤清器 7、截止阀 8、水泵 6、溢流阀 2 和喷嘴 4 等组成。

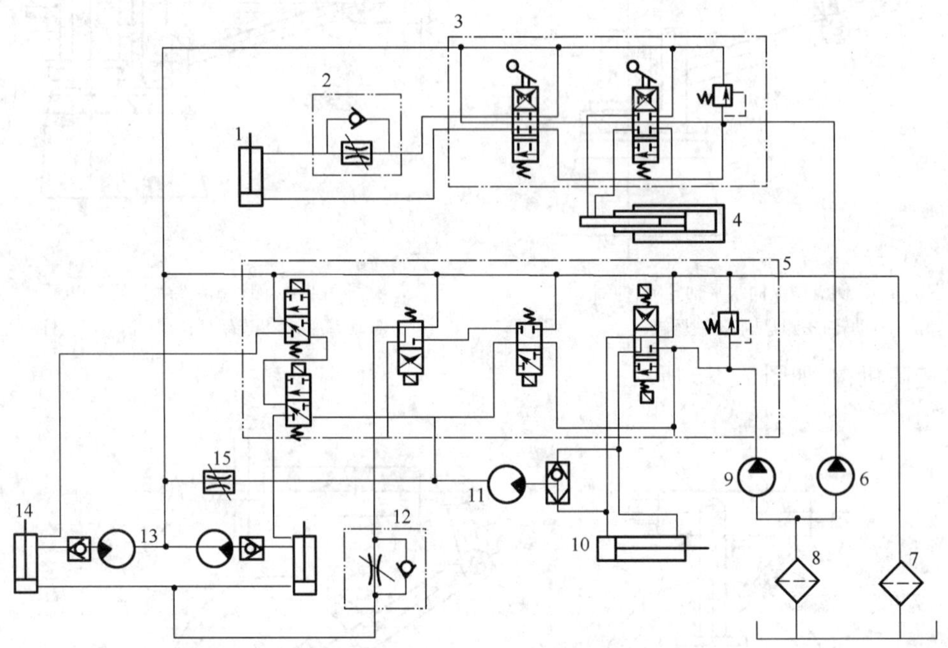

图 7.4-7　开放吸扫式清扫车液压系统

1-尾门启闭液压缸;2、12、15-节流阀;3-二联多路阀;4-多级液压缸;5-工作装置控制阀块;6、9-液压泵;7-回油滤清器;8-吸油滤清器;10-柱刷偏摆液压缸;11、13-液压马达;14-侧盘刷液压缸

7.4.3　技术使用

吸扫式清扫车的操作比较简单,一般只有电源开关、副发动机的启动开关、水泵开关、工作灯开关、警灯开关、刷盘转速控制开关以及箱体举升、后门开关等。发动机的调速是通过一控制手柄带动拉筋,实现发动机的转速调节;发动机的转速可通过观察装配控制盘上的发动机转速表的指针来读取,发动机的工作转速一般要求控制 2 000～2 500r/min 范围内(抽吸风机的转速则能达到 2 500～2 900r/min)。发动机的水温直接显示在控制箱的水温表上,发动机的水温一般要求不超过 95℃,当发动机的水温达到 95℃,并有继续上升的势头,应立即停车进行

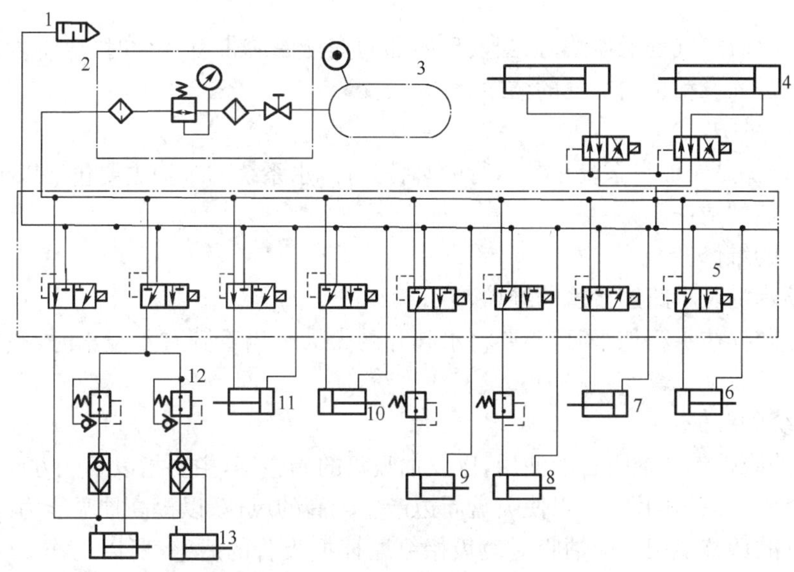

图 7.4-8 开放吸扫式清扫车气动系统

1-消声器;2-气源三联件;3-储气筒;4-吸管风门缸;5-电磁阀;6、10-吸口调角汽缸;7、11-吸口提升汽缸;8、9-侧盘刷调压汽缸;12-减压阀;13-柱刷提升汽缸

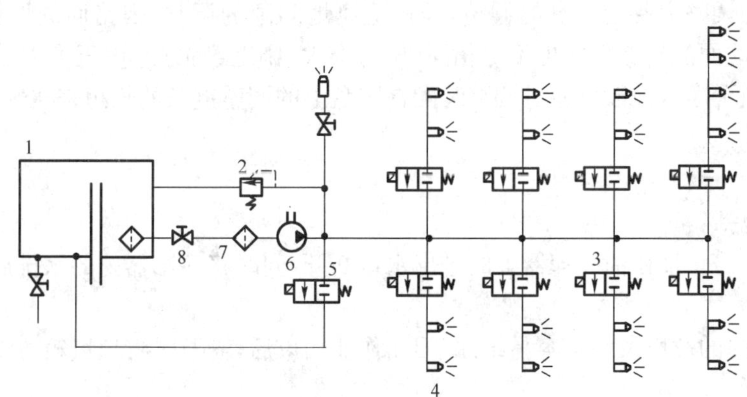

图 7.4-9 吸扫式清扫车喷水系统

1-水箱;2-溢流阀;3、5-电磁阀;4-喷嘴;6-水泵;7-滤清器;8-截止阀

检查,以防引起其他故障;电控箱上一般还设有故障指示灯,包括电源指示灯、预热指示灯、液压系统堵塞报警指示灯、发电指示灯、水温指示灯等。这些灯是提醒及告知操作者,所指示工作系统的工作情况。

7.4.4 维 护

1)副发动机进气系统的维护

因清扫车的工作环境一般较为恶劣,扬尘较大,而工作时,副发动机的工作转速一般较高(2 000~2 500r/min),发动机的进气量较大,维护不当或不及时容易引起发动机烧机油,严重的还可能引起缸套及活塞损坏等故障。因而对副发动机的进气系统的维护主要有以下几点:

(1)首先保证进气管道连接密封可靠。

(2)装配有油浴式空气预滤器的车辆,要经常检查机油液面,并清除积淤,保证其有良好的工作性能。

(3)要经常检查空气滤清器滤芯,当发现内部的安全滤芯带有灰尘时,应将内外滤芯同时更换,以保证所进入发动机内空气的洁净。

2)水系统的维护。

水系统的维护是保证水系统正常运行的必备条件,水系统的维护主要包括以下几方面:

(1)水过滤器的清洗。

(2)喷水泵的维修。

(3)各处喷水嘴及水路连接管的维护。

(4)采用消防栓往水箱加水时,不要将水阀开的太大。当看到有水溢出时,须尽快将水阀关闭。

3)抽吸系统的维护

抽吸系统的维护包括抽吸管的使用,以及抽吸盘的调整等,主要指以下几方面:

(1)抽吸盘支撑滚轮的调整,以使吸盘周边产生较高的风速,以提高抽吸能力。

(2)抽吸管的调整使用。因抽吸时垃圾始终摩擦抽吸管的后壁,所以工作 20～30h,应将抽吸管沿一定方向转动 30°,使得管壁磨损均匀。

(3)箱体内的滤网须经常清洗,以防影响抽吸。

4)清扫系统的维护

清扫系统的调整主要指刷盘的调整,即刷毛离地间隙的调整,因路面的垃圾状况不尽相同,因而刷毛对地面的附着情况也不尽相同(压力太大,刷毛磨损严重;压力太小,路面上的较细沙尘难以清扫干净),一般可通过调整装配在刷盘上的调整链条的长短来实现刷毛对地面的附着压力。

5)冬季维护

具体内容包括:

(1)工作时,需将接在油冷却器上的进出水口断开,同时将冷却器内的水排放干净,以防结冰损坏冷却器。

(2)垃圾箱内的垃圾及污水容易结冰,因而作业结束后,需及时将垃圾箱清洗干净,同时后门不要关闭太严。

(3)每天作业结束后,需将水泵、水箱及管路内的水排放干净,以防损坏各部件。

(4)将液压油换成低黏度的冬季液压油 YC—N46。

6)入库封存须做的工作

(1)将箱体及管路、水泵内的水排放干净。

(2)箱体内的垃圾清除干净,同时后门不要关闭太严,应留有一定的间隙,以防损坏密封条。

(3)关闭底盘及副发动机的各处电源。

7.5 洒 水 车

7.5.1 分 类

洒水车广泛用于公路、城市道路、机场、广场、公园、生活小区等公共场所,主要用于对作业对象进行降温、降尘和增湿,保持环境的清洁和美观。

洒水车的分类见图 7.5-1。此外，根据洒水喷头的安装位置，还可分为车前洒水、车后洒水、车前车后同时洒水三种形式，如图 7.5-2 所示。

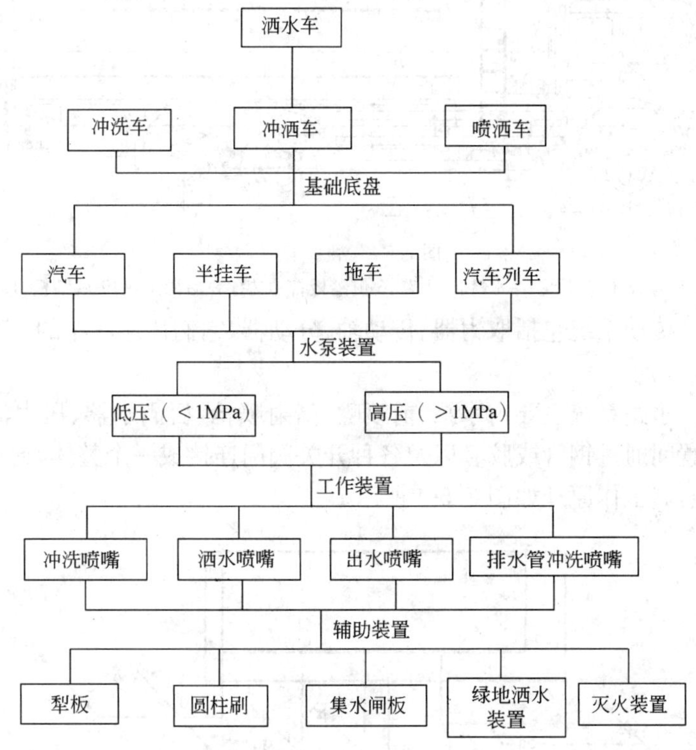

图 7.5-1　洒水车分类

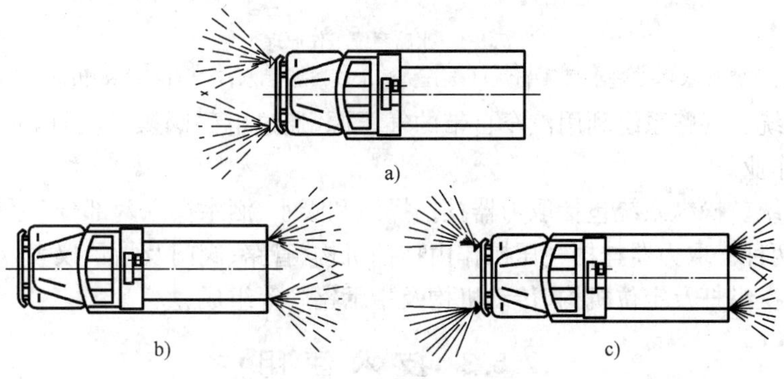

图 7.5-2　洒水形式示意图

a)车前洒水；b)车后洒水；c)车前车后同时洒水

7.5.2　结构与原理

洒水车的基本结构如图 7.5-3 所示，主要由汽车底盘、水罐总成、传动系统、水路系统、气路系统、操作系统等组成。

(1)水罐总成。洒水车水管总成由罐身、支承腿、灌口及盖以及隔舱装置等组成。水罐截面呈椭圆形，由优质钢板焊接而成，通过支腿用 U 形螺栓固定在汽车大梁上，同时设有拉紧架和止推板，以防止罐体移位。

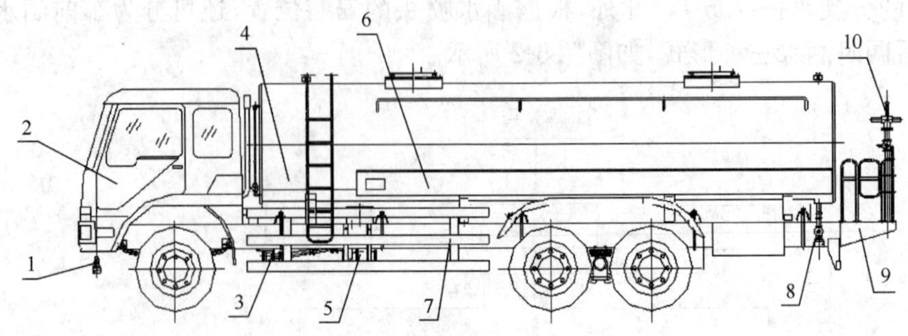

图 7.5-3 洒水车

1-前喷系统；2-底盘；3-传动系统；4-水罐；5-水路；6-侧踏板；7-护栏；8-后洒系统；9-后踏板；10-高射喷枪

(2)传动系统。传动系统包括取力器、传动轴、分动器，它们传递汽车的一部分动力驱动水泵工作。

(3)水路系统。水路系统主要由水泵、前喷嘴、高射喷枪、后洒水器、压力泄水及自流灌溉装置等组成，各装置间通过钢管或胶管以及各种开关阀门连接成一个整体，通过阀门的开启实现各种不同的功能，其工作原理如图 7.5-4 所示。

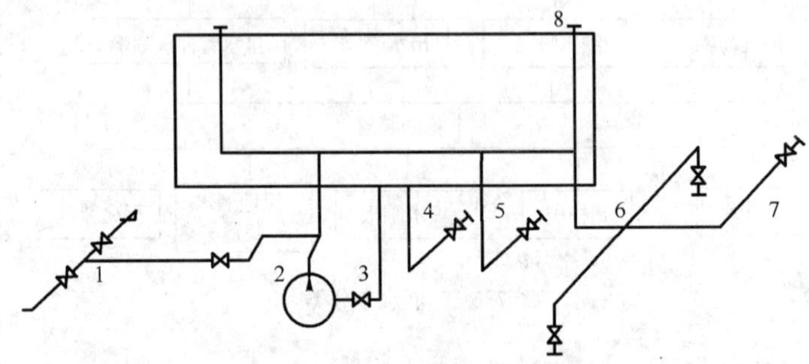

图 7.5-4 水路系统工作原理

1-前喷嘴；2-水泵；3-进水阀；4-自流口；5-压力泄水口；6-后洒水；7-高射喷枪；8-预留压力口

(4)气路系统。气路系统利用汽车自带的气压源，通过电磁阀操纵汽缸，实现阀门的开关以便进行不同作业。

(5)操纵系统。操纵系统包括取力器挂挡操纵和吸水、洒水操纵两部分。操纵方式有气压操纵和手操纵两种。取力器挂挡气压操作由挂挡机构、管路、阀门及指示仪表等组成。手操纵则由挂挡机构、操纵杆及定位机构、传动机构及指示铭牌等组成。

7.5.3 技术使用

1)操作方法

(1)道路冲刷。道路冲刷作业是通过汽缸控制的两个前喷嘴来实现的。液罐装水后，根据工作需要调整好喷嘴俯仰回转角，打开前喷阀门(罐底泵进水阀门除自吸水外始终开启)，关闭水路其他阀门，启动发动机，当气压上升到 0.5MPa，踏下离合器踏板，驾驶员提起右侧前喷开关，再将取力器开关提起，挂变速一挡使水泵运转，再缓慢松开离合器，用加速踏板控制车速以 5～10km/h 作业。工作完毕或间断冲刷时，应先将取力器脱挡，使水泵停止工作，切不可先关前喷阀门，以免水泵和管路损坏。

(2)路面洒水。路面洒水使用洒水车后下部两组洒水器。液罐装水后，根据路面宽度和洒水量的需要先行调整洒水器喷孔方向，人工打开一个或两个洒水器控制阀门，关闭水路其他阀门，汽车和水泵驱动程序以及前进速度与道路冲刷作业相同。

(3)应急消防及强力冲刷。应急消防使用液罐后部高射喷枪，液罐装水后打开高射喷枪控制阀门，关闭水路其他阀门。一般情况下，洒水车固定作业，变速器处于空挡位置，驱动程序以及注意事项与道路冲刷作业相同。根据工作需要，车上操作员可转动高射喷枪前部阀门变换喷水形状(柱状或雾状)，亦可上下、左右转动高射喷枪对路面或建筑物实施强力冲刷。

(4)压泄灌溉。对公路两侧植被实施浇灌时，可使用液罐下部泄水口。液罐装水后关闭有关阀门，车驶至作业路段，将备好的胶管装于泄水口上，先打开压泄阀门，变速器处空挡位置，再将取力器开关提起，驱动水泵工作操作人员可对路边植被实施浇灌作业，也可以用于输送水及快速冲刷的场合。

(5)自流灌溉。自流灌溉时用户自备适当胶管安装于自流灌溉口上。作业时泵不工作，关闭其他所有阀门，液罐装水后，操作员用阀门开度来控制水流量。

(6)自吸水功能。拧下闷盖，接好胶管(胶管及管路不能有漏气)。胶管另一端必须完全浸入水中。打开罐一侧的回水阀门，关闭其他所有阀门。当气压升到 0.5MPa，提起取力器开关，水泵开始运转。用加速踏板控制转速，压力表一有反应，说明开始吸水。当水位显示灌满水时，先关闭回水阀门，再按下取力器开关，水泵停止工作。打开罐底泵进水阀门，以备喷水之用(注：泵运转时，泵内应注满液体，以防止机械密封干摩擦造成损坏)。

2)注意事项

(1)新车使用前驾驶员和操作人员必须认真阅读洒水车使用说明书，作业时严格按说明书的规定进行。

(2)作业前首先检查制动系统、转向系统的灵活性、可靠性，检查燃油、机油、分动器齿轮油、各电器仪表以及轮胎气压是否正常。

(3)液罐装水前，检查罐内有无杂物，必要时进行清理，防止水路堵塞。

(4)严禁在无水情况下驱动水泵。

(5)严禁水路、吸水系统在无任何出口阀门开启的情况下工作。

(6)检查取力器、分动器、传动轴、泵体及罐体的紧固情况，必要时拧紧。

(7)作业完毕，排放罐内余水。

(8)遇有漏气、漏水、声音异常等情况时，应立即停机检查，在找出原因排除故障后方可继续作业。

(9)每班作业结束，特别是冬季，应打开所有球阀放尽液罐、泵内和管路内的余水，以防将设备冻裂。

(10)自吸水管应有过滤网罩，以免较大杂物吸入。

7.5.4 维　　护

(1)汽车底盘和配套泵的维护按使用说明书进行。

(2)洒水车使用前应按使用说明书的要求进行磨合。

(3)长途转场托运时，洒水车前后左右应有固定防滑装置，且四周留有 200mm 以上空隙；若自行转场时，一般应将前喷嘴和后洒水器卸下，以防松动丢失。

(4)分动器中的齿轮油使用两个月后放掉，用煤油清洗干净，然后重新加入新齿轮油 0.5L，以后每半年更换一次。

(5)经常检查各出液孔口有无堵塞现象，发现杂物堵塞时应及时清理干净。

(6)按表 7.5-1 要求定期注润滑油。

润滑部位 表 7.5-1

序号	润滑部位	处数	油质	注油间隔	备注
1	传动轴十字架	2	润滑脂	60d	汽车底盘润滑按其使用说明书进行
2	高射枪转动处	2	润滑脂	60d	
3	汽缸	2	机油	拆检时	
4	分动器	1	齿轮油	180d	

(7)按表 7.5-2 经常检查易损件情况，必要时更换。

易损件 表 7.5-2

序号	图号	名称	数量	材料	备注
1	JYJT12.1-4	铜套	1	H62	
2	JYJT12.1-6	进水铜套	1	H62	

(8)按表 7.5-3 不定期检查油封情况，必要时更换。

油封 表 7.5-3

序号	油封规格	安装部位	数量	备注
1	104-30W	泵轴端	1	不含汽车底盘油封
2	52×30×10	泵轴端	2	
3	52×30×10	分动器输出端	1	
4	O形密封圈 65×5	泵轴端	1	

(9)按表 7.5-4 不定期检查轴承滚动体情况，必要时更换。

轴承 表 7.5-4

序号	轴承规格	安装部位	数量	备注
1	滚针轴承 30×35×27	输出轴与大齿轮之间	1	不含汽车底盘轴承
2	轴承 305	水泵轴端	1	
3	轴承 306	分动器输入轴两端	2	
4	轴承 308	水泵轴	1	

(10)每班作业完毕应清洗油污，管路摆放整齐，清理现场，关门上锁。

(11)洒水车长期不用或冬天存放，应放尽液罐、泵内及管路内余水，存放时应停放在车库内，擦拭干净，以避免暴晒雨淋。

7.5.5 常见故障及排除方法

洒水车常见故障及排除方法见表 7.5-5。

洒水车常见故障及排除方法 表 7.5-5

部件名称	故障现象	原因分析	排除方法
液流管路	漏液	1.管道件松动	拧紧
		2.管道件已松动	更换
		3.管道接口处密封件坏	更换

续上表

部件名称	故障现象	原因分析	排除方法
水路系统	出水压力太大	1.水泵转速不够	提高转速
		2.行驶变速挡错	按要求挂挡
		3.水泵叶轮磨损	更换
	出水不均	孔、口异物堵塞	清楚异物
	高射枪转动费力	1.压盘紧或有异物	清楚异物,加大间隙
		2.锈蚀,缺少润滑	除锈,加润滑脂
气路系统	气压表不保压	1.气路接头松动	拧紧
		2.接头处密封件破损	更换
	汽缸无力操作不灵	1.气压太低	停驶打压
		2.汽缸位置变动,止点不到位	重新调整汽缸
		3.汽缸油封磨损	更换
		4.汽缸电磁阀线圈损坏	更换
分动器	拨叉轴头漏油	分动器齿轮油过量	放出多余齿轮油
	噪声过大	1.箱体内没油或少油	按要求加油
		2.与传动轴连接处螺栓松动	拧紧
		3.箱体内有齿轮损坏	更换
	挂泵挂不上	拨叉挂挡不到位	调整
	分动器内有水	水泵机械密封损坏	更换

7.6 除雪机

7.6.1 分　类

除雪机是清除道路上的积雪和冰,保障车辆和行人安全的专用机械,是寒冷地区公路、城市道路、机场等养护部门必备的冬季养护机械。

除雪机按除雪工作装置特性分类见表7.6-1,按主机特性分类见表7.6-2。

按工作装置特性分类的除雪机　　表7.6-1

名称	特点	适用范围
犁板式除雪机	以雪犁或刀板为主要除雪方式,可推雪、刮雪	可装在载货汽车、推土机、装载机等底盘上,适应各种条件下的除雪
螺旋式除雪机	由螺旋和刮刀为主要除雪方式,侧向推移雪或冰碴	新雪、冻结雪、冰辙
转子式除雪机	以高速风扇转子的抛雪为主要除雪方式,抛雪或装车	新雪或同犁式机配合
组合式除雪机	多种除雪方式的组合	新雪、压实雪
清扫式除雪机	以旋转扫路刷为主要除雪方式	高速路、机场进行无残雪式除雪、薄雪
吹风式除雪机	以鼓风机高速气流为主要除雪方式,吹出路面	公路新降雪

按主机特性分类的除雪机 表 7.6-2

名　称	特　点	适 用 范 围
旋转除雪机	工作装置由集雪螺旋和风扇转子等转动件组成，一般为装载机底盘	除厚雪，或同犁板式除雪机配合作业
除雪货车	在汽车底盘上装各种除雪犁板和作业装置	新雪、压实雪，公路、广场、街道
除雪平地机	刮雪刀片在平地机机体中部	主要清压实雪
除雪推土机	在推土机前装各种除雪犁板，有履带式和轮胎式	清除较厚雪
扫雪机	工作装置为扫刷或扫刷加吹气	新雪、薄雪、高速路
手扶式除雪机	无驾驶室	人行道及狭小地方除雪
融雪机	在载货车上装有螺旋集雪装置、燃烧加热装置等	街道除雪
路面除冰机	工作装置由螺旋刃切削式和转子冲击式，底盘一般用装载机	压实雪、冻结雪、冰辙
装雪机	有斗式装雪机、带式装雪机、螺旋式装雪机	必须把雪运走的地区
固定式除雪装置	由特殊地段安装的永久性除雪装置	特殊地段

7.6.2 犁式除雪机

1)结构与原理

犁式除雪机就是把犁刀安装在拖拉机、汽车、装载机、推土机、平地机或专用底盘上的除雪机的总称。犁刀一般安装在车辆前部、中部或侧面，有单向犁、V 形犁、变向犁、刮雪刀及复合犁，工作装置的提升、降落靠液压控制。这种车结构简单，换装容易，机动灵活，效率高，适宜于清除新雪。采用汽车底盘的除雪机外形结构如图 7.6-1 所示。犁式除雪机的基本工作装置为除雪犁，主要由犁刃与导板两部分组成，如图 7.6-2 所示。

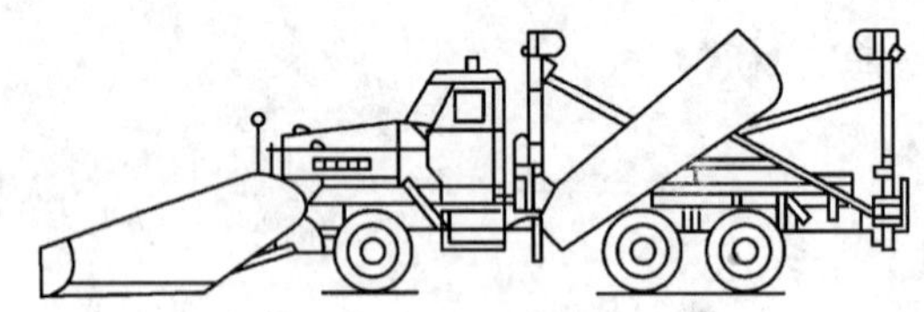

图 7.6-1　犁式除雪机外形

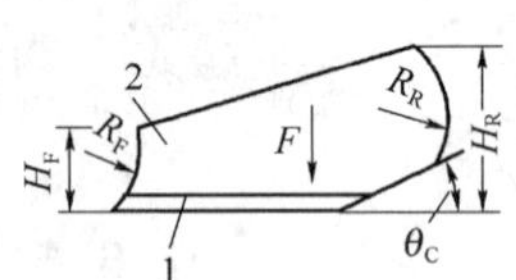

图 7.6-2　除雪犁

1-犁刃；2-导板

切削角 θ_c 是在行进方向上犁刃与地面间的夹角。具有一定切削角的犁在垂直力 F 作用下，随着犁体的前进，将积雪剥离其附着面，并沿着导板的特殊曲面向斜上方运动，最后以一定速度排出后端部。单向犁切削角 θ_c 一般取 40°～50°。行进角 θ 指的是犁体长度方向与车辆行进方向所夹的锐角(图 7.6-3)。除雪阻力的大小与行进角有很大关系，行进角 θ 小时除雪阻力较小，排雪性能较好，但必须有较长的犁体才能保证必需的除雪宽度；若行进角 θ 大，犁体可短些，但除雪阻力大，排雪性能较差。行进角 θ 一般取 50°～55°。

2)除雪犁的主要结构

包括单向犁、V 形犁、变角度犁和复合犁等。

(1)单向犁。单向犁一般都以固定的行进角装于除雪车前部，其结构如图 7.6-2 所示。导板的形状一般呈复杂的曲面。犁刃的结构形式较多，通常犁刃固定在导板底部，可更换。目前应用较为广泛的有翻转式犁刃，分段铰接在导板上，有复位装置。

(2)V 形犁。V 形犁的主要结构及工作原理与单向犁的相同，其结构成左右对称，如

图 7.6-3所示。一般犁刃与导板固接，可更换。V 形犁作业速度较低，作业时向两边排雪。其切削角一般取 20°～30°，行进角一般取 36°～45°。

(3)变角度犁。变角度犁是指犁的排雪方向及行进角可改变的雪犁，用悬架装在除雪车前端，导板形状有圆弧面和圆弧面与平面组合两种形式。导板两端高度相等。按犁体结构导板不同可分为整体式和分段式两种。整体式雪犁的导板由薄钢板卷制而成，背部焊有不同形状的加强肋。犁刃有铰接式和固接式两种，犁体中部有垂直铰轴与三角体悬架前部铰接，犁体背部铰轴两侧的耳环与单作用液压缸一端相连。另一端与悬架后部连接，悬架侧向为平行四杆机构，悬架底部有一耳环与液压缸一端铰接，其结构如图 7.6-4 所示。

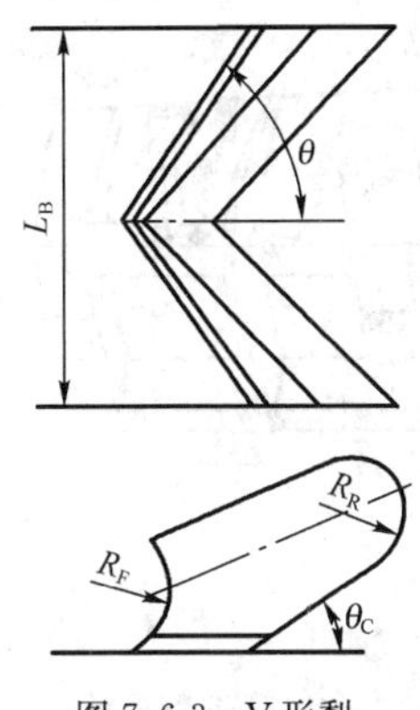

图 7.6-3　V 形犁

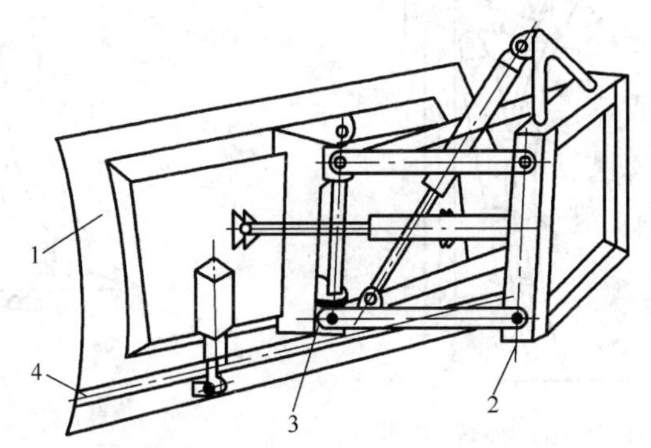

图 7.6-4　变向犁工作装置简图

1-犁体；2-悬架；3-垂直铰轴；4-铰链

犁体的变向是利用牵引车的液压系统，水平方向液压缸动作时可推动犁体绕铰支点转动，改变犁的行进角与排雪方向；竖直液压缸动作时可使犁升降。

为防止路面障碍物损坏犁刃，使犁能够适应路面的不平变化，固接式的犁刃在犁体背部装有滑雪橇或支撑轮。雪橇及支撑轮可以支撑起犁体工作时的全部载荷，其高度可随路况不同进行调整。铰接式犁刃一般没有支撑装置，当犁在切雪过程中遇到障碍物时，障碍物对犁刃产生一个推力，犁刃产生向后翻转的力矩，这个力矩推动活塞压缩复位弹簧，复位弹簧产生一个反作用力使犁刃保持平衡状态。其犁刃翻转机构如图 7.6-5 所示。

当推力大于复位弹簧力时，犁刃翻转；越过障碍物后在弹簧力的作用下，犁刃恢复原位。另一种应用较多的犁刃反转机构如图 7.6-6 所示，犁刃突然遇障碍物时犁刃反转。

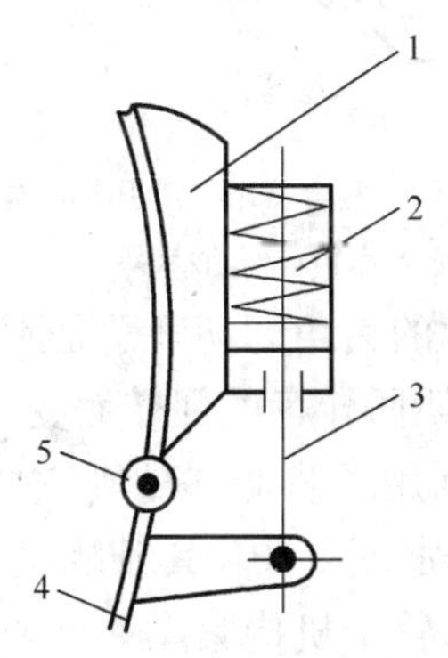

图 7.6-5　犁刃翻转躲让机构

1-犁体；2-复位弹簧；3-活塞；4-犁刃；5-铰链

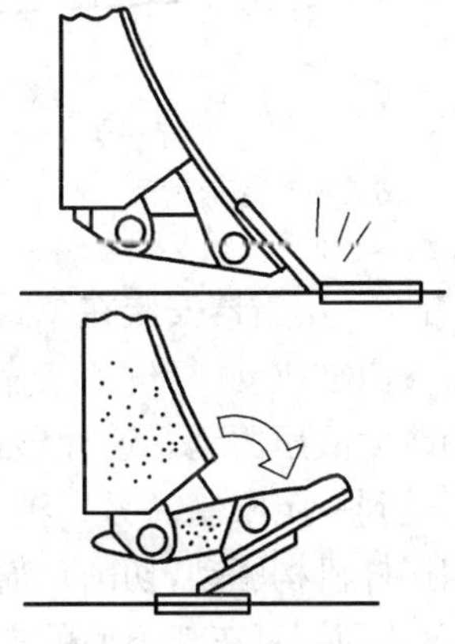

图 7.6-6　犁刃反转机构

图 7.6-7 是靠犁的上下运动实现躲让的机构，犁体为四杆机构的一杆件，犁在推雪时受到雪地作用力、地面反力的作用，犁遇障碍物时地面对犁的反作用力骤增，破坏了原有的平衡，使犁上移；越过障碍物后，在弹簧力及重力作用下犁体下移复位。

分段式犁体一般分为三段，装在一根水平横管上，可各自绕横管转动。正常情况下靠释放爪保持其工作位置，除雪中遇到路面障碍，阻力大于释放爪的开口力时，对应的一段犁体就被释放开作保护性翻转，其结构如图 7.6-8 所示。

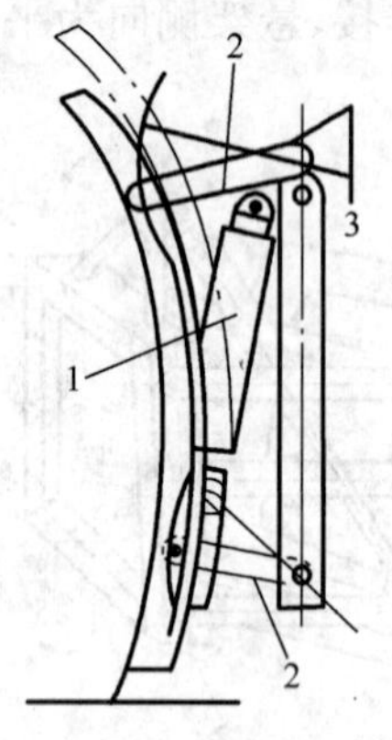

图 7.6-7　犁体躲让机构
1-复位弹簧；2-活动拉杆；3-固定拉杆

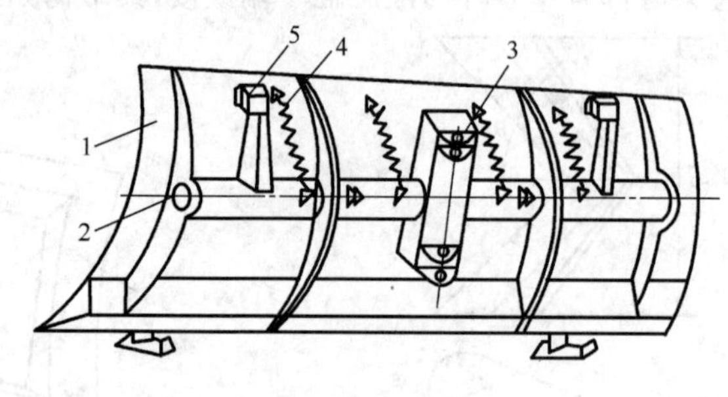

图 7.6-8　分段式犁体
1-犁体；2-横管；3-垂直铰耳；4-复位弹簧；5-释放爪

(4)复合犁。复合式雪犁亦即铰接雪犁，采用两翼中折式结构，中间垂直铰接，可自由改变形状，形成单向犁、V 形犁、反 V 形犁等(图 7.6-9)，扩大了作业范围，提高了除雪质量，适用于干线公路、山区公路等不同场所的除雪。

复合式雪犁与牵引车的连接如图 7.6-10 所示。

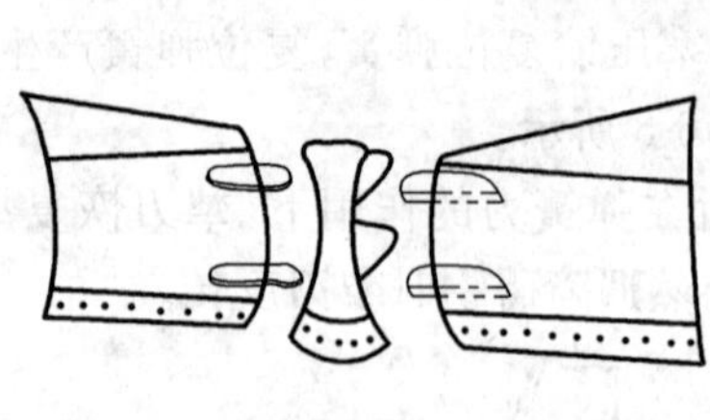

图 7.6-9　复合雪犁

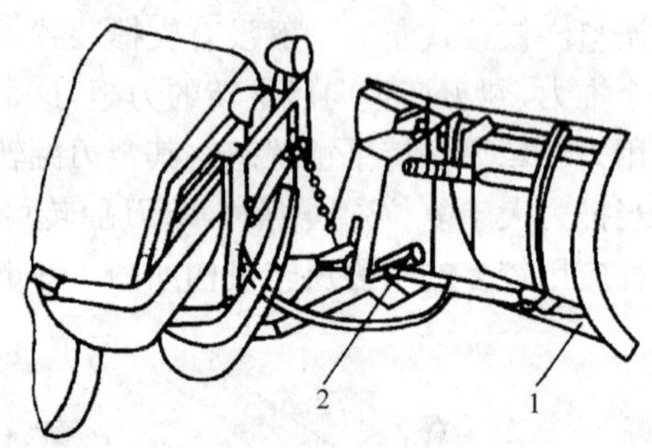

图 7.6-10　复合雪犁与牵引车的连接
1-雪铲；2-T 形支架

(5)刮雪器。刮雪器安装在犁式除雪机中部，刃口与地面的夹角即切削角是不变的。刮雪器的升降由液压缸驱动，行进角依靠刮雪器随支架绕底盘车架回转盘的回转而变化，这种变化后来由手动改为液压驱动。这种形式由于其支撑机构只是利用了货厢和驾驶室之间的空间，回转等动作受到一定限制。另一种安装形式的行进角一般固定为 60°，其升降动作由液压缸通过平行四连杆机构驱动，切削角通过操纵液压缸进行调整，整个机构紧凑并有加固底盘车架的作用，有效地利用了车架下面的空间。现代的刮雪器多采用这种安装形式。

(6)侧翼板。侧翼板装在除雪机的侧面，主要进行加大除雪宽度或某些特殊作业。侧翼板又可分为单向侧翼板和双向侧翼板。单向侧翼板主要安装在轻型犁式除雪机上，侧翼板宽度一般为 2.8m,高为 0.7m。双向侧翼板多装在大吨位除雪机上,其长度一般可达 3.5m,小端高度为 0.7m,大端高度 1.0m。它的机构和操纵装置比较复杂,具有多种作业功能,除进行一般的加宽除雪和阶梯作业外,还可进行侧面推雪,从雪墙上扒雪作业。

侧翼板两端与车架铰接,前部铰接点支撑在除雪车升降机构的联系杆件上,侧翼板的升降动作由这里进行。后部铰接点支撑在除雪车的伸缩机构上,侧翼板的侧向伸出和收缩由该机构完成。升降装置采用全液压机构,如图 7.6-11 所示。侧翼板的伸缩装置使用长行程的直动伸缩液压缸。

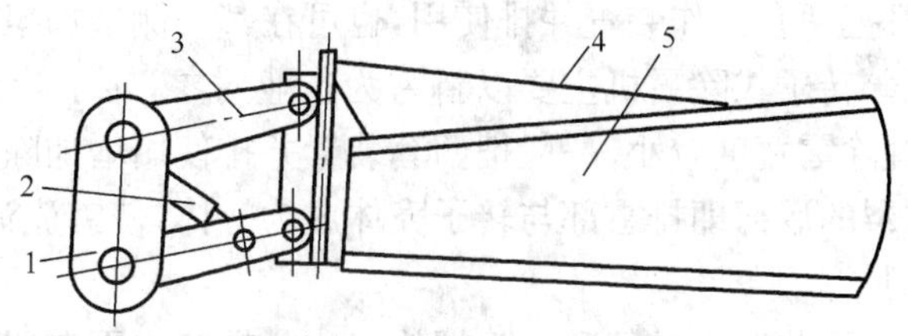

图 7.6-11　侧翼板升降机构

1-支架;2-升降液压缸;3-连杆;4-钢缆;5-侧翼板

7.6.3　旋转除雪机

1)结构与原理

旋转除雪机就是把各种旋转除雪装置安装在汽车或拖拉机或装载机等车辆或专用底盘上的除雪机的总称,其外形如图 7.6-12 所示。

图 7.6-12　旋转除雪机外形

旋转除雪机主要由工作装置及底盘组成。工作装置包括集雪螺旋、抛雪风扇、抛雪筒及其连接装置等。集雪螺旋主要负责积雪的切削、输送,其叶片一般布置为左右螺旋,便于雪从两边向中间运动至抛雪风扇处。抛雪风扇叶片为辐射状,进入风扇的雪在高速旋转的叶片离心力作用下,沿着叶片表面运动至风扇壳体顶部开口处抛出,由抛雪筒导向合适区域。

旋转除雪机的传动系统较为复杂,其工作装置和行走部分的驱动一般有两种形式,一般是单发动机集中驱动,另一种是由两个发动机分别驱动工作构件和行走部分。

目前的旋转除雪机多采用底盘的液压系统驱动工作装置,容易调整除雪速度。

旋转除雪机可分为兼用型和专用型。兼用型就是利用工程车辆进行改装设计,工作装置利用工程车辆现有装置或利用连接架连接在主机前部,动力从工程车辆的功率轴输出或利用工程车辆液压系统驱动。还有一种工作装置自带动力,仅利用连接架与牵引车相连;专用型旋转除雪机的底盘为专门设计,动力分配合理,更能适应除雪负荷变化对除雪速度的调整要求,其性能优良、技术先进,在国外较为多用。

2)旋转式除雪机工作装置结构

旋转式除雪机工作装置包括集雪抛雪装置和抛雪筒。

(1)旋转式除雪机工作装置的螺旋轴鼓上的叶片呈左右旋向，在轴线中部相结合形成U形抛雪槽，U形抛雪槽底部微向后倾，内侧光滑，工作轴鼓上的叶片刀刃切削积雪并将雪集中送到中部U形槽内抛出。螺旋式工作装置抛雪距离与轴转速成正比。为提高抛雪距离其轴转速较高，雪在叶片间的填充性变差，通常采取增加螺旋轴鼓的直径及降低叶片高度来改善叶片的填充性，但其轴向输雪能力降低，因此这类工作装置的轴向尺寸不宜太长。为提高其工作效率，增加除雪宽度，可把两套工作装置并排使用，也可在其一侧增加集雪犁。

(2)转子式除雪机。转子式除雪机主要以新雪为作业对象，转子叶片可完成切雪、扒雪和抛雪工作。该除雪装置除雪宽度较小，一般把两套装置并排使用增加除雪宽度，也可采用侧置雪犁拓宽除雪宽度，雪犁的后部即排雪部与转子壳体成为一体，使雪流流向转子，图7.6-13为这种工作装置结构简图。

(3)单螺旋转子式除雪装置由转子和一根螺旋组成。螺旋水平布置于转子前，螺旋叶片做成左右旋向，螺旋轴转动时把两边的雪集中到中间，再由转子抛出，图7.6-14为该工作装置结构简图。

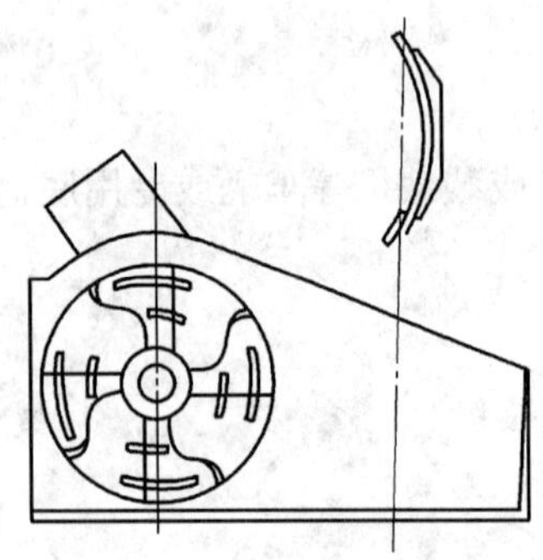

图7.6-13 转子犁式除雪装置

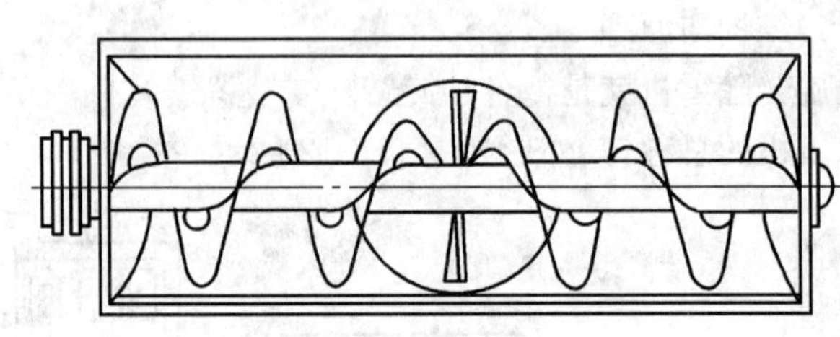

图7.6-14 单螺旋转子除雪装置

这种螺旋叶片的切削能力不强，为改善切削性能，常把螺旋叶片做成带状，外缘做成齿形，有很大间隙，便于把雪送进转子。这种装置可以消除密度较大的雪，是目前应用较广的一种除雪装置。

(4)双螺旋转子式工作装置的两根螺旋上下平行地置于转子前面，如图7.6-15所示。螺旋叶片空间尺寸较大，切削能力不强。对转子的供雪在相当大的程度上决定于除雪机的前进运动，主要以新雪为作业对象。

另一种耙爪式双螺旋转子工作装置对雪块的破碎作用较为明显，适宜于清除块状实雪，但这种装置的轴向扒雪与螺旋叶片式的差别较大，一般其轴向尺寸不宜过大，通常采用增加转子数目来增加除雪宽度，图7.6-16为该工作装置结构简图。

(5)立轴螺旋转子式工作装置。该工作装置是将螺旋竖放于转子两侧，螺旋叶片为左右旋向。工作时雪的移动方向为上下运动，这种工作装置给转子的供雪与双螺旋转子式的相同，在很大程度上取决于除雪机的前进运动，螺旋外侧有一刮板，与除雪机前进方向成倾斜夹角，也有的铰接于螺旋壳体上，由液压缸进行调整，除雪机前进运动时刮板可把雪刮向螺旋，由螺旋把雪送入转子，转子叶片前部为螺旋铣刀状，可切雪和轴向扒雪，如图7.6-17所示。使用这种装置的除雪机，除雪能力可达6 000t/h，厚度可达170cm。

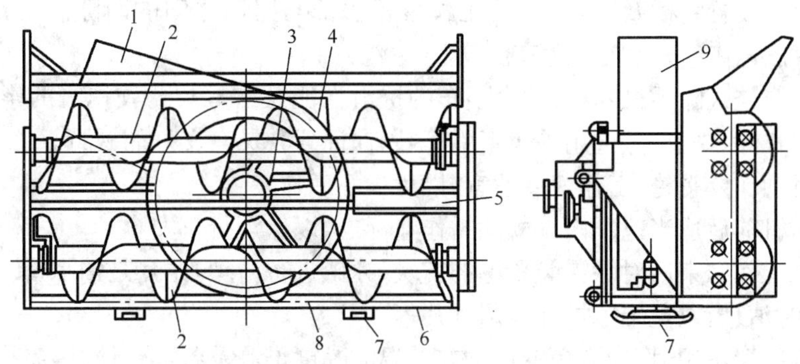

图 7.6-15　螺旋转子除雪机的工作装置

1、9-抛雪导管；2-螺旋；3-转子；4-上连接板；5-劈开器；6、8-刀片；7-雪橇

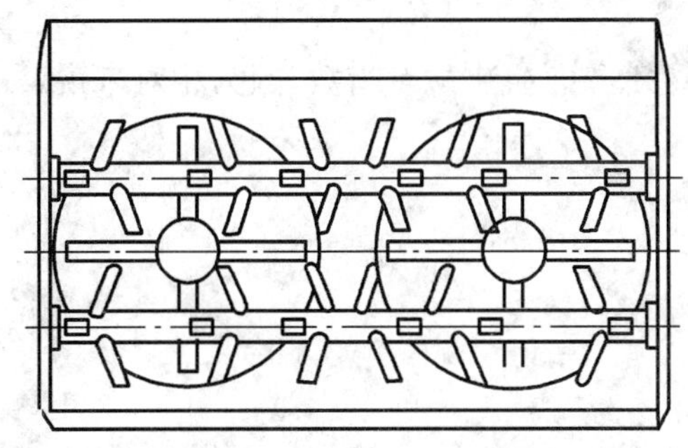
图 7.6-16　耙爪式双螺旋转子装置

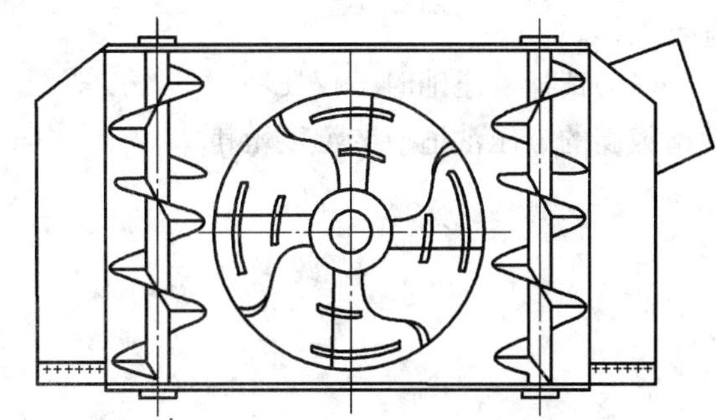
图 7.6-17　立轴螺旋转子装置

(6)除雪转子。除雪转子可分为圆盘转子、无盘转子和铣刀型转子。圆盘转子的叶片做成曲线形，无盘转子叶片做成辐射形式与半径成 10°以下的倾角。这两种转子主要使用于单、双螺旋转子除雪装置上。铣刀型转子具有切削、扒雪及抛雪功能，主要用于转子式及双立轴螺旋转子式集雪功能较差的除雪装置上，转子叶片的前部为带状螺旋铣刀，后部为圆盘转子叶片状，前部与后部为整体形状、光滑过渡。在叶片的背部有环状或板状肋条，加强叶片强度，防止在切抛雪过程中叶片变形。叶片后部与轴鼓焊接在一起。

(7)抛雪筒。抛雪筒用来调整抛雪方向和距离，一般安装在驾驶室上方。改变抛雪方向的方法有两种：图7.6-18a)是将抛雪筒与转子壳体做成一体并可使之沿转子回转圆周转动，这样抛雪方向就可以改变了；图 7.6-18b)是将抛雪筒制成可以绕自身立轴回转的形式，以达到改变抛雪方向的目的。伸缩式和活动罩板式抛雪筒在不进行除雪作用时可以拆转横置，从而改善驾驶员的视野。

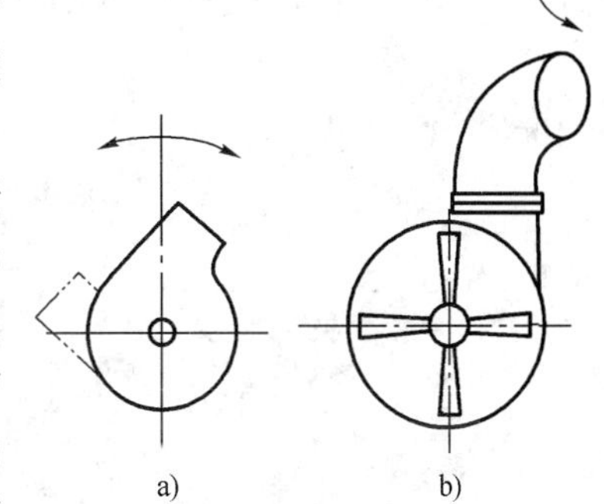

图 7.6-18　改变抛雪方向的方法

a)整体式；b)回转式

7.6.4　除雪机技术使用

(1)在使用除雪机进行除雪作业时，首先要对工作路段的雪质、雪的厚度、硬度及路面设障情况进行全面调查了解，按照计划除雪量选用除雪机类型及型号。

(2)使用前检查液压管路及连接部位是否有松动、渗漏现象；检查液压油温是否过低，若不符合要求，要进行预热处理后方可作业。

(3)调整工作装置雪橇及支撑轮，使工作装置底部与路面之间的间隙满足路面不平的要求，这个间隙一般以 1～2cm 较为适宜。

(4)对顶推拖挂式除雪机，要考虑牵引车的抗滑性能及雪雾对驾驶视野的影响，必要时安装防滑链，对犁式除雪机尽量选用平头牵引车，以保证驾驶员有良好的视野。

(5)操作时动作要平稳，工作速度适宜，以免损坏工作装置。

(6)在除雪机前后适当范围内设立除雪作业标志，以保证行车安全。

(7)除雪机工作结束后对除雪装置上的雪块、冰碴进行清理，尤其是轴承、转子叶片与壳体接触面更应及时清理，以免结冰损坏风扇叶片等。

(8)除雪机闲置不用时，为避免液压油在低温时黏度增高及各部件锈蚀，需将除雪机晾干、停放在车库内。

(9)除雪机在车库停放时，应使液压油温保持在一定范围内，从而保证液压系统随时可以进行工作。

(10)选择液压油时不仅要考虑其黏度等级，还必须考虑油液黏度指数，因为相对来说，黏度指数高的液压油适应的温度范围大。

第8章 沥青路面养护机械化作业安全管理

沥青路面养护机械施工安全管理是沥青路面养护机械管理的重要组成部分。它是以养护工程机械安全施工为目的，进行有关决策、计划、组织和控制等方面的活动。

我国实行的是国家监察、部门监管、群众监督、单位负责的安全管理体制。国家、省、地(市)、县(市)都设立了安全生产监督管理局，制定和发布安全生产法律法规，并为之贯彻执行制定了一系列配套措施。国家监察机构依据这些法律法规进行安全监察活动，利用法制的威力，纠正和惩戒违反安全法律法规的行为，保证安全生产方针、政策和法律法规的贯彻实施。

“安全第一，预防为主，综合治理”是我国的安全生产方针，因此，在沥青路面养护机械施工安全管理中，必须牢固树立“安全第一，预防为主，综合治理”的思想，并把它贯彻于公路沥青路面养护机械化施工的全过程中。

公路沥青路面养护机械施工安全管理的重点在“双基”，在“管理”。只有从基础抓起，从基层抓起，从基础管理抓起，狠抓沥青路面养护机械施工规范化管理，才是沥青路面养护机械安全管理工作的基础。

公路沥青路面养护作业过程中导致事故发生的因素有很多，诸如物理性因素、化学性因素、生物性因素及人的心理、生理性因素等，但归纳起来不外乎人的不安全行为和物的不安全状态两类。同样分析导致事故发生的理论有很多，如格林伍德和纽伯尔德的“事故倾向性格”论、海因里希的“事故因果连锁”理论、葛登的“用于事故的流行病学方法”理论、吉布森的“能量异常转移”论和瑟利的瑟利模型、海尔的海尔模型、威格里沃思的“人失误的一般模型”以及安德森等人对瑟利模型的修正等，但归纳起来，只有一种原因，就是人的不安全行为与物的不安全状态的交集。

人、物和环境因素的相互作用，是发生事故的根本原因，而人的不安全行为和物的不安全状态是酿成事故的直接原因。因此，沥青路面养护机械施工安全管理的任务，就是利用安全法律、法规、条例、规程、制度和安全活动等手段，采取有效措施，来约束机械操作人员、施工人员和管理人员的行为，查找出在沥青路面养护机械、设备、装置和设施中存在的安全隐患并予以排除，防止事故和职业病的发生，避免各种损失，为确保公路养护工程的顺利进行服务，使每一个人都按照沥青路面养护机械施工规律、规范、规程操作施工，杜绝违章行为，使施工过程中的相关物件都处于稳定的安全状态。

在沥青路面养护工程机械安全管理工作中，建立健全安全管理机构，制订完善的安全管理制度和安全责任制度，开展以安全会议、安全培训、安全教育、安全检查及安全评价为主要内容的安全活动，加强沥青路面养护机械施工现场管理等是沥青路面养护机械安全管理的主要内容。

8.1 安全生产和管理制度

8.1.1 安全生产管理机构

沥青路面养护机械使用单位，要按照《安全生产法》的规定要求，设置安全生产管理机构，配备专职或兼职安全生产管理人员。安全生产管理机构是沥青路面养护机械使用单位的内设机构，任务是贯彻落实国家有关安全生产的法律法规，实施单位安全决策，制订单位安全生产制度、措施，组织开展各种安全活动，及时发现、分析和整改各种事故隐患，约束人的不安全行为，监督安全生产责任制的落实。

现代安全管理已进入系统化时代，安全涉及沥青路面养护工程的各个环节，与沥青路面养护施工的人、财、物、管理等诸因素密不可分。因此，安全管理应该是一个系统，是一个自上而下贯穿于沥青路面养护作业全过程的管理系统。

沥青路面养护机械安全管理系统根据工作性质分为两部分：一部分由单位领导、职能科室负责人组成安全委员会，负责制订单位的安全方针、安全目标、安全决策、安全计划、安全生产制度和安全生产责任制度等，组织开展安全检查和安全活动，监督安全责任制的实施；一部分由机械管理人员、操作人员、维修人员和施工人员组成安全管理小组，按照单位统一计划安排，开展安全活动。沥青路面养护机械安全管理的重点是以生产班组为基础的安全活动。

沥青路面养护机械安全管理部门的具体管理任务是：

(1)制订安全计划。

(2)制订安全规程、制度。

(3)参加或主持安全委员会会议。

(4)参与沥青路面养护机械、沥青路面养护施工的安全问题讨论：

①沥青路面养护施工组织设计中安全问题的讨论与评价。

②参加编制与改进标准化施工。

③编制与改进沥青路面养护机械检查标准。

④参与维护与检修安全设施和装置。

(5)安全保护用具的管理：

①编制使用标准。

②选择和准备合适的用具。

③保管和管理。

④使用指导和校正使用方法。

(6)安全检查、巡回检查。

(7)沥青路面养护施工环境管理。组织安全检测，进行施工环境评价，进行环境改善。

(8)沥青路面养护施工管理。防止沥青路面养护施工中不安全因素的产生，改善沥青路面养护施工方法(时间、负荷和姿势)，以减少对人体的有害影响；调查噪声、振动、泄漏等发生地点的情况，督促采取改进措施；进行预防性调查和讨论。

(9)安全教育。编制安全教育计划，编写和准备教材，实施安全教育(培训)。

(10)事故调查及报告。建立沥青路面养护施工事故管理制度，进行情况调查、原因调查，制订措施和实施，编制报告书，负责安全统计报表。

8.1.2 安全生产管理制度

沥青路面养护机械安全生产管理制度是沥青路面养护机械使用单位为了保护沥青路面养护机械、施工人员的安全和健康，根据本单位的实际情况，按照国家法律、法规、规章的要求制订的具体的有关沥青路面养护机械安全施工的规章制度。它包括安全生产责任制度、安全学习制度、安全培训制度、安全活动制度、安全检查制度、隐患整改制度、安全技术交底制度等。沥青路面养护机械安全生产管理制度的制订和执行，要以达到有效地约束从事沥青路面养护机械施工人员的不安全行为，杜绝违章施工，消除事故隐患为目标。

8.1.3 落实安全生产岗位责任制

沥青路面养护机械安全生产责任制是沥青路面养护机械施工中最基本的安全管理制度，是所有安全规章制度的核心，是单位责任制度的重要组成部分。建立健全各级领导的安全生产责任制和各职能部门的安全生产责任制，是从组织制度上明确各级领导、各职能部门在安全生产方面责任的重要安全管理制度之一。

各级领导安全生产责任制，必须是以单位法人为代表的各级领导的安全生产责任制；各部门安全生产责任制，指的是以安全管理为责任主线的各级部门责任制。机械队(部)必须依据单位统一制订的安全生产责任制，结合队(部)管理人员配置的具体情况进行细化，并按分工责任到人，办理责任制签字认可手续。安全生产责任制文件必须是由单位统一制订，并经单位代表大会通过，由单位法人签署，具有法令作用。单位各级领导在管理生产的同时，必须负责安全管理工作，层层制订安全责任制度，全员签订安全责任书。沥青路面养护机械使用单位必须推行安全生产责任制。

沥青路面养护机械安全生产责任制的重点在班组、在生产岗位。

沥青路面养护机械生产班组是沥青路面养护机械使用单位组织分工中的最基层组织。搞好班组安全生产是抓好沥青路面养护机械安全管理的关键。沥青路面养护机械生产班组长全面负责本班组的安全生产，是安全生产法律法规和规章制度的直接执行者。班组长要认真贯彻执行本单位安全生产制度和规定，落实岗位责任制，督促本班组人员自觉遵守有关安全生产规章制度和安全技术操作规程。

建立以班组长和班组安全员为主体的安全小组，是落实岗位安全责任制的基础。安全小组的主要任务是组织安全学习，进行安全教育，开展安全活动。针对本班组存在的安全问题提出措施，发动班组全体成员，查隐患、查缺陷，开展技术革新，提出合理化建议；针对生产中的薄弱环节和重要工序，确立安全管理重点，加强控制，稳定生产；组织群众性的自检、互检活动，支持专检人员的工作，达到共同保安全的目的。

岗位安全责任制明确规定每个岗位的安全内容和安全责任，使每个岗位人员都知道自己工作中的具体任务、责任和权利，从而把与安全生产有关的各项工作同全体职工联系起来，形成一个严密、高效的安全管理责任系统。

8.1.4 安全生产投入

沥青路面养护机械使用单位必须安排适当的资金，用于改善沥青路面养护机械安全设施，更新安全技术装备以及其他安全生产投入。

安全生产投入主要用于以下方面：

(1)安全技术措施投入。安全技术措施是针对沥青路面养护机械施工中的不安全因素,用生产技术加以消除和控制。如沥青路面养护机械的放置、安装、拆卸、安全装置、施工中的要求和措施等。

沥青路面养护机械使用单位必须编制安全技术措施计划,运用工程技术手段消除物的不安全因素,以实现沥青路面养护机械施工条件的本质安全。

(2)增设安全技术装备以及对安全技术装备的日常维护。

(3)重大安全生产课题的研究,如沥青路面养护机械安全施工规律性研究等。

(4)按国家标准为职工配备劳动保护用品。

(5)安全生产教育和培训活动。

(6)其他有关预防事故发生的安全技术措施费用,如用于制订及落实生产安全事故应急救援预案等。

8.1.5 安全生产计划

为了顺利进行沥青路面养护工程施工,必须保证安全。从单位负责人到各级干部以及管理人员,在单位的一切活动中,思想上都要把安全放在最优先的地位。每年年初负责人都要把安全作为大政方针提出来,由各级管理人员(科长、股长)现场宣布,并根据方针采取措施。

1)单位安全基本方针要点

(1)所有人员对安全都负有社会责任。

(2)为实现单位对社会的责任,管理责任人应负责严格执行具体的措施。

(3)为履行管理责任人的职责,全体工作人员有共同协作的责任,也有权对自身的安全健康承担义务和提出要求。

2)制订安全方针的注意事项

(1)无论何人、何时、何地应切实遵守方针的规定。

(2)要明确全体干部职工应履行的义务。

(3)要明确遵守方针的规定是为了安全。

(4)对有危险性或不安全的操作,应特别注意。

(5)对基本问题的一些建议和提案应及时进行系统的整理。

3)需要具体化的方针

(1)制订安全预防的目标,以及安全预防措施的实施方法。

(2)单位领导人,要负责制订本单位的安全预防目标,各部门负责人,要把单位安全预防目标向全体人员分解、传达。

(3)明确全体人员在安全方面的责任。

(4)明确生产单位、各职能机构和辅助部门在安全方面的职责。

(5)根据过去的事故教训制订标准,并要在方针中体现出来。

(6)说明必须进行有计划的、长期的、系统的教育培训的必要性。

(7)确立安全计划、实施等的检查方法和组织。

(8)不仅考虑操作时,而且要考虑非操作时的安全防灾问题。

(9)对外承包单位也要制订安全防灾计划。

(10)发生事故时尽量使损失控制在最小限度内。

8.2 安全目标与对策

通过努力,在一定时期内可达到的安全效果就是该时期的安全目标。制定目标要采取积极和实事求是的态度,通过安全会议,提出能够激发全体人员积极性的切实可行的目标。

8.2.1 安全目标

事故、灾害减少程度,包括人身伤害、误工、交通、火灾、设备等事故的减少程度。

卫生、环境条件达到的程度,包括有毒有害物,气体治理,设备、设施的安全化整改,工作现场环境条件改善等。

单位安全素质提高的程度,包括设备设施的更新改造,安全技术防护的应用,人员的安全教育培训等。

确定安全目标的同时,应结合本单位实际提出口号,或结合某一时期内的安全状况提出安全口号。口号也是为完成任务而提出的为全体人员接受的安全纲领,并能不断强化安全意识。

8.2.2 安全对策

针对确定的安全目标,围绕实现目标应制订切实的对策,一般包括的如下内容。

1)推行安全系统管理

(1)实行一线安全管理班组长安全目标管理;

(2)人人采用以自己为重点的安全措施;

(3)活跃 QC 小组活动。

2)加强现场管理及制定规章制度

(1)形成遵守规章制度的自觉性和紧迫感,自觉遵章守纪;

(2)要设法充实完善现场安全检查体制。

3)加强安全教育

(1)对全体员工实施安全教育;

(2)扩大有法定资格安全检查人员队伍;

(3)对有法定资格的人员实施再教育;

(4)加强现场岗位变动人员的安全教育。

4)认真进行隐患排查活动

(1)通过积极推进隐患排查活动,提高人们对危险的警惕性;

(2)运用事故案例进行隐患排查,防止类似事故发生。

5)安全施工要领的修订和贯彻

(1)安全施工要领内容根据施工项目变化及时充实、修订;

(2)确定安全施工要领和进行安全教育;

(3)实施针对性的安全指导。

6)加强协作单位的综合安全管理

(1)通过安全部门对协作单位进行安全指导和援助;

(2)加强施工单位之间的安全管理。

7)防止沥青路面养护机械和工具类造成的事故

(1)对重点部位进行重点安全点检；

(2)对特殊部位进行特殊安全点检；

(3)安全科长、安全员进行定期巡回检查；

(4)加强对结构物的点检。

在制订安全方针、确定安全目标及重点实施对策后，要编制出安全计划书。计划书要针对上述内容拟订具体的实施计划。

为使安全计划的制订符合实际并能得到贯彻实施，需要统一认识和交换情况，逐级召开安全工作会议，以便广泛地征求意见，保证安全管理工作的顺利推进和安全计划的实施。

8.2.3 安全学习与宣传

安全是尊重人、爱惜生命的具体体现，是保证生产、经营顺利进行的关键。只有全体员工有较强的安全意识，大家关心安全、注意安全，才能真正保护自己，保护他人，保护生产力。

学习安全知识，加强宣传教育工作，应成为广大干部职工的自觉行动。安全学习和宣传教育活动的主要内容有：

(1)在沥青路面养护施工现场和有关场合张贴安全标语和广告。

(2)选择适合大家阅读的以安全知识、事故分析、事故预防及抢救知识为中心的文章，选择典型案例，以简报形式，发到基层供大家学习和讨论。

(3)收集、书写提示及警句或宣传标语、广告，用黑板报的形式放在沥青路面养护施工现场、办公区、生活场所。

(4)发表事故通报。将内部的、外部的生产安全事故情况及时通报给全体人员，引起人们的警惕。

(5)发放安全慰问品。为使全体人员亲身感受到安全的好处，增强责任感，激励荣誉感，把写有 “安全第一”或“感谢你为安全作出贡献”字样的慰问品分发放给全体人员。

(6)向管理人员、职工及家属征集易懂、易记、易行的安全运动名称，以提高对安全运动目的的理解和关心。

(7)沥青路面养护施工安全需要家属的配合，向他们通报消息，提高他们参与安全活动的积极性。

8.3 安全教育培训

安全教育培训是提高职工安全技术素质的重要途径。沥青路面养护机械使用单位必须制订安全教育制度，使安全教育培训制度化。

8.3.1 安全教育培训计划

安全教育培训要制订年度计划。年度教育培训计划要有具体的培训目的、培训内容、培训对象、具体时间和师资等。

安全教育是在自愿的基础上积极进行的安全技术具体措施。职工安全教育具有内容广泛、任务艰巨、时间持久、形式多样、时机紧迫等特点。单位对新参加工作人员、变换工种人员要进行三级安全教育，未经安全培训、考试合格、核发操作证的人员不得上岗。不仅要对机械操作人员进行安全教育，而且也要对施工人员、管理人员进行安全教育培训。

1)计划书和培训对象

确定安全教育培训目标后，须拟订具体的实施计划，它包括：

目的——培训教育的目的。

内容——安全教育培训的内容及达到的程度。

方法——安全教育培训采用的方式、方法。

时间——安全教育培训的时间、期限，尤其是间断实施时其大纲、时间表更要明确。

教材——确定安全教育培训教材的种类和数量。

评价——检查安全教育培训目的达到的程度。

沥青路面养护施工单位的安全教育培训根据能力和岗位可以分为：

(1)对新机械操作人员的安全教育培训；

(2)对危险岗位施工人员的特别教育培训；

(3)对特种施工人员的教育培训；

(4)不同年龄阶段职工的安全再教育培训。

2)教育培训的内容

在安全教育培训中，应注意一般教育、知识教育和安全技能教育的区别。

(1)一般教育内容。一般教育内容包括安全管理体系，判断危险程度及其处理措施和方法，根据经验判断危险性和安全的可靠性，本质安全的意义及如何做到的方法，施工单位和安全管理部门合作统一对安全技术保证的意义，测试仪表和安全性的关系和防止误操作等。

(2)知识教育。知识是技术的基础，学习了基本知识和技能，就会进一步追求高深的知识。它们互相联系不断提高，如果任何一环脱节，则安全管理就要失败。

随着沥青路面养护机械化施工和科学技术的发展，沥青路面养护机械不断改进和更新，采用新技术、新结构的沥青路面养护机械以及进口的先进沥青路面养护机械日益增加，原有的技术和管理知识已不能适应当前的形势，为此要求安全专业人员应具有一定的科学文化知识和技术、管理水平。大力开展技术业务培训，是一项具有现实意义和战略意义的紧迫任务。

(3)安全技能培训。安全技能教育就是实践学习，也就是使之具备贯彻安全实际业务的能力。安全技能教育是为了使现场操作者具备基本能力。

对负责沥青路面养护机械安全管理工作的领导干部要求应具备下列基本知识：

①熟悉沥青路面机械专业的体制、机构和队伍情况，掌握本单位沥青路面机械的品种、规格、数量分布情况。

②应具备较全面的安全管理知识，熟悉本单位各项安全生产管理制度和有关文件，明确安全工作的任务和目的。

③懂得如何加强沥青路面养护机械系统的组织建设和业务建设，不断提高沥青路面养护机械工作水平。

④能够根据公路建设施工任务的特点，合理地选择和装备沥青路面养护机械，发挥其效能，提高沥青路面养护施工进度和经济效果。

⑤能够正确处理沥青路面养护机械技术管理和经济管理以及沥青路面养护机械管、用、养、修、供的关系，科学地组织好沥青路面养护机械管理工作。

⑥基本懂得本单位主要沥青路面养护机械的构造、原理、性能、安全操作规程、维护规程、修理标准和施工、运行、修理的技术经济指标及定额，并在实际工作中抓住关键问题，提高工作效果。

⑦了解国内外沥青路面养护机械管理方面的新经验，并结合本单位的实际情况改进工作，提高机械管理水平。

对负责沥青路面养护机械安全的管理人员，应具备下列基本知识：

①熟悉本单位各项安全生产管理制度和有关规章制度。

②熟悉沥青路面养护施工机械组织管理方面的知识，特别是固定资产管理知识。

③具有一定的企业经营管理知识。

④了解一般的沥青路面养护机械常识。

应掌握下列基本情况：

①本单位沥青路面养护机械的国别、厂家、年份、规格、型号、数量和分布情况。

②本单位安全管理的体制、机构和队伍情况及其管理情况和管理水平。

③安全管理方面的典型经验和差距。

④本单位沥青路面养护机械的主要性能、使用范围、使用要求和技术状况。

⑤了解国内外安全管理的新经验，结合本单位实际情况，研究和改进工作。

对于新沥青路面养护机械操作人员来说，使他们学习操作规程，以便逐步熟悉沥青路面养护机械的施工特点。通常情况下，要对新沥青路面养护机械操作人员和改变工种的员工以及特种施工人员集中进行培训。但在日常进行技术培训时，同时进行安全教育则更为重要。以下问题应该在安全教育和培训中让员工注意：

①在沥青路面养护施工组织设计中，对操作者的安全考虑了没有？

②对沥青路面养护施工要求和操作者的配备、能力等是否进行了认真的考虑？

③沥青路面养护施工前，对沥青路面养护机械的安全装置检查了没有？

④配备的沥青路面养护机械和工具安全性能如何？有无缺陷？检查时发现了什么问题？

⑤确定了安全操作标准了没有？操作者对它的执行情况怎样？有没有问题？

⑥操作环境能否提供良好的操作条件？

8.3.2 制订教育指导计划

制订教育计划必须考虑通过什么样的过程和顺序来实现教育计划，这就是指导计划。

指导计划应由讲课老师自己制订，一般地说，由如下四个阶段组成：

(1)准备。无论是精神也好，身体也好，都要达到能够完成教育培训任务的良好状态。

(2)提示。说明新知识或新技能的教育阶段。一般要求应用各种教材及案例，根据教育对象的实际情况选择教育方法。

(3)实习。这是通过沥青路面养护施工的实践进行学习的阶段，一般称为“实习”。通过反复实习使已学习的知识得以巩固。

(4)检查分析。这是一面检查、分析教育对象的学习状况，一面总结指导的阶段，提高并拓展学习的知识和技能。

指导计划一经确定，就应确定在哪一阶段，应用何种教材和案例。在这里，最重要的是教材和案例应尽可能用自己生产活动切身体会中收集的素材。因此，采用自己编的教材更合适。幻灯片和电视片等也应如此。

8.3.3 安全教育培训方法

安全教育培训方法选择必须以有利于员工学习为原则，以教育思考方法为基础。

1)在岗培训和非在岗培训

安全教育培训的对象是沥青路面养护机械的操作人员、安全管理人员、各级各部门负责人。安全教育培训方式中的在岗培训,教育者是单位领导、管理人员、技术人员;被教育者是广大员工。但是,要以在岗培训实施整个教育计划是不可能的。因此,为了提高安全教育培训的效率,需要开展非在岗培训,即在工作场所以外进行的安全教育培训及对专门的安全管理人员所进行的培训。

2)安全教育培训形式及方法

(1)教学形式。安全教育培训形式大致有六种,即讲解、实物教学、图解教学、实习、讨论、会议等。其中的讲解式可在沥青路面养护施工现场或教室内进行。现场教育如实物不太具体时,可在教学中使用视听教材。会议室人数不能太多,由领导指导进行自由讨论而得出结论,这对组长以上的负责人或管理者的教育培训比较适合。

(2)启发式教育培训方法。这是以人本来的学习意愿为基础而进行教育,精髓有自发式的协同学习、程序学习。启发式教育培训方法需考虑以下四个问题:

①知与不知的关系。有的老师喜欢用专门术语,很少用通俗语言,使学员对开头遇到的专门术语不知如何是好,课后也不能理解。所以应考虑学员的接受能力,考虑安全教育培训内容的通俗化。

②以学员为中心。这是考虑以学员的学习意愿、能力为基础的思考方法,一方面,学员要有学习意愿,另一方面,教育者必须考虑在学习的最初阶段进行有关学习内容重要性的说明。

③整体—局部—整体。明确在整体教育中的位置,使学员本身有可能辨明方向。例如在每天教育之前,复习前一天的课程,说明今天的教育内容,使之与昨天的内容紧密衔接。讲课终了时,在归纳总结的同时,检查分析被教育者的理解程度。

④结合问题学习。所谓启发式教育,换言之,就是引导学员主动地发现问题,自觉地学习。这就是设置一个向问题挑战的场所,在最佳时间给出问题,观察学员学习和讨论的过程,必要时教师应给予提示性帮助。

3)学习规律

(1)影响学习效率的因素。一般认为,通过五感而能感觉到的比率是视觉占60%,听觉占20%,触觉占15%,味觉占3%,嗅觉占2%。从教育心理学角度来看,耳朵对语言的感觉只能收到20%的效果,通过在黑板上写和图示等方法由视、听觉并用,而加以说明有80%的效果。视听教材的研究、实践之所以盛行,也是基于这种重要性的缘故。因此,必须根据安全教育培训内容的难易程度,制订尽可能运用五感的教育计划。

(2)集中注意力。国外专家通过脑电图研究,认为普通人集中注意力的限度为20min。在一般的场合、周围有机械噪声时,往往妨碍注意力的集中。在教育计划中,为了集中注意力,应该考虑如何选择场所、方法及运用五感加以补偿等内容。

(3)运用联想及具体化手段加深印象。从语言记忆的研究结果来看,枯燥无味的数字以及文字的堆砌难以记忆。为了提高学习效果,必须强化联想。安全教育培训中,由于有些内容枯燥无味、难以记忆,如果把事故实例用照片和图表等表示,把发生电火花而有静电危险的情形具体化,就能获得深刻的印象。难以记忆的数字,必须通过教育内容,改变教育方法,编出合仄押韵的顺口溜,变成容易记忆的东西,并使之进行联想等。

(4)提高学员的学习积极性。若成果比要求的标准高,就感到成功;反之,成果比要求的标准低,就感到失败。因此,要制订合适的标准要求,使学员经过努力,成果能够达到要求。

(5)反复练习。巴甫洛夫通过实验证明,反复与经验对学习曲线有很大的影响。在安全教育培训中以技能为重点的内容,如何增加反复、经验的次数,乃是提高培训和学习效率的关键。

4)培训教育制度实例

培训教育制度

第一条 为加强对广大干部、职工安全教育、学习、培训,提高全员安全意识,各单位都要制订年度安全教育、学习、培训计划并认真组织实施。各单位负责对本单位管理人员、职工的安全教育培训工作。

第二条 安全学习的主要内容是,安全生产法律、法规,省、市上级局安全重要文件、安全工作标准及规范,安全生产基础知识,安全操作规程及职业道德等。

第三条 安全学习亦可结合安全例会、专项活动、知识竞赛、召开会议传达文件、周末学习等灵活多样有效的形式进行,每月安全学习时间保证两次以上,每次不少于1h。

第四条 各单位要对安全消防重点部门,岗位的职工定期进行安全教育,每年不低于40h,各安全专(兼)职管理人员每年受教育、学习(自学)时间不低于100h,驾驶员每年不低于60h。

第五条 新工人上岗前必须由所在单位进行不少于40h的安全技术知识培训和有关规章制度的学习教育,经考核合格后方可上岗。职工转岗,必须经不少于20h的转岗培训方可转岗。要做到三不上岗:不经培训不上岗、操作不熟练不上岗、不了解岗位可能发生的事故及防范措施不上岗。

第六条 实行新工人入厂三级安全教育制度。

一级安全教育由单位或项目部组织,教育内容包括:

(1)国家安全生产方针、政策、安全法规、劳动安全知识、单位或项目部规章制度;

(2)单位概况、生产特点及安全生产各项管理制度;

(3)安全生产基本知识教育,事故教训、典型案例教育。

二级教育由分队、项目分部、车间等组织,教育内容包括:

(1)本单位的主要施工工艺和施工规范,主要设备或现场概况,危险区域和要害部位的位置及情况;

(2)安全管理制度和操作规程;

(3)结合本单位特点,学习防火、防爆、防中毒、防触电、防机具伤害等安全防护知识,及发生的事故案例。

三级教育由各生产班组或岗位组织,教育内容为本岗位(工种)必备的:

(1)安全操作规程,标准化施工工序;

(2)生产规程及工作特点,设备性能和安全注意事项;

(3)设备、工具及其使用方法、防护用品、消防用品的使用;

(4)事故教训及预防措施。

第七条 特种施工人员的安全教育,每年都要组织专门的专业安全技术培训,定期进行培训考核。

第八条 一般工种工人的安全教育,各单位每年要组织1～2次全员安全教育和考试,内容根据实际情况自定。在新工艺、新技术、新设备、新产品投产前,也要按新的安全操作规程教育和培训参加操作的岗位工人和有关人员。

第九条 每个项目开工前,项目部必须组织一次安全学习,学习施工技术规范和规程。对危险可能发生的地方,制订出相应的安全规定和措施。要让从业人员了解施工场所和工作岗位存在的事故隐患、防范措施及事故应急措施。

第十条 各单位应不定期采用各种形式举行安全培训教育,不断加深职工安全意识,各类安全培训要做好安全培训记录并存档。

第十一条 各单位要采取各种形式,进行安全宣传。可采用挂横幅、张贴标语、黑板报、简报、宣传挂图、幻灯录像、座谈会、授课等形式加强宣传,以取得好的教育效果。

各单位都要将学习内容整理记录,学习培训资料汇集成册以便存档。

8.3.4 安全技术交底

安全技术交底是沥青路面养护施工技术措施贯彻与落实的根本保证和途径,必须体现安全措施的全面性、针对性、可行性、法令性。安全技术交底工作要与施工任务安排和施工技术交底同时进行,使机械操作人员明确施工任务、施工要求和安全技术要点。

沥青路面养护机械施工安全技术交底工作,是工程施工负责人或机械负责人向机械操作人员进行责任落实的法律要求,必须履行交接人、接受人签字手续。要编制交底记录表,交底记录表的内容应包括:工程项目名称、施工内容、交底项目、交底内容、交底人签名、被交底人签名、交底日期等。交底记录要交底部门、交底人、接受人各留一份。

沥青路面养护施工现场的不安全因素,是随着工程进度等因素而变化的,安全管理工作应进行动态管理。

以下是安全技术交底制度实例。

安全技术交底制度

第一条 按照安全生产法的要求,局直各单位在公路工程施工、工程监理、道路养护施工及基建、经营服务中要实行安全技术交底制度。

第二条 施工单位、项目部、分部、施工班组有逐级向下一级施工单位及从业人员进行安全技术交底的义务。

项目部向项目分部、分部向班组、班组向操作施工人员分配任务时,要进行安全技术交底。内容包括:施工内容、安全施工程序、安全注意事项、安全操作规程、发生事故时的应急措施等。

第三条 较大项目的安全技术交底,要落实安全负责人和技术负责人。

第四条 安全技术交底要一式两份,交底人和被交底人双方签字各持一份。

第五条 多班交接时,严格交接班制度,要交接机械设备及施工存在的问题、注意事项及应采取的措施等。

第六条 从业人员有权拒绝违章指挥和强令冒险施工行为,有权对安全生产中存在的问题提出批评、检举、控告。

第七条 未进行安全技术交底的,可不接受生产任务,谁接受谁负安全责任;不进行安全技术交底、强行安排工作的,谁安排谁负安全责任;班组未进行安全交底的,发生事故,班组长负主要责任。

第八条 从业人员在施工过程中,应当严格遵守本单位的安全生产规章制度和操作规程,服从管理,正确佩戴和使用劳动防护用品。

第九条 从业人员有了解其施工场所和工作岗位存在的事故隐患、防范措施及事故应急措施的权力,并有权对本单位的安全生产工作提出建议。

第十条 从业人员有权对本单位安全生产工作中存在的问题提出批评、检举、控告；有权拒绝违章指挥和强令冒险施工。

第十一条 从业人员发现直接危及人身安全的紧急情况时，有权停止施工或者在采取可能的应急措施后撤离施工场所。

第十二条 从业人员应当接受安全生产教育和培训，掌握本职工作所需的安全生产知识，提高安全生产技能，增强事故预防和应急处理能力。

第十三条 从业人员发现事故隐患或者其他不安全因素，应当立即向现场安全生产管理人员或者本单位负责人报告；接到报告的人员应当及时予以处理。

第十四条 违反本制度的，按“单位安全生产违章行为责任追究制度”处罚。

8.4 现 场 管 理

沥青路面养护机械施工现场是一个复杂多变的工程现场，具有季节性强、时间紧、任务重、点多、线长、现场分散、多数情况下不封闭交通等特点。因此，加强沥青路面养护机械施工现场管理，对于确保沥青路面养护机械施工安全来说，是一项重要的工作。

8.4.1 入场前的准备

1)安全管理人员

沥青路面养护机械施工的安全管理，是沥青路面养护机械安全管理的首要任务。沥青路面养护机械使用部门派到工地现场的安全管理人员，必须是经过国家安全监督部门正式专业培训，取得国家注册安全工程师资格，熟悉本工程主要机械的结构、特点、技术性能、技术维护规范、安全技术操作规程及机械施工工艺，了解机械施工的工程量和施工内容的人员。其主要责任是：对沥青路面养护施工现场的道路、场地、环境，配合施工的设备及操作指挥人员的行为，机械的操作、维护、管理中执行安全技术规程情况等进行督查管理。

2)机械操作人员

对沥青路面养护机械操作人员实行定机定人制度，非本机操作人员不得随意操作机械。沥青路面养护机械操作人员，必须是经过技术培训，经考核合格、取得操作证并经年审合格的人员。对无证上岗及未办理年审手续的操作人员，不允许操作机械。沥青路面养护机械操作人员按照技术交底的要求，在认真按照施工技术要求施工，服从现场施工人员指挥，保证施工质量，提高工作效率的前提下，必须严格执行沥青路面养护机械操作规程。凡不执行操作规程、操作不当、设备技术状况差、不负责任、不听从指挥的要进行更换。

沥青路面养护机械操作人员要做到：

(1)认真做好沥青路面养护机械日常技术维护，坚持例行维护或定时维护，严格执行原交通部维护规范，或本机使用说明书规定。认真做好机械的日常检查工作，对查出的问题做好记录，及时处理。

(2)严格检查燃、润滑油，油品必须符合本机使用说明书或生产厂家规定的规格型号，禁止使用不符合规格型号的油和劣质油。

(3)严格执行沥青路面养护机械操作规程。

(4)及时检查沥青路面养护机械安全装置的可靠性、灵敏性。

(5)检查配件的配备情况及质量。

(6)认真填写操作人员施工记录。

(7)要持有效操作证上岗。

(8)要穿戴好必备的劳动防护用品。

8.4.2 养护机械入场管理

进入工地的沥青路面养护机械必须是正规厂家生产的机械，具备《生产许可证》、《出厂合格证》。国家明令淘汰、规定不准使用的机型，不准进入施工现场。

设备进场前应由施工单位提前做好准备。沥青路面养护机械进场前，必须进行严格检查，经检查达不到安全技术标准规定、存在严重事故隐患的，不准进入施工现场。

进入施工现场的沥青路面养护机械必须达到以下要求。

1)动力系统

(1)发动机安装牢固可靠，连接部位无松动、脱落、损坏。

(2)发动机动力性能良好，运转平稳，没有异响，能正常启动、熄火。

(3)点火、燃料、润滑、冷却等系统应性能良好，工作正常，安装牢固，管路无漏油、漏水、漏电现象。

2)传动系统

(1)离合器分离彻底，结合平稳，不打滑，无异响。

(2)传动平稳，行驶中不抖动、无异响。

3)行驶系统

(1)车架和前后桥不得变形、开裂，前后桥与车架的连接牢固。

(2)轮辋完整无损，车轮螺母齐全并按规定紧固。

(3)钢板弹簧整齐，卡子齐全，螺栓紧固，与转向桥、驱动桥和车架的连接紧固。

(4)减振器性能良好。

(5)轮胎及轮胎气压符合标准。

4)转向系统

(1)转向盘自由间隙符合标准。

(2)转向机构不得缺油、漏油，固定托架牢固。

5)灯光、电气系统

(1)各类灯光齐全有效。

(2)刮水器运转正常，喇叭灵敏有效。

(3)各种仪表齐全有效。

(4)蓄电池清洁无渗漏，液位符合标准。

(5)电动机运转平稳无异响，工作温升正常，电刷接触良好，防护罩齐全。

6)制动系统

(1)必须设置行车制动和驻车制动装置，且功能有效，驻车制动器必须是机械式的。

(2)液压制动系统不得漏油或进入空气。

(3)气压式制动系统不得漏气，应设有放气、限压装置。

(4)在规定车速下，点制动无跑偏现象。

7)液压系统

(1)液压系统管路畅通，密封良好。

(2)液压元件良好,无泄漏现象。

(3)工作压力符合设计要求。

8)电力系统

(1)供电电压及频率要符合设备要求,供电要正常。

(2)架空线路应架设在专用电杆上,必须采用绝缘铜芯线或绝缘铝芯线,电源线路严禁沿地面明设。

(3)机体上用普通电线敷设线路要与机体彻底绝缘,或用电力电缆线。

(4)主电缆直接埋地敷设,深度应不小于0.6m,电缆上下均铺不小于50mm厚的细砂,然后覆盖硬质保护层。

(5)夜间要有充足的照明。

(6)电线、电缆无破皮、老化,连接处要可靠绝缘。

9)操控系统

(1)操控系统操作可靠、灵敏。

(2)电器柜内布线整洁、电线无损坏。

(3)开机警铃及紧急停车开关工作要可靠。

(4)操作室内应有《操作规程》和《管理制度》。

(5)操作室内严禁堆放杂物和易燃、易爆物品。

(6)维修机械时应切断电源,并挂牌且专人看管,以防误操作。

10)工作装置

(1)各工作装置要工作可靠、配件齐全、性能良好。

(2)工作平稳无影响。

(3)机械按规定进行维护,无漏保现象。

(4)钢丝绳必须完好。

(5)停机施工时,应挂牢料斗。

(6)各安全装置、限速装置、限位装置必须灵活、可靠。

11)整车

(1)机械的运行证、操作证齐全有效。

(2)车容整洁,车身各部件齐全、完整,并配消防器材。

特种设备必须经过国家质检部门检验合格后方可入场。

8.4.3 养护机械施工现场安全措施

公路沥青路面养护机械施工现场,必须严格按照原交通部《公路养护安全施工规程》(JTG H30—2004)规定的相应等级公路养护维修施工控制区布置规范要求,进行渠化布置。养护维修施工控制区应由警告区、上游过渡区、缓冲区、工作区、下游过渡区及终止区组成。

用于警告、提醒和引导车辆和行人通过养护维修施工控制区域,保护养护维修施工人员和机械设备安全的设施,必须符合规范要求。

在公路上移动的养护机具外壳颜色必须为橘黄色,驾驶室顶端两侧必须安装黄色警示灯,沥青路面养护机械尾部必须悬挂道路施工安全标志牌。

施工车辆进出施工现场或进行转弯掉头时,要安排专人指挥。

施工危险区域要有安全警示标志或标语。